jQuery Kochbuch

jQuery Kochbuch

jQueryCommunityExperts

Deutsche Übersetzung von Thomas Demmig

O'REILLY®

Beijing · Cambridge · Farnham · Köln · Sebastopol · Taipei · Tokyo

Kommentare und Fragen können Sie gerne an uns richten:
O'Reilly Verlag
Balthasarstr. 81
50670 Köln
Tel.: 0221/9731600
Fax: 0221/9731608
E-Mail: kommentar@oreilly.de

Copyright der deutschen Ausgabe:
© 2010 by O'Reilly Verlag GmbH & Co. KG

Die Originalausgabe erschien 2009 unter dem Titel
jQuery Cookbook im Verlag O'Reilly Media, Inc.

Die Darstellung eines Hermelin im Zusammenhang
mit dem Thema jQuery ist ein Warenzeichen von O'Reilly Media, Inc.

Bibliografische Information Der Deutschen Bibliothek
Die Deutsche Bibliothek verzeichnet diese Publikation in der
Deutschen Nationalbibliografie; detaillierte bibliografische Daten
sind im Internet über *http://dnb.ddb.de* abrufbar.

Lektorat: Volker Bombien, Köln
Korrektorat: Tanja Feder, Bonn
Satz: Thilo Bollmann, Reemers Publishing Services GmbH, Krefeld, www.reemers.de
Umschlaggestaltung: Michael Oreal, Köln
Produktion: Karin Driesen, Köln
Belichtung, Druck und buchbinderische Verarbeitung:
Druckerei Kösel, Krugzell; www.koeselbuch.de

ISBN 978-3-89721-999-1

Dieses Buch ist auf 100% chlorfrei gebleichtem Papier gedruckt.

Inhalt

Vorwort

Als ich im Jahr 2005 damit begann, an jQuery zu arbeiten, hatte ich ein einfaches Ziel: Ich wollte eine Web-Anwendung schreiben, die in allen wichtigen Browsern läuft – ohne weiter herumbasteln und herumflicken zu müssen. Nach ein paar Monaten hatte ich eine Reihe von Tools erstellt, die für meine Zwecke stabil genug waren. Ich dachte, damit wäre ich im Prinzip fertig. Ich konnte nicht ahnen, dass meine Arbeit gerade erst begonnen hatte.

Seit diesen einfachen Anfängen ist jQuery gewachsen und wurde erweitert, wenn neue Anwender die Bibliothek für ihre Projekte verwendet haben. Das ist der weitaus anspruchsvollste Teil beim Enwickeln einer JavaScript-Bibliothek – während es recht einfach ist, eine Bibliothek aufzubauen, die nur für einen selbst gedacht ist oder eine bestimmte Spezifikation erfüllen muss, wird es ausgesprochen schwierig, eine Bibliothek zu entwickeln, die in möglichst vielen Umgebungen laufen soll (alte Browser, Webseiten mit seltsamen Markup und so weiter). Und obwohl jQuery immer mehr Anwendungsfälle abdecken konnte, ist die ursprüngliche API intakt geblieben.

Besonders interessant finde ich, zu beobachten, wie Entwickler jQuery nutzen und für ihre Zwecke anpassen. Als jemand mit Informatik-Hintergrund finde ich es ziemlich überraschend, dass so viele Designer und Nicht-Programmierer jQuery mögen. Wenn man sieht, wie sie mit der Bibliothek interagieren, weiß man ein einfaches API-Design immer mehr zu würdigen. Aber auch der Umgang erfahrener Programmierer mit jQuery und dessen Einsatz in großen, komplexen Anwendungen hat mich weitergebracht. Das Beste ist aber, dass ich von jedem lernen kann, der die Bibliothek nutzt.

Ein Nebeneffekt der Verwendung von jQuery ist die erweiterbare Plugin-Struktur. Als ich jQuery zuerst entwickelt habe, wollte ich nur ein paar einfache Möglichkeiten für Entwickler bereitstellen, die API zu erweitern. Dies hat sich zu einer großen und bunten Community aus Plugins entwickelt, die ein ganzes Ökosystem aus Anwendungen, Entwicklungen und Use Cases bilden. Ein Großteil des Wachstums von jQuery stammt aus dieser Quelle – ohne sie wäre die Bibliothek nicht das, was sie heute ist. Ich bin also froh, dass es Kapitel gibt, die sich mit einigen der interessantesten Plugins befassen. Wenn Sie also Ihren Horizont in Bezug auf jQuery erweitern wollen, befassen Sie sich am besten mit Code aus der jQuery Plugin-Community.

Das ist es, was ein Kochbuch so interessant macht – es nimmt die interessanten Elemente, die Entwickler für ihre tägliche Arbeit geschaffen und erlernt haben, und destilliert sie zu kleinen Happen, die man später zu sich nehmen kann. Persönlich finde ich das Kochbuch einen der besten Wege, meine vorgefasste Meinung zu einer Sprache oder Bibliothek herauszufordern. Ich freue mich über Fälle, in denen eine mir vorgeblich bekannte API auf den Kopf gestellt wird, um in ganz anderen und sehr interessanten Situationen genutzt zu werden. Ich hoffe, dieses Buch hilft Ihnen genauso dabei, neue und interessante Wege zur Verwendung von jQuery kennenzulernen.

– John Resig
Schöpfer und leitender Entwickler von jQuery

Beteiligte

Kapitelautoren

Jonathan Sharp beschäftigt sich seit 1996 mit dem Internet und der Web-Entwicklung. Im Laufe der Jahre hat er für Startups genauso wie für die großen Unternehmen gearbeitet. Jonathan hat Out West Media, LLC in der Nähe von Omaha, Nebraska, gegründet, wo er Frontend-Entwicklung und Architektur-Services mit einem Fokus auf XHTML, CSS und jQuery anbietet. Jonathan ist Mitglied des jQuery Core Teams sowie Autor von Büchern und Vorträgen, wenn er nicht gerade Code schreibt. Er dankt vor allem seiner Frau Erin, seiner Tochter Noel, seinen beiden Hunden und den beiden Pferden.

Rob Burns entwickelt interaktive Web-Anwendungen bei A Mountain Top, LLC. In den letzten 12 Jahren hat er dabei vielerlei Tools und Technologien kennengelernt. In seiner Freizeit beschäftigt er sich mit der Verarbeitung natürlicher Sprache und den vielen Möglichkeiten in Open Source-Projekten.

Rebecca Murphey ist selbständige Frontend-Architektur-Beraterin, die Frontend-Lösungen als Bindeglied zwischen Server und Browser entwirft. Zudem bietet sie Training in der Frontend-Entwicklung mit Schwerpunkt auf der jQuery-Bibliothek an. Sie lebt mit ihrem Partner, ihren zwei Hunden und zwei Katzen in Durham, North Carolina.

Ariel Flesler ist Webentwickler und Spieleprogrammierer. Er arbeitet seit Januar 2007 an jQuery mit und wurde im Mai 2008 Mitglied des Core Teams. Er ist 23 Jahre alt und wurde in Buenos Aires geboren. Ariel studiert an der Universidad Tecnológica Nacional in Argentinien und hofft, im Jahr 2010 System-Analyst und 2012 System-Entwickler werden zu können. Seine Arbeit begann er als ASP.NET (C#)-Programmierer, wechselte dann aber zur Client-Entwicklung von XHTML-Sites und Ajax-Anwendungen. Aktuell arbeitet er bei QB9, wo er AS3-basierte Spiele für zwischendurch und MMOs entwickelt.

Cody Lindley ist praktizierender Christ, Ehemann, Sohn, Vater, Bruder, Outdoor-Fan und professioneller Client-Anwendungsentwickler. Seit 1997 beschäftigt er sich mit HTML, CSS, JavaScript, Flash, Interaction Design, Interface Design und HCI. Er ist in der jQuery-Community für die Entwicklung von ThickBox, einer Lösung für modale Dialoge, bekannt. 2008 wurde er als »Botschafter« offizielles Mitglied des jQuery-Teams. Aktuell konzentriert er sich auf Techniken der Client-Site-Optimierung, schreibt aber auch über jQuery und hält Vorträge. Seine Website finden Sie unter *http://www.codylindley.com*.

Remy Sharp ist Entwickler, Autor, Vortragender und Blogger. Er begann seine Karriere als professioneller Web-Entwickler im Jahr 1999 als einziger Entwickler für eine Finanz-Website, und hatte daher während und nach dem Dotcom-Boom mit allen Aspekten des Betriebs einer Website zu tun. Heute leitet er seine eigene Entwicklungs-Firma namens Left Logic in Brighton und schreibt mit und über JavaScript, jQuery, HTML 5, CSS, PHP, Perl und alles andere, was er findet.

Mike Hostetler ist Erfinder, Unternehmer, Programmierer und stolzer Vater. Durch seine Arbeit mit Web-Technologien seit Mitte der 90er Jahre hat er sich umfangreiche Erfahrung in der Entwicklung von Web-Anwendungen mit PHP und JavaScript aneignen können. Mike ist Gründer und CEO von appendTo, LLC, einer Firma, die Training und Dienstleistungen rund um jQuery anbietet. Zudem ist er Teil des Core Teams von jQuery, leitet das QCubed PHP5 Framework-Projekt und arbeitet auch an Drupal mit. Wenn er nicht vor einem Computer sitzt, entspannt sich Mike beim Wandern, Fliegenfischen, Snowboarden und mit seiner Familie.

Ralph Whitbeck ist als Absolvent des Rochester Institute of Technology aktuell Senior Developer von BrandLogic Corporation (*http://brandlogic.com*) in Rochester, New York. Dort kümmert er sich um Interface Design, Usability Tests sowie die Web- und Anwendungs-Entwicklung. Ralph kann komplexe Web-Anwendungs-System in ASP.NET, C# und SQL Server programmieren, aber auch Client-Technologien wie XHTML, CSS und JavaScript/jQuery einsetzen. Er ist seit Oktober 2009 offizielles Mitglied des jQuery-Teams, wo er als Botschafter tätig ist. Er verbringt gerne seine Zeit mit seiner Frau Hope und seinen drei Jungs Brandon, Jordan und Ralphie. Mehr Informationen über Ralph finden Sie in seinem privaten Blog (*http://ralphwhitbeck.com*).

Nathan Smith ist ein verrückter Kerl, der seit Ende des letzten Jahrhunderts Websites baut. Er hat Spaß daran, HTML, CSS und JavaScript noch per Hand zu schreiben. Auch beschäftigt er sich gerne mit Design-Fragen und Informations-Architektur. Nathan hat sowohl für Online- als auch für Print-Publikationen geschrieben, so für das Adobe Developer Center, Digital Web und das .NET Magazine. Zudem hielt er Vorträge auf diversen Veranstaltungen, zum Beispiel bei Adobe MAX, BibleTech, Drupal Camp, Echo Conference, Ministry 2.0, Refresh Dallas und der Webmaster Jam Session. Nathan arbeitet als UX-Entwickler bei FellowshipTech.com. Er hat einen Master of Divinity vom Asbury Theological Seminary. Er initiierte Godbit.com, eine Kommunikations-Plattform, die Kirchen und Gemeinden dabei unterstützen soll, das Web besser zu nutzen. Auch entwickelte er das 960 Grid System (*http://www.960.gs*), ein Framework zum Zeichnen, Designen und Kodifizieren von Seitenlayouts.

Brian Cherne ist Software-Entwickler mit einer mehr als zehnjährigen Erfahrung im Entwurf und Bauen von Web-basierten Anwendungen, Kiosken und stark besuchten e-Commerce-Websites. Zudem ist er der Autor des jQuery-Plugins hoverInit. Wenn er nicht mit seinem Code beschäftigt ist, findet man Brian beim Tanzen, beim Trainieren von Kampfsportarten oder beim Erlernen der russischen Kultur und Sprache.

Jörn Zaefferer ist professioneller Software-Entwickler aus Köln. Er hat Application Programming Interfaces (APIs), Graphical User Interfaces (GUIs), Software-Architekturen und Datenbanken sowohl für Web-Anwendungen als auch für den Desktop erstellt. Seine Arbeit spielt sich vor allem auf der Java-Plattform ab, während er bei der Client-Seite jQuery nutzt. Jörn arbeitet seit Mitte 2006 an jQuery mit und hat dabei QUnit, das Unit-Test-Framework von jQuery mit erschaffen und betreut, ein halbes Dutzend sehr beliebter jQuery-Plugins geschrieben sowie an Büchern über jQuery als Autor und Fachlektor mitgearbeitet. Zudem ist er einer der leitenden Entwickler von jQuery UI.

James Padolsey ist ein begeisterter Web-Entwickler und Blogger, der in London lebt. Seit er jQuery für sich entdeckt hat, ist er verrückt danach – er schrieb Tutorials, Artikel und Blogposts und eine ganze Reihe von Plugins für die Community. Zu James Plänen für die Zukunft gehört ein Informatik-Abschluss der University of Kent und ein Karriere, in deren Rahmen er immer wieder seine Grenzen ausloten kann. Seine Website finden Sie unter *http://james.padolsey.com*.

Scott González ist ein Web-Anwendungsentwickler aus Raleigh, North Carolina, der Spaß daran hat, hochdynamische Systeme und flexible, skalierbare Frameworks zu erstellen. Er hat seit 2007 Beiträge zu jQuery geleistet und ist aktuell leitender Entwickler für jQuery UI, die offizielle jQuery-Bibliothek für die Benutzeroberfläche. Scott schreibt zudem Tutorien über jQuery und jQuery UI auf nemikor.com und hält Vorträge über jQuery.

Michael Geary begann mit der Software-Entwicklung, als das Bearbeiten von Code noch bedeutete, einen Papierstreifen auf einem Fernschreiber mit Löchern zu versehen, und es beim Befolgen eines Standards um den ECMA-10 Standard for Data Interchange on Punched Tape ging. Heute ist Mike ein Web- und Android-Entwickler mit einem besonderen Interesse an schnellem, sauberen und einfachem Code. Außerdem hilft er gerne anderen Entwicklern auf den Mailing-Listen von jQuery. Zu Mikes aktuellen Projekten gehört eine Reihe von Google-Karten mit Informationen über die Wahlergebnisse sowie StrataLogic, ein Mashup klassischer Schul-Wandkarten und Atlanten, die auf GoogleEarth überlagert werden. Sie finden seine Website unter *http://mg.to*.

Maggie Wachs, **Scott Jehl**, **Todd Parker** und **Patty Toland** bilden die Filament Group. Zusammen entwerfen und entwickeln sie Benutzeroberflächen für Websites, die sich an Privat- wie auch an Geschäftskunden wenden, für drahtlose Geräte, sowie installierbare als auch Web-basierte Anwendungen. Der Fokus liegt dabei auf intuitiven und gut nutzbaren Programmen, die zudem gut verfügbar sind. Das Team ist Sponsor und Design-Schmiede für das jQuery UI-Team, für die sie ThemeRoller.com (*http://theme-roller.com*) entworfen und entwickelt haben. Zudem tragen sie weiterhin zur Entwicklung der offiziellen jQuery UI-Bibliothek und zum CSS Framework bei.

Richard D. Worth ist ein Web-UI-Entwickler. Er ist der Release Manager für jQuery UI und einer der Entwickler, die am längsten dabei sind. Richard ist Autor oder Koautor der

Plugins Dialog, Progressbar, Selectable und Slider. Er ist gerne auf der ganzen Welt unterwegs, um über jQuery und jQuery UI zu sprechen oder beratend tätig zu sein. Richard managt zusammen mit seiner Frau Nancy eine stetig wachsende Familie in Nord-Virginia (außerhalb von Washington, D.C.). Sie haben drei liebreizende Kinder: Naomi, Asher und Isaiah. Richards Website finden Sie unter *http://rdworth.org/*.

Fachlektoren

Karl Swedberg wurde nach dem Unterrichten von Englisch an einer High School Lektor für eine Werbeagentur, besaß ein Cafe und begann vor vier Jahren seine Karriere als Web-Entwickler. Er arbeitet jetzt für Fusionary Media in Grand Rapids, Michigan, wo er sich auf das Schreiben von Skripten auf der Client-Seite und auf das Interaction Design spezialisiert hat. Karl ist Mitglied des jQuery-Projektteams und Koautor von *Learning jQuery 1.3* und *jQuery Reference Guide* (beide veröffentlicht bei Packt). Sie finden einige seiner Tipps und Tutorials unter *http://www.learningjquery.com*.

Dave Methvin ist Chief Technology Officer bei PCPitstop.com (*http://www.pcpits-top.com*) und einer der Gründerväter der Firma. Er nutzt jQuery seit dem Jahr 2006, ist aktiv in den Hilfegruppen von jQuery unterwegs und hat zu einer Reihe von beliebten jQuery-Plugins beigetragen, unter anderem zu Corner und Splitter. Bevor er bei PC Pitstop anfing, arbeitete Dave als Chefredakteur sowohl beim *PC Tech Journal* als auch beim *Windows Magazine*, wo er auch eine Kolumne zu JavaScript hatte. Er schreibt immer noch für eine Reihe von PC-bezogenen Websites, so für die Information Week. Dave besitzt einen Bachelor- und Masterabschluss in Informatik der University of Virginia.

David Serduke ist Frontend-Programmierer, der sich in letzter Zeit doch mehr auf der Server-Seite herumtreibt. Nachdem er schon viele Jahre programmiert hat, begann er im Jahr 2007 mit jQuery und schloss sich kurz danach dem jQuery Core Team an. David erstellt momentan Websites für Finanzinstitutionen und nutzt die Vorteile von jQuery in Enterprise-Anwendungen unter ASP.NET. Er lebt im Norden Kaliforniens, wo er auch einen Bachelor-Abschluss in Elektrotechnik der University of California in Berkeley und einen MBA des St. Mary's College erhielt.

Scott Mark ist Architekt für Enterprise-Anwendungen bei Medtronic. Er arbeitet an Web-basierten, personalisierten Informations-Portalen und transaktionalen Anwendungen, wobei er sich auch um eine möglichst gute Nutzbarkeit in einer reglementierten Umgebung kümmert. Seine momentanen Schwerpunkte liegen bei Rich Internet Applications und Multi-Touch-Benutzeroberflächen. Scott lebt zusammen mit seiner Frau, seinen zwei Söhnen und einem schwarzen Labrador in Minnesota. Er betreibt unter *http://scott-mark.wordpress.com* einen Technologie-Blog und unter *http://runlikemonkey.com* einen über Langstreckenlauf.

Einleitung

Die jQuery-Bibliothek hat die Welt der Frontend-Entwicklung im Sturm erobert. Ihre einfache Syntax sorgt dafür, dass früher komplizierte Aufgaben nun völlig trivial – ja sogar mit Freude – gelöst werden können. Viele Entwickler ließen sich schon von der Eleganz und Klarheit der Bibliothek verführen. Wenn Sie damit begonnen haben, die Bibliothek zu nutzen, werden Ihre Projekte sehr wahrscheinlich schon zusätzliche, interaktive Möglichkeiten erhalten haben.

Der Einstieg ist wirklich leicht, aber wie bei vielen Tools, die wir für die Entwicklung von Websites nutzen, kann es Monate oder gar Jahre dauern, den Umfang und die Tiefe der jQuery-Bibliothek vollständig würdigen zu können. Sie ist randvoll mit Features, von denen Sie vielleicht bisher noch gar nicht wussten, dass Sie sie brauchen könnten. Aber wenn Sie sie einmal kennen, kann sich Ihre Herangehensweise an Probleme eventuell drastisch ändern.

Das Ziel dieses Kochbuchs ist es, Ihnen, liebe Leserin und lieber Leser, die Muster und Praktiken einiger der führenden Frontend-Entwickler näherzubringen, die jQuery in ihren tagtäglichen Projekten nutzen. In den 18 Kapiteln werden Ihnen Lösungen für Probleme vorgestellt – von ganz einfachen bis zu ziemlich komplexen. Ob Sie nun ein jQuery-Einsteiger oder ein grauhaariger JavaScript-Veteran sind – sehr wahrscheinlich werden Sie neue Einblicke in die Möglichkeiten von jQuery beim Erstellen von überzeugenden, robusten und hochperformanten Benutzeroberflächen erhalten.

Für wen dieses Buch gedacht ist

Sie sind vielleicht ein Designer, der von der Interaktivität fasziniert ist, die jQuery bieten kann. Vielleicht sind Sie auch ein Frontend-Entwickler, der schon mit jQuery gearbeitet hat und nun wissen will, wie andere Leute die üblichen Aufgaben lösen. Oder Sie sind ein Entwickler auf Server-Seite, der immer wieder gebeten wird, Code für die Client-Seite zu schreiben.

Letztendlich wird dieses Buch jedem helfen, der mit jQuery arbeitet – oder der damit arbeiten möchte. Wenn Sie gerade erst in die Bibliothek einsteigen, sollten Sie dieses Buch vielleicht zusammen mit *Learning jQuery 1.3* von Packt oder *jQuery in Action* von Manning kombinieren. Nutzen Sie jQuery schon in Ihren Projekten, dann wird dieses Buch Ihr Wissen um die Features, versteckten Schätze und Eigenarten der Bibliothek erweitern.

Was Sie lernen werden

Wir werden mit den Grundlagen und allgemeinen Best Practices beginnen – das Einbinden von jQuery auf Ihrer Seite, das Selektieren, Traversieren und Verändern. Selbst regelmäßige Anwender von jQuery werden ein oder zwei neue Tipps mitnehmen können. Dann wenden wir uns echten Anwendungsfällen zu und beschreiben ausgetestete Lösungen für häufig vorkommende Probleme, bei denen es um Events, Effekte, Dimensionen, Forms und Elemente von Benutzeroberflächen geht (mit oder ohne Beteiligung von jQuery UI). Am Ende werden wir uns noch dem Testen Ihrer jQuery-Anwendungen und der Integration von jQuery in komplexen Sites widmen.

Unterwegs werden Sie Strategien erlernen, um jQuery beim Lösen von Problemen einzusetzen, die weit über die Grundlagen hinausgehen. Wir werden beschreiben, wie Sie das Event Management System von jQuery möglichst sinnvoll einsetzen können und dabei eigene Events mit eigenen Event-Daten nutzen, wie Sie Forms nach und nach verbessern, wie Sie Elemente auf einer Seite platzieren und verschieben, wie Sie Benutzeroberflächen-Elemente erzeugen (zum Beispiel Tabs, Akkordeons und modale Dialoge), wie Sie Ihren Code lesbar und wartbar gestalten und wie Sie ihn so optimieren, dass er sich leicht testen lässt und die Performance verbessert wird.

Da dies ein Kochbuch und keine in sich geschlossene Komplettanleitung ist, dürfen Sie sich natürlich gerne die Rezepte herauspicken, die Sie interessieren – jedes einzelne Rezept ist sein Geld wert. Insgesamt bietet das Buch aber die Möglichkeit, einmal einen Blick auf die Problemlösungs-Ansätze der besten und schlauesten Köpfe der jQuery-Community werfen zu können. Daher empfehlen wir Ihnen, dieses Buch von vorne bis hinten zumindest einmal zu überfliegen – Sie können nie wissen, welche Codezeile gerade den »Aha!«-Moment auslösen wird, mit dem Sie Ihre Fähigkeiten entscheidend verbessern.

Stil und Konventionen von jQuery

In jQuery werden sehr gerne Methoden *verkettet* – also für eine Auswahl von Elementen nacheinander aufgerufen, da man weiß, dass jede Methode Elemente zurückgibt, mit denen man arbeiten kann. Dieses Muster wird detailliert in Kapitel 1 beschrieben. Sind Sie mit der Bibliothek noch nicht vertraut, dann sollten Sie sich in das Konzept einarbeiten, da es in den folgenden Kapiteln intensiv genutzt werden wird.

Die Features von jQuery sind in ein paar einfachen Kategorien zusammengefasst: Core-Funktionalität, Selektion, Bearbeiten, Traversieren, CSS, Attribute, Events, Effekte, Ajax und Utilities. Behalten Sie diese Kategorien im Hinterkopf und achten Sie darauf, wie die

Methoden jeweils dazu passen, dann werden Sie die Inhalte dieses Buchs noch besser verstehen.

Eine der Best Practices, die in diesem Buch behandelt werden, ist das Konzept, Element-Selektionen in einer Variablen zu speichern, anstatt die gleiche Selektion wiederholt auszuführen. Wenn eine Selektion in einer Variablen gespeichert ist, lässt man sie üblicherweise mit dem Zeichen $ beginnen, womit man anzeigt, dass es sich um ein jQuery-Objekt handelt. Damit lässt sich der Code leichter lesen und warten, aber man sollte sich darüber im Klaren sein, dass Variablennamen mit einem $ am Anfang nur eine Konvention sind. Diese Syntax hat im Gegensatz zu anderen Sprachen wie PHP keine technischen Auswirkungen.

Im Allgemeinen versuchen wir, bei den Code-Beispielen im Buch Klarheit und Lesbarkeit gegenüber Kürze vorzuziehen, daher sind sie eventuell umfangreicher als unbedingt notwendig. Sehen Sie Optimierungsmöglichkeiten, dann dürfen Sie sie gerne umsetzen. Allerdings sollten auch Sie Ihren Code möglichst klar und lesbar gestalten und dann eher für die Produktionsumgebung Minimierungs-Tools nutzen.

Andere Optionen

Sind Sie auf der Suche nach weiteren Quellen zu jQuery, dann haben wir hier ein paar Vorschläge:

- *Learning jQuery 1.3* von Jonathan Chaffer, Karl Swedberg und John Resig (Packt)
- *jQuery in Action* von Bear Bibeault, Yehuda Katz und John Resig (Manning)
- *jQuery UI 1.6: The User Interface Library for jQuery* von Dan Wellman (Packt)

Wenn Sie Probleme mit den Beispielen haben

Bevor Sie nach irgendwelchen anderen Ursachen forschen – prüfen Sie, ob Sie die jQuery-Bibliothek auch auf der Seite laden. Sie werden überrascht sein, wie oft dies die Lösung für »Es funktioniert nicht!« ist. Falls Sie jQuery zusammen mit einer anderen JavaScript-Bibliothek verwenden, müssen Sie eventuell `jQuery.noConflict()` nutzen, damit beide besser kooperieren. Wenn Sie Skripten laden, die jQuery benötigen, dürfen Sie sie erst nach dem Laden der jQuery-Bibliothek laden.

Ein Großteil des Codes in diesem Buch geht davon aus, dass das Dokument »bereit« ist, bevor JavaScript damit interagieren kann. Haben Sie Code im Dokumenten-Kopf, dann stecken Sie ihn in ein `$(document).ready(function() { ... });`, damit er wartet, bis das Dokument so weit ist.

Einige der in diesem Buch behandelten Features stehen nur in jQuery 1.3 oder höher zur Verfügung. Gelangen Sie von einer älteren Version von jQuery an solche Stellen, achten Sie darauf, dass Sie alle verwendeten Plugins ebenfalls aktualisieren – veraltete Plugins können zu unvorhersagbarem Verhalten führen.

Bekommen Sie ein Beispiel in einer bestehenden Anwendung nicht zum Laufen, versuchen Sie zunächst, es alleine laufen zu lassen, bevor Sie es in Ihren bestehenden Code integrieren. Funktioniert das, können Tools wie Firebug für den Firefox-Browser dabei helfen, das Problem einzugrenzen.

Wenn Sie eine minifizierte Version von jQuery nutzen und Probleme mit der jQuery-Bibliothek selbst auftreten, sollten Sie überlegen, zur vollständigen Version von jQuery zu wechseln, während Sie das Problem debuggen. Es ist dann viel leichter, die kritische Zeile zu finden, die häufig einen Hinweis auf die Lösung gibt.

Wenn es immer noch nicht funktionieren will, können Sie Ihre Frage in der jQuery-Google-Group stellen. Viele der Autoren dieses Buches schauen dort regelmäßig vorbei und sehr häufig wird jemand aus der Gruppe einen nützlichen Tipp geben können. Der IRC-Channel #jquery auf Freenode ist eine weitere wertvolle Hinweisquelle, wenn man versucht, Fehler zu beheben

Wenn all das nicht hilft, kann es sein, dass wir einen Fehler gemacht haben. Wir haben versucht, alles ausgiebig zu testen und den gesamten Code einem Review unterzogen, aber Fehler können immer durchschlüpfen. Werfen Sie einen Blick auf die Errata-Seite (beschrieben im nächsten Abschnitt) und laden Sie den Beispiel-Code herunter, der aktualisiert werden wird, falls Fehler gefunden werden.

Wenn Sie dieses Buch mögen (oder auch nicht)

Wenn Sie dieses Buch mögen – oder auch nicht mögen – dann teilen Sie dies bitte mit! Rezensionen bei Amazon sind eine gute Möglichkeit, Ihre Freude (oder Ihren Ärger) mitzuteilen. Sie können aber auch gerne bei O'Reilly selbst Ihre Meinung abgeben:

> *http://oreilly.com/catalog/9780596159771/*

Dort finden Sie auch einen Link auf die Errata. Mit den Errata können die Leser uns über Vertipper, Fehler und andere Probleme mit dem Buch informieren. Sie werden sofort angezeigt und wir bestätigen sie, nachdem wir sie überprüft haben. O'Reilly kann solche Fehler dann in zukünftigen Ausgaben und auf Safari korrigieren und damit schnell reagieren. Wir hoffen, dass dieses Buch bei zukünftigen Versionen von jQuery aktualisiert wird und werden Vorschläge (und Kritik) in zukünftigen Auflagen berücksichtigen.

Konventionen

In diesem Buch haben wir die folgenden typographischen Konventionen verwendet:

Kursiv
Steht für Internet-Adressen wie zum Beispiel Domain-Namen und URLs sowie für neue Begriffe, wenn sie definiert werden.

Nichtproportionalschrift

Steht für Befehlszeilen und Optionen, die so eingegeben werden sollen, wie sie dort stehen, für Namen und Schlüsselwörter in Programmen, unter anderem Methoden-, Variablen- und Klassen-Namen, für HTML-Element-Tags, Schalter, Attribute, Schlüssel, Funktionen, Typen, Namensräume, Module, Eigenschaften, Parameter, Werte, Objekte, Events, Eventhandler, Makros, Dateiinhalte oder die Ausgabe von Programmen.

Nichtproportionalschrift fett

Wird in Codebeispielen verwendet, um bestimmte Stellen hervorzuheben.

Nichtproportionalschrift kursiv

Wird für Text verwendet, der durch Benutzereingaben zu ersetzen ist.

Dieses Symbol steht für einen Tipp, einen Vorschlag oder eine allgemeine Anmerkung.

Dieses Symbol steht für eine Warnung oder einen Gefahrenhinweis.

KAPITEL 1

Grundlagen von jQuery

Cody Lindley

1.0 Einleitung

Da Sie zu einem Kochbuch über jQuery gegriffen haben, gehen die Autoren dieses Buches davon aus, dass Sie eine vage Idee davon haben, was jQuery genau ist und was es tut. Kochbücher sind im Allgemeinen für ein Publikum geschrieben, das schon gewisse Grundlagen im Bereich des betreffenden Themas besitzt, die ausgebaut werden sollen. Daher wird das Format Rezept – Lösung – Diskussion dazu genutzt, Ihnen schnell Lösungen für häufiger vorkommende Probleme anbieten zu können. Sind Sie aber ein jQuery-Anfänger, dann werfen Sie das Buch nicht gleich wütend gegen eine Wand, während Sie wilde Verwünschungen gegen uns aussprechen. Wir haben dieses Kapitel extra für Sie geschrieben.

Falls Sie ein wenig Auffrischung oder überhaupt eine Starthilfe benötigen, weil Sie über jQuery nicht viel oder gar nichts wissen, vermittelt Ihnen dieses erste Kapitel (die weiteren Kapitel gehen davon aus, dass Sie die Grundlagen beherrschen) einen Einstieg in jQuery. Haben Sie noch so gar kein Wissen über JavaScript und das DOM,dann sollten Sie sich vielleicht überlegen, ob es überhaupt sinnvoll ist, mit jQuery arbeiten zu wollen, *ohne* die Sprache JavaScript und ihr Zusammenwirken mit dem DOM zumindest in Grundzügen zu kennen. In diesem Fall empfehle ich ein Buch über DOM und JavaScript, bevor Sie sich wieder mit jQuery beschäftigen. Mein Tipp ist da *JavaScript - Das umfassende Referenzwerk (http://www.oreilly.de/catalog/jscript5ger)* von David Flanagan (O'Reilly) als Einführung. Aber lassen Sie sich nicht davon abhalten, jQuery noch vor dem DOM und JavaScript zu erlernen. Viele haben sich gerade auf diesem Weg Wissen über diese Technologien angeeignet. Es mag zwar nicht der ideale Weg sein, aber er kann funktionieren.

So, dann wollen wir uns mal eine formale Definition von jQuery und eine kurze Beschreibung ihrer Funktionalität anschauen:

> jQuery ist eine Open Source JavaScript-Bibliothek, die die Interaktionen zwischen einem HTML-Dokument oder genauer dem Document Object Model (DOM) und JavaScript vereinfacht.

Oder einfacher gesagt – und für die klassischen JavaScript-Hacker – jQuery macht die Arbeit mit Dynamic HTML (DHTML) total einfach. Insbesondere erleichtert jQuery das Durchlaufen und Bearbeiten des HTML-Dokuments, den Umgang mit Browser-Events, DOM-Animationen, Ajax-Interaktionen und JavaScript-Entwicklung für verschiedene Browser.

Mit der formalen Beschreibung von jQuery im Hinterkopf wollen wir uns nun anschauen, warum Sie jQuery eventuell nutzen sollten.

Warum jQuery?

Es mag ein bisschen seltsam erscheinen, die Vorzüge von jQuery in diesem Kochbuch aufzuzählen, denn vermutlich kennen Sie sie bereits.

Ich renne also vielleicht offene Türen ein, aber trotzdem sollten wir uns kurz anschauen, warum sich ein Entwickler für jQuery entscheiden könnte. Ich möchte damit auch Ihr Grundlagenwissen über jQuery verbessern, indem ich erst das »Warum« erkläre, um dann zum »Wie« zu kommen.

Ich will jQuery nicht mit der Konkurrenz vergleichen, um die Bedeutung von jQuery zu unterstreichen. Denn ich glaube nicht, dass es einen direkten Konkurrenten gibt. Zudem bin ich der Meinung, dass die einzige Bibliothek, die sowohl die Bedürfnisse der Designer als auch die der Programmierer erfüllt, jQuery ist. In diesem Kontext steht jQuery einfach für sich alleine.

Ich gehe fest davon aus, dass all die bekannten JavaScript-Bibliotheken und -Frameworks ihre Nische und ihren Wert haben. Es wäre verrückt, alle miteinander vergleichen zu wollen, aber es wird doch immer wieder gemacht. Ich war sogar selbst dran beteiligt. Aber nachdem ich mir viele Gedanken dazu gemacht habe, glaube ich ehrlich daran, dass alle JavaScript-Bibliotheken ihren Zweck haben. Es hängt nur mehr davon ab, wer sie nutzt und wie sie genutzt werden, als davon, was sie wirklich können. Zudem scheint es so, dass die kleinen Unterschiede zwischen JavaScript-Bibliotheken in Bezug auf die größeren Ziele der Java-Script-Entwicklung oft unwichtig sind. Ohne jetzt noch philosophischer zu werden, will ich einfach mal eine Liste von Eigenschaften präsentieren, die jQuery zum Vorteil gereichen:

- Es ist Open Source und das Projekt ist unter einer MIT- und einer GNU General Public License (GPL)-Lizenz lizenziert. Es ist frei, und das sogar mehrfach!
- Es ist klein (18 KB minifiziert) und gezipped (114 KB unkomprimiert).
- Es ist unglaublich beliebt, hat also viele Anwender und ausreichend Beitragende als Entwickler und Botschafter.
- Es normalisiert die Unterschiede zwischen Web-Browsern, so dass Sie es nicht tun müssen.
- Es hat einen kleinen Footprint mit einer einfachen, aber doch klugen Plugin-Architektur.
- Es gibt ein umfangreiches Repository mit Plugins (*http://plugins.jquery.com/*), das seit der Veröffentlichung von jQuery immer weiter gewachsen ist.

- Die API ist vollständig dokumentiert – sogar mit Code-Beispielen, was in der Welt der JavaScript-Bibliotheken ein echter Luxus ist. Nun, eigentlich war es jahrelang schon ein Luxus, dass es überhaupt eine Dokumentation gibt.

- Es ist freundlich, denn es stellt Möglichkeiten bereit, Konflikte mit anderen Java-Script-Bibliotheken zu vermeiden.

- Die Unterstützung durch die Community ist wirklich hilfreich. Es gibt eine Reihe von Mailing-Listen, IRC-Channels und unglaublich viele Tutorials, Artikel und Blog-Posts.

- Es wird offen entwickelt. Jeder kann zu Bugfixes, Verbesserungen und der Entwicklung an sich beitragen.

- Die Entwicklung geht stetig weiter, das Entwicklungs-Team hat keine Scheu, neue Releases zu veröffentlichen.

- Die Nutzung durch große Firmen sorgt für Langlebigkeit und Stabilität (zum Beispiel Microsoft, Dell, Bank of America, Digg, CBS, Netflix).

- Es berücksichtigt Spezifikationen des W3C, bevor es die Browser tun. Zum Beispiel unterstützt jQuery einen Großteil der CSS3-Selektoren.

- Es ist für die Entwicklung auf modernen Browsern getestet und optimiert (Chrome 1, Chrome Nightly, IE 6, IE 7, IE 8, Opera 9.6, Safari 3.2, WebKit Nightly, Firefox 2, Firefox 3, Firefox Nightly).

- Sowohl Designer als auch Programmierer können sehr viel aus jQuery herausholen.

- Seine Eleganz, die Methodologien und die Philosophie beim Ändern der Art, wie in JavaScript geschrieben wird, werden langsam selbst ein Standard. Überlegen Sie nur einmal, wie viele andere Lösungen die Selektions- und Auswahl-Muster übernommen haben.

- Der nicht erklärliche Nebeneffekt des guten Gefühls beim Programmieren ist ansteckend und lässt sich auch nicht vermeiden. Selbst Kritiker finden Teile von jQuery sehr gut.

- Die Dokumentation gibt es in unterschiedlichsten Facetten (zum Beispiel durch den API Browser, Dashboard Apps und Cheat Sheets), einschließlich eines Offline-API-Browsers (AIR Application).

- Es ist absichtlich so gestaltet, dass ordentliche JavaScript-Codingpraktiken gefördert werden.

- Es ist im Kern eine JavaScript-Bibliothek geblieben (statt eines Frameworks), stellt aber gleichzeitig ein Partner-Projekt für UI-Widgets und die Anwendungs-Entwicklung bereit (jQuery UI).

- Die Lernkurve ist nicht allzu steil, weil jQuery auf Konzepten aufbaut, die die meisten Entwickler und Designer schon kennen (zum Beispiel CSS und HTML).

Meiner Meinung nach ist es keine einzelne Eigenschaft, sondern die Kombination aller dieser Punkte, die jQuery von den anderen Lösungen abhebt, Das gesamte jQuery-Paket ist als JavaScript-Tool einfach unerreicht.

Die Philosophie hinter jQuery

Die Philosophie von jQuery ist: »Schreibe weniger, schaffe mehr.« Diese Philosophie kann dabei in drei Konzepte aufgebrochen werden:

- Elemente finden (über CSS-Selektoren), mit denen dann etwas getan wird (über jQuery-Methoden)
- Mehrere jQuery-Methoden für ein Set aus Elementen verketten
- Den jQuery-Wrapper und die implizite Iteration nutzen

Wenn Sie Ihren eigenen jQuery-Code schreiben oder die in diesem Buch gefundenen Rezepte aufpeppen wollen, ist es unabdingbar, diese drei Konzepte im Detail verstanden zu haben. Lassen Sie uns diese unter die Lupe nehmen.

Elemente finden, mit denen dann etwas getan wird

Genauer gesagt – eine Menge von Elementen im DOM finden, mit der dann etwas getan wird. Lassen Sie uns zum Beispiel ein Szenario anschauen, bei dem Sie ein <div> vor dem Anwender verbergen, neue Inhalte dort hineinladen, ein Attribut des <div> ändern und schließlich das verborgene <div> wieder sichtbar machen wollen.

Diese Kombination an Aufgaben, umgewandelt in jQuery-Code, würde in etwa so aussehen:

```
<!DOCTYPE html PUBLIC "-//W3C//DTD XHTML 1.0 Transitional//EN"
"http://www.w3.org/TR/xhtml1/DTD/xhtml1-transitional.dtd">
<html>
<head>
<script type="text/JavaScript"
src="http://ajax.googleapis.com/ajax/libs/jquery/1.3.2/jquery.min.js"></script>
</head>
<body>
<div>alter Inhalt</div>
<script>

//alle divs auf der Seite verbergen
jQuery('div').hide();

//Text in allen divs aktualisieren
jQuery('div').text('neuer Inhalt');

//Klassen-Attribut mit dem Wert updatedContent bei allen divs hinzufügen
jQuery('div').addClass("updatedContent");

//alle divs auf der Seite anzeigen
jQuery('div').show();

</script>
</body>
</html>
```

Lassen Sie uns diese vier jQuery-Anweisungen durchgehen:

- Die <div>-Elemente auf der Seite verbergen, so dass sie der Anwender nicht mehr sieht.
- Den Text in den verborgenen <div> durch neuen Text (neuer Inhalt) ersetzen.
- Das <div>-Element durch ein neues Attribut (class) mit einem Wert (updatedContent) ergänzen.
- Das <div>-Elements auf der Seite anzeigen, so dass es der Benutzer wieder zu sehen bekommt.

Wenn Ihnen der jQuery-Code jetzt noch etwas mystisch vorkommt, ist das schon in Ordnung. Wir werden uns im ersten Rezept dieses Kapitels die Grundlagen anschauen. Was Sie aber aus diesem Code-Beispiel mitnehmen sollten, ist das jQuery-Konzept »Elemente finden, mit denen etwas getan wird«. In diesem Beispiel haben wir alle <div>-Elemente in der HTML-Seite mit Hilfe der jQuery-Funktion (jQuery()) gefunden und dann jQuery-Methoden genutzt, um mit dieser Menge etwas zu tun (zum Beispiel hide(), text(), addClass(), show()).

Verketten

jQuery ist so aufgebaut, dass Sie dessen Methoden verketten können. Warum sollten Sie nicht zum Beispiel ein Element finden und dann nacheinander Operationen für dieses anwenden können? Unser vorheriges Codebeispiel, das Konzept »Elemente finden, mit denen etwas getan wird« könnte durch das Verketten zu einer einzigen JavaScript-Anweisung kombiniert werden.

Dieser Code:

```
//alle divs auf der Seite verbergen
jQuery('div').hide();

//Text in allen divs aktualisieren
jQuery('div').text('neuer Inhalt');

//Klassen-Attribut mit dem Wert updatedContent bei allen divs hinzufügen
jQuery('div').addClass("updatedContent");

//alle divs auf der Seite anzeigen
jQuery('div').show();
```

kann durch Verketten auch so aussehen:

```
jQuery('div').hide().text('neuer Inhalt').addClass("updatedContent").show();
```

oder mit Einrückung und Zeilenumbruch:

```
jQuery('div')
    .hide()
    .text('neuer Inhalt')
    .addClass("updatedContent")
    .show();
```

Einfach gesagt können Sie durch das Verketten eine endlose Folge von jQuery-Methoden auf die Elemente anwenden, die aktuell mit der Funktion jQuery ausgewählt werden (also mit jQuery-Funktionalität umhüllt sind). Im Hintergrund werden die Elemente, die vor dem Anwenden einer jQuery-Methode ausgewählt sind, immer zurückgegeben, so dass die Kette fortgesetzt werden kann. Wie Sie in zukünftigen Rezepten sehen werden, sind auch Plugins so aufgebaut (es werden umhüllte Elemente zurückgegeben), so dass auch die Anwendung eines Plugins die Kette nicht unterbricht.

Es ist nicht direkt offensichtlich, aber abhängig vom Code kann durch das Verketten auch der Aufwand reduziert werden, der durch ein mehrfaches Selektieren von DOM-Elementen entsteht. So muss man die betreffenden Objekte nur einmal auswählen und kann dann eine Vielzahl von jQuery-Methoden darauf anwenden. Es ist für die Performance einer Seite ausgesprochen wichtig, unnötige Durchläufe des DOM zu vermeiden. Wann immer es möglich ist, sollten Sie ein Set ausgewählter DOM-Objekte puffern oder wiederverwenden.

Die Wrapper-Sets von jQuery

Wenn Sie mit jQuery zu tun haben, werden Sie einen Großteil der Zeit auch mit *Wrappern* arbeiten. Mit anderen Worten: Sie wählen DOM-Elemente aus einer HTML-Seite aus, die mit jQuery-Funktionalität »umhüllt« werden. Manchmal wird dieses Wrapper-Set ein DOM-Element enthalten, manchmal aber auch viele. Es gibt sogar Fälle, in denen das Wrapper-Set gar kein Element enthält. In diesen Situationen werden die Methoden/Eigenschaften, die jQuery bereitstellt, still und leise nichts tun, wenn sie dafür aufgerufen werden. Das kann praktisch sein, da unnötige if-Anweisungen so vermieden werden können.

Schauen Sie sich jetzt einmal den Code an, den wir zum Demonstrieren des Konzepts »Elemente finden, mit denen etwas getan wird« genutzt haben. Was würde wohl passieren, wenn wir auf der Webseite mehrere <div>-Elemente untergebracht hätten? Im folgenden Code-Beispiel habe ich drei zusätzliche <div>-Elemente in die HTML-Seite eingefügt, so dass wir insgesamt vier davon haben:

```
<!DOCTYPE html PUBLIC "-//W3C//DTD XHTML 1.0 Transitional//EN"
"http://www.w3.org/TR/xhtml1/DTD/xhtml1-transitional.dtd">
<html>
<head>
<script type="text/JavaScript" src="http://ajax.googleapis.com/ajax/libs/
jquery/1.3.0/jquery.min.js"></script> </head>
<body>
<div>alter Inhalt</div>
<div>alter Inhalt</div>
<div>alter Inhalt</div>
<div>alter Inhalt</div>
<script>
//alle divs auf der Seite verbergen
jQuery('div').hide().text('neuer Inhalt').addClass("updatedContent").show();

</script>
</body>
</html>
```

Sie haben hier keine explizite Schleife programmiert, aber jQuery scannt die ganze Seite und steckt alle <div>-Elemente in das Wrapper-Set, so dass die jQuery-Methoden, die ich hier genutzt habe, für jedes DOM-Element im Set ausgeführt werden (eine implizite Iteration). So wird zum Beispiel die Methode .hide() auf jedes Element im Set angewendet. Schauen Sie sich den Code nochmals an, so erden Sie feststellen, dass jede Methode, die wir nutzen, auf jedes <div>-Element auf der Seite angewendet wird. Es ist so, als hätten Sie eine Schleife geschrieben, die jede jQuery-Methode für jedes DOM-Element aufruft. Dieses neue Code-Beispiel führt dazu, dass jedes <div> auf der Seite verborgen, mit neuem Text versehen, einen neuen Klassenwert erhalten und wieder sichtbar gemacht werden wird.

Es ist ziemlich entscheidend, dass Sie verstehen, was das Wrapper-Set ist und was dort automatisch geschieht (die implizite Iteration). Denn nur so können Sie darauf aufbauend aufwändigere Konzepte erstellen. Denken Sie nur daran, dass hier eine einfache Schleife ausgeführt wird, bevor Sie selbst zu Schleifen greifen (zum Beispiel jQuery-('div').each(function(){}). Sie können es auch so sehen: Jedes Element im Wrapper wird üblicherweise durch die jQuery-Methode(n) geändert, die dafür aufgerufen werden.

Beachten Sie allerdings, dass es in den folgenden Kapiteln Situationen gibt, in denen nur das erste Element des Wrapper-Sets durch die jQuery-Methode beeinflusst wird (zum Beispiel attr()), aber nicht alle.

Organisation der jQuery-API

Ohne Frage war der Grund, warum ich mich für jQuery entschied, die ausgezeichnete Dokumentation (und die gigantische Menge an Plugins!). Später merkte ich, dass eine andere Tatsache meine Liebe zu jQuery noch festigte: Die API ist in logische Kategorien unterteilt. Allein durch einen Blick auf die Organisation der API konnte ich die benötigte Funktionalität herausfinden.

Bevor Sie richtig mit der Arbeit mit jQuery beginnen, schlage ich vor, dass Sie sich die Online-Dokumentation (*http://docs.jquery.com/Main_Page*) anschauen, um die Organisation der API kennenzulernen. Dadurch können Sie in der Dokumentation schneller die benötigten Informationen finden, was ein echter Vorteil ist, denn es gibt eine Reihe von Wegen, mit jQuery ein Problem anzugehen. Dabei kann es durchaus passieren, dass Sie gar nicht anfangen, Code zu schreiben, sondern sich in der Dokumentation vergraben. Ich gebe die Struktur hier wieder und schlage vor, dass Sie sich diese merken – zumindest die obersten Kategorien.

- jQuery Core
  - Die Funktion jQuery
  - jQuery Object Accessors
  - Daten
  - Plugins
  - Interoperabilität

- Selektoren
  - Grundlagen
  - Hierarchie
  - grundlegende Filter
  - Inhalts-Filter
  - Sichtbarkeits-Filter
  - Attributs-Filter
  - Kind-Filter
  - Forms
  - Form-Filter
- Attribute
  - Attr
  - Klasse
  - HTML
  - Text
  - Wert
- Durchlaufen
  - Filtern
  - Finden
  - Verketten
- Bearbeiten
  - Inhalt ändern
  - Innerhalb einfügen
  - Außerhalb einfügen
  - Drumherum einfügen
  - Ersetzen
  - Entfernen
  - Kopieren
- CSS
  - CSS
  - Positionieren
  - Höhe und Breite
- Events
  - Laden der Seite
  - Event Handling

- Live Events
- Interaction Helper
- Event Helper
- Effekte
  - Grundlagen
  - Sliding
  - Fading
  - Eigene
  - Einstellungen
- Ajax
  - AJAX Requests
  - AJAX Events
  - Verschiedenes
- Tools
  - Browser- und Feature-Erkennung
  - Array- und Objekt-Operationen
  - Test-Operationen
  - String-Operationen
    URLs

Bevor wir in eine Reihe grundlegender jQuery-Rezepte einsteigen, möchte ich darauf hinweisen, dass die Rezepte in diesem Kapitel aufeinander aufbauen. Sie erweitern also mit jedem Rezept Ihr Wissen in logischen Schritten. Mein Vorschlag ist daher, dass Sie beim ersten Mal alle in der richtigen Reihenfolge lesen – von 1.1 bis 1.17.

1.1 Einbinden der jQuery-Bibliothek in eine HTML-Seite

Problem

Sie wollen die jQuery-JavaScript-Bibliothek auf einer Webseite nutzen.

Lösung

Momentan gibt es zwei ideale Lösungen, um die jQuery-Bibliothek in eine Webseite einzubinden:

- Das bei Google gehostete Content Delivery Network (CDN) verwenden, um eine Version von jQuery einzubinden (dies wird in diesem Kapitel genutzt).
- Eine eigene Version von jQuery.com (*http://jquery.com*) herunterladen und auf dem eigenen Server oder dem lokalen Dateisystem hosten.

Diskussion

Das Einbinden der jQuery-JavaScript-Bibliothek ist nicht schwieriger als das Einbinden irgendwelcher anderer externer JavaScript-Dateien. Sie nutzen einfach das HTML-Element <script> und geben ihm einen Wert (die URL oder einen Verzeichnispfad) für das Attribut src="" mit – schon wird die externe Datei, auf die Sie verweisen, in die Webseite eingebunden. So ist der folgende Code zum Beispiel eine Vorlage, mit der die jQuery-Bibliothek eingebunden wird und mit der Sie ein beliebiges jQuery-Projekt aufsetzen können:

```
<!DOCTYPE html PUBLIC "-//W3C//DTD XHTML 1.0 Transitional//EN"
"http://www.w3.org/TR/xhtml1/DTD/xhtml1-transitional.dtd">
<html>
<head>
<meta http-equiv="Content-Type" content="text/html; charset=UTF-8" />
<script type="text/JavaScript"
src="http://ajax.googleapis.com/ajax/libs/jquery/1.3.2/jquery.min.js"></script>
</head>
<body>
<script type="text/JavaScript">
    alert('jQuery ' + jQuery.fn.jquery);
</script>
</body>
</html>
```

Beachten Sie, dass ich die bei Google gehostete minifizierte Version von jQuery nutze – und das empfehle ich auch unbedingt für öffentliche Webseiten. Allerdings ist das Debuggen im minifizierten Code nicht so optimal. Während der Code-Entwicklung kann es tatsächlich besser sein, die nicht-minifizierte Version von Google zu nehmen, um JavaScript-Fehler besser debuggen zu können. Mehr Informationen über die Verwendung der bei Google gehosteten Version von jQuery finden Sie auf der Ajax-Bibliotheks-API-Site unter *http://code.google.com/apis/ajaxlibs/*.

Es ist natürlich auch möglich (und für Sie sehr wahrscheinlich ein alter Hut), eine Kopie des jQuery-Codes selbst zu hosten. In den meisten Fällen wäre das allerdings verrückt, weil Google schon so freundlich ist, das für Sie zu übernehmen. Durch die Verwendung der bei Google gehosteten Version von jQuery profitieren Sie von einer stabilen, zuverlässigen, schnellen und global verfügbaren Version. Zudem reduziert sich die Latenzzeit, und der parallele Aufruf von Dateien sowie das Caching funktionieren besser. Das können Sie natürlich auch ohne Google erreichen, aber meist kostet das den einen oder anderen Euro.

Was, wenn Sie nun aber nicht die Google-Variante wählen wollen? Vielleicht brauchen Sie eine angepasste Version von jQuery oder in Ihrem Fall ist eine Verbindung zum Internet nicht notwendig oder nicht möglich. Oder Sie glauben einfach, dass Google böse ist und wollen daher nichts damit zu tun haben, weil Sie ein Kontrollfreak und Verschwörungstheoretiker sind. In solchen Fällen kann jQuery von jQuery.com (*http://docs.jquery.com/ Downloading_jQuery*) heruntergeladen und auf Ihrem eigenen Server oder lokal im Dateisystem gehostet werden. In der eben angeführten Vorlage würden Sie dann den Wert des Attributs src durch eine URL oder einen Verzeichnispfad auf die eigene jQuery-JavaScript-Datei ersetzen.

1.2 Ausführen von jQuery/JavaScript-Code nach dem Laden des DOM, aber noch vor dem vollständigen Laden der Seite

Problem

Moderne JavaScript-Anwendungen mit unaufdringlichen JavaScript-Methodologien führen den JavaScript-Code meist erst aus, nachdem das DOM vollständig geladen wurde. Denn jegliches Durchlaufen und Bearbeiten des DOM kann erst dann ausgeführt werden, wenn es komplett vorhanden ist. Wir brauchen also eine Möglichkeit, herauszufinden, wann der Client (meist ein Web-Browser) das DOM vollständig geladen hat, auch wenn noch nicht alle zusätzlichen Objekte vorhanden sind (wie zum Beispiel Bilder oder SWF-Dateien). Wenn Sie in dieser Situation bisher das Event window.onload genutzt haben, wurden dann auch immer erst alle zusätzlichen Objekte vollständig geladen, bevor onload feuert. Das dauert den meisten Surfern aber zu lange. Wir brauchen also ein Event, das uns mitteilt, wann das DOM schon durchlaufen ist und bearbeitet werden kann.

Lösung

jQuery stellt die Methode ready() bereit. Dabei handelt es sich um einen eigenen Eventhandler, der normalerweise an das document-Objekt des DOM gebunden ist. Der Methode ready() wird ein einzelner Parameter mitgegeben – eine Funktion, die den JavaScript-Code enthält, welcher ein Mal ausgeführt werden soll, wenn das DOM bereit ist. Das folgende einfache Beispiel zeigt, wie dieses Event ein alert()-Fenster öffnet, wenn das DOM schon fertig, die Seite aber noch nicht komplett geladen ist:

```
<!DOCTYPE html PUBLIC "-//W3C//DTD XHTML 1.0 Transitional//EN"
"http://www.w3.org/TR/xhtml1/DTD/xhtml1-transitional.dtd">
<html>
<head>
<meta http-equiv="Content-Type" content="text/html; charset=UTF-8" />
<script type="text/JavaScript"
src="http://ajax.googleapis.com/ajax/libs/jquery/1.3.2/jquery.min.js"></script>
<script type="text/JavaScript">
    jQuery(document).ready(function(){//DOM nicht geladen, nutze Ready-Event
        alert(jQuery('p').text());
    });
</script>
</head>
<body>
<p>Das DOM ist fertig!</p>
</body>
</html>
```

Diskussion

Die Eventhandler-Methode ready() ist der Ersatz von jQuery für das normale JavaScript-Event window.onload. Sie kann so oft genutzt werden wie Sie wollen. Es ist sinnvoll, es in

Ihrer Webseite erst nach dem Einbinden von Stylesheet-Deklarationen und Includes zu verwenden. Dadurch stellen Sie sicher, dass alle Element-Eigenschaften korrekt definiert sind, bevor jQuery- oder JavaScript-Code durch das Event ready() ausgeführt wird.

Zusätzlich stellt die jQuery-Funktion selbst eine Kurzversion des Ready-Events bereit. Damit kann das alert()-Beispiel so umgeschrieben werden:

```
<!DOCTYPE html PUBLIC "-//W3C//DTD XHTML 1.0 Transitional//EN"
"http://www.w3.org/TR/xhtml1/DTD/xhtml1-transitional.dtd">
<html>
<head>
<meta http-equiv="Content-Type" content="text/html; charset=UTF-8" />
<script type="text/JavaScript"
src="http://ajax.googleapis.com/ajax/libs/jquery/1.3.2/jquery.min.js"></script>
<script type="text/JavaScript">
    jQuery(function(){ //DOM nicht geladen, nutze ready-Event
        alert(jQuery('p').text());
    });
</script>
</head>
<body>
<p>Das DOM ist fertig!</p>
</body>
</html>
```

Dieses jQuery-Event ist nur dann notwendig, wenn Sie JavaScript am Anfang des Dokuments im Element <head> einbinden müssen. Ich vermeide ready() dadurch, dass ich alle JavaScript-Includes und den Inline-Code vor dem schließenden </body>-Element einfüge. Dafür habe ich zwei Gründe.

Zum einen haben moderne Optimierungstechniken gezeigt, dass Seiten schneller geladen werden, wenn das JavaScript vom Browser erst am Ende geparst werden muss. Fügen Sie also den JavaScript-Code am Ende einer Webseite ein, dann lädt der Browser zuerst alles andere, bevor er sich dem JavaScript zuwendet. Das ist gut, weil die meisten Browser das Laden anderer Objekte unterbrechen, bis die JavaScript-Engine das in einer Webseite enthaltene JavaScript kompiliert hat. Am Anfang der Webseite führt das zu einer Verzögerung. Es mag Situationen geben, in denen es einfacher ist, das JavaScript im <head>-Element unterzubringen. Aber ehrlich gesagt habe ich es noch nie erlebt, dass dies absolut notwendig war. Alle Schwierigkeiten, die sich bei der Entwicklung dadurch ergaben, dass der JavaScript-Code erst am Ende der Seite stand, wurden durch die Performance-Gewinne mehr als ausgeglichen.

Und warum sollten wir zweitens mehr Code schreiben wollen, wenn wir das Ziel auch durch das Verschieben des Codes an das Ende der Seite erreichen können? Wenn ich die Wahl zwischen mehr und weniger Code habe, wähle ich natürlich weniger Code. Durch das Vermeiden des ready()-Events benötigt man weniger Code, der im Allgemeinen auch noch schneller ausgeführt werden kann.

So, nachdem wir das geklärt haben, sehen Sie hier ein Beispiel unseres alert()-Codes, der das Event ready() nicht verwendet:

```
<!DOCTYPE html PUBLIC "-//W3C//DTD XHTML 1.0 Transitional//EN"
"http://www.w3.org/TR/xhtml1/DTD/xhtml1-transitional.dtd">
<html>
<head>
<meta http-equiv="Content-Type" content="text/html; charset=UTF-8" />
</head>
<body>
<p>Das DOM ist fertig!</p>
<script type="text/JavaScript"
src="http://ajax.googleapis.com/ajax/libs/jquery/1.3.2/jquery.min.js"></script>
<script type="text/JavaScript">
    alert(jQuery('p').text());//DOM geladen - also los!
</script>
</body>
</html>
```

Beachten Sie, dass ich meinen JavaScript-Code vor dem schließenden </body>-Element untergebracht habe. Jegliches zusätzliche Markup sollte im HTML-Dokument vor dem JavaScript-Code platziert werden.

1.3 Selektieren von DOM-Elementen mit Selektoren und der jQuery-Funktion

Problem

Sie müssen ein einzelnes DOM-Element und/oder eine Menge von DOM-Elementen selektieren, um auf dies(e) Element(e) jQuery-Methoden anzuwenden.

Lösung

jQuery stellt zwei Möglichkeiten bereit, Elemente aus dem DOM zu selektieren. Bei beiden nutzen Sie die jQuery-Funktion (jQuery() oder den Alias $()). Die erste Option, die CSS-Selektoren und eigene Selektoren verwendet, ist die am häufigsten verwendete und auch elegantere Lösung. Indem wir der jQuery-Funktion einen String mit einem Selektor-Ausdruck übergeben, durchläuft die Funktion das DOM und findet die DOM-Knoten, die durch den Ausdruck festgelegt sind. Als Beispiel selektiert der folgende Code alle <a>-Elemente im HTML-Dokument:

```
<!DOCTYPE html PUBLIC "-//W3C//DTD XHTML 1.0 Transitional//EN"
"http://www.w3.org/TR/xhtml1/DTD/xhtml1-transitional.dtd">
<html>
<head>
<meta http-equiv="Content-Type" content="text/html; charset=UTF-8" />
</head>
<body>
<a href='#'>Link</a>
<a href='#'>Link</a>
<a href='#'>Link</a>
<a href='#'>Link</a>
<a href='#'>Link</a>
```

```
<a href='#'>Link</a>
<script type="text/JavaScript"
src="http://ajax.googleapis.com/ajax/libs/jquery/1.3.2/jquery.min.js"></script>
<script type="text/JavaScript">
    //alert mit Angabe von 6 Elementen
    alert('Seite enthält ' + jQuery('a').length + ' <a>-Elemente!');
</script>
</body>
</html>
```

Wenn Sie diese HTML-Seite in einem Web-Browser laufen lassen, wird Sie der Code mit einem Browser-alert() darauf hinweisen, dass die Seite sechs <a>-Elemente enthält. Ich habe diesen Wert an die Methode alert() übergeben, indem ich zunächst alle <a>-Elemente selektiere und dann die Eigenschaft length nutze, um die Anzahl der Elemente im jQuery-Wrapper-Set zurückzugeben.

Der erste Parameter der jQuery-Funktion, so wie wir sie hier nutzen, kann auch mehrere Ausdrücke enthalten. Dazu trennen Sie die verschiedenen Selektoren durch ein Komma (innerhalb des Strings). Dies kann folgendermaßen aussehen:

```
jQuery('selector1, selector2, selector3').length;
```

Die zweite Option zum Selektieren von DOM-Elementen – die weniger gebräuchliche – ist die Übergabe einer echten JavaScript-Referenz auf DOM-Elemente an die jQuery-Funktion. Als Beispiel werden im folgenden Code alle <a>-Elemente im HTML-Dokument selektiert. Beachten Sie, dass ich der jQuery-Funktion ein Array mit <a>-Elementen übergebe, die ich durch die DOM-Methode getElementsByTagName eingesammelt habe. Dieses Beispiel führt zum gleichen Ergebnis wie das vorherige:

```
<!DOCTYPE html PUBLIC "-//W3C//DTD XHTML 1.0 Transitional//EN"
"http://www.w3.org/TR/xhtml1/DTD/xhtml1-transitional.dtd">
<html>
<head>
<meta http-equiv="Content-Type" content="text/html; charset=UTF-8" />
</head>
<body bgcolor="yellow"> <!-- Ja, das Attribut ist veraltet, aber was solls -->
<a href='#'>Link</a>
<a href='#'>Link</a>
<a href='#'>Link</a>
<a href='#'>Link</a>
<a href='#'>Link</a>
<a href='#'>Link</a>
<script type="text/JavaScript"
src="http://ajax.googleapis.com/ajax/libs/jquery/1.3.2/jquery.min.js"></script>
<script type="text/JavaScript">
    //alerts mit Angabe von 6 Elementen
    alert('Seite enthält ' + jQuery(document.getElementsByTagName('a')).length +
' <a>-Elemente, die Hintergrundfarbe ist '
    + jQuery(document.body).attr('bgcolor') + '.');
</script>
</body>
</html>
```

Diskussion

Die vielfältigen Möglichkeiten, für die jQuery bekannt ist, basieren teilweise auf der Selektions-Engine Sizzle (*http://sizzlejs.com/*), die DOM-Elemente in einem HTML-Dokument selektiert. Sie haben die Option, der jQuery-Funktion DOM-Referenzen zu übergeben. Das ist in gewissen Situationen sehr praktisch, aber dafür ist jQuery nicht berühmt geworden. Richtig interessant wird es mit den vielen Selektions-Möglichkeiten.

Im Rest des Buches werden Sie mächtige und robuste Selektoren kennenlernen. Wenn Sie einen solchen sehen, sollten Sie sich unbedingt mit seiner Funktionalität vertraut machen, denn dies wird Ihnen beim weiteren Arbeiten mit jQuery noch sehr nützlich sein.

1.4 Selektieren von DOM-Elementen in einem bestimmten Kontext

Problem

Sie brauchen eine Referenz auf ein einzelnes DOM-Element oder eine Menge von DOM-Elementen im Kontext eines anderen DOM-Elements oder Dokuments, um die gefundenen Elemente mit jQuery-Methoden zu bearbeiten.

Lösung

Übergibt man der jQuery-Funktion einen CSS-Ausdruck, dann kann man auch einen zweiten Parameter mitgeben, der der Funktion mitteilt, in welchem Kontext sie nach den DOM-Elementen suchen soll. Der zweite Parameter ist in diesem Fall eine DOM-Referenz, ein jQuery-Wrapper oder ein Dokument. Im folgenden Code gibt es 12 `<input>`-Elemente. Achten Sie darauf, wie ich mit dem `<form>`-Element einen bestimmten Kontext nutze, um nur einen Teil der `<input>`-Elemente zu selektieren:

```
<!DOCTYPE html PUBLIC "-//W3C//DTD XHTML 1.0 Transitional//EN"
"http://www.w3.org/TR/xhtml1/DTD/xhtml1-transitional.dtd">
<html>
<head>
<meta http-equiv="Content-Type" content="text/html; charset=UTF-8" />
</head>
<body>

<form>
<input name="" type="checkbox" />
<input name="" type="radio" />
<input name="" type="text" />
<input name="" type="button" />
</form>

<form>
<input name="" type="checkbox" />
<input name="" type="radio" />
<input name="" type="text" />
```

```
<input name="" type="button" />
</form>

<input name="" type="checkbox" />
<input name="" type="radio" />
<input name="" type="text" />
<input name="" type="button" />

<script type="text/JavaScript"
src="http://ajax.googleapis.com/ajax/libs/jquery/1.3.2/jquery.min.js"></script>
<script type="text/JavaScript">

  //in allen form-Elementen mit einem Wrapper für den Kontext suchen
  // => 8 Eingabefelder selektiert
  alert('Es wurden ' + jQuery('input',$('form')).length + ' Eingabefelder selektiert.');

  //im ersten form-Element mit der DOM-Referenz als Kontext suchen
  // => 4 Eingabefelder selektiert
  alert('Es wurden ' + jQuery('input',document.forms[0]).length + ' Eingabefelder
                              selektiert.');

  //im body-Element mit einem Ausdruck suchen => 12 Eingabefelder selektiert
  alert('Es wurden ' + jQuery('input','body').length + ' Eingabefelder selektiert.');

</script>
</body>
</html>
```

Diskussion

Es ist, wie in der Lösung dieses Rezepts erwähnt, möglich, in Dokumenten als Kontext zu suchen. So können Sie zum Beispiel im Kontext eines XML-Dokuments suchen, das Sie über eine XHR-Anfrage (Ajax) erhalten haben. Mehr Details dazu finden Sie in Kapitel 16.

1.5   Ein Wrapper-Set mit DOM-Elementen filtern

Problem

Sie haben eine Menge mit selektierten DOM-Elementen in einem jQuery-Wrapper-Set, wollen aber DOM-Elemente daraus entfernen, die nicht einem neu angegebenen Ausdruck entsprechen. So erhalten Sie ein neues Set mit Elementen, mit denen Sie arbeiten können.

Lösung

Die Filter-Methode von jQuery, angewandt auf ein Wrapper-Set mit DOM-Elementen, kann Elemente ausschließen, die bestimmte Bedingungen *nicht* erfüllen. Kurz gesagt ermöglicht es die Methode filter(), das aktuelle Set mit Elementen zu filtern. Das ist ein wichtiger Unterschied zur find-Methode, bei der ein Wrapper-Set mit DOM-Elementen durch das Finden (über einen neuen Selektoren-Ausdruck) neuer Elemente (einschließlich von Kind-Elementen des aktuellen Wrapper-Sets) verändert wird.

Um die filter-Methode zu verstehen, wollen wir uns den folgenden Code anschauen:

```
<!DOCTYPE html PUBLIC "-//W3C//DTD XHTML 1.0 Transitional//EN"
"http://www.w3.org/TR/xhtml1/DTD/xhtml1-transitional.dtd">
<html>
<head>
<meta http-equiv="Content-Type" content="text/html; charset=UTF-8" />
</head>
<body>
<a href="#" class="external">Link</a>
<a href="#" class="external">Link</a>
<a href="#"></a>
<a href="#" class="external">Link</a>
<a href="#" class="external">Link</a>
<a href="#"></a>
<a href="#">Link</a>
<a href="#">Link</a>
<a href="#">Link</a>
<a href="#">Link</a>
<script type="text/JavaScript"
src="http://ajax.googleapis.com/ajax/libs/jquery/1.3.2/jquery.min.js"></script>
<script type="text/JavaScript">

    //Es bleiben 4 übrig
        alert(jQuery('a').filter('.external').length + ' externe Links');
</script>
</body>
</html>
```

Die HTML-Seite im Code-Beispiel enthält einfach eine Webseite mit 10 <a>-Elementen. Die Links auf externe Seiten haben einen Klassennamen external. Mit der jQuery-Funktion selektieren wir alle <a>-Elemente auf der Seite. Dann werden mit der filter-Methode alle Elemente entfernt, die keinen Wert external für das class-Attribut haben. Nachdem das ursprüngliche Set mit DOM-Elementen durch die Methode filter() verändert wurde, nutze ich die Eigenschaft length, um zu erfahren, wie viele Elemente es nun in der Menge gibt.

Diskussion

Es ist auch möglich, der filter()-Methode eine Funktion zu übergeben, mit der das Wrapper-Set gefiltert wird. Unser vorheriges Code-Beispiel, bei der filter() ein String übergeben wird, kann so angepasst werden:

```
alert(
    jQuery('a')
        .filter(function(index){ return $(this).hasClass('external');})
        .length + ' externe Links'
);
```

Jetzt übergebe ich der Methode filter() eine anonyme Funktion. Diese wird mit einem Kontext aufgerufen, der dem aktuellen Element entspricht. Nutze ich also in dieser Funktion $(this), beziehe ich mich in Wirklichkeit auf jedes DOM-Element im Wrapper-Set. Mit Hilfe dieser Funktion überprüfe ich nun jedes <a>-Element im Wrapper-Set darauf, ob die Klasse (hasClass()) den Wert external besitzt. Wenn ja, wird der Boolesche Wert true zurückgegeben und das Element bleibt im Set enthalten. Gibt es diese Klasse nicht (false), wird es aus dem Set entfernt. Kurz gesagt: Gibt diese Funktion false zurück, wird das Element entfernt. Jeder andere Wert führt dazu, dass es im Wrapper-Set verbleibt.

Vielleicht ist Ihnen aufgefallen, dass ich der Funktion einen Parameter mit dem Namen index übergeben haben, den ich gar nicht nutze. Dieser Parameter kann bei Bedarf verwendet werden, wenn ein numerischer Bezug auf den Index des Elements im jQuery-Wrapper-Set hergestellt werden soll.

1.6 Abhängige Elemente im aktuell selektierten Wrapper-Set finden

Problem

Sie haben ein Set mit selektierten DOM-Elementen (oder ein einzelnes Element) und wollen die abhängigen (Kind-)Elemente finden, wobei als Kontext die aktuell selektierten Elemente genutzt werden.

Lösung

Nutzen Sie die Methode .find(), um ein neues Wrapper-Set mit Elementen zu erzeugen, das im Kontext der aktuell selektierten Elemente deren Kind-Elemente enthält. Gehen wir zum Beispiel einmal davon aus, dass Sie eine Webseite mit einer ganzen Reihe von Absätzen haben. Innerhalb dieser Absätze gibt es hervorgehobene Wörter (in kursiv). Wollen Sie nun nur <em>-Elemente innerhalb von <p>-Elementen selektieren, können Sie so vorgehen:

```
<!DOCTYPE html PUBLIC "-//W3C//DTD XHTML 1.0 Transitional//EN"
"http://www.w3.org/TR/xhtml1/DTD/xhtml1-transitional.dtd">
<html>
<head>
<meta http-equiv="Content-Type" content="text/html; charset=UTF-8" />
</head>
<body>
<p>Ut ad videntur facilisis <em>elit</em> cum. Nibh insitam erat facit
<em>saepius</em> magna.  Nam ex liber iriure et imperdiet. Et mirum eros
iis te habent. </p>
<p>Claram claritatem eu amet dignissim magna. Dignissim quam elit facer eros
illum. Et qui ex esse <em>tincidunt</em> anteposuerit. Nulla nam odio ii
vulputate feugait.</p>
<p>In quis <em>laoreet</em> te legunt euismod. Claritatem <em>consuetudium</em>
wisi sit velit facilisi.</p>
<script type="text/JavaScript"
src="http://ajax.googleapis.com/ajax/libs/jquery/1.3.2/jquery.min.js"></script>
<script type="text/JavaScript">
```

```
//Gibt die Anzahl aller kursiven Wörter innerhalb von <p>-Elementen aus
      alert('Die drei Absätze enthalten insgesamt ' +
      jQuery('p').find('em').length + ' kursive Wörter.');
</script>
</body>
</html>
```

Denken Sie daran, dass wir dieses Ziel auch erreichen, wenn wir eine Kontext-Referenz als zweiten Parameter an die jQuery-Funktion übergeben hätten:

```
alert('Die drei Absätze enthalten insgesamt ' + jQuery('em',$('p')).length +
' kursive Wörter');
```

Diese letzten beiden Code-Beispiele sind natürlich nicht ohne Grund präsentiert worden. Es ist nämlich viel logischer und pragmatischer, einen CSS-Selektor-Ausdruck zu nutzen, um alle kursiven, abhängigen Elemente in den drei <p>-Elementen zu finden.

```
alert('Die drei Absätze enthalten insgesamt ' + jQuery('p em').length +
' kursive Wörter');
```

Diskussion

Die jQuery-Methode `.find()` kann genutzt werden, um ein neues Set mit Elementen zu erzeugen, das auf dem Kontext des aktuellen Sets und deren Kind-Elementen basiert. Häufig werden die Methoden `.filter()` und `.find()` verwechselt. Man kann sich den Unterschied am einfachsten merken, indem man sich daran erinnert, dass `.find()` mit den Kind-Elementen des aktuellen Sets arbeitet, während `.filter()` nur mit den eigentlichen Elementen des Sets arbeitet. Wollen Sie also das aktuelle Wrapper-Set ändern, um es als Kontext für die Auswahl der Kinder zu nutzen, verwenden Sie `.find()`. Wollen Sie nur das aktuelle Set filtern und eine neue Untermenge der aktuellen DOM-Elemente erhalten, greifen Sie auf `.filter()` zurück. `find()` findet also Kind-Elemente, während `filter()` nur das filtert, was sich im aktuellen Wrapper-Set befindet.

1.7 Vor einer destruktiven Änderung zur vorherigen Selektion zurückkehren

Problem

Eine destruktive jQuery-Methode (zum Beispiel `filter()` oder `find()`), die auf ein Set aus Elementen angewendet wurde, muss zurückgenommen werden, so dass die alte »Version« wieder verfügbar ist, so als ob es die destruktive Methode nie gegeben hätte.

Lösung

jQuery stellt die Methode `end()` bereit, mit der Sie zum vorherigen Set mit DOM-Elementen zurückkehren und den Zustand vor dem Anwenden einer destruktiven Methode erhalten können. Um die Methode `end()` zu verstehen, wollen wir uns den folgenden HTML-Code anschauen.

```
<!DOCTYPE html PUBLIC "-//W3C//DTD XHTML 1.0 Transitional//EN"
"http://www.w3.org/TR/xhtml1/DTD/xhtml1-transitional.dtd">
<html>
<head>
<meta http-equiv="Content-Type" content="text/html; charset=UTF-8" />
</head>
<body>
<p>text</p>
<p class="middle">Mittlerer <span>Text</span></p>
<p>text</p>
<script type="text/JavaScript"
src="http://ajax.googleapis.com/ajax/libs/jquery/1.3.2/jquery.min.js"></script>
<script type="text/JavaScript">
    alert(jQuery('p').filter('.middle').length); //gibt 1 aus
    alert(jQuery('p').filter('.middle').end().length); //gibt 3 aus
    alert(jQuery('p').filter('.middle').find('span')
.end().end().length); //gibt 3 aus
</script>
</body>
</html>
```

Die erste alert()-Anweisung im Code enthält eine jQuery-Anweisung, mit der das Dokument nach allen <p>-Elementen durchsucht wird. Dann werden per filter() aus den selektierten <p>-Elementen im Set nur die ausgewählt, die die Klasse middle besitzen. Die Eigenschaft length beschreibt dann, wie viele Elemente im Set verblieben sind:

```
alert(jQuery('p').filter('.middle').length); //gibt 1 aus
```

Die nächste alert()-Anweisung nutzt die Methode end(). Wir gehen genauso vor wie bei der vorherigen Anweisung, nur dass wir die Methode filter() rückgängig machen und damit das Set mit den Elementen zurückgeben, die sich vor dem Anwender der Methode filter() im Wrapper-Set befanden:

```
alert(jQuery('p').filter('.middle').end().length); //gibt 3 zurück
```

Die letzte alert()-Anweisung zeigt, wie die Methode end() zwei Mal genutzt wird, um beide destruktive Änderungen filter() und find() zurückzunehmen und damit das Wrapper-Set in seinen Ursprungszustand zurückzuversetzen:

```
alert(jQuery('p').filter('.middle').find('span').end().end().length); //gibt 3 zurück
```

Diskussion

Wenn die Methode end() genutzt wird, obwohl vorher keine destruktiven Operationen durchgeführt wurden, wird ein leeres Set zurückgegeben. Dabei handelt es sich bei einer destruktiven Operation um eine solche, die die Menge der gefundenen jQuery-Elemente ändert – somit also alle durchlaufenden oder verändernden Methoden, die ein jQuery-Objekt zurückgeben. Dazu gehören add(), andSelf(), children(), closes(), filter(), find(), map(), next(), nextAll(), not(), parent(), parents(), prev(), prevAll(), siblings(), slice(), clone(), appendTo(), prependTo(), insertBefore(), insertAfter() und replace-All().

1.8 Die vorherige Selektion mit der aktuellen Selektion vereinigen

Problem

Sie haben ein Set mit Elementen bearbeitet, um zu einem neuen Set zu gelangen, wollen aber sowohl mit dem neuen wie auch mit dem alten Set arbeiten.

Lösung

Sie können eine vorherige Selektion von DOM-Elementen mit der aktuellen Selektion kombinieren, indem Sie die Methode andSelf() nutzen. So selektieren wir zum Beispiel im folgenden Code zunächst alle <div>-Elemente auf der Seite. Dann ve rändern wir dieses Set mit Elementen, indem wir alle <p>-Elemente innerhalb der <div>-Elemente auswählen. Um nun sowohl auf den <div>- wie auch auf den <p>-Elementen innerhalb der <div>-Elemente zu arbeiten, können wir die <div> -Elemente in das aktuelle Set mit Hilfe der Methode andSelf() übernehmen. Würden wir andSelf() weglassen, würde die Rahmenfarbe nur auf die <p>-Elemente angewendet werden:

```
<!DOCTYPE html PUBLIC "-//W3C//DTD XHTML 1.0 Transitional//EN"
"http://www.w3.org/TR/xhtml1/DTD/xhtml1-transitional.dtd">
<html>
<head>
<meta http-equiv="Content-Type" content="text/html; charset=UTF-8" />
</head>
<body>
<div>
<p>Absatz</p>
<p>Absatz</p>
</div>
<script type="text/JavaScript" src="http://ajax.googleapis.com/
ajax/libs/jquery/1.3.2/jquery.min.js"></script>
<script type="text/JavaScript">
    jQuery('div').find('p').andSelf().css('border','1px solid #993300');
</script>
</body>
</html>
```

Diskussion

Nutzen Sie die Methode andSelf(), dann wird nur das aktuelle Set mit dem direkt vorher genutzten vereinigt, nicht mit allen vorherigen Sets.

1.9 Das DOM basierend auf dem aktuellen Kontext durchlaufen, um ein neues Set mit DOM-Elementen zu erhalten

Problem

Sie haben ein Set mit DOM-Elementen selektiert und wollen ausgehend von der Position der Selektionen in der DOM-Baumstruktur das DOM erneut durchlaufen, um ein neues Set mit Elementen zu erhalten.

Lösung

jQuery stellt eine Reihe von Methoden bereit, mit denen das DOM abhängig vom Kontext der aktuell selektierten DOM-Elemente durchlaufen werden kann.

Lassen Sie uns zum Beispiel den folgenden HTML-Schnipsel anschauen:

```
<div>
<ul>
<li><a href="#">Link</a></li>
<li><a href="#">Link</a></li>
<li><a href="#">Link</a></li>
<li><a href="#">Link</a></li>
</ul>
</div>
```

Jetzt wollen wir das zweite <li>-Element mit Hilfe des (jQuery-eigenen) Index-Selektors :eq() auswählen:

```
//wählt das zweite Element der <li>s über den Index aus, der mit 0 beginnt
jQuery('li:eq(1)');
```

Wir haben jetzt einen Kontext, einen Ausgangspunkt in der HTML-Struktur, nämlich das zweite <li>-Element. Von hier aus können wir zu beliebigen anderen Positionen gelangen – na gut, zu fast allen anderen Positionen. Nutzen wir ein paar jQuery-Methoden, um das DOM zu durchlaufen. In den Kommentaren ist jeweils die Funktion beschrieben:

```
jQuery('li:eq(1)').next() //selektiert das dritte <li>

jQuery('li:eq(1)').prev() //selektiert das erste <li>

jQuery('li:eq(1)').parent() //selektiert das Eltern-Element <ul>

jQuery('li:eq(1)').parent().children() //selektiert alle <li>s

jQuery('li:eq(1)').nextAll() //selektiert alle <li>s nach dem zweiten <li>

jQuery('li:eq(1)').prevAll() //selektiert alle <li>s vor dem zweiten <li>
```

Diese durchlaufenden Methoden erzeugen ein neues Wrapper-Set. Um zum vorherigen Wrapper-Set zurückzugelangen, können Sie end() verwenden.

Diskussion

Die gezeigten Methoden zum Durchlaufen des DOM sind recht einfach. Es gibt aber zwei weitere Konzepte, die beim Durchlaufen wichtig sind.

Das erste und vermutlich naheliegendste Konzept ist das Verketten von durchlaufenden Methoden. Lassen Sie uns nochmals die folgende jQuery-Anweisung anschauen:

```
jQuery('li:eq(1)').parent().children() //selektiert alle <li>s
```

Dabei bin ich vom zweiten `<li>`-Element zum übergeordneten Eltern-Element `<ul>` und dann wieder zu allen Kind-Elementen des `<ul>`-Elements gewandert. Das jQuery-Wrapper-Set enthält damit alle `<li>`-Elemente innerhalb des `<ul>`. Natürlich ist das ein etwas künstliches Beispiel, um die durchlaufenden Methoden zu demonstrieren. Wollten wir wirklich nur ein Wrapper-Set mit `<li>`-Elementen erhalten, wäre es viel einfacher, direkt alle `<li>`-Elemente zu selektieren (zum Beispiel über `jQuery('li')`).

Das zweite Konzept, das Sie beim Umgang mit den durchlaufenden Methoden im Hinterkopf haben sollten, ist, dass vielen der Methoden ein optionaler Parameter übergeben werden kann, um die Selektionen zu filtern. Lassen Sie uns nochmal das verkettete Beispiel anschauen. Wie können wir es so ändern, dass nur das letzte `<li>`-Element selektiert wird? Denken Sie daran, dass dies ein konstruiertes Beispiel ist, mit dem nur gezeigt werden soll, wie einer durchlaufenden Methode ein Ausdruck für das Selektieren eines sehr speziellen Elements übergeben werden kann:

```
jQuery('li:eq(1)').parent().children(':last') //selektiert das letzte <li>
```

jQuery stellt weitere durchlaufende Methoden bereit, die hier nicht gezeigt werden. Eine vollständige Liste und Dokumentation finden Sie unter *http://docs.jquery.com/Traversing*. Diese zusätzlichen durchlaufenden Methoden werden in diesem Buch immer mal wieder zum Einsatz kommen.

1.10 DOM-Elemente erstellen, bearbeiten und einfügen

Problem

Sie wollen ein oder mehrere neue DOM-Elemente erstellen, die direkt selektiert sind, um sie dann zu bearbeiten und in das DOM einzufügen.

Lösung

Vielleicht haben Sie es noch nicht bemerkt: Die jQuery-Funktion besitzt viele Facetten. Sie verhält sich abhängig vom Aufbau der Parameter sehr unterschiedlich. Übergeben Sie der Funktion einen Text-String mit HTML-Code, dann werden diese Elemente direkt erzeugt. So wird zum Beispiel mit der folgenden Anweisung ein `<a>`-Element innerhalb eines `<p>`-Elements erstellt, wobei sich ganz innen noch ein Textknoten befindet:

```
jQuery('<p><a>jQuery</a></p>');
```

Mit den so erzeugten Elementen können Sie nun jQuery-Methoden nutzen, um damit zu arbeiten. Es ist so, als ob Sie das neue <p>-Element in einem bestehenden HTML-Dokument selektiert hätten. So könnten wir zum Beispiel mit dem <a> arbeiten, indem wir die Methode .find() nutzen, um das Element <a> zu selektieren und dann eines seiner Attribute zu setzen. Mit dem folgenden Code setzen wir das Attribut href auf den Wert http://www.jquery.com:

```
jQuery('<p><a>jQuery</a></p>').find('a').attr('href','http://www.jquery.com');
```

Das ist klasse, oder? Nun, es wird noch besser, denn bisher haben wir nur spontan Elemente erzeugt und bearbeitet. Wir haben aber noch nicht das aktuell geladene DOM geändert. Dazu müssen wir die Bearbeitungsmethoden von jQuery nutzen. Im Folgenden sehen Sie unseren Code im Kontext eines HTML-Dokun ments. Dabei erzeugen wir Elemente, bearbeiten sie und fügen sie dann mit der Bearbeitungs-Methode appendTo() in das DOM ein:

```
<!DOCTYPE html PUBLIC "-//W3C//DTD XHTML 1.0 Transitional//EN"
"http://www.w3.org/TR/xhtml1/DTD/xhtml1-transitional.dtd">
<html>
<head>
<meta http-equiv="Content-Type" content="text/html; charset=UTF-8" />
</head>
<body>
<script type="text/JavaScript"
src="http://ajax.googleapis.com/ajax/libs/jquery/1.3.2/jquery.min.js"></script>
<script type="text/JavaScript">
jQuery('<p><a>jQuery</a></p>').find('a').attr('href','http://www.jquery.com')
  .end().appendTo('body');
</script>
</body>
</html>
```

Beachten Sie, wie wir hier die Methode end() nutzen, um die Methode find() rückgängig zu machen. Wenn nun ein Aufruf von appendTo() erfolgt, wird alles angehängt, was ursprünglich im ersten Wrapper-Set enthalten war.

Diskussion

In diesem Rezept haben wir der jQuery-Funktion einen HTML-String übergeben, aus dem DOM-Elemente erzeugt wurden. Es ist auch möglich, der jQuery-Funktion ein DOM-Objekt zu übergeben, das von der DOM-Methode createElement() erzeugt wurde:

```
jQuery(document.createElement('p')).appendTo('body'); //hängt ein leeres p-Element an die
                                                      //Seite an
```

Das kann natürlich ziemlich mühsam sein, wenn doch ein HTML-String mit mehreren Elementen wunderbar funktioniert.

Es sei darauf hingewiesen, dass wir hier bezüglich der Bearbeitungs-Methoden mit appendTo() nur an der Oberfläche gekratzt haben. Neben appendTo() gibt es noch folgende Bearbeitungs-Methoden:

- append()
- prepend()
- prependTo()
- after()
- before()
- insertAfter()
- insertBefore()
- wrap()
- wrapAll()
- wrapInner()

1.11 Entfernen von DOM-Elementen

Problem

Sie wollen Elemente aus dem DOM entfernen.

Lösung

Die Methode remove() kann genutzt werden, um ein selektiertes Set an Elementen und deren Kind-Elemente aus dem DOM zu entfernen. Schauen Sie sich einmal den folgenden Code an:

```
<!DOCTYPE html PUBLIC "-//W3C//DTD XHTML 1.0 Transitional//EN"
"http://www.w3.org/TR/xhtml1/DTD/xhtml1-transitional.dtd">
<html>
<head>
<meta http-equiv="Content-Type" content="text/html; charset=UTF-8" />
</head>
<body>
<h3>Anker</h3>
<a href='#'>Anker-Element</a>
<a href='#'>Anker-Element</a>
<a href='#'>Anker-Element</a>
<script type="text/JavaScript"
src="http://ajax.googleapis.com/ajax/libs/jquery/1.3.2/jquery.min.js"></script>
<script type="text/JavaScript">
  jQuery('a').remove();
</script>
</body>
</html>
```

Wenn dieser Code in den Browser geladen wird, werden die Anker-Elemente auf der Seite bleiben, bis der JavaScript-Code ausgeführt wird. Nach dem Aufruf der Methode remove() verbleibt auf der Seite nur noch ein <h3>-Element.

Es ist auch möglich, der Methode einen Ausdruck mitzugeben, um das Element-Set zu filtern, das entfernt werden soll. So könnte zum Beispiel unser Code so geändert werden, dass er nur noch Anker mit einer bestimmten Klasse entfernt:

```
<!DOCTYPE html PUBLIC "-//W3C//DTD XHTML 1.0 Transitional//EN"
"http://www.w3.org/TR/xhtml1/DTD/xhtml1-transitional.dtd">
<html>
<head>
<meta http-equiv="Content-Type" content="text/html; charset=UTF-8" />
</head>
<body>
<h3>Anker</h3>
<a href='#' class='remove'>Anker-Element</a>
<a href='#'>Anker-Element</a>
<a href='#' class="remove">Anker-Element</a>
<script type="text/JavaScript"
src="http://ajax.googleapis.com/ajax/libs/jquery/1.3.2/jquery.min.js"></script>
<script type="text/JavaScript">
  jQuery('a').remove('.remove');
</script>
</body>
</html>
```

Diskussion

Nutzt man die jQuery-Methode remove(), muss man zwei Dinge bedenken:

- Die Elemente werden zwar mit remove() aus dem DOM entfernt, aber nicht aus dem jQuery-Wrapper-Set. Das bedeutet, dass Sie theoretisch mit ihnen weiterarbeiten und sie sogar bei Bedarf wieder im DOM einfügen könnten.

- Diese Methode wird nicht nur die Elemente aus dem DOM entfernen, sondern auch alle Eventhandler und intern gepufferten Daten, die die entfernten Elemente enthalten haben könnten.

1.12 DOM-Elemente ersetzen

Problem

Sie müssen Knoten, die sich gerade im DOM befinden, durch neue DOM-Knoten ersetzen.

Lösung

Mit der Methode replaceWith() können wir eine Menge von DOM-Elementen ersetzen. Im folgenden Code-Beispiel nutzen wir replaceWith(), um alle <li>-Elemente mit einem Attribut class mit dem Wert remove durch eine neue DOM-Struktur zu ersetzen:

```
<!DOCTYPE html PUBLIC "-//W3C//DTD XHTML 1.0 Transitional//EN"
"http://www.w3.org/TR/xhtml1/DTD/xhtml1-transitional.dtd">
<html>
```

```
<head>
<meta http-equiv="Content-Type" content="text/html; charset=UTF-8" />
</head>
<body>
<ul>
<li class='remove'>Name</li>
<li>Name</li>
<li class='remove'>Name</li>
<li class='remove'>Name</li>
<li>Name</li>
<li class='remove'>Name</li>
<li>Name</li>
<li class='remove'>Name</li>
</ul>
<script type="text/JavaScript"
src="http://ajax.googleapis.com/ajax/libs/jquery/1.3.2/jquery.min.js"></script>
<script type="text/JavaScript">
  jQuery('li.remove').replaceWith('<li>entfernt</li>');
</script>
</body>
</html>
```

Die neue DOM-Struktur, die hinzugefügt wird, ist ein String-Parameter, der der Methode replaceWith() übergeben wird. In unserem Beispiel werden alle <li>-Elemente mit dem Klassen-Attribut remove durch die neue Struktur <li>entfernt</li> ersetzt.

Diskussion

jQuery bietet mit der Methode replaceAll() auch eine »umgekehrte« Möglichkeit an, bei der die Parameter vertauscht sind. So könnten wir den jQuery-Code aus unserem Beispiel auch so schreiben:

```
jQuery('<li>entfernt</li>').replaceAll('li.remove');
```

Hier übergeben wir der jQuery-Funktion den HTML-String und nutzen dann die Methode replaceAll(), um die DOM-Knoten und deren Kinder auszuwählen, die entfernt und ersetzt werden sollen.

1.13 DOM-Elemente klonen

Problem

Sie brauchen einen Klon beziehungsweise eine Kopie des DOM.

Lösung

jQuery stellt die Methode clone() bereit, um DOM-Elemente zu kopieren. Sie lässt sich ganz leicht anwenden. Selektieren Sie nur die DOM-Elemente mit der jQuery-Funktion und rufen Sie dann die Methode clone() für das selektierte Set auf. Das Ergebnis ist eine Kopie der DOM-Struktur, die anstatt der ursprünglich gewählten DOM-Elemente weiter verkettet werden kann. Im folgenden Code klone ich das <ul>-Element und hänge dann diese Kopie wieder mit Hilfe der Methode `appendTo()`. an das DOM an. Im Prinzip füge ich also der Seite eine weitere `<ul>`-Struktur hinzu, die exakt der entspricht, die schon vorhanden ist:

```
<!DOCTYPE html PUBLIC "-//W3C//DTD XHTML 1.0 Transitional//EN"
"http://www.w3.org/TR/xhtml1/DTD/xhtml1-transitional.dtd">
<html>
<head>
<meta http-equiv="Content-Type" content="text/html; charset=UTF-8" />
</head>
<body>
<ul>
<li>List</li>
<li>List</li>
<li>List</li>
<li>List</li>
</ul>
<script type="text/JavaScript"
src="http://ajax.googleapis.com/ajax/libs/jquery/1.3.2/jquery.min.js"></script>
<script type="text/JavaScript">
  jQuery('ul').clone().appendTo('body');
</script>
</body>
</html>
```

Diskussion

Die Methode zum Klonen ist sehr praktisch, wenn man DOM-Abschnitte innerhalb des DOM verschieben will. Sie bietet sich vor allem dann an, wenn Sie nicht nur die DOM-Elemente kopieren und verschieben wollen, sondern auch die Events, die damit verbunden sind. Schauen Sie sich den folgenden HTML- und jQuery-Code genau an:

```
<!DOCTYPE html PUBLIC "-//W3C//DTD XHTML 1.0 Transitional//EN"
"http://www.w3.org/TR/xhtml1/DTD/xhtml1-transitional.dtd">
<html>
<head>
<meta http-equiv="Content-Type" content="text/html; charset=UTF-8" />
</head>
<body>
<ul id="a">
<li>List</li>
<li>List</li>
<li>List</li>
<li>List</li>
</ul>
<ul id="b"></ul>
<script type="text/JavaScript"
src="http://ajax.googleapis.com/ajax/libs/jquery/1.3.2/jquery.min.js"></script>
<script type="text/JavaScript">
  jQuery('ul#a li')
      .click(function(){alert('List-Item angeklickt')})
      .parent()
          .clone(true)
              .find('li')
              .appendTo('#b')
```

```
        .end()
      .end()
    .remove();
</script>
</body>
</html>
```

Wenn Sie diesen Code in einem Browser ausführen, werden damit die `<li>`-Elemente auf der Seite kopiert, die ein Click-Event besitzen, diese neu kopierten Elemente (einschließlich der Events) werden dann in das leere `<ul>` eingefügt und anschließend wird das `<ul>`-Element entfernt, das wir kopiert hatten.

Das mag nicht so gleich in den Kopf eines neuen jQuery-Entwicklers gehen, daher wollen wir uns diese Anweisung Schritt für Schritt anschauen, um die verketteten Methoden zu erläutern:

1. `jQuery('ul#a li')` = Selektiere das `<ul>`-Element mit dem id-Attribut a und selektieren dann alle `<li>`-Elemente innerhalb von `<ul>`.

2. `.click(function(){alert('List-Item angeklickt')})` = Hinzufügen eines Click-Events zu jedem `<li>`.

3. `.parent()` = Durchlaufen des DOM, indem für das selektierte Set das Element `<ul>` genutzt wird.

4. `.clone(true)` = Klonen des `<ul>`-Elements mit all seinen Kind-Elementen und den Events (auch der Kind-Elemente). Das geschieht, indem der Methode `clone()` ein Boolescher Wert `true` übergeben wird.

5. `.find('li')` = Nun wird innerhalb der geklonten Elemente das Set mit Elementen so geändert, dass nur die `<li>`-Elemente innerhalb des `<ul>`-Elements übrig bleiben.

6. `.appendTo('#b')` = Es werden die selektierten, geklonten `<li>`-Elemente genommen und innerhalb des `<ul>`-Elements untergebracht, das das id-Attribut b besitzt.

7. `.end()` = Zurückkehren zum vorher selektierten Element-Set, hier dem geklonten `<ul>`-Element.

8. `.end()` = Zurückkehren zum vorher selektierten Element-Set, hier das ursprüngliche `<ul>`-Element, das wir geklont haben.

9. `.remove()` = Entfernen des ursprünglichen `<ul>`-Elements.

Es ist vielleicht nicht ganz offensichtlich, aber es ist durchaus wichtig, zu verstehen, wie man das selektierte Element-Set bearbeiten oder zum vorher selektierten Set zurückkehren kann, um komplexe jQuery-Anweisungen aufzubauen.

1.14 Attribute von DOM-Elementen lesen, setzen und entfernen

Problem

Sie haben ein DOM-Element mit Hilfe der jQuery-Funktion selektiert und müssen nun den Wert eines Attributs dieses Elements auslesen oder setzen.

Lösung

jQuery stellt die Methode attr() bereit, um Attributswerte zu lesen oder zu setzen. Im folgenden Code werden wir den Wert des Attributs href eines <a>-Elements erst setzen und dann wieder auslesen:

```
<!DOCTYPE html PUBLIC "-//W3C//DTD XHTML 1.0 Transitional//EN"
"http://www.w3.org/TR/xhtml1/DTD/xhtml1-transitional.dtd">
<html>
<head>
<meta http-equiv="Content-Type" content="text/html; charset=UTF-8" />
</head>
<body>
<a>jquery.com</a>
<script type="text/JavaScript"
src="http://ajax.googleapis.com/ajax/libs/jquery/1.3.2/jquery.min.js">
</script>
<script type="text/JavaScript">
// Ausgabe der URL der jQuery-Homepage
alert(
    jQuery('a').attr('href','http://www.jquery.com').attr('href')
);
</script>
</body>
</html>
```

Wie Sie im Code-Beispiel sehen können, selektieren wir das einzige <a>-Element im HTML-Dokument, setzen dessen Attribut href und lesen dann den Wert mit der gleichen Methode attr() wieder aus, wobei wir jetzt nur den Namen des Attributs angeben. Gäbe es mehrere <a>-Elemente im Dokument, würde die Methode attr() auf das erste gefundene Element zugreifen. Der Code wird beim Laden in einem Browser per alert() den Wert ausgeben, den wir vorher für das Attribut href gesetzt haben.

Da die meisten Elemente mehr als ein Attribut besitzen, ist es auch möglich, mehrere Attributswerte mit einem einzigen Aufruf der Methode attr() zu setzen. So könnten wir im vorigen Beispiel auch gleich das Attribut title setzen, indem wir der Methode attr() anstatt zwei String-Parameter ein Objekt übergeben:

```
jQuery('a').attr({'href':'http://www.jquery.com','title':'jquery.com'}).attr('href')
```

Mit der Möglichkeit, Elementen Attribute hinzuzufügen, brauchen wir auch die Möglichkeit, Attribute und deren Werte zu entfernen. Die Methode removeAttr() kann genutzt werden, um Attribute aus HTML-Elementen zu entfernen. Dazu übergeben Sie ihr einfach einen String-Wert mit dem Namen des Attributs, das Sie entfernen möchten (zum Beispiel jQuery('a')removeAttr('title')).

Diskussion

Neben der Methode `attr()` stellt jQuery noch eine Reihe von Methoden bereit, um mit dem Attribut `class` von HTML-Elementen zu arbeiten. Da das Attribut `class` viele verschiedene Werte enthalten kann (zum Beispiel `class="class1 class2 class3"`), werden diese speziellen Methoden genutzt, um mit den Werten arbeiten zu können.

Diese jQuery-Methoden sind:

`addClass()`
Ergänzen des Attributswerts von `class` durch eine neue Klasse beziehungsweise einen neuen Wert. Dabei kann es sich auch um Klassen handeln, die schon gesetzt wurden.

`hasClass()`
Prüfen, ob der Wert des Attributs `class` eine bestimmte Klasse enthält.

`removeClass()`
Entfernen einer einzelnen Klasse aus dem Attribut `class`, während die restlichen Werte erhalten bleiben.

`toggleClass()`
Hinzufügen der angegebenen Klasse, wenn sie noch nicht vorhanden ist; Entfernen, wenn es sie schon gibt.

1.15 HTML-Inhalte lesen und setzen

Problem

Sie müssen ein Stück HTML-Code in der aktuellen Webseite auslesen oder setzen.

Lösung

jQuery stellt die Methode `html()` bereit, um HTML-Code von HTML-Elementen (oder DOM-Strukturen) auszulesen oder zu setzen. Im folgenden Code nutzen wir diese Methode, um den HTML-Wert des `<p>`-Elements im HTML-Dokument zu setzen und auszulesen:

```
<!DOCTYPE html PUBLIC "-//W3C//DTD XHTML 1.0 Transitional//EN"
"http://www.w3.org/TR/xhtml1/DTD/xhtml1-transitional.dtd">
<html>
<head>
<meta http-equiv="Content-Type" content="text/html; charset=UTF-8" />
</head>
<body>
<p></p>
<script type="text/JavaScript"
src="http://ajax.googleapis.com/ajax/libs/jquery/1.3.2/jquery.min.js">
```

```
</script>
<script type="text/JavaScript">
jQuery('p').html('<strong>Hallo Welt</strong>, ich bin ein <em>&lt;p&gt;</em>-Element.');
alert(jQuery('p').html());
</script>
</body>
</html>
```

Führt man diesen Code in einem Browser aus, erhält man einen Alert mit dem HTML-Inhalt des <p>-Elements, welches wir vorher mit der Methode html() gesetzt und auch wieder damit ausgelesen haben.

Diskussion

Diese Methode nutzt die DOM-Eigenschaft innerHTML, um HTML-Codeabschnitte auszulesen und zu setzen. Sie sollten darauf achten, dass html() für XML-Dokumente nicht zur Verfügung steht (es funktioniert aber mit XHTML-Dokumenten).

1.16 Text-Inhalte lesen und setzen

Problem

Sie müssen den Text innerhalb eines oder mehrerer HTML-Elemente lesen oder setzen.

Lösung

jQuery stellt die Methode text() bereit, um den Text-Inhalt von Elementen auszulesen oder zu setzen. Im folgenden Code nutzen wir diese Methode, um den Text-Wert des <p>-Elements im HTML-Dokument zu setzen und auszulesen:

```
<!DOCTYPE html PUBLIC "-//W3C//DTD XHTML 1.0 Transitional//EN"
"http://www.w3.org/TR/xhtml1/DTD/xhtml1-transitional.dtd">
<html>
<head>
<meta http-equiv="Content-Type" content="text/html; charset=UTF-8" />
</head>
<body>
<p></p>
<script type="text/JavaScript"
src="http://ajax.googleapis.com/ajax/libs/jquery/1.3.2/jquery.min.js">
</script>
<script type="text/JavaScript">
    jQuery('p').text('Hallo Welt, ich bin ein <p>-Element.');
    alert(jQuery('p').text());
</script>
</body>
</html>
```

Führt man diesen Code in einem Browser aus, erhält man einen Alert mit dem Inhalt des <p>-Elements, welches wir vorher mit der Methode text() gesetzt und auch wieder damit ausgelesen haben.

Diskussion

Es ist wichtig, sich daran zu erinnern, dass die Methode text() der Methode html() ähnelt, mit der Ausnahme, dass text() HTML-Code maskiert (< und > durch ihre HTML-Entitäten ersetzt). Haben Sie also Tags innerhalb des Text-Strings, der an die Methode text() übergeben wird, werden diese in ihre HTML-Entitäten umgewandelt (< und >).

1.17 Den $-Alias verwenden, ohne globale Konflikte zu erzeugen

Problem

Sie wollen den Alias $ nutzen, anstatt den globalen Namespace anzugeben (jQuery), ohne sich um globale Konflikte sorgen zu müssen.

Lösung

Die Lösung ist hier, eine anonyme, sich selbst aufrufende Funktion zu erstellen, die wir dem jQuery-Objekt übergeben. Dann nutzen wir das $-Zeichen als Parameter-Zeiger auf das jQuery-Objekt.

So könnte zum Beispiel der gesamte jQuery-Code in folgender, sich selbst aufrufender Funktion gekapselt werden:

```
(function($){ //Funktion zum Erzeugen eines privaten Scopes mit dem
    //$-Parameter und zum Verwenden von $ ohne Konflikte
})(jQuery); //Aufruf der anonymen Funktion und Übergabe an das jQuery-Objekt
```

Diskussion

Wir übergeben hier die globale Referenz auf jQuery an eine Funktion, die einen privaten Gültigkeitsbereich erzeugt. Würden wir das nicht tun und den Alias $ im globalen Gültigkeitsbereich nutzen, hätten wir das Risiko, dass andere Skripten im HTML-Dokument (oder welche, die erst noch dazukommen), das Zeichen $ nicht nutzen könnten. Warum sollten wir also das Risiko eingehen, wenn wir unseren eigenen, privaten Gültigkeitsbereich erzeugen können?

Ein weiterer Vorteil besteht darin, dass Code innerhalb der anonymen, selbst-aufrufenden Funktion in seinem eigenen, privaten Gültigkeitsbereich läuft. Sie können ziemlich sicher davon ausgehen, dass kein Code innerhalb der Funktion einen Konflikt mit anderem JavaScript-Code im globalen Gültigkeitsbereich auslösen wird. Auch hier können wir also Kollisionen vermeiden, indem wir unseren privaten Gültigkeitsbereich erstellen.

KAPITEL 2

Elemente mit jQuery selektieren

James Padolsey

2.0 Einführung

Tief im Kern von jQuery steckt die Selektions-Engine, mit der Sie Elemente in einem Dokument basierend auf Namen, Attributen, Zuständen und so weiter selektieren können. Aufgrund der großen Popularität von CSS ist es sinnvoll, dessen Selektions-Syntax zu übernehmen, um in jQuery sehr einfach Elemente selektieren zu können. Neben der Unterstützung eines Großteils der Selektoren aus den CSS-Spezifikationen der Versionen 1 bis 3 bietet jQuery auch noch eine ganze Reihe *eigener Selektoren* an, mit denen man Elemente basierend auf bestimmten Zuständen oder Eigenschaften selektieren kann. Zusätzlich können Sie auch selbst Selektoren erzeugen! Dieses Kapitel behandelt einige der regelmäßig auftretenden Fragen beim Selektieren von Elementen mit jQuery.

Vor dem ersten Rezept wollen wir aber ein paar grundlegende Prinzipien beschreiben.

Der einfachste Weg, ein bestimmtes Element oder eine Menge von Elementen in einem Dokument zu erhalten, ist das Verwenden eines CSS-Selektors in der jQuery-Wrapper-Funktion:

```
jQuery('#content p a');
    // Selektieren aller Anker-Elemente innerhalb von Absatz-Elementen innerhalb von
#content
```

Nachdem wir die gesuchten Elemente selektiert haben, können wir auf dieses Set beliebige jQuery-Methoden loslassen. Um zum beispiel allen Links die Klasse selected zuzuweisen, geht man wie folgt vor:

```
jQuery('#content p a').addClass('selected');
```

jQuery stellt eine Reihe von Methoden bereit, mit denen das DOM durchlaufen werden kann und die beim Selektionsprozess helfen können, wie zum Beispiel next(), prev() und parent(). Diesen und anderen Methoden kann ein Selektions-Ausdruck als einziger Parameter übergeben werden, womit das zurückgelieferte Ergebnis gefiltert werden kann. Sie können also CSS-Selektoren an verschiedensten Stellen nutzen, nicht nur innerhalb von jQuery(...).

Wenn man Selektoren aufbaut, gibt es eine grundlegende Optimierungs-Regel: Seien Sie so spezifisch wie nötig. Je komplizierter ein Selektor ist, desto mehr Zeit braucht jQuery, um den String zu verarbeiten. jQuery nutzt native DOM-Methoden, um die gesuchten Elemente auszulesen. Die Tatsache, dass Sie Selektoren nutzen können, ist nur das Produkt einer nett gemachten Abstraktion. Daran ist nichts verkehrt, aber es ist sehr wichtig, sich der Auswirkungen seines Codes bewusst zu sein. Hier ein typisches Beispiel eines unnötig komplizierten Selektors:

```
jQuery('body div#wrapper div#content');
```

Eine genauere Angabe bedeutet nicht zwangsläufig, dass die Suche schneller ist. Der vorige Selektor kann auch wie folgt geschrieben werden:

```
jQuery('#content');
```

Das hat den gleichen Effekt, nur mit weniger Overhead. Manchmal können Sie Optimierungen vornehmen, indem Sie Ihren Selektoren einen Kontext mitgeben – das werden wir in diesem Kapitel auch noch behandeln (siehe Rezept 2.11).

2.1 Nur Kind-Elemente selektieren

Problem

Sie müssen eines oder mehrere direkte Kind-Elemente eines bestimmten Elements selektieren.

Lösung

Nutzen Sie den Kombinator für *direkt abhängige* Elemente (>). Dieser Kombinator erwartet zwei Selektionsausdrücke, einen auf jeder Seite. Möchten Sie zum Beispiel alle Anker-Elemente selektieren, die direkt unterhalb von List-Elementen liegen, dann können Sie diesen Selektor nutzen: li > a. Damit werden alle Anker gefunden, die Kind-Elemente eines List-Elements sind – und zwar direkt abhängige. Hier ein Beispiel:

```
<a href="/category">Category</a>
<ul id="nav">
    <li><a href="#anchor1">Anker 1</a></li>
    <li><a href="#anchor2">Anker 2</a></li>
    <li><span><a href="#anchor3">Anker 3</a></span></li>
</ul>
```

Um nun nur die Anker in jedem List-Element zu selektieren, würden Sie jQuery wie folgt aufrufen:

```
jQuery('#nav li > a');
 // Damit werden wie erwartet zwei Elemente selektiert
```

Der dritte Anker innerhalb der #nav Liste wird nicht selektiert, weil er kein Kind eines List-Elements ist, sondern eines <span>-Elements.

Diskussion

Es ist wichtig, zwischen einem Kind-Element und einem Nachkommen zu unterscheiden. Ein *Nachkomme* ist jedes Element innerhalb eines anderen Elements, während ein *Kind* ein direkter Nachkomme ist. Die Analogie zu Kindern und Eltern hilft hier sehr, da die Hierarchie des DOM durchaus Ähnlichkeiten hierzu aufweist.

Kombinatoren wie > können auch ohne einen Ausdruck auf der linken Seite genutzt werden, wenn schon ein Kontext angegeben wurde:

```
jQuery('> p', '#content');
    // Prinzipiell das Gleiche wie jQuery('#content > p')
```

Das Selektieren von Kind-Elementen in einer JavaScript-lastigeren Umgebung sollte mit der jQuery-Methode children() vorgenommen werden, der Sie einen Selektor als Filter für die zurückgegebenen Elemente mitgeben können. Mit folgender Anweisung würden alle direkten Kind-Elemente des #content-Element ausgewählt:

```
jQuery('#content').children();
```

Dieser Code führt zu dem gleichen Ergebnis wie jQuery('#content > *'), nur ist er schneller. Statt Ihren Selektor zu parsen, weiß jQuery direkt, was Sie wollen. Das ist allerdings kein notwendiges Unterscheidungskriterium. In manchen Situationen ist der Geschwindigkeitsunterschied nämlich nahezu inexistent – abhängig vom verwendeten Browser und von den zu suchenden Objekten. Die Methode children() ist insbesondere dann nützlich, wenn Sie mit jQuery-Objekten arbeiten, die in Variablen gespeichert sind. Zum Beispiel:

```
var anchors = jQuery('a');

// Alle direkten Kind-Elemente aller Anker-Elemente
// können auf drei verschiedenen Wegen selektiert werden:

// #1
anchors.children();

// #2
jQuery('> *', anchors);

// #3
anchors.find('> *');
```

Es gibt sogar noch mehr Wege, dieses Ziel zu erreichen! In dieser Situation ist die erste Methode die schnellste. Wie schon erwähnt können Sie einen Selektions-Ausdurck an children() übergeben, um die Ergebnisse zu filtern:

```
jQuery('#content').children('p');
```

Damit werden nur Absatz-Elemente, die direkte Kind-Elemente von #content sind, zurückgegeben.

2.2 Bestimmte Geschwister-Elemente selektieren

Problem

Sie wollen nur ein bestimmtes Set an Geschwister-Elementen für ein gegebenes Element selektieren.

Lösung

Wenn Sie die benachbarten Geschwister-Elemente eines bestimmten Elements selektieren möchten, können Sie den Kombinator für *benachbarte Geschwister* nutzen (+). Wie beim Kombinator für Kind-Elemente (>) erwartet der Geschwister-Kombinator einen Selektions-Ausdruck auf jeder Seite. Der Ausdruck auf der rechten Seite ist für den Selektor gedacht, während der Ausdruck auf der linken Seite das Geschwister-Element ist, das Sie finden wollen. Hier ein Beispiel für HTML-Code:

```
<div id="content">
    <h1>Haupttitel</h1>
    <h2>Abschnittsüberschrift</h2>
    <p>Inhalte ...</p>
    <h2>Abschnittsüberschrift</h2>
    <p>Mehr Inhalte ...</p>
</div>
```

Wollen Sie nur die <h2>-Elemente selektieren, die direkt auf <h1>-Elemente folgen, dann können Sie den folgenden Selektor nutzen:

```
jQuery('h1 + h2');
    // Selektiert ALLE H2-Elemente, die direkt neben H1-Elementen liegen
```

In diesem Beispiel wird nur ein <h2>-Element selektiert (das erste). Das zweite wird nicht mit aufgenommen, denn es ist zwar ein Geschwister-Element, aber bezogen auf das <h1>-Element nicht *benachbart*.

Wenn Sie andererseits alle Geschwister-Elemente eines bestimmten Elements selektieren und filtern wollen – unabhängig von »Nachbarschaftsstatus« – können Sie die jQuery-Methode siblings() nutzen, um sie zu erreichen, und dabei einen optionalen Selektor-Ausdruck übergeben, um die Selektion zu filtern:

```
jQuery('h1').siblings('h2,h3,p');
    // Selektiert alle H2-, H3- und P-Elemente, die Geschwister-Elemente von H1-Elementen
    // sind
```

Manchmal wollen Sie Geschwister-Elemente abhängig von ihrer Position relativ zu anderen Elementen erreichen. Hier ein weiteres HTML-Beispiel:

```
<ul>
    <li>Erstes Element</li>
    <li class="selected">Zweites Element</li>
    <li>Drittes Element</li>
    <li>Viertes Element</li>
    <li>Fünftes Element</li>
</ul>
```

Um alle List-Einträge unterhalb des zweiten Elements zu erhalten (also nach li.selected), können Sie die folgende Methode nutzen:

```
jQuery('li.selected').nextAll('li');
```

Der Methode nextAll() kann wie siblings() ein Selektor-Ausdruck mitgegeben werden, um die Selektion zu filtern, bevor sie zurückgegeben wird. Übergeben Sie keinen Selektor, dann liefert nextAll() alle Geschwister-Elemente des Ziel-Elements, die danach aufgeführt sind.

Bei diesem Beispiel könnten Sie auch einen anderen CSS-Kombinator nutzen, um alle List-Elemente nach dem zweiten zu selektieren. Der Kombinator für *allgemeine Geschwister* (~) ist in CSS3 dazugekommen, daher haben Sie ihn vermutlich in Ihren Stylesheets noch nicht verwendet. Aber glücklicherweise können Sie ihn in jQuery nutzen, ohne sich um die Unterstützung durch den Browser Gedanken machen zu müssen. Er funktioniert wie der Kombinator für benachbarte Geschwister (+), nur dass er *alle* folgenden Geschwister-Elemente auswählt, nicht nur das benachbarte. Mit dem eben genutzten Markup können Sie alle Liste-Elemente nach li.selected mit folgendem Selektor auswählen:

```
jQuery('li.selected ~ li');
```

Diskussion

Der Kombinator für benachbarte Geschwister ist unter Umständen manchmal etwas schwierig einzusetzen, weil er nicht dem Top-Down-Ansatz der meisten anderen Selektions-Ausdrücke folgt. Aber es lohnt sich, ihn zu kennen, und oft lässt er sich nutzen, um mit minimalem Aufwand das Gewünschte zu erreichen.

Die gleiche Funktionalität ließe sich auch ohne einen Selektor erzielen:

```
jQuery('h1').next('h2');
```

Die Methode next() kann eine nette Alternative zur Selektions-Syntax darstellen, insbesondere in einem JavaScript-Umfeld, in dem Sie jQuery-Objekte in Variablen abgelegt haben:

```
var topHeaders = jQuery('h1');
topHeaders.next('h2').css('margin','0');
```

2.3   Elemente über die Index-Reihenfolge selektieren

Problem

Sie wollen Elemente basierend auf ihre Reihenfolge selektieren.

Lösung

Abhängig davon, was Sie tun wollen, stehen Ihnen die folgenden Filter zur Verfügung. Sie sehen vielleicht wie CSS-Pseudoklassen aus, aber in jQuery heißen sie *Filter*:

:first
>   Passt auf das erste selektierte Element

:last
>   Passt auf das letzte selektierte Element

:even
>   Passt auf jedes gerade Element (der Index beginnt bei Null)

:odd
>   Passt auf jedes ungerade Element (der Index beginnt bei Null)

:eq(*n*)
>   Passt auf ein einzelnes Element mit dem Index (*n*)

:lt(*n*)
>   Passt auf alle Elemente mit einem Index kleiner *n*

:gt(*n*)
>   Passt auf alle Elemente mit einem Index größer *n*

Nutzen wir das folgende HTML-Markup:

```
<ol>
    <li>Erstes Element</li>
    <li>Zweites Element</li>
    <li>Drittes Element</li>
    <li>Viertes Element</li>
</ol>
```

Das erste Element könnten wir nun auf vielen verschiedenen Wegen selektieren:

```
jQuery('ol li:first');
jQuery('ol li:eq(0)');
jQuery('ol li:lt(1)');
```

Beachten Sie, dass sowohl der eq()- wie auch der lt()-Filter eine Zahl erwarten. Der Index beginnt mit 0, daher ist das erste Element über 0 zu erreichen, das zweite über 1 und so weiter.

Häufig will man für Tabellenzeilen abwechselnde Stile nutzen. Das kann man mit den Filtern :even und :odd erreichen:

```
<table>
    <tr><td>0</td><td>gerade</td></tr>
    <tr><td>1</td><td>ungerade</td></tr>
    <tr><td>2</td><td>gerade</td></tr>
    <tr><td>3</td><td>ungerade</td></tr>
    <tr><td>4</td><td>gerade</td></tr>
</table>
```

Sie können nun abhängig vom Index jeder Tabellenzeile unterschiedliche Klassen zuweisen:

```
jQuery('tr:even').addClass('even');
```

Dabei müssen Sie natürlich die entsprechende Klasse (even) in Ihrem CSS Stylesheet definieren:

```
table tr.even {
    background: #CCC;
}
```

Damit erhält man den in Abbildung 2-1 gezeigten Effekt.

0	gerade
1	ungerade
2	gerade
3	ungerade
4	gerade

Abbildung 2-1: Tabelle mit dunkleren »geraden« Zeilen

Diskussion

Wie schon erwähnt beginnt der Index von Elementen mit der Null, so dass das erste Element den Index 0 besitzt. Abgesehen davon ist die Nutzung der beschriebenen Filter sehr einfach. Es sollte auch noch erwähnt werden, dass diese Filter eine Collection benötigen, mit der sie arbeiten können, denn der Index kann nur ermittelt werden, wenn es eine initiale Collection gibt. Dieser Selektor wird daher nicht funktionieren:

```
jQuery(':even');
```

 Tatsächlich funktioniert dieser Selektor, aber nur, weil jQuery im Hintergrund noch korrigierend eingreift. Wird keine initiale Collection angegeben, geht jQuery davon aus, dass Sie alle Elemente im Dokument meinen. Der Selektor funktioniert also, indem er auf jQuery('*:even') abgebildet wird.

Auf der linken Seite des Filters ist eine initiale Collection notwendig, also etwas, auf das der Filter angewendet werden kann. Die Collection kann sich dabei in einem schon instanzierten jQuery-Objekt befinden, wie zum Beispiel hier:

```
jQuery('ul li').filter(':first');
```

Die Filter-Methode wird hier auf einem schon instanzierten jQuery-Objekte (mit den List-Elementen) ausgeführt.

2.4 Aktuell animierte Elemente selektieren

Problem

Sie müssen Elemente basierend auf dem Animations-Status selektieren.

Lösung

jQuery stellt einen praktischen Filter für diesen speziellen Zweck zur Verfügung. Der Filter :animated passt nur auf Elemente, die aktuell animiert sind:

```
jQuery('div:animated');
```

Dieser Selektor findet alle <div>-Elemente, die aktuell animiert sind. Technisch gesehen selektiert jQuery dabei alle Elemente, die keine leere Animations-Queue haben.

Diskussion

Dieser Filter ist insbesondere dann nützlich, wenn Sie eine Blanket-Funktion auf alle Elemente anwenden müssen, die noch nicht animiert sind. Um zum Beispiel alle <div>-Elemente zu animieren, die es noch nicht sind, nutzt man einfach:

```
jQuery('div:not(div:animated)').animate({height:100});
```

Manchmal wollen Sie vielleicht prüfen, ob ein Element gerade animiert ist. Das lässt sich mit der praktischen jQuery-Methode is() herausfinden:

```
var myElem = jQuery('#elem');
if( myElem.is(':animated') ) {
    // Tue etwas.
}
```

2.5   Elemente anhand ihres Inhalts selektieren

Problem

Sie müssen ein Element anhand seines Inhalts selektieren.

Lösung

Es gibt normalerweise nur zwei Dinge, die Sie so abfragen wollen: Den Textinhalt und den Element-Inhalt (andere Elemente). Für das erste können Sie den Filter :contains() nutzen:

```
<!-- HTML -->
<span>Hallo Bob!</span>

// Selektiere alle SPANs, die 'Bob' enthalten:
jQuery('span:contains("Bob")');
```

Bei dieser Selektion wird auf Groß- und Kleinschreibung geachtet, daher würde nichts gefunden werden, wenn wir nach *bob* suchen würden (mit einem kleinen *b*). Zudem sind die Anführungszeichen nicht immer erforderlich, aber es ist sinnvoll, sie zu haben, falls Sie sie dann doch einmal benötigen (zum Beispiel, wenn Sie Klammern nutzen wollen).

Um auf verschachtelte Elemente zu prüfen, können Sie den Filter :has() nutzen. Dabei können Sie einen beliebigen gültigen Selektor übergeben:

```
jQuery('div:has(p a)');
```

Dieser Selektor findet alle <div>-Elemente, in denen <a>-Elemente (Anker) innerhalb von <p>-Elementen (Absätzen) verschachtelt sind.

Diskussion

Der Filter :contains() erfüllt eventuell nicht immer ihre Anforderungen, vor allem, wenn Sie eine bessere Kontrolle darüber haben wollen, welcher Text zugelassen ist und welcher nicht. In solchen Fällen schlage ich vor, einen regulären Ausdruck zu nutzen und den Text des Elements damit zu testen, zum Beispiel so:

```
jQuery('p').filter(function(){
    return /(^|\s)(Apfel|Orange|Zitrone)(\s|$)/.test(jQuery(this).text());
});
```

Damit werden alle Absätze selektiert, die eines der Worte *Apfel*, *Orange* oder *Zitrone* enthalten. Mehr zur jQuery-Methode filter() finden Sie in Rezept 2.10.

2.6   Elemente über eine negative Selektion selektieren

Problem

Sie müssen eine Reihe von Elementen selektieren, die *nicht* einem bestimmten Selektor entsprechen.

Lösung

Dafür bietet jQuery den Filter :not an, den Sie wie folgt einsetzen können:

```
jQuery('div:not(#content)'); // Selektieren aller DIVs außer #content
```

Dieser Filter entfernt alle Elemente aus der aktuellen Collection, die vom übergebenen Selektor gefunden werden. Dabei kann dieser Selektor beliebig kompliziert sein, zum Beispiel:

```
jQuery('a:not(div.important a, a.nav)');
// Selektieren von Ankern, die nicht in 'div.important' liegen
// oder die Klasse 'nav' besitzen
```

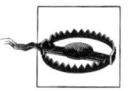 Das Übergeben komplexer Selektoren an den Filter :not ist erst ab jQuery 1.3 möglich. In vorherigen Versionen waren nur einfache Selektions-Ausdrücke erlaubt.

Diskussion

Neben dem :not-Filter gibt es in jQuery auch noch eine Methode mit ähnlicher Funktionalität. Dieser werden Selektoren oder DOM-Collections/Knoten übergeben. Hier ein Beispiel:

```
var $anchors = jQuery('a');
$anchors.click(function(){
    $anchors.not(this).addClass('not-clicked');
});
```

Mit diesem Code werden beim Anklicken eines Ankers alle anderen Anker mit der Klasse not-clicked versehen. Das Schlüsselwort this bezieht sich dabei auf das angeklickte Element.

Der Methode not() können auch Selektoren übergeben werden:

```
$('#nav a').not('a.active');
```

Dieser Code selektiert alle Anker innerhalb von #nav, die nicht die Klasse active besitzen.

2.7 Elemente anhand ihrer Sichtbarkeit selektieren

Problem

Sie wollen ein Element abhängig von seiner Sichtbarkeit selektieren.

Lösung

Sie können entweder den Filter :hidden oder :visible nutzen:

```
jQuery('div:hidden');
```

Hier ein paar Beispiele für die Anwendung:

```
if (jQuery('#elem').is(':hidden')) {
    // Tue etwas abhängig von der Sichtbarkeit
}
jQuery('p:visible').hide(); // Verberge nur Elemente, die aktuell sichtbar sind
```

Diskussion

Seit jQuery 1.3.2 haben sich diese Filter drastisch geändert. Vor 1.3.2 reagierten beide Filter so, wie Sie es für die Eigenschaft visibility erwarten würden, aber das ist nicht mehr länger der Fall. Stattdessen prüft jQuery die Höhe und Breite des Elements (relativ zu seinem offsetParent). Wenn eine der Dimensionen Null ist, wird dieses Element als verborgen betrachtet, ansonsten als sichtbar.

Falls Sie eine bessere Kontrolle benötigen, können Sie immer die jQuery-Methode filter() nutzen, mit der Sie das Element beliebig testen können. Stellen Sie sich zum Beispiel vor, dass Sie alle Elemente selektieren wollen, die auf display:none gesetzt sind, aber nicht die, die auf visibility:hidden gesetzt sind. Der Filter :hidden würde hier nicht funktionieren, da er entweder alle Elemente mit einer der beiden Eigenschaften findet (vor v1.3.2) oder keine der beiden Eigenschaften berücksichtigt (seit v1.3.2):

```
jQuery('*').filter(function(){
    return jQuery(this).css('display') === 'none'
        && jQuery(this).css('visibility') !== 'hidden';
});
```

Mit diesem Code sollten Sie eine Collection mit Elementen erhalten, bei denen display: none, aber nicht visibility:hidden gesetzt ist. Beachten Sie allerdings, dass diese Selektion nicht unbedingt notwendig sein muss – der Filter :hidden ist in den meisten Situationen schon genau das richtige.

2.8 Elemente anhand von Attributen selektieren

Problem

Sie wollen Elemente anhand ihrer Attribute und deren Werte selektieren.

Lösung

Nutzen Sie einen Attributs-Selektor, um die entsprechenden Attribute und deren Werte zu finden:

```
jQuery('a[href="http://google.com"]');
```

Dieser Selektor findet alle Anker-Elemente mit einem Attribut href, das den angegebenen Wert besitzt (http://google.com).

Es gibt eine Reihe von Möglichkeiten, den Attributs-Selektor zu nutzen:

[attr]
:   Findet Elemente, die das angegebene Attribut enthalten.

[attr=val]
:   Findet Elemente, die das angegebene Attribut zusammen mit einem bestimmten Wert enthalten.

[attr!=val]
:   Findet Elemente, die das angegebene Attribut oder den Wert nicht enthalten.

[attr^=val]
:   Findet Elemente, die das angegebene Attribut enthalten, dessen Wert mit einem bestimmten Text beginnt.

[attr$=val]
:   Findet Elemente, die das angegebene Attribut enthalten, dessen Wert mit einem bestimmten Text endet.

[attr~=val]
:   Findet Elemente, die den angegebenen Wert als eigenes Wort enthalten (so wird mit rot zum Beispiel rot, aber nicht Brot gefunden).

 Vor jQuery 1.2 mussten Sie XPath-Syntax nutzen (also ein @ vor den Attributsnamen setzen). Das ist nun nicht mehr der Fall.

Sie können auch mehrere Attributs-Selektoren kombinieren:

```
// Selektieren aller Elemente mit einem TITLE und einem HREF:
jQuery('*[title][href]');
```

Diskussion

Wie immer ist es bei speziellen Anforderungen oft besser, die Methode filter() zu nutzen, um genauer angeben zu können, was man sucht:

```
jQuery('a').filter(function(){
    return (new RegExp('http:\/\/(?!' + location.hostname + ')')).test(this.href);
});
```

In diesem Filter wird ein regulärer Ausdruck genutzt, um das href-Attribut jedes Ankers zu prüfen. Dabei werden alle externen Links auf einer Seite selektiert.

Der Attributs-Selektor ist insbesondere dann nützlich, wenn man Elemente anhand nur leicht unterschiedlicher Attribute selektiert. Schauen Sie sich zum Beispiel folgenden HTML-Code an:

```
<div id="content-sec-1">...</div>
<div id="content-sec-2">...</div>
<div id="content-sec-3">...</div>
<div id="content-sec-4">...</div>
```

Wir könnten mit dem folgenden Selektor nun alle <div>-Elemente selektieren:

```
jQuery('div[id^="content-sec-"]');
```

2.9 Form-Elemente anhand des Typs selektieren

Problem

Sie wollen Form-Elemente anhand ihres Typs (hidden, text, checkbox und so weiter) selektieren.

Lösung

jQuery stellt für diesen Zweck eine ganze Reihe von nützlichen Filtern bereit, wie in Tabelle 2-1 zu sehen.

Tabelle 2-1: Form-Filter von jQuery

Syntax des jQuery-Selektors	Auswahl von
:text	`<input type="text" />`
:password	`<input type="password" />`
:radio	`<input type="radio" />`
:checkbox	`<input type="checkbox" />`
:submit	`<input type="submit" />`
:image	`<input type="image" />`
:reset	`<input type="reset" />`
:button	`<input type="button" />`
:file	`<input type="file" />`
:hidden	`<input type="hidden" />`

Wenn Sie nun zum Beispiel alle Text-Eingabefelder selektieren müssen, würden Sie einfach `jQuery(':text');` verwenden.

Es gibt auch einen Filter `:input`, der alle Elemente vom Typ `input`, `textarea`, `button` und `select` selektiert.

Diskussion

Beachten Sie, dass der Filter `:hidden`, wie schon besprochen, nicht auf den Typ `hidden` prüft, sondern auf die Höhe des Elements achtet. Das funktioniert auch mit Eingabe-Elementen des Typs `hidden`, da sie wie andere verborgene Elemente eine `offsetHeight` von Null haben.

Wie bei allen Selektoren können Sie die Filter auch nach Bedarf kombinieren:

```
jQuery(':input:not(:hidden)');
    // Selektiert alle Eingabe-Elemente außer denen, die verborgen sind.
```

Diese Filter können auch mit normaler CSS-Syntax genutzt werden. Um zum Beispiel alle Text-Eingabeelemente plus alle `<textarea>`-Element zu selektieren, können Sie wie folgt vorgehen:

```
jQuery(':text, textarea');
```

2.10   Elemente mit bestimmten Eigenschaften selektieren

Problem

Sie müssen ein Element selektieren und können dabei nicht nur auf dessen Beziehung zu anderen Elementen oder einfachen Attributs-Werten aufbauen, sondern Sie brauchen unterschiedliche Eigenschaften, wie zum Beispiel Zustände, die nicht als Selektions-Ausdruck darstellbar sind.

Lösung

Wenn Sie nach einem Element mit sehr spezifischen Eigenschaften suchen, kann es sein, dass Selektions-Ausdrücke nicht helfen können. Mit der DOM-Filter-Methode von jQuery (filter()) können Sie Elemente anhand von beliebigen Kritieren selektieren – solange sie sich in einer Funktion abbilden lassen.

Sie können der Filter-Methode von jQuery entweder einen String (also einen Selektions-Ausdruck) oder eine Funktion übergeben. Nutzen Sie eine Funktion, definiert deren Rückgabewert, ob ein Element selektiert wird. Die übergebene Funktion wird für jedes Element in der aktuellen Selektion ausgeführt und jedes Mal, wenn die Funktion false zurückgibt, wird das entsprechende Element aus der Collection entfernt. Geben Sie true zurück, ist das entsprechende Element nicht betroffen (es bleibt also in der Collection):

```
jQuery('*').filter(function(){
    return !!jQuery(this).css('backgroundImage');
});
```

Dieser Code selektiert alle Elemente mit einem Hintergrund-Bild.

Die initiale Collection besteht aus allen Elementen (*), dann wird die Methode filter() mit einer Funktion aufgerufen. Diese Funktion gibt true zurück, wenn für das aktuelle Element ein backgroundImage angegeben wurde. Mit !! können Sie in JavaScript sehr einfach einen beliebigen Typ in seinen Booleschen Ausdruck umwandeln. Dabei werden unter anderem ein leerer String, die Zahl Null, der Wert undefined, der Null-Typ und natürlich der Boolesche Wert false in false umgewandelt. Wenn etwas hiervon von einer Abfrage des backgroundImage zurückgegeben wird, liefert die Funktion false, wodurch alle Elemente ohne Hintergrund-Bild aus der Collection entfernt werden. Die meisten dieser eben genannten Rücklieferungsmöglichkeiten sind gar nicht jQuery-spezifisch, sondern es handelt sich um JavaScript-Grundlagen.

Tatsächlich ist !! gar nicht notwendig, weil jQuery selbst den Rückgabewert in einen Booleschen Wert auswertet. Es ist aber trotzdem keine schlechte Idee, es zu verwenden, da jeder, der sich Ihren Code anschaut, gleich weiß, was Sie eigentlich beabsichtigen.

Innerhalb der Funktion, die Sie an filter() übergeben, können Sie sich auf das aktuelle Element über das Schlüsselwort this beziehen. Um daraus ein jQuery-Objekt zu machen (so dass Sie auf die jQuery-Methoden zugreifen können), stecken Sie es einfach in die jQuery-Funktion:

```
this; // Normales Objekt
jQuery(this); // jQuery-Objekt
```

Hier ein paar weitere Filter-Beispiele, um Ihre Fantasie ein wenig anzuregen:

```
// Selektieren aller DIVs mit einer Breite zwischen 100px und 200px:
jQuery('div').filter(function(){
    var width = jQuery(this).width();
    return width > 100 && width < 200;
});
```

```
// Selektieren aller Bilder mit einer verbreiteten Namens-Endung:
jQuery('img').filter(function(){
    return /\.(jpe?g|png|bmp|gif)(\?.+)?$/.test(this.src);
});

// Selektieren aller Elemente, die entweder 10 oder 20 Kind-Elemente haben:
jQuery('*').filter(function(){
    var children = jQuery(this).children().length;
    return children === 10 || children === 20;
});
```

Diskussion

Es wird immer viele verschiedene Wege geben, etwas umzusetzen – das ist auch beim Selektieren von Elementen mit jQuery der Fall. Das Hauptunterscheidungsmerkmal ist im allgemeinen die Geschwindigkeit: Manche Wege sind schnell, andere langsam. Wenn Sie einen komplizierten Selektor nutzen, sollten Sie darüber nachdenken, wie viel Arbeit jQuery damit hinter den Kulissen hat. Ein längerer und komplexerer Selektor wird auch länger brauchen, um Ergebnisse zu liefern. Die nativen Methoden von jQuery können manchmal viel schneller als ein einzelner Selektor sein und zudem verbessert sich auch oft die Lesbarkeit. Vergleichen Sie einmal diese beiden folgenden Techniken:

```
jQuery('div a:not([href^=http://]), p a:not([href^=http://])');
```

```
jQuery('div, p').find('a').not('[href^=http://]');
```

Die zweite Version ist kürzer und deutlich besser lesbar als die erste. Tests in Firefox (v3) und Safari (v4) zeigen zudem, dass sie auch schneller ist.

2.11 Den Kontext-Parameter verwenden

Problem

Sie haben zwar schon vom Kontext-Parameter gehört, haben aber noch keine Situation gefunden, in der er nützlich ist.

Lösung

Beim Übergeben eines Selektions-Ausdruck an jQuery() oder $() können Sie auch ein zweites Argument mitgeben, das den Kontext festlegt. Der Kontext ist der Bereich, in dem jQuery nach den Elementen sucht, die Ihr Selektions-Ausdruck finden soll.

Der Kontext-Parameter ist das angesichts seiner Nützlichkeit vermutlich am wenigsten angewandte jQuery-Feature. Dabei ist seine Anwendung denkbar einfach: Sie übergeben einen Selektions-Ausdruck, ein jQuery-Objekt, eine DOM-Collection oder einen DOM-Knoten und jQuery wird nur in diesem Rahmen nach den Elementen suchen.

Hier ein Beispiel, in dem Sie alle Eingabe-Felder in einer Form selektieren wollen, bevor es abgeschickt wird:

```
jQuery('form').bind('submit', function(){
    var allInputs = jQuery('input', this);
    // Jetzt können Sie etwas mit 'allInputs' machen
});
```

Beachten Sie, dass als zweites Argument this übergeben wurde. In diesem Handler bezieht sich this dabei auf das Form-Element. Da es als Kontext übergeben wird, gibt jQuery nur input-Elemente innerhalb dieses Forms zurück. Hätten wir es nicht übergeben, würden alle input-Elemente des Dokuments selektiert – was wir natürlich nicht wollen.

Wie schon erwähnt können Sie auch einen normalen Selektor als Kontext übergeben:

```
jQuery('p', '#content');
```

Dieser Code liefert das Gleiche zurück wie der folgende Selektor:

```
jQuery('#content p');
```

Durch die Angabe eines Kontext können sich Lesbarkeit und Geschwindigkeit verbessern. Es ist manchmal durchaus hilfreich, dieses Feature zu kennen!

Diskussion

Der von jQuery genutzte Standard-Kontext ist document, also das oberste Element der DOM-Hierarchie. Geben Sie nur dann einen Kontext an, wenn sich dieser vom Standardwert unterscheiden soll. Ein Kontext kann dabei auch wie folgt genutzt werden:

```
jQuery( context ).find( selector );
```

Genau das passiert auch hinter den Kulissen von jQuery.

Haben Sie also schon eine Referenz auf den Kontext, sollten Sie diesen anstatt eines Selektors übergeben – es ist nicht sinnvoll, jQuery den Selektionsprozess nochmals durchlaufen zu lassen.

2.12 Einen eigenen Filter-Selektor erstellen

Problem

Sie brauchen einen wiederverwendbaren Filter, um bestimmte Elemente abhängig von ihren Eigenschaften zu filtern. Sie brauchen etwas, das kurz und bündig ist und das auch in Ihren Selektions-Ausdrücken genutzt werden kann.

Lösung

Sie können die Selektions-Ausdrücke von jQuery unterhalb des Objekts jQuery.expr[':'] erweitern – das ist ein Alias für Sizzle.selectors.filters. Jeder neue Filter-Ausdruck wird als Eigenschaft dieses Objekts definiert, wie zum Beispiel:

```
jQuery.expr[':'].newFilter = function(elem, index, match){
    return true; // Liefert true/false je nach Wunsch zurück
};
```

Die Funktion wird für alle Elemente in der aktuellen Collection aufgerufen. Sie muss entweder true zurückgeben (um das aktuelle Element in der Collection zu halten) oder false (um es daraus zu entfernen). Dabei werden drei Parameter übergeben: das betreffende Element, der Index des Elements in Bezug auf die gesamte Collection und ein Ergebnis-Array eines regulären Ausdrucks, das wichtige Informationen für komplexere Ausdrücke enthält.

Stellen Sie sich zum Beispiel vor, dass Sie alle Elemente erreichen wollen, die eine bestimmte Eigenschaft besitzen. Dieser Filter passt auf alle Elemente, die inline angezeigt werden:

```
jQuery.expr[':'].inline = function(elem) {
    return jQuery(elem).css('display') === 'inline';
};
```

Jetzt haben wir einen eigenen Selektor erzeugt und können ihn in beliebigen Selektions-Ausdrücken nutzen:

```
// Beispiel #1
jQuery('div a:inline').css('color', 'red');
// Beispiel #2
jQuery('span').filter(':not(:inline)').css('color', 'blue')
```

Die jQuery-eigenen Selektoren (:radio, :hidden und so weiter) sind genauso entstanden.

Diskussion

Wie schon erwähnt handelt es sich beim dritten Parameter um ein Array, das das Ergebnis eines Regex-Ausdrucks enthält, den jQuery auf den Selektions-String anwendet. Diese Daten sind insbesondere dann nützlich, wenn Sie einen Filter-Ausdruck erstellen wollen, der selbst *Parameter* erwartet. Gehen wir einmal davon aus, dass wir einen Selektor erstellen wollen, der von jQuery gehaltene Daten abfragt:

```
jQuery('span').data('something', 123);

// Wir wollen so etwas machen können:
jQuery('*:data(something,123)');
```

Zweck dieses Selektors ist es, alle Elemente auszuwählen, denen mit Hilfe der jQuery-Methode data() Daten zugewiesen wurden – genauer gesagt, Daten mit dem Schlüssel something und dem Wert 123.

Der entsprechende Filter (:data) könnte so erzeugt werden:

```
jQuery.expr[':'].data = function(elem, index, m) {

    // Entfernen von ":data(" und dem abschließenden ")" aus der
    // Übereinstimmung, da diese Teile nicht benötigt werden
    m[0] = m[0].replace(/:data\(|\)$/g, '');
```

```
        var regex = new RegExp('([\'"]?)((?:\\\\\\\1|.)+?)\\1(,|$)', 'g'),
            // Datenschlüssel auslesen:
            key = regex.exec( m[0] )[2],
            // Zu prüfenden Datenwert auslesen:
            val = regex.exec( m[0] );

        if (val) {
            val = val[2];
        }

        // Wenn ein Wert übergeben wurde, prüfen wir den, ansonsten
        // prüfen wir, ob der Wert true ergibt:
        return val ? jQuery(elem).data(key) == val : !!jQuery(elem).data(key);

};
```

Der Grund für solch einen komplexen regulären Ausdruck liegt darin, dass wir so flexibel wie möglich bleiben wollen. Der neue Selektor kann auf viele verschiedene Arten genutzt werden:

```
// Wie zuerst ausgedacht:
jQuery('div:data("something",123)');

// Prüfen, ob etwas einen "wahren" Wert hat
jQuery('div:data(something)');

// Mit oder ohne (innere) Anführungszeichen:
jQuery('div:data(something, "something else")');
```

Jetzt haben wir eine ganz neue Möglichkeit, Daten abzufragen, die jQuery für ein Element verwaltet.

Wenn Sie einmal mehr als einen neuen Selektor gleichzeitig hinzufügen wollen, ist es am besten, die jQuery-Methode extend() zu nutzen:

```
jQuery.extend(jQuery.expr[':'], {
    newFilter1 : function(elem, index, match){
        // true oder false zurückgeben.
    },
    newFilter2 : function(elem, index, match){
        // true oder false zurückgeben.
    },
    newFilter3 : function(elem, index, match){
        // true oder false zurückgeben.
    }
});
```

Fortgeschrittene Techniken

Ralph Whitbeck

3.0 Einführung

jQuery ist eine sehr schlanke Bibliothek, die Ihnen bei den einfachen Selektionen von DOM-Elementen auf Ihrer Seite helfen kann. Sie haben diese einfachen Anwendungsfälle in Kapitel 1 kennengelernt. In diesem Kapitel werden wir zeigen, wie man mit jQuery Objekte bearbeiten und durchlaufen kann, und wie sich jQuery unbegrenzt erweitern lässt. So schlank jQuery auch ist – es wurde so entworfen, dass es robust und erweiterbar ist.

3.1 Ein Set mit selektierten Ergebnissen durchlaufen

Problem

Sie wollen aus Ihrem Set mit selektierten DOM-Elementen eine Liste erstellen, aber bei Aktivitäten mit dem Set wird dieses immer als Ganzes angesehen. Um eine Liste mit den einzelnen Elementen zu erzeugen, müssen Sie für jedes Element des Sets eine Aktion durchführen.

Lösung

Gehen wir einmal davon aus, dass Sie eine Liste erstellen wollen, in der jeder Link innerhalb eines bestimmten DOM-Elements aufgeführt ist (vielleicht handelt es sich um eine Site mit vielen durch die Anwender bereitgestellten Inhalten und Sie wollen die angegebenen Links noch schnell überprüfen, bevor Sie sie an die Benutzer ausgeben). Wir erstellen also zunächst unsere jQuery-Selektion $("div#post a[href]"), mit der alle Links mit einem href-Attribut innerhalb des <div> mit der id mit dem Wert post selektiert werden. Dann durchlaufen wir jedes gefundene Element und tragen es in ein Array ein. Schauen Sie sich das folgende Code-Beispiel an:

```
var urls = [];
  $("div#post a[href]").each(function(i) {
```

```
        urls[i] = $(this).attr('href');
    });

    alert(urls.join(","));
```

Das Array konnten wir füllen, weil wir mit der Methode $().each(); durch jedes Element im jQuery-Objekt iteriert sind. Durch das »Umhüllen« der Variablen this in einem jQuery-Wrapper $() konnten wir auf die einzelnen Elemente zugreifen und jQuery-Methoden darauf anwenden.

Diskussion

jQuery stellt eine Basis-Methode bereit, mit der Sie durch ein Set mit selektierten DOM-Elementen iterieren können. $().each() ist die jQuery-Version einer for-Schleife, mit der jedes Element im Set durchlaufen und ein eigener Funktions-Gültigkeitsbereich bereitgestellt wird. $().each(); durchläuft nur jQuery-Objekte.

 $().each(); ist nicht das Gleiche wie die jQuery-Hilfsmethode jQuery. each(object, callback);. Die Methode jQuery.each ist eine allgemeinere Iterator-Methode, die sowohl Objekte als auch Arrays durchläuft. In der Online-Dokumentation von jQuery finden Sie mehr Informationen zu jQuery.each() (siehe *http://docs.jquery.com/Utilities/jQuery.each*).

Bei jeder Iteration holen wir das Attribut href des aktuellen Elements. Wir können dabei mit dem Schlüsselwort this auf das aktuelle DOM-Element zugreifen. Dann verpacken wir es per $(this) als jQuery-Objekt, so dass wir jQuery-Methoden darauf anwenden können – in unserem Fall das href-Attribut auslesen. Schließlich weisen wir dieses Attribut einem globalen Array urls zu.

Um dann zu sehen, was wir da erstellt haben, lassen wir uns das URL-Array durch Kommas getrennt in einer Alert-Box ausgeben. Wir hätten die URLs auch als ungeordnete Liste ausgeben lassen können. Am sinnvollsten ist es natürlich, die Liste ins JSON-Format umzuwandeln und an den Server zu schicken, um sie dort verarbeiten zu lassen.

Lassen Sie uns ein weiteres Beispiel für $().each(); anschauen. Dieses Beispiel ist vermutlich das naheliegendste. Stellen Sie sich vor, dass wir eine ungeordnete Liste mit Namen haben und wir die Namen besser hervorheben wollen. Dazu können wir jedem zweiten Listen-Element eine andere Hintergrundfarbe verpassen:

```
<!DOCTYPE html
    PUBLIC "-//W3C//DTD XHTML 1.0 Transitional//EN"
    "http://www.w3.org/TR/xhtml1/DTD/xhtml1-transitional.dtd">
<html xmlns="http://www.w3.org/1999/xhtml">
<head>
    <meta http-equiv="Content-Type" content="text/html;charset=UTF-8" />
    <title>Kapitel 3 - Rezept 1 - Durchlaufen eines Sets mit selektierten
        Ergebnissen</title>
    <style type="text/css">
        .even { background-color: #ffffff; }
        .odd  { background-color: #cccccc; }
    </style>
```

```
    <script src="http://ajax.googleapis.com/ajax/libs/jquery/1.3.2/jquery.min.js"
type="text/javascript"></script>
    <script type="text/javascript">
        (function($){
            $(document).ready(function() {
                $("ul > li").each(function(i) {
                    if (i % 2 == 1)
                    {
                        $(this).addClass("odd");
                    }
                    else
                    {
                        $(this).addClass("even");
                    }
                });
            });
        })(jQuery);
    </script>
</head>
<body>
    <h2>Familien-Mitglieder</h2>
    <ul>
        <li>Ralf</li>
        <li>Horst</li>
        <li>Bernd</li>
        <li>Johann</li>
        <li>Richard</li>
    </ul>
</body>
</html>
```

Abbildung 3-1 zeigt das Ergebnis.

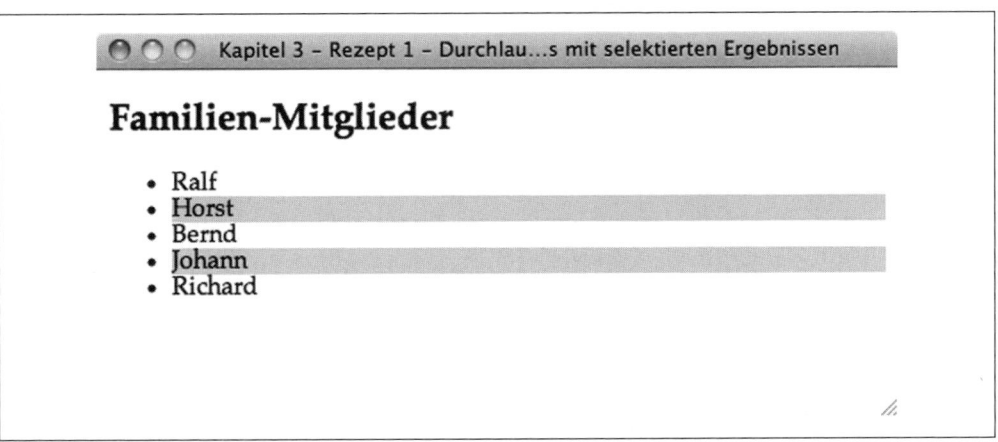

Abbildung 3-1: Code-Ausgabe

Während wir jedes <li>-Element durchlaufen, prüfen wir, ob der aktuelle Index, der als Argument an die Funktion übergeben wird, gerade oder ungerade ist. Abhängig davon setzen wir die eine CSS-Klasse (.odd) oder die andere (.even).

Das mag der naheliegendste Weg sein, $().each() zu verwenden, aber es ist nicht der effizienteste, wenn man abwechselnde Hintergrundfarben vergeben möchte. Dieses Ziel hätten wir auch mit einer Zeile erreichen können:

```
$("ul > li:odd").addClass("odd");
```

Dazu müssen wir vorher allen <li>-Elementen die CSS-Klasse .even verpassen, so dass wir nur die ungeraden <li>-Elemente mit .odd überschreiben müssen.

Prinzipiell nimmt $.each(); das gefundene Set und iteriert über jedes Element (wobei der Index als Referenz genutzt wird), führt eine Aktion durch und springt dann zum nächsten Element, bis keine mehr vorhanden sind.

3.2 Das Selektions-Set auf ein bestimmtes Element reduzieren

Problem

Ein jQuery-Selektor ist recht umfassend und selektiert abhängig von Ihrer Abfrage alle möglichen Elemente auf der Seite. Es kann notwendig sein, ein einzelnes Element in Abhängigkeit von seiner Position auszuwählen.

Lösung

Nachdem Sie Ihre Selektion mit jQuery durchgeführt haben, können Sie die Methode .eq() verketten und den Index des gewünschten Elements übergeben.

Der Selektions-Index beginnt bei Null, daher ist das erste Element in der Selektion $().eq(0);. $().eq(4); steht demzufolge für das fünfte Element.

Lassen Sie uns die Abschlusstabellen der National Hockey League (NHL) Conferences als Beispiel dafür nutzen, wie man zeigen kann, welche Teams es in die Playoffs geschafft haben und welche nicht. Wir müssen dazu alle Teams in jeder Conference in der Tabellen-Reihenfolge aufführen. Da die obersten acht Teams jeder Conference in die Playoff-Runde gelangen, müssen wir nur den achten Eintrag jeder Liste bestimmen und dort eine Linie ziehen:

```
<!DOCTYPE html
     PUBLIC "-//W3C//DTD XHTML 1.0 Transitional//EN"
     "http://www.w3.org/TR/xhtml1/DTD/xhtml1-transitional.dtd">
<html xmlns="http://www.w3.org/1999/xhtml">
```

```
<head>
    <meta http-equiv="Content-Type" content="text/html;charset=UTF-8" />
    <title>Kapitel 3 - Rezept 2 - Reduzieren des Selektions-Sets auf ein bestimmtes
    Element</title>
    <script type="text/javascript"
src="http://ajax.googleapis.com/ajax/libs/jquery/1.3.2/jquery.min.js"></script>
    <script type="text/javascript">
        (function($){
            $(document).ready(function(){
                $("ol#east > li").eq(7).css("border-bottom", "1px solid #000000");
                $("ol#west > li").eq(7).css("border-bottom", "1px solid #000000");
            });
        })(jQuery);
    </script>
</head>
<body>
    <h2>Eastern Conference</h2>
    <ol id="east">
        <li>Boston Bruins</li>
        <li>Washington Capitals</li>
        <li>New Jersey Devils</li>
        <li>Pittsburgh Penguins</li>
        <li>Philadelphia Flyers</li>
        <li>Carolina Hurricanes</li>
        <li>New York Rangers</li>
        <li>Montreal Canadians</li>
        <li>Florida Panthers</li>
        <li>Buffalo Sabres</li>
        <li>Ottawa Senators</li>
        <li>Toronto Maple Leafs</li>
        <li>Atlanta Thrashers</li>
        <li>Tampa Bay Lightning</li>
        <li>New York Islanders</li>
    </ol>

    <h2>Western Conference</h2>
    <ol id="west">
        <li>San Jose Sharks</li>
        <li>Detroit Red Wings</li>
        <li>Vancouver Canucks</li>
        <li>Chicago Blackhawks</li>
        <li>Calgary Flames</li>
        <li>St. Louis Blues</li>
        <li>Columbus Blue Jackets</li>
        <li>Anaheim Ducks</li>
        <li>Minnesota Wild</li>
        <li>Nashville Predators</li>
        <li>Edmonton Oilers</li>
        <li>Dallas Stars</li>
        <li>Phoenix Coyotes</li>
        <li>Los Angeles Kings</li>
        <li>Colorado Avalanche</li>
    </ol>
</body>
</html>
```

Abbildung 3-2 zeigt das Ergebnis dieses HTML-Codes.

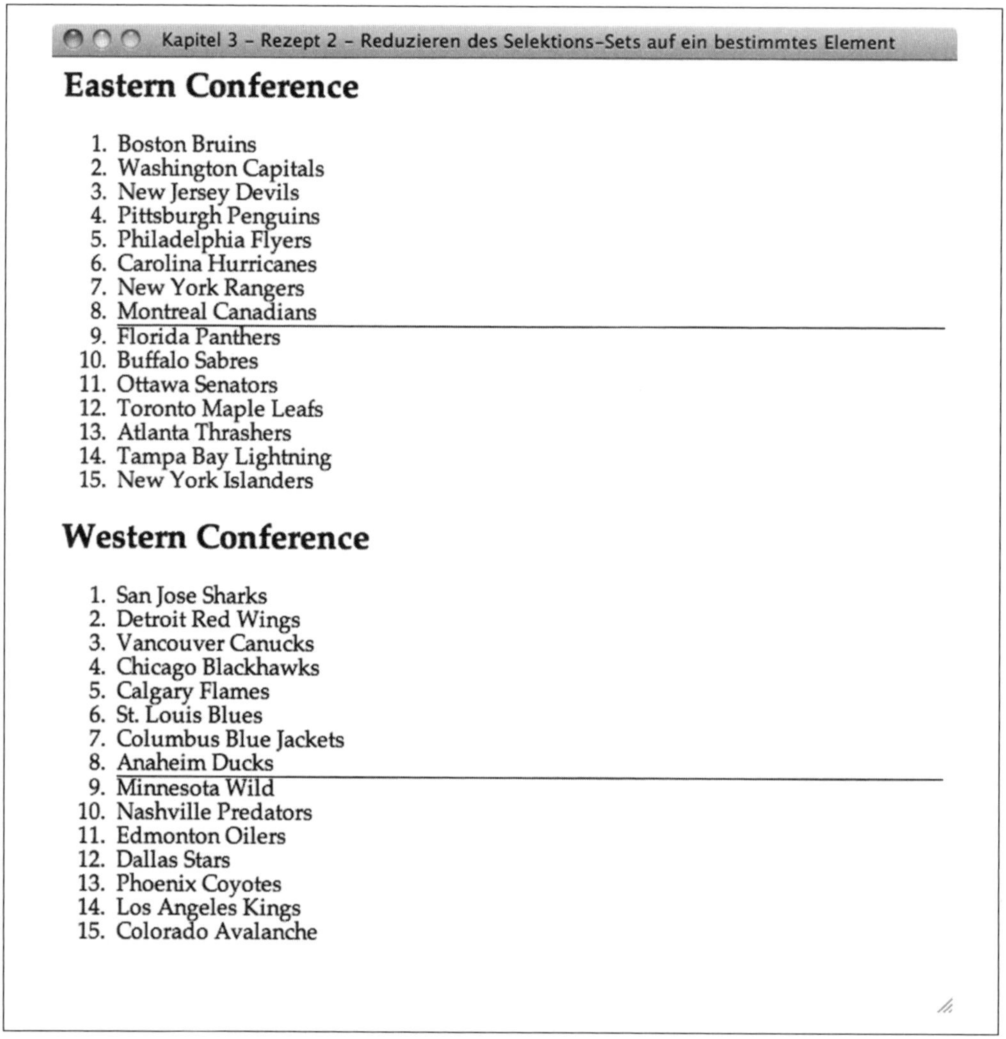

Abbildung 3-2: Code-Ausgabe

Wie Sie sehen können, haben wir einfach eine geordnete Liste genutzt, um alle Teams in der Platzierungsreihenfolge auszugeben. Dann haben wir mit jQuery eine Linie unterhalb des achten Elements in jeder Liste ausgegeben. Wir mussten jeder geordneten Liste eine ID hinzufügen, um sie jeweils in einer eigenen Abfrage ansprechen zu können. Hätten wir nur $("li").eq(7); genutzt, wäre nur die erste Liste berücksichtigt worden, weil die Abfrage alle <li>-Elemente auf der Seite gemeinsam durchgezählt hätte.

Diskussion

Die Methode .eq() wird genutzt, um ein Selektions-Set auf ein einzelnes Element aus diesem Set zu reduzieren. Das Argument ist dabei der Index des gewünschten Elements. Dieser beginnt bei 0 und endet bei length − 1. Ist das Argument ein ungültiger Index, liefert die Methode nicht null, sondern ein leeres Set zurück.

Die Methode .eq() entspricht der Verwendung von $(":eq()"); direkt in der Selektion, aber mit ihrer Hilfe können Sie auch Verkettungen vornehmen und das Ergebnis besser kontrollieren. Zum Beispiel:

```
$("li").css("background-color","#CCCCCC").eq(0).css("background-color","#ff0000");
```

Damit wird die Hintergrundfarbe aller <li>-Elemente geändert und dann das erste ausgewählt und nochmals mit einer anderen Hintergrundfarbe versehen (vielleicht, um es als Überschrift zu kennzeichnen).

3.3 Ein selektiertes jQuery-Objekt in ein reines DOM-Objekt konvertieren

Problem

Selektiert man auf einer Seite durch jQuery-Methoden Elemente, erhält man ein Set aus jQuery-Objekten, aber nicht aus reinen DOM-Objekten. Da es sich um jQuery-Objekte handelt, können Sie diese nur mit jQuery-Methoden bearbeiten. Um DOM-Methoden und -Eigenschaften nutzen zu können, muss das Set in ein DOM-Objekt konvertiert werden.

Lösung

jQuery stellt eine Core-Methode get() bereit, die alle gefundenen jQuery-Objekte in ein Array mit DOM-Objekten zurückwandelt. Zusätzlich können Sie einen Index-Wert als Argument angeben, der nur das Element an der entsprechenden Index-Position als DOM-Objekt zurückgibt, zum Beispiel $.get(1);. Allerdings ist diese Möglichkeit eher aus historischen Gründen vorhanden. Statt $.get(index) sollten Sie lieber die Notation über [] nutzen, zum Beispiel also $("div")[1];.

Wir reden hier über die Core-Methode .get(), die ein jQuery-Objekt in ein DOM-Array umwandelt. Es gibt auch eine Ajax-Methode get, mit der eine Seite per HTTP GET-Anfrage geladen wird.

Da get() ein Array zurückgibt, können Sie dieses durchlaufen, um an die DOM-Elemente zu gelangen. Durch die Umwandlung können Sie all die klassischen DOM-Eigenschaften und -Methoden nutzen. Lassen Sie uns ein einfaches Beispiel mit innerHTML betrachten:

```
<!DOCTYPE html
    PUBLIC "-//W3C//DTD XHTML 1.0 Transitional//EN"
    "http://www.w3.org/TR/xhtml1/DTD/xhtml1-transitional.dtd">
<html xmlns="http://www.w3.org/1999/xhtml">
<head>
    <meta http-equiv="Content-Type" content="text/html;charset=UTF-8" />
    <title>Kapitel 3 - Rezept 3 - Konvertieren eines selektierten jQuery-Objekts in ein
        reines DOM-Objekt</title>
    <script type="text/javascript"
src="http://ajax.googleapis.com/ajax/libs/jquery/1.3.2/jquery.min.js"></script>
    <script type="text/javascript">
        (function($){
            $(document).ready(function(){
                var inner = $("div")[0].innerHTML;
                alert(inner);
            });
        })(jQuery);
    </script>
</head>
<body>
    <div>
        <p>
            jQuery die JavaScript-Bibliothek für weniger Schreiben und mehr Erreichen.
            Hilft Entwicklern seit 2006.
        </p>
    </div>
</body>
</html>
```

Abbildung 3-3 zeigt das Ergebnis.

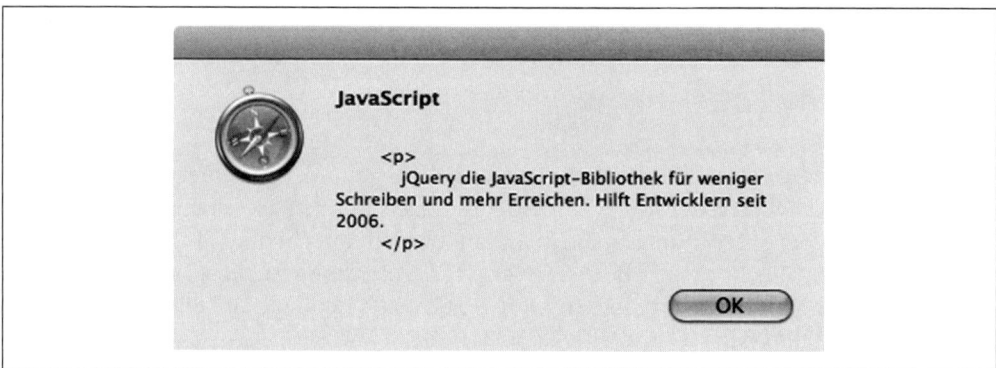

Abbildung 3-3: Code-Ausgabe

Wir selektieren zunächst alle <div>-Elemente auf der Seite und rufen dann [0] auf. Dabei
übergeben wir den Index des Objekts, an dem wir interessiert sind. Da es nur ein <div> auf
der Seite gibt, übergeben wir hier 0. Schließlich rufen wir eine Eigenschaft, hier innerHTML,
auf, um das reine DOM-Element zu erhalten.

Diskussion

Die Core-Methode get() kann sehr nützlich sein, da es einige Nicht-jQuery-Methoden gibt, die wir für unsere Zwecke einsetzen können. Stellen Sie sich vor, wir haben eine Liste und wollen diese in umgekehrter Reihenfolge ausgeben. Da get() ein Array zurückliefert, können wir dessen Methoden nutzen, um die Liste umgekehrt zu sortieren und sie dann wieder auszugeben:

```
<!DOCTYPE html
    PUBLIC "-//W3C//DTD XHTML 1.0 Transitional//EN"
    "http://www.w3.org/TR/xhtml1/DTD/xhtml1-transitional.dtd">
<html xmlns="http://www.w3.org/1999/xhtml">
<head>
    <meta http-equiv="Content-Type" content="text/html;charset=UTF-8" />
    <title>Kapitel 3 - Rezept 3 - Konvertieren eines selektierten jQuery-Objekts in ein
        reines DOM-Objekt</title>
    <script type="text/javascript"
src="http://ajax.googleapis.com/ajax/libs/jquery/1.3.2/jquery.min.js"></script>
    <script type="text/javascript">
    <!--
        (function($){
            $(document).ready(function(){
                var lis = $("ol li").get().reverse();
                $("ol").empty();
                $.each(lis, function(i){
                    $("ol").append("<li>" + lis[i].innerHTML + "</li>");
                });
            });
        })(jQuery);
    //-->
    </script>
</head>
<body>
    <h2>New York Yankees - Batting Line-up</h2>
    <ol>
        <li>Jeter</li>
        <li>Damon</li>
        <li>Teixeira</li>
        <li>Posada</li>
        <li>Swisher</li>
        <li>Cano</li>
        <li>Cabrera</li>
        <li>Molina</li>
        <li>Ransom</li>
    </ol>
</body>
</html>
```

Abbildung 3-4 zeigt die Ausgabe.

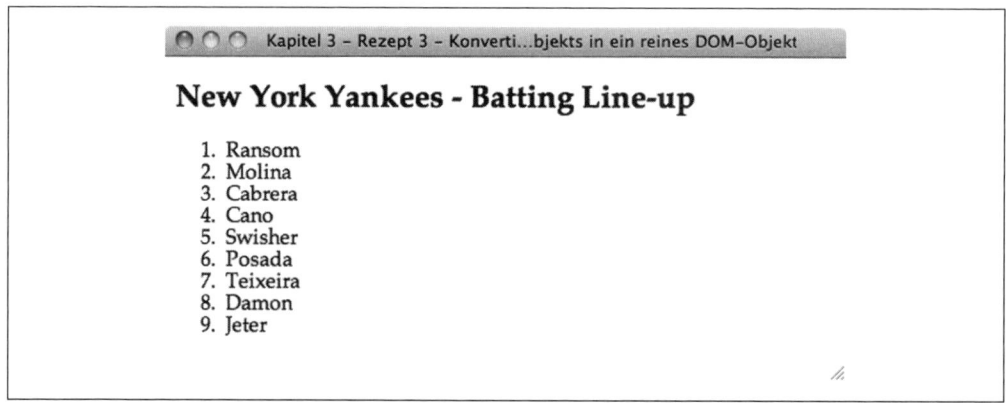

Abbildung 3-4: Code-Ausgabe

3.4   Den Index eines Elements in einer Selektion ermitteln

Problem

Wenn Sie ein Event an eine ganze Reihe von selektierten Elementen auf einer Seite binden, müssen Sie genau wissen, welches Element aus dem Set angeklickt wurde, um die Aktion für das gebundene Event zu »personalisieren«.

Lösung

Klicken wir ein Element an, dann können wir die Core-Methode index() verwenden, um den Index des Elements in einer Selektion zu erhalten:

```
<!DOCTYPE html
    PUBLIC "-//W3C//DTD XHTML 1.0 Transitional//EN"
    "http://www.w3.org/TR/xhtml1/DTD/xhtml1-transitional.dtd">
<html xmlns="http://www.w3.org/1999/xhtml">
<head>
    <meta http-equiv="Content-Type" content="text/html;charset=UTF-8" />
    <title>Kapitel 3 - Rezept 4 - Den Index eines Elements in einer Selektion
    ermitteln</title>
    <script type="text/javascript"
src="http://ajax.googleapis.com/ajax/libs/jquery/1.3.2/jquery.min.js"></script>
    <script type="text/javascript">
    <!--
        (function($){
            $(document).ready(function(){
                $("div").click(function() {
                    alert("Sie haben auf ein div mit dem Index " +
$("div").index(this) + " geklickt.");
                });
            });
        })(jQuery);
```

```
            //-->
        </script>
    </head>
    <body>
        <div>Klick mich</div>
        <div class="test">Test</div>
        <div>Klick mich</div>
    </body>
    </html>
```

Abbildung 3-5 zeigt das Ergebnis.

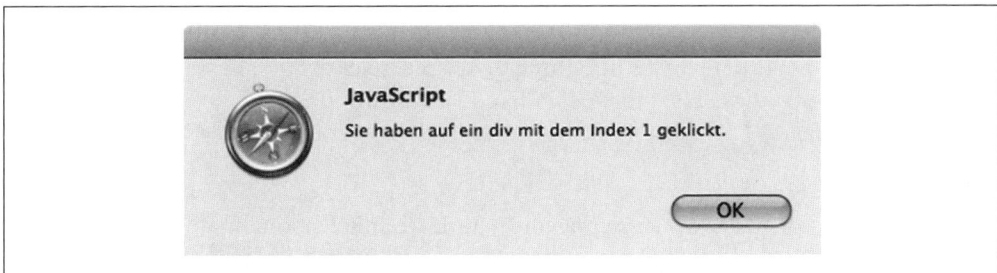

Abbildung 3-5: Code-Ausgabe

Zuerst binden wir alle <div>-Elemente an ein Click-Event. Wenn dann ein <div> angeklickt wird, ermitteln wir, welches das Ziel war, indem wir nach dem Element in der
gleichen Selektion suchen: $("div").index(this);. Dabei ist this das angeklickte <div>.

Diskussion

Die Core-Methode index() ermöglicht es Ihnen, den Index des DOM-Elements zu
ermitteln, das Sie sich in einem jQuery-Set anschauen. Seit jQuery 1.2.6 können Sie auch
den Index einer jQuery-Collection angeben. Die Methode liefert dann den Index des
ersten gefundenen Elements zurück:

```
var test = $("div.test");

$("div").each(function(i){
    if ($(this).index(test) >= 0)
    {
        //tue etwas
    }
    else
    {
        //tue etwas anderes
    }
});
```

Wir prüfen, ob das <div> in der Schleife zu einem Eintrag aus der Collection passt, die wir
in der Variable test abgelegt haben. Ist dies der Fall, führen wir damit dann etwas
Bestimmtes durch.

Kann die index-Methode das Element nicht finden, liefert sie –1 zurück.

3.5 Aus einem bestehenden Array ein Array mit ausgewählten Werten erstellen

Problem

Sie haben eine geordnete Liste auf Ihrer Seite. Sie selektieren alle <li>-Elemente mit jQuery und müssen diese Liste in eine andere Liste umwandeln.

Lösung

Stellen wir uns vor, dass wir eine ungeordnete Liste mit Personennamen besitzen. Wir möchten die ersten drei Personen von dieser Liste als ganzen Satz ausgeben:

```
<!DOCTYPE html
    PUBLIC "-//W3C//DTD XHTML 1.0 Transitional//EN"
    "http://www.w3.org/TR/xhtml1/DTD/xhtml1-transitional.dtd">
<html xmlns="http://www.w3.org/1999/xhtml">
<head>
    <meta http-equiv="Content-Type" content="text/html;charset=UTF-8" />
    <title>Kapitel 3 - Rezept 5 - Aus einem bestehenden Array ein Array mit
            eindeutigen Werten erstellen</title>
    <script type="text/javascript"
src="http://ajax.googleapis.com/ajax/libs/jquery/1.3.2/jquery.min.js"></script>
    <script type="text/javascript">
    <!--
        (function($){
            $(document).ready(function(){
                var arr = $.map($("LI"), function(item, index){
                    while (index < 3)
                    {
                        return $(item).html();
                    }
                    return null;
                });

                $(document.body).append("<span>Die ersten drei Autoren sind: " +
                arr.join(", ") + "</span>");
            });
        })(jQuery);
    //-->
    </script>
</head>
<body>
    <h1>Autoren des jQuery-Kochbuchs</h1>
```

```
<ol>
    <li>John Resig</li>
    <li>Cody Lindley</li>
    <li>James Padolsey</li>
    <li>Ralph Whitbeck</li>
    <li>Jonathan Sharp</li>
    <li>Michael Geary</li>
    <li>Scott Gonz˜lez</li>
    <li>Rebecca Murphey</li>
    <li>Remy Sharp</li>
    <li>Ariel Flesler</li>
    <li>Brian Cherne</li>
    <li>Jörn Zaefferer</li>
    <li>Mike Hostetler</li>
    <li>Nathan Smith</li>
    <li>Richard D. Worth</li>
    <li>Maggie Wachs</li>
    <li>Scott Jehl</li>
    <li>Todd Parker</li>
    <li>Patty Toland</li>
    <li>Rob Burns</li>
</ol>
</body>
</html>
```

Abbildung 3-6 zeigt das Ergebnis.

Abbildung 3-6: Code-Ausgabe

Wir erzeugen zunächst ein Array aus den `<li>`-Elementen der geordneten Liste. Dazu nutzen wir einen jQuery-Selektor und übergeben das Array danach als Argument an die jQuery-Hilfsmethode `$.map()`, die ein bestehendes Array nimmt und in ein anderes Array »abbildet«. Das zweite Argument ist dabei die Funktion, die über das Array iteriert, für die Umwandlung sorgt und einen neuen Wert zurückgibt, der dann in einem neuen Array abgelegt wird.

Im vorigen Beispiel iterieren wir durch das Array und geben nur die `html()`-Werte der ersten drei Listen-Elemente zurück, die damit das neue Array bilden. Dann nehmen wir dieses Array und nutzen die join-Methode, um einen einzelnen String zu erstellen, der dann wiederum am Ende des Dokuments eingefügt wird.

Diskussion

In der Lösung nutzen wir die jQuery-Hilfsmethode `$.map()`, die ein bestehendes Array in ein anderes umwandelt. `$.map()` erwartet zwei Argumente – ein Array und eine Callback-Funktion:

```
$.map([1,2,3], function(n,i) { return n+i;});

//Ausgabe: [1,3,5]
```

`$.map()` iteriert über jedes Element des ursprünglichen Arrays und übergibt jedes dieser Elemente zusammen mit dem Index der aktuellen Position an die Funktion. Die Methode erwartet dabei, dass ein Wert zurückgegeben wird, der dann in das neue Array wandert.

> Wenn der null-Wert zurückgegeben wird, wird auch kein neuer Wert im neuen Array abgelegt. Gibt man also null zurück, wird das Element damit aus dem neuen Array entfernt.

3.6 Eine Aktion auf einer Untermenge des selektierten Sets ausführen

Problem

Sie wollen eine Aktion auf einer Menge von Tags durchführen, aber es gibt keine Möglichkeit, diese Tags mit einem jQuery-Selektions-Set von den anderen Tags zu trennen.

Lösung

Wir können die Methode `slice()` nutzen, um aus dem Selektions-Set eine Untermenge herauszufiltern. Dabei übergeben wir einen Start-Index und einen End-Index, um danach unsere Aktion per Verketten anzuhängen:

```
<!DOCTYPE html
    PUBLIC "-//W3C//DTD XHTML 1.0 Transitional//EN"
    "http://www.w3.org/TR/xhtml1/DTD/xhtml1-transitional.dtd">
<html xmlns="http://www.w3.org/1999/xhtml">
```

```
<head>
    <meta http-equiv="Content-Type" content="text/html;charset=UTF-8" />
    <title>Kapitel 3 - Rezept 6 - Durchführen einer Aktion auf einer Untermenge
        des selektierten Sets</title>
    <script type="text/javascript"
src="http://ajax.googleapis.com/ajax/libs/jquery/1.3.2/jquery.min.js"></script>
    <script type="text/javascript">
    <!--
        (function($){
            $(document).ready(function(){

  $("p").slice(1,3).wrap("<i></i>");
            });
        })(jQuery);
    //-->
    </script>
</head>
<body>
    <p>
```

Lorem ipsum dolor sit amet, consectetur adipiscing elit. Proin eget nibh ut
tortor egestas pharetra. Nullam a hendrerit urna. Aenean augue arcu, vestibulum eget
faucibus nec, auctor vel velit. Fusce eget velit non nunc auctor rutrum id et ante.
Donec nec malesuada arcu. Suspendisse eu nibh nulla, congue aliquet metus. Integer
porta dignissim magna, eu facilisis magna luctus ac. Aliquam convallis condimentum
purus, at lacinia nisi semper volutpat. Nulla non risus justo. In ac elit vitae elit
posuere adipiscing.

```
    </p>
    <p>
```

Aliquam gravida metus sit amet orci facilisis eu ultricies risus iaculis. Nunc
tempus tristique magna, molestie adipiscing nibh bibendum vel. Donec sed nisi luctus
sapien scelerisque pretium id eu augue. Mauris ipsum arcu, feugiat non tempor
tincidunt, tincidunt sit amet turpis. Vestibulum scelerisque rutrum luctus. Curabitur
eu ornare nisl. Cras in sem ut eros consequat fringilla nec vitae felis. Nulla
facilisi. Mauris suscipit feugiat odio, a condimentum felis luctus in. Nulla interdum
dictum risus, accumsan dignissim tortor ultricies in. Duis justo mauris, posuere vel
convallis ut, auctor non libero. Ut a diam magna, ut egestas dolor. Nulla convallis,
orci in sodales blandit, lorem augue feugiat nulla, vitae dapibus mi ligula quis
ligula. Aenean mattis pulvinar est quis bibendum.

```
    </p>
    <p>
```

Donec posuere pulvinar ligula, nec sagittis lacus pharetra ac. Cras nec
tortor mi. Pellentesque et magna vel erat consequat commodo a id nunc. Donec velit
elit, vulputate nec tristique vitae, scelerisque ac sem. Proin blandit quam ut magna
ultrices porttitor. Fusce rhoncus faucibus tincidunt. Cras ac erat lacus, dictum
elementum urna. Nulla facilisi. Praesent ac neque nulla, in rutrum ipsum. Aenean
imperdiet, turpis sit amet porttitor hendrerit, ante dui eleifend purus, eu fermentum
dolor enim et elit.

```
    </p>
    <p>
```

Suspendisse facilisis molestie hendrerit. Aenean congue congue sapien, ac
luctus nulla rutrum vel. Fusce vitae dui urna. Fusce iaculis mattis justo sit amet
varius. Duis velit massa, varius in congue ut, tristique sit amet lorem. Curabitur
porta, mauris non pretium ultrices, justo elit tristique enim, et elementum tellus
enim sit amet felis. Sed sollicitudin rutrum libero sit amet malesuada. Duis vitae
gravida purus. Proin in nunc at ligula bibendum pharetra sit amet sit amet felis.
Integer ut justo at massa ullamcorper sagittis. Mauris blandit tortor lacus,
convallis iaculis libero. Etiam non pellentesque dolor. Fusce ac facilisis ipsum.

```
Suspendisse eget ornare ligula. Aliquam erat volutpat. Aliquam in porttitor purus.
    </p>
    <p>
        Suspendisse facilisis euismod purus in dictum. Vivamus ac neque ut sapien
fermentum placerat. Sed malesuada pellentesque tempor. Aenean cursus, metus a
lacinia scelerisque, nulla mi malesuada nisi, eget laoreet massa risus eu felis.
Vivamus imperdiet rutrum convallis. Proin porta, nunc a interdum facilisis, nunc dui
aliquet sapien, non consectetur ipsum nisi et felis. Nullam quis ligula nisi, sed
scelerisque arcu. Nam lorem arcu, mollis ac sodales eget, aliquet ac eros. Duis
hendrerit mi vitae odio convallis eget lobortis nibh sodales. Nunc ut nunc vitae
nibh scelerisque tempor at malesuada sapien. Nullam elementum rutrum odio nec aliquet.
    </p>
</body>
</html>
```

Abbildung 3-7 zeigt das Ergebnis.

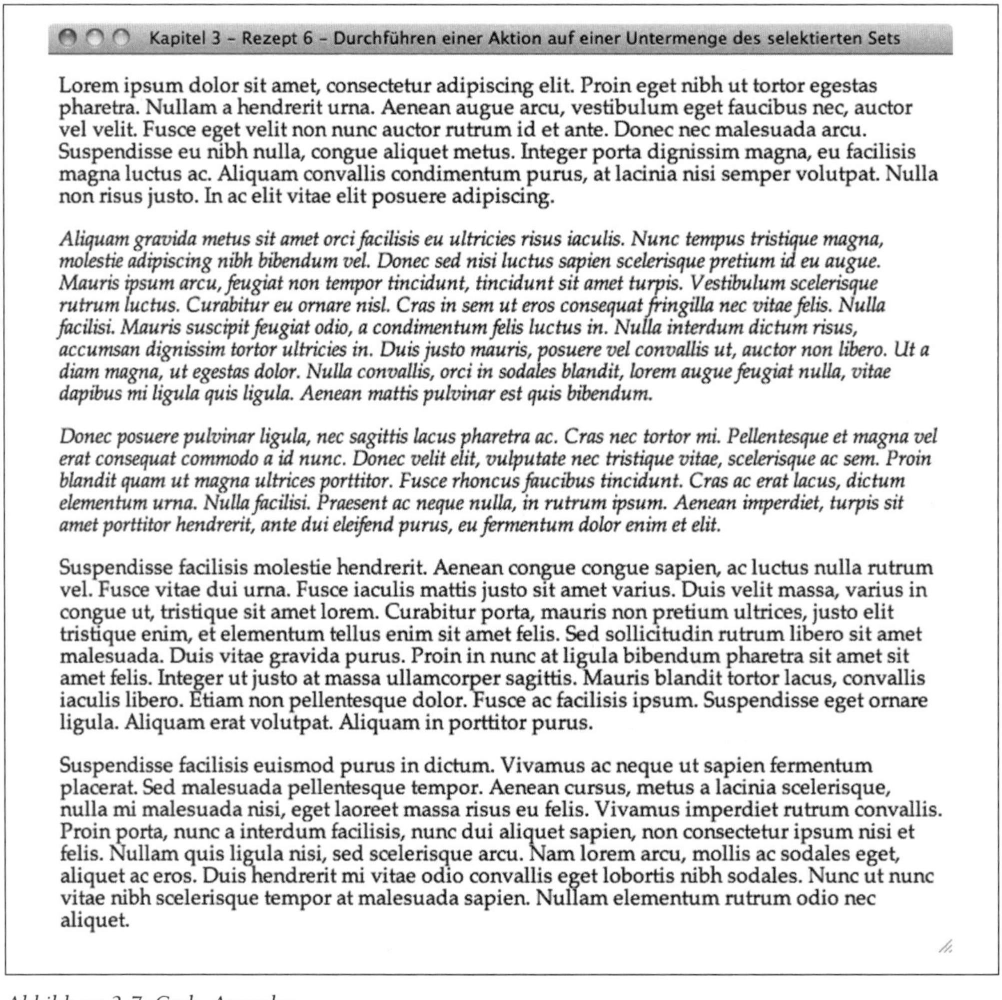

Abbildung 3-7: Code-Ausgabe

Im vorigen Beispiel wird eine Untermenge selektiert, die an der Index-Position 1 beginnt und vor der Index-Position 3 endet. Diese Untermenge wird dann in Kursiv-Tags gehüllt.

Diskussion

Der jQuery-Methode `slice()` kann eine Reihe von Optionen übergeben werden – die erste ist der Start-Index, das zweite (optionale) Argument der End-Index. Wenn Sie alle <P>-Tags außer dem ersten selektieren möchten, können Sie `$("p").slice(1)` aufrufen und lassen die Selektion damit vom zweiten bis zum letzten Element in der Selektion laufen.

`slice()` kann auch eine negative Zahl übergeben werden. In diesem Fall wird vom Ende der Selektion aus gezählt. `$("p").slice(-1);` wählt also das letzte Element in der Selektion aus. Mit `$("p").slice(1, -2);` wird die Selektion beim zweiten Element begonnen und sie läuft bis zum vorletzten Element.

3.7 Konfigurieren von jQuery, so dass es nicht mit anderen Bibliotheken kollidiert

Problem

Wenn jQuery auf einer Seite zusammen mit anderen JavaScript-Bibliotheken geladen wird, kann es passieren, dass beide Bibliotheken eventuell die Variable $ implementieren. Daher wird nur eine dieser Methoden richtig funktionieren.

Lösung

Stellen Sie sich vor, dass Sie eine Webseite übernehmen, die aktualisiert werden muss. Ihr Vorgänger hat eine andere JavaScript-Bibliothek wie Prototype genutzt, aber Sie wollen trotzdem mit jQuery arbeiten. Das führt zu einem Konflikt und eine der beiden Bibliotheken wird nicht funktionieren – abhängig davon, welche Sie im Seiten-Kopf zuerst eingebunden haben.

Deklarieren wir einfach jQuery und Prototype auf der gleichen Seite:

```
<script type="text/javascript"
src="http://ajax.googleapis.com/ajax/libs/prototype/1.6.0.3/prototype.js"></script>
<script type="text/javascript"
src="http://ajax.googleapis.com/ajax/libs/jquery/1.3.2/jquery.min.js"></script>
```

Dies führt zu einem JavaScript-Fehler: *element.dispatchEvent is not a function in prototype.js*. Glücklicherweise stellt jQuery mit der Methode `jQuery.noConflict()` einen Workaround bereit:

```
<!DOCTYPE html
    PUBLIC "-//W3C//DTD XHTML 1.0 Transitional//EN"
    "http://www.w3.org/TR/xhtml1/DTD/xhtml1-transitional.dtd">
<html xmlns="http://www.w3.org/1999/xhtml">
```

```
<head>
    <meta http-equiv="Content-Type" content="text/html;charset=UTF-8" />
    <title>Kapitel 3 - Rezept 7 - Konfigurieren von jQuery, so dass es nicht mit
            einer anderen Bibliothek kollidiert</title>

    <script type="text/javascript"
src="http://ajax.googleapis.com/ajax/libs/prototype/1.6.0.3/prototype.js"></script>
    <script type="text/javascript"
src="http://ajax.googleapis.com/ajax/libs/jquery/1.3.2/jquery.min.js"></script>
    <script type="text/javascript">
    <!--
        jQuery.noConflict();

        // jQuery über jQuery(...) nutzen
        jQuery(document).ready(function(){
            jQuery("div#jQuery").css("font-weight","bold");
        });

        // Prototype über $(...) usw. nutzen
        document.observe("dom:loaded", function() {
            $('prototype').setStyle({
                fontSize: '10px'
            });
        });
    //-->
    </script>

</head>
<body>
    <div id="jQuery">Hallo, ich bin ein jQuery-div</div>
    <div id="prototype">Hallo, ich bin ein Prototype-div</div>
</body>
</html>
```

Abbildung 3-8 zeigt die Ausgabe.

Abbildung 3-8: Code-Ausgabe

Wenn Sie jQuery.noConflict() aufrufen, gibt es die Kontrolle über die Variable $ an
denjenigen zurück, der sie zuerst implementiert. Haben Sie dies getan, dann können Sie
auf jQuery nur über die Variable jQuery zugreifen. Statt $("div p")nutzen Sie jetzt also
zum Beispiel jQuery("div p").

Diskussion

Die jQuery-Bibliothek und so gut wie alle Plugins stecken im jQuery-Namenspace. Sie
sollten mit den jQuery-Variablen und anderen Bibliotheken (also Prototype, YUI und so

weiter) keinerlei Konflikte bekommen. Aber jQuery nutzt auch $ als Abkürzung für das jQuery-Objekt. Diese Definition sorgt für Konflikte mit anderen Bibliotheken, die ebenfalls die Variable $ nutzen. Wie wir in der Lösung gesehen haben, können wir dafür sorgen, dass jQuery die Abkürzung $ freigibt. Stattdessen nutzen wir dann das jQuery-Objekt.

Es gibt noch eine andere Option. Wenn Sie sicherstellen möchten, dass jQuery nicht in Konflikt mit einer anderen Bibliothek gerät, aber trotzdem eine Abkürzung nutzen wollen, können Sie jQuery.noConflict() aufrufen und das Ergebnis einer Variablen zuweisen:

```
var j = jQuery.noConflict();

j(document).ready(function(){
  j("div#jQuery").css("font-weight","bold");
});
```

Sie können Ihre eigene Kurzform definieren, indem Sie einen entsprechenden Namen für die Variable nutzen, der Sie jQuery.noConflict() zuweisen.

Schließlich gibt es noch eine dritte Option – das Kapseln Ihres jQuery-Codes in einem Closure:

```
jQuery.noConflict();

(function($){
    $("div#jQuery").css("font-weight","bold");
})(jQuery);
```

Mit einem Closure sorgen Sie dafür, dass die Variable $ temporär wieder für das jQuery-Objekt zur Verfügung steht, während es in der Funktion genutzt wird. Endet die Funktion, dann wird die Variable $ wieder an die Bibliothek zurückgegeben, die die ursprüngliche Kontrolle darüber hatte.

 Wenn Sie diese Technik nutzen, werden Sie in der gekapselten Funktion nicht auf die Methoden der anderen Bibliothek zugreifen können, die das $ erwarten.

3.8 Funktionalität durch Plugins hinzufügen

Problem

Die jQuery-Bibliothek ist eine kleine, schlanke und mächtige JavaScript-Bibliothek, aber sie enthält nicht von vornherein jede spezielle Funktionalität, die Sie eventuell benötigen.

Lösung

jQuery war von Anfang an auf Erweiterbarkeit ausgelegt. Wenn die Core-Bibliothek nicht das kann, was Sie möchten, kann es gut sein, dass ein jQuery-Plugin-Autor schon ein

Plugin geschrieben hat, das Ihre Bedürfnisse erfüllt – eventuell sogar mit einer einzigen Code-Zeile.

Um ein Plugin auf Ihrer Seite zu nutzen, müssen Sie nur die *.js*-Datei des Plugins herunterladen, die jQuery-Bibliothek auf der Seite einbinden und dann direkt danach Ihr Plugin aufnehmen. Dann rufen Sie normalerweise in einer anderen *.js*-Datei oder in einem Script-Block auf der Seite das Plugin auf und geben die Optionen an, die benötigt werden.

Hier ein Beispiel für das jQuery- Cycle-Plugin (*http://jquery-cookbook.com/go/plugin-cycle*), das von Mike Alsup entwickelt wurde:

```
<!DOCTYPE html
    PUBLIC "-//W3C//DTD XHTML 1.0 Transitional//EN"
    "http://www.w3.org/TR/xhtml1/DTD/xhtml1-transitional.dtd">
<html xmlns="http://www.w3.org/1999/xhtml">
<head>
    <meta http-equiv="Content-Type" content="text/html;charset=UTF-8" />
    <title>Kapitel 3 - Rezept 8 - Funktionalität durch Plugins hinzufügen</title>
    <style type="text/css">
        .pics {
            height:  232px;
            width:   232px;
            padding: 0;
            margin:  0;
        }

        .pics img {
            padding: 15px;
            border:  1px solid #ccc;
            background-color: #eee;
            width:  200px;
            height: 200px;
            top:  0;
            left: 0
        }
    </style>
    <script type="text/javascript"
src="http://ajax.googleapis.com/ajax/libs/jquery/1.3.2/jquery.min.js"></script>
    <!--Geben Sie nun Ihre Plugin-Deklarationen an, nachdem Sie jQuery deklariert
    haben-->
    <script type="text/javascript" src="scripts/2.8/jquery.cycle.all.min.js?
                            v2.60"></script>
    <script type="text/javascript">
    <!--
        (function($){
            $(document).ready(function(){
                $('.pics').cycle('fade');
            });
        })(jQuery);
    //-->
    </script>

</head>
```

```
<body>
    <div class="pics">
        <img src="images/2.8/beach1.jpg" width="200" height="200" alt="Beach 1" />
        <img src="images/2.8/beach2.jpg" width="200" height="200" alt="Beach 2" />
        <img src="images/2.8/beach3.jpg" width="200" height="200" alt="Beach 3" />
    </div>
</body>
</html>
```

Abbildung 3-9 zeigt das Ergebnis.

Abbildung 3-9: Code-Ausgabe (ein Bild blendet in ein anderes über)

Mit nur einer Zeile Code konnten wir einen Slideshow-Effekt erzielen, bei dem automatisch ein Bild in ein anderes überblendet wird. Das Cycle-Plugin lässt sich selbst auch noch erweitern, weil es so entwickelt wurde, dass Programmierer eigene Übergangseffekte und Layouts hinzufügen können.

Diskussion

jQuery besitzt eine der größten Entwickler-Communities unter den JavaScript-Bibliotheken. Diese sorgt für eine große Anzahl an Plugins und Tutorien im Web. Es bietet unter *http://plugins.jquery.com* ein Plugin-Repository an, in das die Autoren ihre Plugins einstellen können. Es gibt dort aktuell mehr als 1.600 Plugins in allen möglichen Kategorien. Die Plugin-Autoren können dabei ihre Plugins einreichen und eine Beschreibung, sowie einen Link auf das Plugin wie auch auf die Dokumentation angeben. Damit können Entwickler bequem nach genau der Funktionalität suchen, die sie benötigen.

Die Chancen stehen nicht schlecht, dass Sie als Entwickler ein Plugin finden, das Ihre Anforderungen erfüllt. Aber falls das doch einmal nicht der Fall sein sollte, ist es auch nicht schwer, selbst ein Plugin zu erstellen. Hier ein paar Hinweise:

- Geben Sie Ihrer Datei den Namen *jquery.[Name des Plugins].js*, wie in *jquery.debug.js*.
- Alle neuen Methoden werden dem Objekt jQuery.fn angefügt, alle Funktionen dem jQuery-Objekt selbst.
- Innerhalb von Methoden ist this eine Referenz auf das aktuelle jQuery-Objekt.

- Alle Methoden oder Funktionen, die Sie anfügen, müssen ein Semikolon (;) am Ende besitzen, ansonsten funktioniert der Code nach dem Komprimieren nicht mehr.

- Ihre Methode muss das jQuery-Objekt zurückgeben, solange nicht explizit auf etwas anderes hingewiesen wird.

- Sie sollten `this.each` nutzen, um über das aktuelle Set mit selektierten Elementen zu iterieren – damit wird ein sauberer und kompatibler Code erzeugt.

- Verwenden Sie in Ihrem Plugin-Code immer `jQuery` anstatt `$` – damit können die Anwender den Alias für jQuery an einer einzigen Stelle ändern.

Mehr Informationen und Beispiele zum Erstellen von Plugins finden Sie auf der Authoring-Seite auf der Dokumentations-Site von jQuery (*http://docs.jquery.com/Plugins/Authoring*), oder Sie springen direkt zu Kapitel 12, wo Mike Hostetler sich um die Details kümmert.

3.9   Die verwendete Selektion bestimmen

Problem

Wenn man ein Plugin oder eine Methode schreibt, die jQuery erweitert, muss man eventuell wissen, wie die Selektion und der Kontext genau aussahen, als die Methode aufgerufen wurde, um die Methode erneut aufrufen zu können.

Lösung

Wir können die Core-Eigenschaften `.selector` und `.context` nutzen, um die ursprüngliche Selektion erneut zu erstellen. Wir brauchen aber auf jeden Fall beide Eigenschaften, da nicht alle Selektionen, die unsere Funktion oder unser Plugin erreichen, über den Standard-Kontext vorgenommen werden:

```
<!DOCTYPE html
    PUBLIC "-//W3C//DTD XHTML 1.0 Transitional//EN"
    "http://www.w3.org/TR/xhtml1/DTD/xhtml1-transitional.dtd">
<html xmlns="http://www.w3.org/1999/xhtml">
<head>
    <meta http-equiv="Content-Type" content="text/html;charset=UTF-8" />
    <title>Kapitel 3 - Rezept 9 - Bestimmen der verwendeten Selektion</title>
    <script type="text/javascript"
src="http://ajax.googleapis.com/ajax/libs/jquery/1.3.2/jquery.min.js"></script>
    <script type="text/javascript">
    <!--
        (function($){
            $.fn.ShowQuery = function(i) {
                alert("$(\""+ $(this).selector + "\", " + $(this).context +")");
                if (i < 3)
                {
                    $($(this).selector, $(this).context).ShowQuery(i+1);
                }
            };
            $("div").ShowQuery(1);
```

```
        })(jQuery);
    //-->
    </script>
</head>
<body>
    <div>
        Dies ist ein div.
    </div>
</body>
</html>
```

Abbildung 3-10 zeigt das Ergebnis.

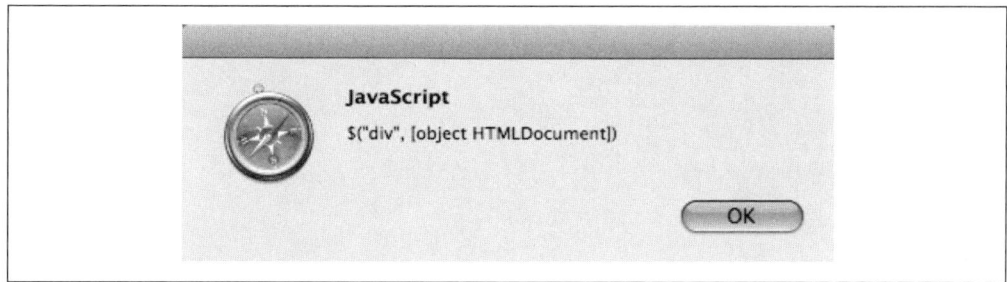

Abbildung 3-10: Code-Ausgabe (Alert-Box)

Diskussion

Im vorigen Beispiel haben wir eine Methode `ShowQuery` definiert, die aus einer jQuery-Selektion heraus aufgerufen werden kann. In dieser Methode geben wir die Selektion per Alert aus und rufen dann rekursiv `ShowQuery` mit dem gleichen jQuery-Selektor auf. Durch die `if`-Anweisung verhindern wir dabei eine rekursive Schleife.

Die Core-Eigenschaften `.selector` und `.context` wurden in jQuery 1.3 eingeführt, das im Januar 2009 veröffentlicht wurde. Diese Methoden sind eher für Plugin-Entwickler gedacht, die eventuell etwas mit der ursprünglichen Selektion anstellen müssen. Dazu gehört zum Beispiel das erneute Ausführen der Selektion oder das Prüfen, ob sich ein Element in der Selektion befindet.

`.selector` liefert einen String mit dem aktuellen Selektor zurück, der genutzt wurde, um die angegebenen Elemente zu finden. `.selector` liefert den gesamten Selektor zurück, auch wenn die Selektion aufgeteilt wurde, indem ein erster Selektor zusammen mit der Methode `find()` verwendet wurde:

```
$("div").find("a").selector;

//gibt "div a" zurück
```

`.context` gibt den DOM-Knoten zurück, der ursprünglich an `jQuery()` übergeben wurde. Wenn kein spezieller Kontext angegeben wurde, ist dies das Dokument.

jQuery-Tools

Jonathan Sharp

4.0 Einführung

Wenn man über jQuery spricht, geht es häufig um die Hauptkonzepte – das Bearbeiten des DOM und der Styles sowie die Events. Es gibt aber noch eine ganze Reihe weiterer »Core«-Features und Hilfsfunktionen, die dem Entwickler entgegenkommen. Dieses Kapitel konzentriert sich daher auf die nicht so bekannten Hilfsmethoden von jQuery.

4.1 Features mit jQuery.support erkennen

Problem

Sie müssen allen Anker-Tags, die nur ein Hash-Zeichen für die aktuelle Seite besitzen, einen speziellen `click`-Handler zuweisen, wollen aber Probleme, die aufgrund einer fehlenden Browser-Unterstützung auftreten können, vermeiden.

Lösung

```
(function($) {
    $(document).ready(function() {
      $('a')
        .filter(function() {
            var href = $(this).attr('href');
            // Normalisieren der URL
            if ( !jQuery.support.hrefNormalized ) {
                var loc = window.location;
                href = href.replace( loc.protocol + '//' + loc.host + loc.pathname,
'');
            }
            // Dieses Anker-Tag hat die Form <a href="#hash">
            return ( href.substr(0, 1) == '#' );
        })
```

```
        .click(function() {
            // Eigentlicher click-Handler-Code
        });
    });
})(jQuery);
```

Diskussion

Das Objekt jQuery.support wurde in der Version 1.3 von jQuery hinzugefügt und besitzt Boolesche Eigenschaften, mit denen man Code schreiben kann, der Browser-Features erkennt. In unserem Beispiel zeigt der Internet Explorer (IE) ein unterschiedliches Verhalten beim Umgang mit dem Attribut href. Der IE gibt die vollständige URL anstatt des exakten Attributs zurück. Mit dem Attribut hrefNormalized haben wir die Möglichkeit, uns auch dann richtig zu verhalten, wenn kommende Versionen des IE ein anderes Verhalten zeigen. Anderenfalls hätten wir bei unseren Lösungen jeweils die betreffenden Browser-Versionen berücksichtigen müssen. Das mag zwar zunächst verführerisch sein, trotzdem sollte man dieses Vorgehen vermeiden, da man folglich zukünfig seine Seite immer entsprechend anpassen müsste, wenn neue Browser-Versionen herauskommen. Ein anderer Grund, der gegen die direkte Browser-Prüfung spricht, ist der, dass Clients gezielt oder unabsichtlich einen falschen User Agent angeben. Neben dem Attribut hrefNormalized gibt es noch eine ganze Reihe weiterer Attribute:

boxModel
> True, wenn der Browser beim Rendern nach der Spezifikation für das W3C-CSS-Box-Modell vorgeht.

cssFloat
> True, wenn style.cssFloat genutzt wird, um den aktuellen CSS-Float-Wert zu erhalten.

hrefNormalized
> True, wenn der Browser das Ergebnis getAttribute('href') intakt lässt.

htmlSerialize
> True, wenn der Browser Link-Elemente mit dem Attribut innerHTML korrekt serialisiert.

leadingWhitespace
> True, wenn der Browser führende Leerzeichen beibehält, wenn man innerHTML nutzt.

noCloneEvent
> True, wenn der Browser beim Klonen von Elementen keine Eventhandler klont.

objectAll
> True, wenn getElementsByTagName('*') für ein Element alle abhängigen Elemente zurückgibt.

opacity
> True, wenn der Browser den CSS-Stil opacity interpretieren kann.

scriptEval
True, wenn ein appendChild für ein <script>-Tag das Skript ausführt.

style
True, wenn getAttribute('style') den von einem Element spezifizierten Inline-Stil zurückgeben kann.

tbody
True, wenn der Browser <table>-Elemente ohne ein <tbody>-Element erlaubt.

4.2 Mit jQuery.each über Arrays und Objekte iterieren

Problem

Sie müssen über jedes Element in einem Array oder Attribut eines Objekts iterieren oder es in einer Schleife durchlaufen.

Lösung

```
(function($) {
    $(document).ready(function() {
        var months = [ 'Januar', 'Februar', 'März', 'April', 'Mai',
                       'Juni', 'Juli', 'August', 'September', 'Oktober',
                       'November', 'Dezember'];
        $.each(months, function(index, value) {
            $('#months').append('<li>' + value + '</li>');
        });

        var days = {   Montag: 1, Dienstag: 2, Mittwoch: 3,
                       Donnerstag: 4, Freitag: 5, Samstag: 6, Sonntag: 7 };
        $.each(days, function(key, value) {
            $('#days').append('<li>' + key + ' (' + value + ')</li>');
        });
    });
})(jQuery);
```

Diskussion

In diesem Rezept iterieren wir mit $.each() sowohl über ein Array als auch über ein Objekt. Dabei handelt es sich um eine elegante Schnittstelle für die häufig vorkommende Aufgabe der Iteration. Das erste Argument von $.each() ist das Array oder das Objekt, über das iteriert werden soll, während das zweite die Callback-Methode ist, die für jedes Element aufzurufen ist. (Beachten Sie, dass dies etwas anders ist als bei der jQuery-Collection-Methode $('div').each(), deren erstes Argument die Callback-Funktion ist.)

Wenn die vom Entwickler definierte Callback-Funktion aufgerufen wird, enthält die Variable this den Wert des aktuellen Elements. Das vorherige Beispiel kann also auch wie folgt geschrieben werden:

```
(function($) {
    $(document).ready(function() {
```

```
            var months = [  'Januar', 'Februar', 'März', 'April', 'Mai',
                            'Juni', 'Juli', 'August', 'September', 'Oktober',
                            'November', 'Dezember'];
            $.each(months, function() {
                $('#months').append('<li>' + this + '</li>');
            });

            var days = {   Montag: 1, Dienstag: 2, Mittwoch: 3,
                            Donnerstag: 4, Freitag: 5, Samstag: 6, Sonntag: 7 };
            $.each(days, function(key) {
                $('#days').append('<li>' + key + ' (' + this + ')</li>');
            });
        });
    })(jQuery);
```

4.3 Arrays mit jQuery.grep filtern

Problem

Sie müssen Elemente in einem Array filtern und entfernen.

Lösung

```
(function($) {
    $(document).ready(function() {
        var months = [  'Januar', 'Februar', 'März', 'April', 'Mai',
                        'Juni', 'Juli', 'August', 'September', 'Oktober',
                        'November', 'Dezember'];
        months = $.grep(months, function(value, i) {
            return ( value.indexOf('J') == 0 );
        });
        $('#months').html( '<li>' + months.join('</li><li>') + '</li>' );
    });
})(jQuery);
```

Diskussion

Dieses Rezept nutzt die Methode $.grep(), um das Array months so zu filtern, dass es nur Einträge enthält, die mit dem Großbuchstaben J beginnen. Die Methode $.grep gibt das gefilterte Array zurück. Der vom Entwickler definierten Callback-Methode werden zwei Argumente übergeben. Sie muss den Booleschen Wert true zurückgeben, wenn ein Element beibehalten werden soll, oder false, wenn es verworfen werden kann. Das erste Argument ist der Wert des Array-Elements (in diesem Fall der Monat), während das zweite den inkrementierten Wert des Schleifendurchlaufs der Methode $.grep() angibt. Wenn Sie zum Beispiel die »ungeraden« Monate entfernen möchten, können Sie prüfen, ob (i % 2) == 0 gilt, wobei der linke Teil des Ausdrucks den Rest von i / 2 liefert. (% ist der Modulo-Operator, der den Rest einer Division zurückgibt. Ist i = 4, ergibt i geteilt durch 2 den Rest 0.)

```
(function($) {
    $(document).ready(function() {
```

```
        var months = [  'Januar', 'Februar', 'März', 'April', 'Mai',
                        'Juni', 'Juli', 'August', 'September', 'Oktober',
                        'November', 'Dezember'];
        months = $.grep(months, function(value, i) {
            return ( i % 2 ) == 0;
        });
        $('#months').html( '<li>' + months.join('</li><li>') + '</li>' );
    });
})(jQuery);
```

4.4 Über Array-Elemente mit jQuery.map iterieren und sie verändern

Problem

Sie wollen über jedes Element in einem Array iterieren und dessen Wert verändern.

Lösung

```
(function($) {
    $(document).ready(function() {
        var months = [  'Januar', 'Februar', 'März', 'April', 'Mai',
                        'Juni', 'Juli', 'August', 'September', 'Oktober',
                        'November', 'Dezember'];
        months = $.map(months, function(value, i) {
            return value.substr(0, 3);
        });
        $('#months').html( '<li>' + months.join('</li><li>') + '</li>' );
    });
})(jQuery);
```

Diskussion

In diesem Rezept iteriert $.map() über das Array months und gibt abgekürzte Versionen (die ersten drei Zeichen) der Monatsnamen zurück. Die Methode $.map() erwartet ein Array und eine Callback-Methode als Argument, iteriert dann über jedes Array-Element und führt dazu die Callback-Funktion aus. Das Rückgabe-Array besteht dann aus den veränderten Array-Elementen.

4.5 Zwei Arrays durch jQuery.merge kombinieren

Problem

Sie haben zwei Arrays, die Sie kombinieren oder konkatenieren müssen.

Lösung

```
(function($) {
    $(document).ready(function() {
        var horseBreeds = ['Quarter Horse', 'Englisches Vollblut', 'Araber'];
        var draftBreeds = ['Brabanter', 'Percheron'];

        var breeds = $.merge( horseBreeds, draftBreeds );
        $('#horses').html( '<li>' + breeds.join('</li><li>') + '</li>' );
    });
})(jQuery);
```

Diskussion

In diese Beispiel haben wir zwei Arrays mit Pferderassen. Diese werden nun kombiniert, so dass der Inhalt des zweiten Arrays auf den des ersten folgt. Das Ergebnis-Array sieht also so aus:

```
['Quarter Horse', 'Englisches Vollblut', 'Araber', 'Brabanter', 'Percheron']
```

4.6   Doppelte Array-Einträge mit jQuery.unique ausfiltern

Problem

Sie haben zwei jQuery-DOM-Collections, aus denen die doppelten Einträge entfernt werden sollen:

```
(function($) {
    $(document).ready(function() {
        var animals = $('li.animals').get();
        var horses = $('li.horses').get();
        $('#animals')
            .append( $(animals).clone() )
            .append( $(horses).clone() );
    });
})(jQuery);
```

Lösung

```
(function($) {
    $(document).ready(function() {
        var animals = $('li.animals').get();
        var horses = $('li.horses').get();
        var tmp = $.merge( animals, horses );
        tmp = $.unique( tmp );
        $('#animals').append( $(tmp).clone() );
    });
})(jQuery);
```

Diskussion

Die jQuery-Funktion `$.unique()` entfernt doppelte DOM-Elemente aus einem Array oder einer Collection. Im Rezept haben wir die Arrays `animals` und `horses` per `$.merge()` kombiniert. jQuery nutzt `$.unique()` in vielen Core- und internen Funktionen, wie zum Beispiel `.find()` und `.add()`. Daher wird man selbst diese Methode vor allem dann nutzen, wenn man mit Arrays arbeitet, deren Elemente nicht per jQuery erzeugt wurden.

4.7 Callback-Funktionen mit jQuery.isFunction testen

Problem

Sie haben ein Plugin geschrieben und müssen prüfen, ob es sich bei einer der Einstellungen um eine gültige Callback-Funktion handelt.

Lösung

```
(function($) {
    $.fn.myPlugin = function(settings) {
        return this.each(function() {
            settings = $.extend({ onShow: null }, settings);
            $(this).show();
            if ( $.isFunction( settings.onShow ) ) {
                settings.onShow.call(this);
            }
        });
    };
    $(document).ready(function() {
        $('div').myPlugin({
            onShow: function() {
                alert('Mein Callback!');
            }
        });
    });
})(jQuery);
```

Diskussion

In JavaScript ist zwar der Operator `typeof` verfügbar, aber bei einer Browser-übergreifenden Programmierung müssen inkonsistente Ergebnisse und Grenzfälle berücksichtigt werden. jQuery stellt die Methode `.isFunction()` bereit, um die Arbeit des Entwicklers zu vereinfachen. Seit Version 1.3 funktioniert diese Methode für Benutzer-definierte Funktionen, während sie bei »eingebauten« Funktionen wie

```
jQuery.isFunction( document.getElementById );
```

auch inkonsistent reagieren kann – im Internet Explorer wird hier ein false zurückgegeben.

4.8 Whitespace aus Strings oder Form-Werten mit jQuery.trim entfernen

Problem

Sie haben eine Form und müssen den Whitespace entfernen, den der Anwender am Anfang oder Ende des Strings eingegeben hat.

Lösung

```
<input type="text" name="first_name" class="cleanup" />
<input type="text" name="last_name" class="cleanup" />

(function($) {
    $(document).ready(function() {
        $('input.cleanup').blur(function() {
            var value = $.trim( $(this).val() );
            $(this).val( value );
        });
    });
})(jQuery);
```

Diskussion

Nachdem der Anwender ein Feld verlassen hat, wird der eingegebene Wert – $(this).val() – ausgelesen und an die Methode $.trim() weitergegeben, die alle Whitespace-Zeichen (Leerzeichen, Tab und Zeilenumbruch) am Anfang und Ende des Strings entfernt. Der so beschnittene String wird dann wieder als Wert in das Input-Feld eingefügt.

4.9 Objekte und Daten per jQuery.data an DOM-Elemente anhängen

Problem

Schauen Sie sich folgenden DOM-Code an:

```
var node = document.getElementById('myId');
node.onclick = function() {
    // Click-Handler
};
node.myObject = {
    label: document.getElementById('myLabel')
};
```

Hier haben Sie einem DOM-Objekt zur einfacheren Referenzierung Metadaten hinzugefügt. Aufgrund von fehlerhaften Garbage Collections in einigen Web-Browsern kann dieser Code zu Speicherlecks führen.

Lösung

Fügt man einem DOM-Knoten zur Laufzeit Eigenschaften hinzu (genannt *Expandos*), führt das aufgrund von fehlerhaften Implementierungen der Garbage Collection in manchen Web-Browsern zu Problemen. jQuery stellt den Entwicklern die intuitive und elegante Methode .data() bereit, die Entwicklern dabei hilft, Speicherlecks zu vermeiden:

```
$('#myId').data('myObject', {
    label: $('#myLabel')[0]
});

var myObject = $('#myId').data('myObject');
myObject.label;
```

Diskussion

In diesem Rezept nutzen wir die Methode .data(), die uns Zugriff auf unsere Daten verleiht und eine saubere Trennung zwischen Daten und Markup ermöglicht.

Ein weiterer Vorteil liegt darin, dass die Events getData und setData für das Ziel-Element implizit getriggert werden. Mit dem HTML-Code

```
<div id="time" class="updateTime"></div>
```

können wir so bestimmte Dinge separieren (Modell und View), indem wir einen Handler für das Event setData setzen, der drei Argumente erhält (das event-Objekt, sowie key und value für die Daten):

```
// Auf neue Daten warten
$(document).bind('setData', function(evt, key, value) {
    if ( key == 'clock' ) {
        $('.updateTime').html( value );
    }
});
```

Das Event setData wird dann bei jedem Aufruf von .data() für das document-Element ausgelöst:

```
// 'time'-Daten für jedes Element mit der Klasse 'updateTime' aktualisieren
setInterval(function() {
    $(document).data('clock', (new Date()).toString() );
}, 1000);
```

Damit wird in diesem Beispiel jede Sekunde (alle 1.000 Millisekunden) die Dateneigenschaft clock des document-Objekts gesetzt, wodurch wiederum das an document gebundene Event setData ausgelöst und die aktuelle Zeit angezeigt wird.

4.10 Objekte durch jQuery.extend erweitern

Problem

Sie haben ein Plugin entwickelt und müssen Standard-Optionen bereitstellen, die vom Anwender überschrieben werden können.

Lösung

```
(function($) {
    $.fn.myPlugin = function(options) {
        options = $.extend({
            message: 'Hallo Welt',
            css: {
                color: 'red'
            }
        }, options);
        return this.each(function() {
            $(this).css(options.css).html(options.message);
        });
    };
})(jQuery);
```

Diskussion

Hier nutzen wir die von jQuery bereitgestellte Methode $.extend(). $.extend() gibt eine Referenz auf das erste übergebene Objekt zurück, während die darauf folgenden Objekte die von ihnen definierten Eigenschaften überschreiben. Der folgende Code zeigt, wie das funktioniert:

```
var obj = { hello: 'Welt' };
obj = $.extend(obj, { hello: 'große Welt' }, { foo: 'bar' });

alert( obj.hello ); // Alert: 'große Welt'
alert( obj.foo ); // Alert: 'bar';
```

Damit kann myPlugin() in unserem Beispiel ein options übergeben werden, das unsere Standard-Einstellungen überschreibt. Der folgende Code zeigt, wie ein Anwender die mitgelieferte CSS-Einstellung color überschreiben würde:

```
$('div').myPlugin({ css: { color: 'blue' } });
```

Ein Spezialfall der Methode $.extend() tritt dann ein, wenn man ein einzelnes Objekt übergibt. Dann wird das grundlegende jQuery-Objekt erweitert. So können wir unser Plugin zum Erweitern des jQuery-Core wie folgt definieren:

```
$.fn.extend({
    myPlugin: function() {
        options = $.extend({
            message: 'Hallo Welt',
            css: {
                color: 'red'
            }
```

```
        }, options);
        return this.each(function() {
            $(this).css(options.css).html(options.message);
        });
    }
});
```

$.extend() bietet auch eine Möglichkeit für eine tiefe (oder rekursive) Kopie an. Diese erzielt man, indem man als ersten Parameter den Booleschen Wert true angibt. Hier ein Beispiel für eine tiefe Kopie:

```
var obj1 = { foo: { bar: '123', baz: '456' }, hello: 'Welt' };
var obj2 = { foo: { car: '789' } };

var obj3 = $.extend( obj1, obj2 );
```

Ohne die Übergabe von true würde obj3 Folgendes enthalten:

```
{ foo: { car: '789' }, hello: 'Welt' }
```

Durch die Angabe einer tiefen Kopie würde obj3 nach dem rekursiven Kopieren aller Eigenschaften so aussehen:

```
var obj3 = $.extend( true, obj1, obj2 );
// obj3
{ foo: { bar: '123', baz: '456', car: '789' }, hello: 'Welt' }
```

Schneller, Einfacher, Spaßiger

Michael Geary und Scott González

5.0 Einführung

Nahezu jeden Tag fragt jemand in der Google Group von jQuery, wie er seinen Code einfacher oder schneller machen kann oder wie man einen Codeabschnitt debugt, der nicht läuft.

Dieses Kapitel will Ihnen dabei helfen, Ihren jQuery-Code zu vereinfachen, wodurch er leichter lesbar wird und es auch mehr Spaß macht, mit ihm zu arbeiten. Wir werden nun ein paar Tipps vorstellen, wie man Fehler findet und behebt.

Wir werden Ihnen auch dabei helfen, Ihren Code schneller zu gestalten und – genauso wichtig – die Code-Abschnitte zu finden, die überhaupt beschleunigt werden müssen. Denn dann haben die Besucher Ihrer Site mehr Freude und schauen auch gerne wieder vorbei.

Das nennen wir eine Win-Win-Situation. Viel Spaß beim Kodieren!

5.1 Das ist nicht jQuery, sondern JavaScript!

Problem

Sie sind ein Web-Designer, der erst neu in jQuery einsteigt und Sie haben ein Problem mit der Syntax einer `if/else`-Anweisung. Sie wissen, dass das Problem eigentlich ganz einfach ist, und bevor Sie auf der jQuery-Mailingliste nachfragen, erledigen Sie zuerst Ihre Hausaufgaben: Sie suchen in der jQuery-Dokumentation und finden – nichts. Suchen im Web nach Begriffen wie *jquery if else statement* führen da auch nicht weiter.

Sie müssen zudem eine E-Mail-Adresse in zwei Teile aufteilen, die durch das @-Zeichen getrennt sind. Sie haben gehört, dass es eine Funktion gibt, mit der Strings aufgeteilt werden können, aber auch dazu findet sich so gar nichts in der Dokumentation zu jQuery.

Ist jQuery wirklich so miserabel dokumentiert?

Lösung

Die if/else-Anweisung und die Methode .split() für Strings gehören zu JavaScript, nicht zu jQuery.

Daher werden folgende Stichworte bei einer Suche im Web zu nützlicheren Ergebnissen führen:

> *javascript if else statement*
> *javascript split string*

Diskussion

Liebe JavaScript-Gurus, verschrecken Sie bitte die Anfänger nicht.

Liebe Anfänger, lassen Sie sich nicht entmutigen, wenn Sie an dieser Stelle einmal nicht weitergekommen sind.

Wenn Sie ein alter JavaScript-Fuchs sind, lachen Sie vielleicht über diese Fragen. Aber sie tauchen durchaus regelmäßig auf der Mailingliste von jQuery auf, und das ist auch verständlich. jQuery ist dazu gedacht, die JavaScript-Programmierung einfach zu machen, so dass jemand, der vorher noch nie programmiert hat, darauf aufbauen und seiner Seite nützliche Effekte hinzufügen kann, ohne eine »echte« Programmiersprache erlernen zu müssen.

Aber jQuery *ist* JavaScript. jQuery besteht zu 100% aus reinem JavaScript-Code und jede Zeile, die Sie in jQuery schreiben, ist auch eine Zeile in JavaScript.

Sie können mit jQuery tatsächlich eine ganze Reihe von einfachen Aufgaben erledigen, ohne seine Beziehung zu JavaScript verstehen zu müssen, aber je mehr Sie über die zugrundeliegende Sprache lernen, desto produktiver – und weniger frustrierend – werden Ihre Erfahrungen mit jQuery sein.

5.2 Was ist an $(this) falsch?

Problem

Sie haben einen Eventhandler, der einem DOM-Element eine Klasse hinzufügt, per setTimeout() eine Sekunde wartet und dann diese Klasse wieder entfernt:

```
$(document).ready( function() {
    $('.clicky').click( function() {
        $(this).addClass('clicked');
        setTimeout( function() {
            $(this).removeClass('clicked');
        }, 1000 );
    });
});
```

Beim Klicken wird die Klasse hinzugefügt, aber nie wieder entfernt. Sie haben geprüft, dass der Code innerhalb von `setTimeout()` aufgerufen wird, aber es scheint nichts zu passieren. Sie haben `.removeClass()` schon zuvor genutzt und der betreffende Code sieht korrekt aus. Sie verwenden `$(this)` an beiden Stellen gleich, aber innerhalb von `setTimeout()` scheint er einfach nicht zu funktionieren.

Lösung

Sichern Sie `this` in einer Variablen, bevor Sie `setTimeout()` aufrufen:

```
$(document).ready( function() {
    $('.clicky').click( function() {
        var element = this;
        $(element).addClass('clicked');
        setTimeout( function() {
            $(element).removeClass('clicked');
        }, 1000 );
    });
});
```

Da Sie `$()` an beiden Stellen aufrufen, ist es aber noch besser, dem Rat in Rezept 5.3 zu folgen und nicht `this`, sondern `$(this)` in einer Variablen zu speichern:

```
$(document).ready( function() {
    $('.clicky').click( function() {
        var $element = $(this);
        $element.addClass('clicked');
        setTimeout( function() {
            $element.removeClass('clicked');
        }, 1000 );
    });
});
```

Diskussion

Was *ist* `$(this)` eigentlich und warum funktioniert es nicht immer? Es ist leichter zu verstehen, wenn Sie sich die beiden Elemente `$()` und `this` getrennt anschauen.

`$()` sieht mysteriös aus, ist es aber in Wirklichkeit gar nicht – es handelt sich schlicht um einen Funktionsaufruf. `$` ist eine Referenz auf die Funktion `jQuery`, daher ist `$()` einfach eine Kurzform von `jQuery()`. Es handelt sich um einen normalen JavaScript-Funktionsaufruf, der ein Objekt zurückgibt.

Wenn Sie eine andere JavaScript-Bibliothek, die `$` selbst definiert, nutzen, ist das etwas anderes – aber dann würden Sie in Ihrem jQuery-Code nicht `$()` nutzen, sondern `jQuery()` oder einen eigenen Alias.

`this` ist eines der verwirrenden Features in JavaScript, da es für so viele verschiedene Dinge genutzt wird. In der objektorientierten JavaScript-Programmierung wird `this` in den Methoden eines Objekts genutzt, um sich auf dieses Objekt zu beziehen – so wie `self` in Python oder Ruby:

```
function Foo( value ) {
    this.value = value;
}

Foo.prototype.alert = function() {
    alert( this.value );
};

var foo = new Foo( 'bar' );
foo.alert();  // 'bar'
```

Im Code für ein klassisches on*event*-Attribut bezieht sich this auf das Element, das das Event erhält – aber nur im Attribut selbst, nicht in einer Funktion, die vom Attribut aufgerufen wird:

```
<a href="#" id="test" onclick="clicked(this);">Test</a>

function clicked( it ) {
    alert( it.id );            // 'test'
    alert( this.id );          // undefined
    alert( this === window );  // true (was?)
}
```

Wie Sie am dritten alert() sehen können, ist this innerhalb der Funktion tatsächlich das window-Objekt. Aus historischen Gründen ist window der »Standard«-Wert von this, wenn eine Funktion direkt aufgerufen wird (also nicht als Methode eines Objekts).

In einem jQuery-Eventhandler ist this das DOM-Element, das das Event behandelt, daher ist $(this) ein jQuery-Wrapper für das DOM-Element. Aus diesem Grund funktioniert $(this).addClass() in unserem »problematischen« Code auch wie erwartet.

Aber der Code ruft dann setTimeout() auf und setTimeout() verhält sich wie ein direkter Funktionsaufruf: this ist das Objekt window. Ruft der Code also $(this).removeClass() auf, wird tatsächlich versucht, die Klasse dem window-Objekt zu entziehen!

Warum hilft es dann, this oder $(this) in eine lokale Variable zu kopieren? JavaScript erstellt ein *Closure* für die Parameter und lokalen Variablen einer Funktion.

Closures mögen zuerst ein wenig mysteriös erscheinen, aber sie lassen sich wirklich mit drei einfachen Regeln beschreiben:

• Sie können JavaScript-Funktionen beliebig ineinander verschachteln.

• Eine Funktion kann nicht nur ihre eigenen Parameter und lokalen Variablen lesen und schreiben, sondern auch die jeder Funktion, in der sie eingebettet ist.

• Die vorige Regel gilt *immer*, auch wenn die äußere Funktion schon zurückgesprungen ist und die innere Funktion erst später aufgerufen wird (zum Beispiel ein Eventhandler oder ein setTimeout()-Callback).

Diese Regeln gelten für alle Funktionen – sowohl für benannte als auch für anonyme Funktionen. Allerdings ist this kein Funktionsparameter und auch keine lokale Variable, sondern ein spezielles JavaScript-Schlüsselwort, daher finden diese Regeln hier keine

Anwendung. Kopiert man den Wert von this in eine lokale Variable, dann kann man die Vorteile des Closures nutzen und den Wert in jeder verschachtelten Funktion nutzen.

5.3 Überflüssige Wiederholungen vermeiden

Problem

Sie wollen ein paar DOM-Elemente beim Laden der Seite verbergen, anzeigen oder anders bearbeiten und dies auch zu einem späteren Zeitpunkt als Reaktion auf bestimmte Events wiederholen:

```
$(document).ready( function() {

    // Sichtbarkeit beim Starten setzen
    $('#state').toggle( $('#country').val() == 'US' );
    $('#province').toggle( $('#country').val() == 'CA' );

    // Sichtbarkeit ändern, wenn der Wert per Maus geändert wird
    $('#country').change( function() {
        $('#state').toggle( $(this).val() == 'US' );
        $('#province').toggle( $(this).val() == 'CA' );
    });

    // Sichtbarkeit auch ändern, wenn der Wert per Tastatur geändert wird
    $('#country').keyup( function() {
        $('#state').toggle( $(this).val() == 'US' );
        $('#province').toggle( $(this).val() == 'CA' );
    });

});
```

Der Code funktioniert, aber Sie wollen ihn vereinfachen, so dass es nicht so viel doppelten Code gibt.

 Warum nutzen wir sowohl das change- als auch das keyup-Event? Viele Websites kümmern sich bei einer Auswahlliste nur um das change-Event. Das funktioniert prima, wenn Sie mit der Maus eine Auswahl treffen. Wenn Sie aber in die Liste klicken und dann die Pfeiltasten nutzen, um eine der Optionen auszuwählen, passiert nichts – Tastenbetätigungen feuern in einer Auswahlliste keine change-Events. Kümmern Sie sich auch um das keyup-Event, dann reagiert die Auswahlliste auch auf die Pfeiltasten und hilft damit Anwendern, die mit der Tastatur arbeiten (müssen).

Lösung 1

Verschieben Sie den doppelten Code in eine Funktion und rufen Sie diese sowohl beim Laden der Webseite als auch als Reaktion auf die Events auf. Mit der jQuery-Methode .bind() verbinden Sie beide Eventhandler gleichzeitig. Und speichern Sie Daten, die mehr als einmal genutzt werden, in Variablen:

```
$(document).ready( function() {

    var $country = $('#country');

    function setVisibility() {
        var value = $country.val();
        $('#state').toggle( value == 'US' );
        $('#province').toggle( value == 'CA' );
    }

    setVisibility();
    $country.bind( 'change keyup', setVisibility );
});
```

Lösung 2

Verwenden Sie das Event Triggering von jQuery, um das Event direkt nach dem Binden zu feuern. Dazu kommen noch der `.bind()`-Trick und die lokalen Variablen aus Lösung 1:

```
$(document).ready( function() {

    $('#country')
        .bind( 'change keyup', function() {
            var value = $(this).val();
            $('#state').toggle( value == 'US' );
            $('#province').toggle( value == 'CA' );
        })
        .trigger('change');

});
```

Diskussion

Es ist in fast jeder Programmiersprache gute Praxis, doppelten Code in eine eigene Funktion auszulagern, die dann von mehreren Orten aus aufgerufen werden kann. Lösung 1 folgt diesem Ansatz: Statt den Code für das Setzen der Sichtbarkeit zu wiederholen, gibt es ihn nur einmal in der Funktion setVisibility(). Der Code ruft dann diese Funktion direkt beim Starten und indirekt beim Feuern der Events change oder keyup auf.

In Lösung 2 wird auch eine gemeinsame Funktion für beide Fälle verwendet. Aber anstatt der Funktion einen Namen zu geben, so dass man sie direkt beim Starten aufrufen kann, setzt der Code die Funktion nur als Eventhandler für die change- und keyup-Events. Dann nutzt er die Methode trigger(), um eines der Events auszulösen – und damit die Funktion indirekt aufzurufen.

Diese Vorgehensweisen sind mehr oder weniger austauschbar – es ist eher eine Geschmacksfrage, was Sie lieber nutzen wollen.

5.4 Ihre verketteten jQuery-Methoden formatieren

Problem

Sie haben eine recht lange Verkettung von jQuery-Methoden, die Methoden wie .children() und .end() enthalten, um mit diversen miteinander verbundenen Elementen zu arbeiten. Es ist schwierig, zu erkennen, welche Operation auf welche Elemente angewendet wird:

```
$('#box').addClass('contentBox').children(':header')
    .addClass('contentTitle').click(function() {
        $(this).siblings('.contentBody').toggle();
    }).end().children(':not(.contentTitle)')
    .addClass('contentBody').end()
    .append('<div class="contentFooter"></div>')
    .children('.contentFooter').text('generated content');
```

Lösung

Spendieren Sie jedem Methoden-Aufruf in der Kette seine eigene Code-Zeile und bringen Sie die .-Operatoren an den Anfang der Zeilen. Dann rücken Sie die Teile der Kette ein, die ein anderes Set von Elementen betreffen.

Rücken Sie immer dann weiter ein, wenn Sie Methoden wie .children() oder .siblings() nutzen, um andere Elemente zu selektieren, und reduzieren Sie den »Einrückungsgrad«, wenn Sie .end() aufrufen, um zur vorigen jQuery-Selektion zurückzukehren.

Wenn Sie mit jQuery noch nicht so viel zu tun hatten, sollten Sie eventuell zuerst die grundlegenden Rezepte zum Verketten und Verwenden von .end() in Kapitel 1 lesen.

```
$('#box')
    .addClass('contentBox')
    .children(':header')
        .addClass('contentTitle')
        .click(function() {
            $(this).siblings('.contentBody').toggle();
        })
    .end()
    .children(':not(.contentTitle)')
        .addClass('contentBody')
    .end()
    .append('<div class="contentFooter"></div>')
    .children('.contentFooter')
        .text('generated content');
```

Diskussion

Indem man jedem Aufruf seine eigene Zeile spendiert, wird es sehr einfach, den Code zu überfliegen und zu erkennen, was geschieht. Durch das Einrücken ist auch offensichtlich, wann Sie das Set mit den Elementen verändern, so dass destruktive Operationen und entsprechendes Rückgängigmachen per .end() besser verfolgt werden können.

Dieser Einrückungs-Stil führt dazu, dass die Aufrufe für ein bestimmtes Set in einer Spalte stehen, auch wenn sie nicht direkt aufeinander folgen. So ist zum Beispiel klar, dass dem Wrapper-`<div>` am Anfang und Ende ein Element angehängt wird, selbst wenn dazwischen Operationen an anderen Elementen vorgenommen werden.

Indem man die `.`-Operatoren an den Anfang der Zeile setzt und nicht ans Ende, wird das Ganze noch klarer: Man sieht so, dass es sich nicht um Funktions-, sondern um Methoden-Aufrufe handelt.

Wurde mit jQuery das Verketten erfunden? Nein. jQuery nutzt die Methoden-Verkettung sehr oft, aber es gibt sie schon seit den Anfangstagen von JavaScript.

Hier zum Beispiel eine vertraute Anwendung der Verkettung mit einem String-Objekt:

```
function htmlEscape( text ) {
    return text
        .replace( '&', '&amp;' )
        .replace( '<', '&lt;' )
        .replace( '>', '&gt;' );
}
```

5.5 Code aus anderen Bibliotheken übernehmen

Problem

Sie haben in einer anderen JavaScript-Bibliothek eine nützliche Funktion gefunden und wollen die gleiche Technik in Ihrem jQuery-Code nutzen. In diesem Fall handelt es sich um die Methode `.radioClass()` aus der Ext Core-Bibliothek (*http://jquery-cookbook.com/go/ext-core*), die den gefundenen Elementen eine Klasse hinzufügt und sie gleichzeitig allen Geschwister-Elementen der gefundenen Elemente *entzieht*.

Der Name `.radioClass()` entstammt dem Verhalten von Radio Buttons in Webanwendungen und Desktop-Applikationen – man klickt auf einen Button und deselektiert damit alle anderen Buttons in der gleichen Radio Button Group.

Der Name *Radio Button* für diese Eingabe-Elemente stammt von den mechanischen Sender-Knöpfen in alten Autoradios – drückt man einen Knopf, springen alle anderen Knöpfe heraus.

Nehmen wir einmal diesen HTML-Code:

```
<div>
    <div id="one" class="hilite">Eins</div>
    <div id="two">Zwei</div>
    <div id="three">Drei</div>
    <div id="four">Vier</div>
</div>
```

Sie möchten nun folgenden Code ausführen können:

```
// Die Klasse 'hilite' dem Element div#three hinzufügen
// und sie von allen Geschwister-Elementen entfernen
// (z.B. div#one)

$('#three').radioClass('hilite');
```

Vielleicht wollen Sie sogar eine »Multi-Select«-Radio-Klasse:

```
// Klasse 'hilite' zu div#two und div#four
// hinzufügen und von den anderen Geschwister-
// Elementen entfernen (div#one und div#three)

$('#two,#four').radioClass('hilite');
```

Lösung

Schreiben Sie ein einfaches Plugin, um jQuery die Methode .radioClass() hinzuzufügen:

```
// Entfernen der angegebenen Klasse von jedem Geschwister-Element
// der selektierten Elemente, dann Hinzufügen der Klasse zu den
// selektierten Elementen. So können auch mehrere Geschwister-Elemente
// selektiert sein.
//
// Danke an Ext Core für die Idee.

jQuery.fn.radioClass = function( cls ) {
    return this.siblings().removeClass(cls).end().addClass(cls);
};
```

Die Funktion ist so kurz, dass man sie auch noch als Einzeiler versteht, aber durch das in Rezept 5.4 beschriebene Einrücken wird der Code noch lesbarer:

```
jQuery.fn.radioClass = function( cls ) {
    return this                   // Verketten starten, gibt Ergebnis zurück
        .siblings()               // Selektieren aller Geschwister der selektierten Elemente
            .removeClass(cls)     // Entfernen der Klasse aus dieser Selektion
        .end()                    // Zurück zur ursprünglichen Selektion
        .addClass(cls);           // Klasse zu selektierten Elementen hinzufügen
};
```

Diskussion

Der Komponist Igor Strawinski soll einmal gesagt haben: »Gute Komponisten leihen sich Ideen aus, große Komponisten stehlen sie.« Er hat dieses Zitat anscheinend von T. S. Eliot gestohlen, der schrieb: »Unreife Dichter imitieren, reife Dichter stehlen.«

Gute Ideen finden sich an vielen Stellen und andere JavaScript-Bibliotheken sind voll mit gutem Code und guten Ideen. Wann immer es in einer anderen Open-Source-Bibliothek Code gibt, den Sie nutzen möchten und auch zur Zusammenarbeit mit jQuery bringen können, sollten Sie das ruhig tun – vorausgesetzt, Sie respektieren das Copyright und die Lizenz der anderen Autoren.

 Informationen zu Open Source und freier Software finden Sie auf folgenden Sites:

- *http://www.opensource.org/*
- *http://www.fsf.org/*

In Fällen wie diesem brauchen Sie vielleicht sogar nicht einmal den eigentlichen Code – die Implementierung ist einfach und nur die *Idee* der »Radio-Klasse« ist der entscheidende Aspekt. Auch wenn es dann nicht zwingend notwendig ist, sollten Sie doch die Quelle Ihrer Idee mit angeben – das ist einfach guter Stil.

Ob die Idee nun von jemand anderem oder von Ihnen selbst stammt – in erstaunlich vielen Fällen können Sie ein nützliches jQuery-Plugin in einer oder wenigen Code-Zeilen schreiben.

Was ist jQuery.fn und warum nutzen es die jQuery-Plugins?

`jQuery.fn` referenziert auf das gleiche Objekt wie `jQuery.prototype`. Wenn Sie dem Objekt `jQuery.fn` eine Funktion hinzufügen, fügen Sie es eigentlich `jQuery.prototype` hinzu.

Erstellen Sie mit `jQuery()` oder `$()` ein jQuery-Objekt, dann rufen Sie in Wirklichkeit `new jQuery()` auf. (Der jQuery-Code erledigt das automatisch für Sie.) Wie jeder andere JavaScript-Konstruktor stellt `jQuery.prototype` Methoden und Standard-Eigenschaften bereit, die jedes der von `new jQuery()` erzeugten Objekte besitzt. Wenn Sie also ein `jQuery.fn`-Plugin schreiben, ist das also klassische objektorientierte JavaScript-Programmierung, wobei Sie einem Objekt mit dem Prototype des Konstruktors eine Methode hinzufügen.

Wofür gibt es dann `jQuery.fn` überhaupt? Warum nutzt man nicht einfach `jQuery.prototype`, so wie jeder andere objektorientierte JavaScript-Code? Nun, es geht nicht nur darum, ein paar Zeichen einzusparen.

Die allererste Version von jQuery (noch lange vor 1.0) hat das `prototype`-Feature von JavaScript nicht genutzt, um Methoden für ein jQuery-Objekt bereitzustellen. Es hat Referenzen auf jede Eigenschaft und Methode in `jQuery.fn` (später als `$.fn` bezeichnet) in das jQuery-Objekt *kopiert*, indem es das Objekt durchlaufen hat.

Da es sich dabei um hunderte von Methoden handeln kann und dies bei jedem Aufruf von `$()` geschieht, kann das ziemlich langsam sein. Daher wurde der Code geändert und der JavaScript-Prototype genutzt, um all das Kopieren zu vermeiden. Um zu verhindern, dass Plugins, die `$.fn` schon nutzten, zerstört werden, wurde dieses zu einem Alias für `$.prototype`:

```
$.fn = $.prototype;
```

Das ist der Grund, warum `jQuery.fn` heutzutage existiert – weil Plugins schon 2006 `$.fn` verwendet haben!

5.6 Einen eigenen Iterator schreiben

Problem

Sie haben in einem jQuery-Objekt mehrere Elemente selektiert und müssen diese durchlaufen, wobei zwischen jeder Iteration eine kurze Pause liegen soll. Damit kann man zum Beispiel die Elemente nacheinander anzeigen:

```
<span class="reveal">Achtung! </span>
<span class="reveal">Auf die Plätze! </span>
<span class="reveal">Fertig! </span>
<span class="reveal">Los!</span>
```

Sie haben each() ausprobiert, aber damit werden natürlich alle Elemente auf einmal behandelt:

```
$('.reveal').each( function() {
    $(this).show();
});
// Das war nicht besser als diese einfachere Version:
$('.reveal').show();
```

Lösung

Schreiben Sie einen eigenen Iterator, der setTimeout() nutzt, um die Callbacks ein wenig zu verzögern:

```
// Iterieren über ein Array (meist ein jQuery-Objekt, kann aber
// jedes Array sein) und Aufruf einer Callback-Funktion für jedes
// Element mit einer Zeitverzögerung zwischen jedem Aufruf.
// Der Callback erhält die gleichen Argumente wie ein normaler
// jQuery.each()-Callback.
jQuery.slowEach = function( array, interval, callback ) {
    if( ! array.length ) return;
    var i = 0;
    next();

    function next() {
        if( callback.call( array[i], i, array[i] ) !== false )
            if( ++i < array.length )
                setTimeout( next, interval );
    }

    return array;
};
// Iterieren über "this" (ein jQuery-Objekt) und Aufrufen einer Callback-
// Funktion für jedes Element mit einer Zeitverzögerung zwischen
// jedem Aufruf.
// Der Callback erhält die gleichen Argumente wie ein normaler
// jQuery(...).each()-Callback.
jQuery.fn.slowEach = function( interval, callback ) {
    return jQuery.slowEach( this, interval, callback );
};
```

Dann ändern Sie einfach Ihren Code für .each() in .slowEach() und ergänzen den Verzögerungswert:

```
// Alle halbe Sekunde ein Element anzeigen
$('.reveal').slowEach( 500, function() {
    $(this).show();
});
```

Diskussion

Die jQuery-Methode .each() ist kein Hexenwerk. Reduzieren wir den Code der Implementierung in Version 1.3.2 auf den häufigsten Anwendungsfall (das Iterieren über ein jQuery-Objekt), bleibt eine recht einfache Schleife:

```
jQuery.each = function( object, callback ) {
    var value, i = 0, length = object.length;
    for(
        value = object[0];
        i < length  && callback.call( value, i, value ) !== false;
        value = object[++i]
    ) {}

    return object;
};
```

Dies ließe sich auch etwas besser lesbar schreiben:

```
jQuery.each = function( object, callback ) {
    for(
        var i = 0, length = object.length;
        i < length;
        ++i
    ) {
        var value = object[i];
        if( callback.call( value, i, value ) === false )
            break;
    }

    return object;
};
```

Wir können ähnliche Funktionen schreiben, um über Arrays oder jQuery-Objekte auf anderen, nützlichen Wegen zu iterieren. Ein einfacheres Beispiel als .slowEach() ist eine Methode, die rückwärts über ein jQuery-Objekt iteriert:

```
// Rückwärts über ein Array oder jQuery-Objekt iterieren
jQuery.reverseEach = function( object, callback ) {
    for( var value, i = object.length;  --i >= 0; ) {
        var value = object[i];
        console.log( i, value );
        if( callback.call( value, i, value ) === false )
            break;
    }
};
```

```
// Rückwärts über "this" (ein jQuery-Objekt) iterieren
jQuery.fn.reverseEach = function( callback ) {
    jQuery.reverseEach( this, callback );
    return this;
};
```

Dabei wird nicht versucht, alle Fälle zu behandeln, um die sich .each() kümmert, sondern nur die einfachsten Varianten für typischen jQuery-Code.

Interessanterweise muss ein eigener Iterator gar nicht unbedingt eine Schleife nutzen. .reverseEach() und die Standard-Version .each() verwenden beide ganz gewöhnliche Schleifen, doch in .slowEach() gibt es gar keine. Warum ist das so und wie iteriert man durch die Elemente, ohne eine Schleife zu nutzen?

JavaScript hat in einem Web-Browser keine sleep()-Funktion, wie es sie in vielen Programmiersprachen gibt. Man kann Skripten also nicht einfach so pausieren lassen:

```
doSomething();
sleep( 1000 );
doSomethingLater();
```

Stattdessen – wie bei allen asynchronen Aktivitäten in JavaScript – erhält die Funktion setTimeout() einen Callback, der dann aufgerufen wird, wenn die Wartezeit vorüber ist. Die Methode .slowEach() erhöht die »Schleifen«-Variable i im Callback von setTimeout(). Dazu wird ein Closure genutzt, um den Wert der Variablen zwischen zwei »Iterationen« zu sichern. (In Rezept 5.2 sind Closures genauer beschrieben.)

Wie .each()arbeitet .slowEach() direkt auf dem jQuery-Objekt oder dem Array, das Sie mitgeben. Daher beeinflussen alle Änderungen, die Sie an diesem Array vor dem Ende des Iterierens vornehmen, auch die Iteration. Anders als .each() ist .slowEach() asynchron (die Aufrufe der Callback-Funktion erfolgen, *nachdem* .slowEach() zurückkehrt). Wenn Sie also das jQuery-Objekt oder seine Elemente ändern, nachdem .slowEach() zurückkehrt, aber bevor alle Callbacks abgearbeitet sind, kann das auch die Iteration beeinflussen.

5.7 Ein Attribut umschalten

Problem

Sie brauchen eine Möglichkeit, alle Checkboxen in einer Gruppe umzuschalten. Jede Checkbox soll dabei unabhängig von den anderen umgeschaltet werden.

Lösung

Schreiben Sie ein Plugin .toggleCheck(), das wie die Methoden .toggle() und .toggle-Class() im jQuery-Core arbeitet und es Ihnen ermöglicht, bei einer Checkbox oder einer Gruppe von Checkboxen den Status zu setzen, ihn zu löschen oder ihn umzuschalten:

```
// Jedes selektierte Checkbox-Element setzen oder löschen.
// Umschalten des Status, wenn check nicht angegeben wird.

jQuery.fn.toggleCheck = function( check ) {
    return this.toggleAttr( 'checked', true, false, check );
};
```

Dann können Sie eine Gruppe von Checkboxen setzen:

```
$('.toggleme').toggleCheck( true );
```

oder sie zurücksetzen:

```
$('.toggleme').toggleCheck( false );
```

oder sie alle umschalten, wobei jede unabhängig vom Rest geändert wird:

```
$('.toggleme').toggleCheck();
```

Diese Methode .toggleCheck() baut auf einer allgemeiner nutzbaren Methode .toggle-Attr() auf, die für beliebige Attribute funktioniert:

```
// Für jedes in diesem jQuery-Objekt selektierte Element
// wird das Attribut 'name' entweder auf 'onValue' oder auf 'offValue'
// gesetzt - abhängig vom Wert von 'on'. Wird 'on' nicht angegeben,
// wird das Attribut zwischen 'onValue' und 'offValue' umgeschaltet.
// Ist der selektierte Wert (entweder 'onValue' oder 'offValue')
// null oder undefined, wird das Attribut entfernt.
jQuery.fn.toggleAttr = function( name, onValue, offValue, on ) {

    function set( $element, on ) {
        var value = on ? onValue : offValue;
        return value == null ?
            $element.removeAttr( name ) :
            $element.attr( name, value );
    }
    return on !== undefined ?
        set( this, on ) :
        this.each( function( i, element ) {
            var $element = $(element);
            set( $element, $element.attr(name) !== onValue );
        });
};
```

Warum nehmen wir die Mühe auf uns, etwas so allgemeingültiges zu schreiben? Nun, auf diese Weise können wir auch ohne großen Aufwand für andere Attribute Umschalter schreiben. Stellen Sie sich vor, Sie müssen das gleiche Ziel wie bei .toggleCheck() erreichen, nur wollen Sie dieses Mal input-Controls aktivieren und deaktivieren. Sie können jetzt ein .toggleEnable() in einer Zeile Code schreiben:

```
// Aktivieren oder deaktivieren von input-Elementen aus dem jQuery-Objekt.
// Umschalten des Status, wenn enable weggelassen wird.

jQuery.fn.toggleEnable = function( enable ) {
    return this.toggleAttr( 'disabled', false, true, enable );
};
```

Beachten Sie, wie wir mit den Parametern `onValue` und `offValue` die Attributwerte `true` und `false` setzen und damit leicht vom »Aktivieren« eines Elements sprechen können, ohne uns mit der umgekehrten Variante des Attributs `disabled` herumschlagen zu müssen.

Ein weiteres Beispiel ist das Umschalten eines Attributs `foo`, bei dem der »on«-Status der Stringwert `bar` und der »off«-Status das Fehlen des Attributs ist. Wieder benötigen wir nur eine Zeile Code:

```
// Hinzufügen oder Entfernen eines Attributs foo="bar".
// Umschalten der Anwesenheit des Attributs, wenn add weggelassen wird.

jQuery.fn.toggleFoo = function( add ) {
    return this.toggleAttr( 'foo', 'bar', null, add );
};
```

Diskussion

Es ist immer gut, sich vor einer schleichenden Featuritis zu schützen. Wenn wir wirklich nur Checkboxen umschalten können müssten, würde folgender Code ausreichen:

```
jQuery.fn.toggleCheck = function( on ) {
    return on !== undefined ?
        this.attr( 'checked', on ) :
        this.each( function( i, element ) {
            var $element = $(element);
            $element.attr( 'checked', ! $element.attr('checked') );
        });
};
```

Dies ist ein bisschen einfacher als unsere Methode `.toggleAttr()`, aber es ist nur für das Attribut `checked` nützlich und für nichts anderes. Was würden wir tun, wenn wir später die Methode `.toggleEnable()` bräuchten? Kopieren der Methode und Anpassen von ein paar Namen?

Die zusätzliche Arbeit, die wir in `.toggleAttr()` gesteckt haben, bringt uns viel Flexibilität: Wir können jetzt eine ganze Familie von Attributs-Umschaltern schreiben, die jeweils nur aus einer Zeile Code bestehen.

Werfen Sie einen Blick in die Dokumentation für die von Ihnen genutzte Version von jQuery, bevor Sie solche neuen Hilfsmethoden schreiben. Es kann gut sein, dass zukünftige Versionen von jQuery bereits das haben, was Sie brauchen, so dass Sie sich schon von vornherein den Aufwand des selbst Schreibens sparen können.

5.8 Performance-Killer finden

Problem

Ihre Site lädt zu langsam oder reagiert zu langsam auf Klicks und andere Benutzer-Interaktionen, und Sie wissen nicht, warum. Welcher Teil des Codes verbraucht da zuviel Zeit?

Lösung

Nutzen Sie einen Profiler – entweder einen der vielen verfügbaren oder einen einfachen, den Sie selbst programmieren können.

Diskussion

Mit einem Profiler kann man die Code-Abschnitte finden, die die meiste Zeit verbrauchen. Sie haben vermutlich mindestens einen guten JavaScript-Profiler zur Verfügung. Firebug enthält einen und im IE 8 und in Safari 4 sind sie auch schon eingebaut. Dabei handelt es sich immer um Funktions-Profiler: Sie beginnen mit dem Profiling, arbeiten auf Ihrer Seite und beenden das Profiling wieder. Dann erhalten Sie einen Bericht, der zeigt, wie viel Zeit in jeder Funktion verbraucht wurde. Das kann ausreichen, um Ihnen zu zeigen, welchen Code-Abschnitten Beine gemacht werden müssen.

Es gibt auch ein paar Profiler, die speziell auf jQuery ausgerichtet sind und die Sie mit einer Web-Suche nach *jquery profiler* finden können. Damit lässt sich die Performance von Selektoren ermitteln und Sie können sich die Geschwindigkeit von jQuery-Funktionen genauer anschauen.

Für eine wirklich detaillierte Analyse, bei der Sie einzelne Abschnitte des Codes untersuchen müssen, die nicht ganzen Funktionen entsprechen, können Sie sich mit ein paar Zeilen Code einen einfachen Profiler schreiben. Vielleicht gehen Sie dabei ganz klassisch vor:

```
var t1 = +new Date;
// ... eigentlicher Code ...
var t2 = +new Date;
alert( ( t2 - t1 ) + ' milliseconds' );
```

 Der Code +new Date ist schlicht ein einfacherer Weg, das vertrautere new Date().getTime() zu schreiben: Man erhält die aktuelle Zeit in Millisekunden zurück.

Warum funktioniert das? Nun, der Teil new Date ist gleich: Man erhält ein Date.Objekt, das die aktuelle Zeit repräsentiert. (Die Klammern sind optional, da es keine Argumente gibt.) Der Operator + konvertiert das Objekt in eine Zahl. Dabei wird die Objekt-Methode .valueOf() aufgerufen. Und ganz zufällig liefert die Methode .valueOf() für ein Date-Objekt das Gleiche zurück wie .getTime() – die Uhrzeit in Millisekunden.

Wir können mit nur 15 Zeilen Code eine allgemeiner nutzbare Funktion schreiben:

```
(function() {

    var log = [], first, last;

    time = function( message, since ) {
        var now = +new Date;
        var seconds = ( now - ( since || last ) ) / 1000;
        log.push( seconds.toFixed(3) + ': ' + message + '<br />' );
```

```
        return last = +new Date;
    };

    time.done = function( selector ) {
        time( 'total', first );
        $(selector).html( log.join('') );
    };

    first = last = +new Date;
})();
```

Jetzt haben wir eine Funktion `time()`, die wir immer dann aufrufen können, wenn wir die vergangene Zeit seit dem letzten Aufruf von `time()` protokollieren wollen (oder optional seit einer bestimmten Zeitpunkt). Wenn wir fertig sind und die Ergebnisse ausgegeben haben wollen, rufen wir `time.done()` auf. Hier ein Beispiel:

```
// irgendwelcher Code
time( 'erster' );
// interessanter Code
time( 'zweiter' );
// noch mehr interessanter Code
time( 'dritter' );
time.done( '#log' );
```

Dabei muss Ihre Seite folgenden HTML-Code enthalten:

```
<div id="log">
</div>
```

Nachdem der Code ausgeführt wurde, wird das `<div>` mit einer Liste wie der folgenden gefüllt:

0.102 erster
1.044 zweiter
0.089 dritter
1.235 total

Wir sehen, dass ein Großteil der Zeit zwischen den Aufrufen von `time('erster')` und `time('zweiter')` verbraucht wird.

Seien Sie vorsichtig bei der Verwendung von Firebug! Wenn Sie auf der Seite, für die Sie gerade Zeiten messen wollen, mit Firebug arbeiten, können die Ergebnisse völlig anders sein. Die JavaScript-Funktion `eval()`, die jQuery 1.3.2 und älter nutzt, um heruntergeladene JSON-Daten zu evaluieren, wird dadurch extrem beeinflusst: Während ein Array mit 10.000 Namen und Adresse im in Rezept 5.11 genutzten Format normalerweise in Firefox 0,2 Sekunden benötigt, dauert es *55 Sekunden*, wenn das Script-Panel von Firebug aktiviert ist. Neuere Versionen von jQuery nutzen dafür `Function()`, was keine Beeinträchtigung durch den Firebug nach sich zieht.

Wenn der Firebug Ihre Seite so heftig ausbremst und Sie keinen Workaround finden können, sollten Sie eventuell versuchen, ihn zu identifizieren und eine entsprechende Warnung auszugeben:

```
<div id="firebugWarning" style="display:none;">
    Ihre Warnung
</div>

$(document).ready( function() {
    if( window.console && console.firebug )
        $('#firebugWarning').show();
});
```

Für viele Optimierungs-Versuche ist das ausreichend. Aber was soll man tun, wenn sich der zu prüfende Code in einer Schleife befindet?

```
for( var i = 0; i < 10; ++i ) {
    // Code
    time( 'erster' );
    // mehr Code
    time( 'zweiter' );
    // noch mehr Code
    time( 'dritter' );
}
time.done( '#log' );
```

In diesem Fall wird unser kleiner Profiler diese ersten, zweiten und dritten Einträge jeweils zehn Mal ausgeben! Dies lässt sich zum Glück leicht beheben – wir müssen nur die Zeit, die wir für jedes Label verbraucht haben, aufsummieren, wenn es mehr als ein Mal genutzt wird:

```
(function() {

    var log = [], index = {}, first, last;

    // Sekunden für die message aufsummieren.
    // Jeder message-String hat seinen eigenen Zähler.
    function add( message, seconds ) {
        var i = index[message];
        if( i == null ) {
            i = log.length;
            index[message] = i;
            log[i] = { message:message, seconds:0 };
        }
        log[i].seconds += seconds;
    }

    time = function( message, since ) {
        var now = +new Date;
        add( message, ( now - ( since || last ) ) / 1000 );
        return last = +new Date;
    }

    time.done = function( sel ) {
        time( 'total', first );
        $(sel).html(
            $.map( log, function( item ) {
                return(
                    item.seconds.toFixed(3) +
                    ': ' +
                    item.message + '<br />'
```

```
        );
      }).join('')
    );
  };

  first = last = +new Date;
})();
```

Mit dieser Änderung erhalten wir auch bei der Schleife nützliche Ergebnisse:

```
0.973 erster
9.719 zweiter
0.804 dritter
11.496 total
```

Wenn Performance-Messungen variieren

Wenn Sie Performance-Messungen für eine Webseite durchführen, erhalten Sie nicht jedes Mal die gleichen Ergebnisse. Tatsächlich werden die Daten bei jedem Neuladen der Seite ein wenig anders aussehen.

Was sollten Sie also nun tun, um die »wirklichen« Daten zu erhalten? Den Mittelwert bilden?

Eher nicht. Hier ein Diagramm für fillTable() aus Rezept 5.11 für 50 aufeinander folgende Läufe mit jeweils 10 Sekunden Abstand:

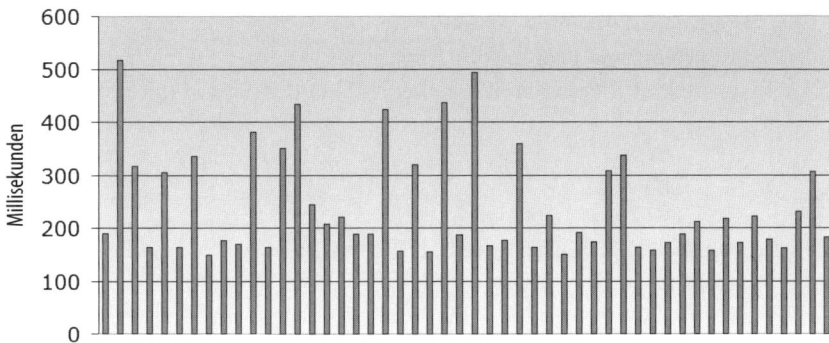

Es zeigt sich ein Muster: Ein Großteil der Läufe liegt im Bereich zwischen 150 und 200 Millisekunden, während einige wenige Ausreißer länger brauchen. Es scheint, ein Wert um 175 Millisekunden ist der wahre Wert und die Läufe mit deutlich längerer Laufzeit wurden durch andere Prozesse auf dem Rechner beeinflusst.

Es kann auch sein, dass einige der länger laufenden Messungen durch die Garbage Collection im Browser beeinflusst wurden. Es wäre sehr schwierig, dies von der Zeit durch andere Prozesse zu trennen, daher ist es vermutlich am einfachsten, diese Ausreißer schlicht zu verwerfen.

5.9 Ihre jQuery-Objekte puffern

Problem

Sie protokollieren die verschiedenen Eigenschaften des event-Objekts für ein mousemove-Event und der Code ist recht langsam, weil er Selektoren vom Typ $('.classname') nutzt, um Tabellenfelder durch die Event-Daten zu finden und anzupassen.

Ihre Seite enthält folgenden HTML-Code für das Protokollieren:

```
<table id="log">
    <tr><td>Client X:</td><td class="clientX"></td></tr>
    <tr><td>Client Y:</td><td class="clientY"></td></tr>
    <tr><td>Page X:</td><td class="pageX"></td></tr>
    <tr><td>Page Y:</td><td class="pageY"></td></tr>
    <tr><td>Screen X:</td><td class="screenX"></td></tr>
    <tr><td>Screen Y:</td><td class="screenY"></td></tr>
</table>
```

und diesen JavaScript-Code:

```
$('html').mousemove( function( event ) {
    $('.clientX').html( event.clientX );
    $('.clientY').html( event.clientY );
    $('.pageX').html( event.pageX );
    $('.pageY').html( event.pageY );
    $('.screenX').html( event.screenX );
    $('.screenY').html( event.screenY );
});
```

Die Seite enthält zudem eine große Zahl (tausende!) anderer DOM-Elemente. Auf einer einfacheren Testseite läuft der Code ausreichend schnell, aber auf der komplexen Seite ist er zu langsam.

Lösung

Puffern Sie die von $(...) zurückgegebenen jQuery-Objekte, so dass die DOM-Abfragen nur ein Mal ausgeführt werden müssen:

```
var
    $clientX = $('.clientX'),
    $clientY = $('.clientY'),
    $pageX = $('.pageX'),
    $pageY = $('.pageY'),
    $screenX = $('.screenX'),
    $screenY = $('.screenY');
$('html').mousemove( function( event ) {
    $clientX.html( event.clientX );
    $clientY.html( event.clientY );
    $pageX.html( event.pageX );
    $pageY.html( event.pageY );
    $screenX.html( event.screenX );
    $screenY.html( event.screenY );
});
```

Eventuell können Sie auch noch diese Selektoren deutlich beschleunigen – schauen Sie sich dazu das nächste Rezept an. Aber alleine schon das einmalige Aufrufen anstatt wieder und wieder zu selektieren kann schon eine ausreichende Verbesserung bringen.

Diskussion

Einer der klassischen Wege, Code zu optimieren, ist das »Herausziehen« von wiederholten Berechnungen aus einer Schleife, so dass sie nur ein Mal durchgeführt werden müssen. Alle Werte, die sich innerhalb der Schleife nicht ändern, sollten auch nur ein Mal vor dem Beginn der Schleife berechnet werden. Wenn es sich dabei um aufwändige Berechnungen handelt, wird die Schleife danach deutlich schneller sein.

Dies funktioniert auch, wenn es sich bei der »Schleife« um eine Reihe von regelmäßig ausgelösten Events handelt (wie zum Beispiel mousemove) und die »Berechnung« ein jQuery-Selektor ist. Durch das Herausziehen der Selektion aus dem Eventhandler wird dieser schneller reagieren.

Wenn Sie mehrere Selektoren in einer Schleife aufrufen, wird ein Herausziehen aus der Schleife natürlich genauso wirkungsvoll sein.

Warum beginnen $clientX und die anderen Variablennamen mit dem Zeichen $?

$ hat in JavaScript keine besondere Bedeutung – es wird wie ein normaler Buchstabe aus dem Alphabet behandelt. In jQuery-Code ist es einfach eine verbreitete Konvention, das Präfix $ als Kennzeichen dafür zu nehmen, dass die Variable eine Referenz auf ein jQuery-Objekt und nicht auf etwas anderes enthält (zum Beispiel ein DOM-Element), da ein Variablenname wie $foobar optisch der JavaScript-Operation $('#foobar') ähnelt.

Das ist insbesondere dann hilfreich, wenn Sie sowohl ein jQuery-Objekt als auch das zugrundeliegende DOM-Element nutzen müssen, zum Beispiel:

```
var $foo = $('#foo'), foo = $foo[0];
// Jetzt können Sie das jQuery-Objekt nutzen:
$foo.show();
// oder das DOM-Element:
var id = foo.id;
```

5.10 Schnellere Selektoren schreiben

Problem

Ihr Code enthält eine große Zahl von Selektoren der Form $('.classname'). Sie puffern sie wie im vorigen Rezept beschrieben, aber die Selektoren haben immer noch einen recht großen Anteil an den Rüstzeiten Ihrer Seite. Sie müssen sie schneller machen.

Lösung

Achten Sie zunächst darauf, dass Sie eine aktuelle Version von jQuery nutzen (1.3.2 oder neuer), denn dort sind Selektoren in den meisten Browsern deutlich schneller geworden, insbesondere Klassen-Selektoren.

Wenn Sie Einfluss auf den Inhalt der HTML-Seite haben, ändern Sie ihn so, dass anstatt class-Attributen und Selektoren des Typs '.xyz' id-Attribute und '#xyz'-Selektoren genutzt werden:

```
<div class="foo"></div>
<div id="bar"></div>

$('.foo')  // Langsamer
$('#bar')  // Schneller
```

Müssen Sie Klassen-Selektoren nutzen, dann versuchen Sie, eventuell ein übergeordnetes Element mit einem schnelleren ID-Selektor zu finden und dann von dort zu den Kind-Elementen zu gelangen. Nutzen wir zum Beispiel nochmals den HTML-Code aus dem vorigen Beispiel:

```
<table id="log">
    <tr><td>Client X:</td><td id="clientX"></td></tr>
    ...
</table>
```

Da könnten Sie wie folgt selektieren:

```
$('.clientX')          // Langsamer
$('td.clientX')        // Vielleicht schneller
$('#log .clientX')     // Vielleicht viel schneller
$('#log td.clientX')   // In manchen Browsern vielleicht am schnellsten
```

Hüten Sie sich vor Selektions-Testseiten, die nicht den Inhalt der aktuellen Seite widerspiegeln. In einer sehr einfachen Seite kann ein einfaches $('.clientX') schneller als ein komplizierterer Selektor wie $('#log td.clientX') sein – selbst in Browsern und jQuery-Versionen, in denen Sie davon ausgehen können, dass der Klassen-Selektor langsam ist.

Dies liegt nur daran, dass kompliziertere Selektoren mehr Zeit beim Initialisieren brauchen, was auf einer einfachen Seite die Performance dominieren kann.

Die Testseite für dieses Rezept enthält mit Absicht eine große Zahl an Elementen, um Selektions-Performanceprobleme zu erzeugen, die sich nur in großen Seiten zeigen.

Aber natürlich zeigt keine davon, wie sich ein Selektor auf *Ihrer* Seite verhält. Die einzige Möglichkeit, herauszufinden, welcher Selektor auf einer bestimmten Seite am schnellsten ist, besteht im Testen mit genau dieser Seite.

Diskussion

Man vergisst leicht, dass ein unschuldig wirkender Aufruf wie $('.clientX') durchaus merklich Zeit kosten kann. Abhängig vom Browser und der jQuery-Version kann es sein, dass der Selektor jedes DOM-Element auf Ihrer Seite anfassen und durchlaufen muss, um die angegebene Klasse zu finden.

jQuery-Versionen vor 1.3 nutzen diese langsame Methode in *jedem* Browser. Mit jQuery 1.3 wurde die Sizzle-Selektor-Engine eingeführt, die schnelle DOM-APIs in neueren Browsern nutzt, zum Beispiel getElementsByClassName() und querySelectorAll().

Allerdings werden Sie bei den meisten Webseiten den IE 7 unterstützen müssen, bei dem Klassen-Selektoren auf einer komplexen Seite langsam sind.

Wenn möglich sollten Sie wie in $('#myid') über die ID selektieren – dies ist im allgemeinen in allen Browsern ein sehr schneller Vorgang, da nur getElementById() aufgerufen werden muss.

Es ist auch hilfreich, die Menge an Elementen, die durchsucht werden soll, möglichst weit einzuschränken – zum Beispiel über die Angabe eines Eltern-Elements, über das Spezifizieren des Klassen-Selektors durch einen Tag-Namen oder durch die Kombination solcher Tricks.

5.11 Tabellen schneller laden

Problem

Sie laden ein JSON-Datenobjekt mit 1.000 Namen und Adressen und verwenden jQuery, um daraus eine Tabelle zu erzeugen. Es dauert 5 bis 10 Sekunden, um die Tabelle im IE7 zu erstellen – und das ohne die Zeit zum Herunterladen.

Ihre JSON-Daten liegen in diesem Format vor:

```
{
    "names": [
        {
            "first": "Azzie",
            "last": "Zalenski",
            "street": "9554 Niemann Crest",
            "city": "Quinteros Divide",
            "state": "VA",
            "zip": "48786"
        },
        // und das für 1.000 Namen
    ]
}
```

Ihr JavaScript-Code:

```
// Zurückgeben einer gesäuberten Version, in der & < > maskiert sind
function esc( text ) {
    return text
```

```
                    .replace( '&', '&amp;' )
                    .replace( '<', '&lt;' )
                    .replace( '>', '&gt;' );
        }
        $(document).ready( function() {

            function fillTable( names ) {
                $.each( names, function() {
                    $('<tr>')
                        .append( $('<td>').addClass('name').html(
                            esc(this.first) + ' ' + esc(this.last)
                        ) )
                        .append( $('<td>').addClass('address').html(
                            esc(this.street) + '<br />' +
                            esc(this.city) + ', ' +
                            esc(this.state) + ' ' + esc(this.zip)
                        ) )
                        .appendTo('#nameTable');
                });
            }

            $.getJSON( 'names/names-1000.json', function( json ) {
                fillTable( json.names );
            });
        });
```

Und Ihr Dokument enthält folgenden HTML-Code:

```
<table id="nameTable">
</table>
```

Das funktioniert gut, wie man an der Ausgabe in Abbildung 5-1 sieht.

Arica Hence	5473 Brallier Crossing Bejar Centers, MA 37967
Vicente Hofmann	4070 Cree Pike Gosier Cove, LA 67602
Renna Pastorius	4666 Moorer Tunnel Marmo Centers, PO 53702
Exie Duca	7139 Langenfeld Court Albrecht, RE 24425
Sean Pickerel	9956 Urquidez Rest Iveson Islands, EN 05425
Justa Ocasio	3463 Lair Terrace Stanislawski, SE 80277
Sommer Lafortune	9101 Palmateer Road

Abbildung 5-1: Browser-Ausgabe für die Namens-Tabelle

Nur ist es sooo langsam.

Lösung

Kombinieren Sie mehrere Optimierungsschritte:

- Fügen Sie ein einzelnes `<table>`- oder `<tbody>`-Tag anstatt vieler `<tr>`-Elemente ein.
- Nutzen Sie `.innerHTML` oder `.html()` anstelle der Methoden zur DOM-Beeinflussung.
- Erstellen Sie ein Array mit `a[++i]` und fügen Sie es per `.join()` zusammen, anstatt Strings aneinanderzuhängen.
- Greifen Sie auf eine klassische `for`-Schleife zu, anstatt `$.each` zu nutzen.
- Verringern Sie die Anzahl an Name Lookups.

Das Ergebnis ist diese neue Version des Codes (mit der gleichen `esc()`-Funktion wie zuvor):

```
$(document).ready( function() {

    function fillTable( names ) {
        // Weniger Name Lookups mit lokalen Funktionsnamen
        var e = esc;
        //
        var html = [], h = -1;
        html[++h] = '<table id="nameTable">';
        html[++h] = '<tbody>';
        for( var name, i = -1;  name = names[++i]; ) {
            html[++h] = '<tr><td class="name">';
            html[++h] =     e(name.first);
            html[++h] =     ' ';
            html[++h] =     e(name.last);
            html[++h] = '</td><td class="address">';
            html[++h] =     e(name.street);
            html[++h] =     '<br />';
            html[++h] =     e(name.city);
            html[++h] =     ', ';
            html[++h] =     e(name.state);
            html[++h] =     ' ';
            html[++h] =     e(name.zip);
            html[++h] = '</td></tr>';
        }
        html[++h] = '</tbody>';
        html[++h] = '</table>';

        $('#container')[0].innerHTML = html.join('');
    }

    $.getJSON( 'names/names-1000.json', function( json ) {
        fillTable( json.names );
    });
});
```

Für den neuen Code muss auch der HTML-Code ein wenig anders aussehen:

```
<div id="container">
</div>
```

Auf einem Testsystem mit IE7 läuft der neue Code in 0,2 Sekunden anstatt in 7 Sekunden ab. Das ist 35 Mal schneller!

Zugegeben – dieser Code ist nicht so sauber und elegant wie der ursprüngliche Code, aber die Besucher Ihrer Site werden das nie erfahren und sich auch nicht darum scheren. Aber sie werden merken, wie viel schneller Ihre Seiten geladen werden.

Diskussion

Manchmal haben Sie Glück und finden die eine Optimierung, die ein Performance-Problem ganz alleine löst. Manchmal – wie in diesem Rezept – brauchen Sie eine Reihe von Tricks, um die gewünschte Geschwindigkeit zu erzielen.

Der größte Geschwindigkeitsschub stellt sich in diesem Code dadurch ein, dass einmalig ein <table>-Elements mit all seinen Kind-Elementen in einer einzelnen DOM-Operation eingefügt wird, anstatt eine größere Zahl von <tr>-Elementen nacheinander. Dazu müssen Sie die gesamte Tabelle als HTML-Code erzeugen. Sie fügen also eine große Zahl von Strings aneinander, was je nach der gewählten Vorgehensweise ein sehr schneller oder sehr langsamer Vorgang sein kann. Und wenn man über 1.000 Elemente laufen muss, lohnt es sich, die schnellste Variante herauszufinden.

Sie fragen sich vielleicht: »Ist das immer noch jQuery-Code? Es sieht doch eher wie gutes, altes JavaScript aus!« Stimmt – beides. Es ist absolut in Ordnung, jQuery-Code mit anderem JavaScript-Code zu mischen. Sie können für einen Großteil der Site einfachere jQuery-Wege gehen und beim Ausmerzen von langsamen Stellen entweder schnellere jQuery-Techniken finden oder klassisches JavaScript nutzen, um die Performance zu verbessern.

5.12 Schleifen programmieren

Problem

Sie rufen $.each(array,fn) oder $(selector).each(fn) auf, um in Ihrem Code über tausende von Elementen zu iterieren, und vermuten, dass all diese Funktionsaufrufe das Laden Ihrer Seite verlängern:

```
$.each( array, function() {
    // tue etwas mit this
});
```

oder

```
$('.lotsOfElements').each( function() {
    // tue etwas mit this oder $(this)
});
```

Lösung

Verwenden Sie eine for-Schleife anstelle von .each(). Um über ein Array zu iterieren, gibt es kaum eine schnellere Möglichkeit:

```
for( var item, i = -1; item = array[++i] ) {
    // tue etwas mit item
}
```

Aber sie hat einen Nachteil: diese Schleife funktioniert nur, wenn Ihr Array keine »leeren« Elemente enthält, also Elemente, deren Wert undefined, null, false, 0 oder "" ist. Selbst mit dieser Einschränkung ist diese Schleife jedoch in vielen häufig auftretenden Situationen nützlich, zum Beispiel beim Iterieren über ein jQuery-Objekt. Stellen Sie nur sicher, dass Sie das Objekt in einer Variablen puffern:

```
var $items = $('.lotsOfElements');
for( var item, i = -1; item = $item[++i] ) {
    // tue etwas mit item (ein DOM-Knoten)
}
```

Häufig liegen auch JSON-Daten vor, die ein Array mit Objekten enthalten – wie bei unserem Beispiel aus Rezept 5.11:

```
{
    "names": [
        {
            // ...
            "zip": "48786"
        },
        // für 1000 Namen wiederholt
    ]
}
```

Wenn Sie wissen, dass keines dieser Objekte, die das Array names aufbauen, jemals null sein wird, können Sie die schnelle Schleife nutzen.

Ein allgemeinerer Ansatz, der mit jedem Array funktioniert, ist die klassische Schleife, aud die Sie immer wieder stoßen werden:

```
for( var i = 0; i < array.length; i++ ) {
    var item = array[i];
    // tue etwas mit item
}
```

Doch diese Schleife lässt sich trotzdem auf unterschiedliche Weisen verbessern:

- Puffern der Arraylänge
- Verwenden von ++i, was in manchen Browsern schneller ist als i++
- Kombinieren des Tests mit der Erhöhung der Schleifenvariablen zur Vermeidung eines Name Lookups

Das Ergebnis ist:

```
for( var i = -1, n = array.length; ++i < n; ) {
    var item = array[i];
    // tue etwas mit item
}
```

 Wäre es vielleicht sogar noch schneller, eine while-Schleife oder eine do...while-Schleife zu nutzen? Wahrscheinlich nicht. Sie könnten die eben angeführte Schleife auch wie folgt schreiben:

```
var i = -1, n = array.length;
while( ++i < n ) {
    var item = array[i];
    // tue etwas mit item
}
```

oder

```
var i = 0, n = array.length;
if( i < n ) do {
    var item = array[i];
    // tue etwas mit item
}
while( ++i < n );
```

Aber keine davon ist schneller als die besser lesbare for-Schleife.

Um über ein Objekt (kein Array) zu iterieren, können Sie eine for..in-Schleife verwenden:

```
for( var key in object ) {
    var item = object[key];
    // tue etwas mit item
}
```

Eine Warnung vor for...in-Schleifen

Verwenden Sie niemals eine for...in-Schleife, um über ein jQuery-Objekt oder ein beliebiges Array zu iterieren. Besitzt das Array eigene Eigenschaften oder Methoden, dann werden diese zusammen mit den numerischen Array-Elementen durchiteriert. So enumeriert der folgende Code nur ein einzelnes DOM-Element – den Dokumenten-Body (mit i = 0):

```
$('body').each( function( i ) { console.log( i ); });
```

Dieser Code sieht vielleicht so aus, als ob er das gleiche machen würde, aber er enumeriert neben dem Element [0] alle jQuery-Methoden wie show und css:

```
for( var i in $('body') ) console.log( i ); // SCHLECHT
```

Nutzen Sie stattdessen eine der oben aufgeführten Array-Schleifen.

Selbst die »sichere« Anwendung einer for...in-Schleife, um über ein Objekt zu iterieren, kann zu Problemen führen, wenn Code auf Ihrer Seite Object.prototype verändert hat, um alle Objekte mit zusätzlichen Methoden oder Eigenschaften zu versehen. Die Schleife enumeriert diese Methoden oder Eigenschaften zusammen mit den eigentlich gewünschten.

Es wird dringend davon abgeraten, `Object.prototype` zu erweitern, da dadurch sehr viel Code beschädigt werden kann. Tatsächlich funktioniert sogar jQuery (zumindest bis Version 1.3.2) nicht mehr wie üblich, weil `each()` damit auch die zusätzlichen Methoden oder Eigenschaften enumeriert. Wenn Ihr Code in solch einer Umgebung arbeiten muss, müssen Sie in all Ihren Schleifen zusätzliche Vorsichtsmaßnahmen treffen, wie zum Beispiel mit der Methode `hasOwnProperty()`. Leider machen diese zusätzlichen Tests den Code langsamer. Sie müssen sich also zwischen Geschwindigkeit und Robustheit entscheiden.

Diskussion

`$(selector).each(fn)` ist der übliche Weg, ein jQuery-Objekt zu erzeugen und darüber zu iterieren, aber es ist nicht der einzige. Das jQuery-Objekt ist ein »Array-ähnliches« Objekt mit einer `.length`-Eigenschaft und `[0]`, `[1]`, `...`, `[length-1]`. Daher können Sie beliebige Schleifen nutzen, die Sie auch bei anderen Arrays verwenden. Und da das jQuery-Objekt niemals »leere« Elemente enthält, können Sie die am Anfang dieser Lösung präsentierte, schnellste `for`-Schleife verwenden.

Wenn Sie die Funktion `time()` aus Rezept 5.2 oder einen anderen Profiler nutzen, um die Performance von Schleifen zu messen, sollten Sie auf jeden Fall den »echten« Code testen, keine vereinfachte Testversion, die nur die Schleife ohne den Schleifenrumpf testet. Diese vereinfachten Tests würden einen potenziellen Vorteil der `for`-Schleife übersehen: Weniger Name Lookups aufgrund einer reduzierten Funktionsverschachtelung. In Rezept 5.13 finden Sie mehr Details dazu.

5.13   Name Lookups verringern

Problem

Ihr Code hat eine innere Schleife, ganz tief verschachtelt in anderen Funktionen, die hunderte oder tausende Male ausgeführt wird. Die innere Schleife ruft diverse globale Funktionen auf und referenziert ein paar Variablen, die in den äußeren Funktionen oder global definiert wurden.

Jede dieser Referenzen löst aufgrund der verschachtelten Funktionen diverse Name Lookups aus. Damit wird Ihr Code langsamer, aber Profiler zeigen nicht, wo das Problem liegt, und aus dem Code wird auch nicht offensichtlich, dass es ein Problem gibt!

Lösung

Prüfen Sie für jeden Namen in Ihrer innersten Schleife, wie viele Name Lookups erforderlich sind. Verringern Sie die Anzahl an Name Lookups, indem Sie Objektreferenzen lokal puffern oder weniger verschachtelte Funktionen nutzen.

Diskussion

Closures sind eine wunderbare Sache. Mit ihnen ist es problemlos möglich, Statusinformationen einzufangen und sie asynchronen Funktionen – wie Eventhandlern oder Timer Callbacks – mitzugeben. Hätte JavaScript keine Closures, müsste jeder asynchrone Callback einen Weg finden, den Status weiterzugeben. Stattdessen können Sie einfach eine eingebettete Funktion nutzen.

Die dynamische Natur von JavaScript ist ebenso wunderbar. Sie können jedem Objekt jederzeit Eigenschaften und Methoden hinzufügen und die JavaScript-Laufzeitumgebung wird sich darum kümmern, die richtigen Dinge anzusprechen, wenn Sie sie benötigen.

Nimmt man beides zusammen, kann dies zu einer ganzen Menge Name Lookups führen.

Die modernsten JavaScript-Interpreter haben sich in diesem Bereich stark weiterentwickelt. Aber wenn Sie wollen, dass Ihr Code in allen verbreiteten Browsern – wie zum Beispiel beliebigen IE-Versionen – schnell läuft, sollten Sie sich trotzdem Gedanken um die Anzahl der Name Lookups machen.

Schauen Sie sich folgenden Code an:

```
// Ein klassischer Funktions-Wrapper, um einen lokalen Scope zu erhalten
(function() {
    // Maximalen absoluten Wert in einem Zahlen-Array finden
    function maxMagnitude( array ) {
        var largest = -Infinity;
        $.each( array, function() {
            largest = Math.max( largest, Math.abs(this) );
        });
        return largest;
    }
    // Anderer Code, der maxMagnitude für ein großes Array aufruft
})();
```

Denken Sie daran, dass JavaScript erst im lokalen Gültigkeitsbereich (der Funktion) nach einem Namen sucht. Wird der Name dort nicht gefunden, arbeitet sich die Laufzeitumgebung durch die nächsten eingebetteten Funktionen bis zum globalen Scope nach oben. Die JavaScript-Laufzeitumgebung muss nicht nur jeden Namen bei jeder Verwendung nachschlagen, sondern diese Lookups auch noch wiederholen, wenn die Namen in übergeordneten Funktionen oder im globalen Scope definiert sind.

Befindet sich dieser Code-Block im globalen Gültigkeitsbereich, führt der each()-Callback bei jeder Iteration die folgenden Name Lookups durch:

1. largest im lokalen Scope [erfolglos]
2. largest in MaxMagnitude() [erfolgreich]
3. Math im lokalen Scope [erfolglos]
4. Math in MaxMagnitude() [erfolglos]
5. Math in der anonymen Wrapper-Funktion [erfolglos]
6. Math im globalen Scope [erfolgreich]
7. abs im Math-Objekt [erfolgreich]
8. Math im lokalen Scope [erfolglos]

---

9. `Math` in `MaxMagnitude()` [erfolglos]
10. `Math` in der anonymen Wrapper-Funktion [erfolglos]
11.   `Math` im globalen Scope [erfolgreich]
12.   `max` im `Math`-Objekt [erfolgreich]
13. `largest` im lokalen Scope [erfolglos]
14. `largest` in `MaxMagnitude()` [erfolgreich]

Nun schreiben wir den Code wie folgt um:

```
// Ein klassischer Wrapper, um einen lokalen Scope zu erhalten
(function() {
    // Maximalen absoluten Wert in einem Zahlen-Array finden
    function maxMagnitude( array ) {
        var abs = Math.abs, max = Math.max;
        var largest = -Infinity;
        for( var i = -1, n = array.length; ++i < n; ) {
            largest = max( largest, abs(array[i]) );
        }
        return largest;
    }
    // Anderer Code, der maxMagnitude für ein großes Array aufruft
})();
```

Damit wird nicht nur die Callback-Funktion in jeder Iteration vermieden, sondern auch noch die Anzahl an Name Lookups in jeder Iteration um 10 oder mehr verringert. Der Schleifen-Rumpf führt in dieser Version folgende Name Lookups durch:

1. `largest` im lokalen Scope [erfolgreich]
2. `abs` im lokalen Scope [erfolgreich]
3. `max` im lokalen Scope [erfolgreich]
4. `largest` im lokalen Scope [erfolgreich]

Dies stellt gegenüber der ersten Version eine Verbesserung um mehr als 70% dar.

Ist der Code noch tiefer in einer anderen Funktion verschachtelt, dann sind die Unterschiede noch größer, da jede verschachtelte Funktion einen weiteren Lookup für jeden der `Math`-Objekt-Lookups hinzufügt.

 Wir ignorieren hier die Lookups für `this` und `array[i]`, wie auch für die `for`-Schleife selbst. Sie sind in beiden Versionen ziemlich gleich.

In Rezept 5.11 sorgt eine einzelne Name Lookup-Optimierung für eine Verbesserung von 100 ms. Das ist kein großer Unterschied, aber eine zehntel Sekunde Verbesserung beim Laden Ihrer Seite durch eine Zeile Code ist doch ein guter Schnitt, oder?

Der ursprüngliche Code ruft `esc()` in jedem Schleifendurchlauf sechs Mal auf, was zu insgesamt 6.000 Aufrufen im Fall des Tausend-Namen-Testfalls führt. Diese Aufrufe befinden sich innerhalb von drei verschachtelten Funktionen, und `esc()` ist eine globale Funktion, daher braucht man vier Name Lookups, um nur den Funktionsnamen für jeden Aufruf aufzulösen. Das sind 24.000 Name Lookups!

Der verbesserte Code verringert die Funktions-Verschachtelung um eins, so dass nur noch 18.000 Name Lookups übrig bleiben (zwei verschachtelte Funktions-Ebenen und der globale Gültigkeitsbereich zu je 6.000 Aufrufen), aber dann wird in der innersten Funktion ein weiterer Trick genutzt:

```
function fillTable( names ) {
    var e = esc;
    // jetzt Aufruf von e() anstatt esc() in der inneren Schleife
}
```

Jetzt werden die 6.000 Aufrufe von e() jeweils mit einem einzelnen Name Lookup aufgelöst. Das reduziert die Name Lookups auf 12.000. Kein Wunder, dass man dadurch eine zehntel Sekunde sparen kann.

5.14 Das DOM mit .innerHTML schneller aktualisieren

Problem

Sie erzeugen einen großen HTML-Block und nutzen $('#mydiv').html(myhtml);, um ihn in das DOM einzufügen. Sie haben ein Profiling durchgeführt und festgestellt, dass die Methode .html() länger braucht als erwartet.

Lösung

Nutzen Sie $('#mydiv')[0].innerHTML = myhtml; für schnelle Aktualisierungen des DOM – wenn Sie keine der Besonderheiten benötigen, die .html() anbietet.

Diskussion

Die Methode .html() nutzt die Eigenschaft .innerHTML, um den HTML-Code in das DOM einzufügen, aber sie führt vorher noch ein paar Schritte durch. In den meisten Fällen ist das egal, aber bei Performance-kritischem Code können Sie ein bisschen Zeit sparen, indem Sie die Eigenschaft .innerHTML direkt nutzen.

Die interne jQuery-Methode .clean() kümmert sich um diese Verarbeitung. Schauen Sie sich den Quellcode zu .clean() an, dann sehen Sie, dass da so einiges passiert, um den HTML-Code zu »säubern«.

Die einfachste Möglichkeit, die meisten Methoden im Quellcode von jQuery zu finden, ist eine Suche nach dem Methodennamen mit einem : dahinter. Um zum Beispiel die Methode .clean() zu finden, suchen Sie im *unkomprimierten* jQuery-Quellcode nach clean:.

Der Code in Rezept 5.11 sorgt bei diesem Säubern für ein wenig Stress. Der HTML-Code dieses Rezepts enthält eine ganze Reihe von
-Tags. Es gibt in .clean() einen regulären Ausdruck, der alle selbst-schließenden Tags (Tags, die mit /> enden und daher kein schließendes Tag benötigen) findet und prüft, ob sich diese Tags in der einge-schränkten Menge der HTML-Tags befindet, die selbst-schließend sein können. Wenn dies nicht der Fall ist, wird der HTML-Code in ein Paar aus öffnendem und schließendem Tag umgewandelt.

Schreiben Sie zum Beispiel `$('#test').html('<div />');`, dann wird dieser ungültige HTML-Code automatisch in `$('#test').html('<div></div>');` konvertiert. Das Schreiben von Code wird dadurch einfacher, wenn Sie aber einen sehr langen HTML-String mit vielen selbst-schließenden Tags haben, muss `.clean()` sie alle prüfen – selbst wenn diese Tags wie das `<br />` im anderen Rezept gültig sind.

Die Methode `.html()` ersetzt jeden vorhandenen Inhalt und kümmert sich darum, Speicherlecks zu vermeiden, indem alle Eventhandler entfernt werden, die Sie einem der zu ersetzenden Elemente per jQuery zugewiesen haben. Wenn der zu ersetzende Inhalt irgendwelche Eventhandler, sollten Sie bei `.html()` bleiben. Falls Sie nur den Code benötigen, um die Eventhandler aufzuräumen, jedoch auf die restliche HTML-Behandlung verzichten können, dann ist es eventuell auch möglich, `$('#test').empty()[0].innerHTML = myhtml;` zu nutzen.

Zusammengefasst: Wenn Sie sicher wissen, dass Ihr Code in Bezug auf Events oder andere Inhalte nicht von jQuery aufgeräumt werden muss, können Sie (bei entsprechender Vorsicht) direkt `.innerHTML` verwenden. Ansonsten bleiben Sie sicherheitshalber bei `.html()`.

5.15 Debuggen? Sprengen Sie die Ketten

Problem

Eine Kette von jQuery-Methode führt irgendwo in einem der Glieder zu einem Fehler. Der HTML-Code sieht wie folgt aus:

```
<div class="foo">
    vorher
        <span class="baz" style="display:none;">
            test
        </span>
    nachher
</div>
```

Hier der JavaScript-Code (als Teil eines Button-Click-Eventhandlers):

```
$('.foo').css({ fontsize: '18px' }).find('.bar').show();
```

Lassen Sie den Code laufen, dann wird die Schriftgröße nicht gesetzt und das verborgene Element nicht angezeigt.

Sie haben Firebug oder einen anderen JavaScript-Debugger, aber es ist schwer, sich im Code zurechtzufinden. Wie finden Sie heraus, wo die Kette ein Problem hat?

Lösung

Teilen Sie die Kette in die einzelnen Bestandteile auf und speichern Sie jedes jQuery-Objekt in einer Variablen:

```
// $('.foo').css({ fontsize: '18px' }).find('.bar').show();
var $foo = $('.foo');
$foo.css({ fontsize: '18px' });
var $bar = $foo.find('.bar');
$bar.show();
```

Jetzt haben Sie beim Debuggen verschiedene Möglichkeiten. Eine ist, im Debugger Schritt für Schritt vorzugehen und die Variablen und den Zustand der Seite nach jedem Schritt zu beobachten.

In diesem Code wollen Sie die Werte von $foo und $bar prüfen, nachdem ihnen Werte zugewiesen wurden. Welchen Wert hat die Eigenschaft .length? Damit finden Sie heraus, wie viele DOM-Elemente selektiert wurden. Enthält jedes Objekt die DOM-Elemente, die Sie erwarten? Prüfen Sie [0], [1], [2] und so weiter, um die DOM-Elemente zu betrachten.

Gehen wir davon aus, dass $foo die korrekten DOM-Elemente enthält – was geschieht, nachdem die Methode .css() aufgerufen wird? Mit dem CSS Inspector von Firebug finden Sie heraus, dass sich die CSS-Eigenschaft font-size nach dem Aufruf der Methode nicht geändert hat. Moment! Das ist font-size, nicht fontsize? Ah, da ist das Problem. Werfen Sie einen Blick in die Dokumentationen, dann stellen Sie fest, dass man eine der beiden folgenden Varianten nutzen soll:

```
$foo.css({ fontSize: '18px' });
```

```
$foo.css({ 'font-size': '18px' });
```

Damit ist das eine Problem gelöst, aber was ist mit dem anderen? Nachdem $bar ein Wert zugewiesen wurde, schauen wir uns dessen Eigenschaft .length an und stellen fest, dass sie Null ist. Anscheinend konnten wir also keine Elemente selektieren. Ein Blick auf den HTML- und JavaScript-Code zeigt dann, dass wir den Klassennamen einfach falsch geschrieben haben.

Jetzt können wir die beiden Korrekturen wieder in die ursprüngliche Kette einbauen:

```
$('.foo').css({ fontSize: '18px' }).find('.baz').show();
```

Eine andere Alternative ist die Verwendung der Log-Anweisungen von Firebug:

```
// $('.foo').css({ fontsize: '18px' }).find('.bar').show();
var $foo = $('.foo');
console.log( $foo );
$foo.css({ fontsize: '18px' });
console.log( $foo.css('fontsize') );
var $bar = $foo.find('.bar');
console.log( $bar );
$bar.show();
```

Diese Aufrufe von console.log() zeigen, dass in $bar keine selektierten Elemente stecken. Allerdings sind wir bei der Suche nach der fehlerhaften Schriftgrößen-Einstellung gleich in eine Falle gelaufen: Wir haben fontSize in console.log() auch falsch geschrieben!

Da hilft die Kombination mehrerer Debugging-Techniken: Protokollieren von Variablen, Verwenden des Firebug-Inspectors, Lesen und nochmaliges Lesen Ihres Quellcodes – und eine weitere Person auf das Problem schauen lassen.

Diskussion

Die Verkettungsmöglichkeiten von jQuery helfen dabei, knappen Code zu schreiben, aber beim Debuggen kann das recht hinderlich sein, da man die einzelnen Schritte in einer Kette kaum durchlaufen und sich die Ergebnisse anzeigen lassen kann. Durch das Aufbrechen der Kette in die einzelnen Elemente – zumindest kurzfristig beim Debuggen – wird die Aufgabe leichter.

5.16   Ist das ein Bug von jQuery?

Problem

Sie nutzen jQuery-Code, um ein verborgenes Element anzuzeigen und dessen HTML-Inhalt nach einer Zeitverzögerung zu setzen, die Sie mit setTimeout() erzeugen:

```
function delayLog( text ) {
    setTimeout( "$('#log').show().html(text)", 1000 );
}
// Irgendwo weiter unten im Code
delayLog( 'Hello' );
```

Der Aufruf von .show() funktioniert, aber der von .html(text) führt nicht zum gewünschten Ergebnis. Die Firebug-Konsole zeigt, dass die Variable text nicht definiert ist. Der gleiche jQuery-Code funktioniert, wenn er nicht per setTimeout() aufgerufen wird. Gibt es ein Problem, wenn jQuery zusammen mit setTimeout() genutzt wird?

Lösung

Eine Möglichkeit, herauszufinden, ob jQuery die Ursache des Problems ist, ist das Ersetzen Ihres jQuery-Codes durch anderen JavaScript-Code, der kein jQuery verwendet. In diesem Beispiel können wir den jQuery-Code durch ein einfaches alert() austauschen:

```
function delayLog( text ) {
    setTimeout( "alert(text)", 1000 );
}
```

Wenn wir diese Version des Codes auszuprobieren, taucht das gleiche Problem auf – es gibt keinen Alert und Firebug meldet wieder, dass text nicht definiert ist.

Damit haben wir das Problem zwar noch nicht gelöst, es aber deutlich eingeschränkt. Es ist ganz offensichtlich nicht jQuery (sofern nicht die reine Existenz der jQuery-Bibliothek auf Ihrer Seite zu einem Problem führt, aber das können Sie herausfinden, indem Sie den Code auf einer einfachen Testseite laufen lassen, die jQuery nicht einbindet). Also muss etwas am Code selbst falsch sein; sehr wahrscheinlich liegt das Problem beim Umgang mit setTimeout().

Das Problem ist hier tatsächlich, dass ein String-Argument, das man an setTimeout() übergibt, im *globalen Gültigkeitsbereich* ausgeführt wird – als würde sich der Code außerhalb jeglicher Funktion befinden. Am einfachsten kann man dies lösen, indem man für den Callback anstatt eines Text-Strings eine lokale Funktion nutzt:

```
function delayLog( text ) {
    setTimeout( function() {
        alert(text);
    }, 1000 );
}
```

Anders als Code in einem String hat eine verschachtelte Funktion vollständigen Zugriff auf die Variablen und Parameter außerhalb der Funktion. So wird dieser Code den Code wie gewünscht ausgeben.

Und schließlich hier eine korrigierte Version des ursprünglichen jQuery-Codes:

```
function delayLog( text ) {
    setTimeout( function() {
        $('#log').show().html(text);
    }, 1000 );
}
```

Diskussion

Wenn Sie debuggen und sich nicht sicher sind, was ein Problem verursacht, kann es helfen, herauszufinden, was das Problem *nicht* verursacht. Dieses Rezept soll Ihnen nicht dabei helfen, Probleme mit setTimeout() zu lösen – schließlich handelt es sich hier um ein jQuery-Buch, nicht um ein allgemeines JavaScript-Buch – sondern Ihre Debugging-Versuche auf den Kern des Problems zu lenken, indem Sie jQuery als Quelle des Problems zügig ausschließen (oder bestätigen!) können.

5.17 In jQuery debuggen

Problem 1

Sie nutzen »Step Into« in Firebug oder einem anderen JavaScript-Debugger und versuchen, durch den jQuery-Code zu debuggen, um herauszufinden, was dort genau passiert. Wenn Sie aber in diese Stelle hineinspringen, sehen Sie nur eine lange, unlesbare Codezeile, durch die Sie nicht schrittweise debuggen können:

```
(function(){var l=this,g,y=l.jQuery,p=l.$,o=l.jQuery=l.$=function(E,F)...
```

Lösung 1

Sie nutzen die *minifizierte* Version von jQuery. Laden Sie stattdessen die *unkomprimierte* Version von jQuery auf Ihrer Seite, solange Sie testen.

Nutzen Sie den Code der Google Ajax Libraries API in einem <script>-Tag, dann ändern Sie ihn wie folgt:

```
<!-- Auskommentieren der minifizierten Version von jQuery -->
<!--
<script type="text/javascript"
  src="http://ajax.googleapis.com/ajax/libs/jquery/1.3.2/jquery.min.js
"></script>
-->
<!-- Verwenden der unkomprimierten Version zum Testen -->
<script type="text/javascript"
  src="http://ajax.googleapis.com/ajax/libs/jquery/1.3.2/jquery.js"></script>
```

Falls Sie Googles JavaScript-Loaded verwenden, ändern Sie ihn wie folgt:

```
// Auskommentieren der minifizierten Version von jQuery
// google.load( 'jquery', '1.3.2' );
// Verwenden der unkomprimierten Version zum Testen
google.load( 'jquery', '1.3.2', { uncompressed:true });
```

Jetzt können Sie auch den jQuery-Code Schritt für Schritt debuggen.

Problem 2

Nachdem Sie dieses Problem gelöst haben, wollen Sie herausfinden, wie die jQuery-Methoden `.html()` und `.show()` arbeiten. Also versuchen Sie, im Debugger in diesem Code in die Methode hineinzuspringen:

```
$('#test').html( 'test' ).show();
```

Wenn Sie aber den Befehl »Step Into« nutzen, springt der Debugger in den jQuery-Konstruktor und nicht in eine der Methoden, an denen Sie interessiert sind.

Lösung 2

Die vorige Codezeile enthält *drei* Funktionsaufrufe – den für den jQuery-Konstruktor ($), gefolgt von den Aufrufen der Methoden `.html()` und `.show()`. Der Befehl »Step Into« springt dabei in den ersten dieser Aufrufe – den Konstruktor.

Hier können Sie direkt ein Step Out, gefolgt von einem weiteren Step In ausführen. Diese Schritte führen Sie aus dem jQuery-Konstruktor heraus (und bringen Sie in die *Mitte* der ursprünglichen Codezeile) und dann in die `.html()`.Methode hinein.

Um zur Methode `.show()` zu gelangen, nutzen Sie nochmals das Anweisungspaar »Step Out« und »Step In«. Dabei springen Sie in der jQuery-Kette jedes Mal einen Schritt weiter.

Wenn Ihnen das zu nervig wird, brechen Sie die Kette wie in Rezept 5.15 beschrieben auf und fügen dort `debugger;`-Anweisungen ein, wo Sie unterbrechen wollen. Um also zum Beispiel die `.show()`-Methode genauer anschauen zu können, ändern Sie den Code wie folgt:

```
var $test = $('#test');
$test.html( 'test' );
debugger;
$test.show();
```

Wenn der Code nun an der debugger;-Anweisung anhält, können Sie einfach »Step In« nutzen (allerdings zwei Mal – mit dem ersten Aufruf gelangen Sie zu $test.show(); und mit dem zweiten dann *in* die Methode).

Sie können von der debugger;-Anweisung aus auch »Step Over« nutzen, da Sie ja nicht »in« etwas hineinspringen, aber es ist einfacher, zwei Mal »Step Into« anzuklicken (oder unter Windows F11 zu drücken). Statt der debugger;-Anweisung können Sie auch auf der Zeile mit dem Aufruf von $test.show() einen Breakpoint setzen und dann mit einem einzelnen »Step Into« in die Methode .show() hineinspringen.

Diskussion

Die minifizierte jQuery-Version ist wunderbar geeignet für Live-Sites, aber für die Entwicklung ist sie nicht so hilfreich. Der gesamte Code ist in einer oder zwei Zeilen zusammengefasst, wodurch es nahezu unmöglich ist, mit einem Debugger den Code Schritt für Schritt zu durchlaufen. Zudem wird es durch die häufige Anwendung verketteter Methoden schwieriger, in die jQuery-Methoden hineinzuspringen. Mit den Tipps aus diesem Rezept können Sie den jQuery-Code im Debugger leichter verfolgen – egal ob Sie einen Bug suchen oder nur lernen wollen, wie der Code funktioniert.

Lassen Sie sich durch Ihre Test-affinen Freunde nicht davon abhalten, einen Debugger zu verwenden! Selbst wenn Sie die meisten Fehler durch Unit Tests und auf anderen Wegen finden, lernen Sie den Code doch am besten kennen, indem Sie ihn im Debugger Schritt für Schritt durchgehen und sich die Variablen und Eigenschaften anschauen.

Wenn Sie den Code hingegen so lesen, müssen ihn in Ihrem Kopf durchlaufen und ein Gedanken-Modell für die Variableninhalte erstellen. Warum sollte dann nicht der Computer den Code durchlaufen und Ihnen *zeigen*, was in diesen Variablen steckt?

5.18 Weniger Server-Anfragen erzeugen

Problem

Sie haben auf Ihrer Seite jQuery und eine ganze Reihe von Plugins eingebunden. Die schiere Anzahl an Server-Anfragen verlängert aber die Ladezeiten Ihrer Seite:

```
<script type="text/javascript" src="jquery.js"></script>
<script type="text/javascript" src="superfish.js"></script>
<script type="text/javascript" src="cycle.js"></script>
<script type="text/javascript" src="history.js"></script>
<script type="text/javascript" src="hoverintent.js"></script>
<script type="text/javascript" src="jcarousel.js"></script>
<script type="text/javascript" src="thickbox.js"></script>
<script type="text/javascript" src="validate.js"></script>
```

Nach dem Laden der Seite laden Sie auch noch mit $.getJSON() ein paar JSON-Daten herunter, wodurch es zu einer weiteren Server-Anfrage kommt:

```
$(document).ready( function() {
    $.getJSON( 'myjson.php?q=test', function( json ) {
        $('#demo').html( json.foo );
    });
});
```

myjson.php ist ein Skript auf Ihren Server, dass JSON-Daten wie die folgenden zurückliefert:

```
{
    "foo": "bar"
}
```

Lösung

Laden Sie jQuery aus Googles Ajax-Bibliothek und fassen Sie all Ihre Plugins in einer einzigen Datei zusammen:

```
<script type="text/javascript"

  src="http://ajax.googleapis.com/ajax/libs/jquery/1.3.2/jquery.min.js"></script>

<script type="text/javascript" src="plugins.js">
</script>
```

Oder Sie fassen den *gesamten* JavaScript-Code, den Sie am häufigsten brauchen (jQuery, Plugins und Ihren eigenen Code) in einer einzelnen Datei zusammen:

```
<script type="text/javascript" src="allmyscripts.js"></script>
```

Egal, welchen Weg Sie wählen – es hilft auch, die .js-Dateien zu *minifizieren* (d.h. alle Kommentare und überflüssigen Whitespace zu entfernen), um die Größe zu verringern. Und stellen Sie sicher, dass Ihr Server bei den herunterzuladenden Dateien die gzip-Komprimierung nutzt.

Da die Seite durch Ihre eigene Server-Anwendung generiert wird, können Sie die JSON-Daten beim Generieren direkt in die HTML-Seite »brennen«, wobei Sie ein <script>-Tag nutzen:

```
<script type="text/javascript">
    var myJson = {
        "foo": "bar"
    };
</script>
```

Der hervorgehobene Teil des Skripts entspricht dabei den im ursprünglichen Code von myjson.php heruntergeladenen Teilen. In den meisten Serversprachen sollte es recht einfach sein, Inhalte auf diese Weise einzubinden.

Jetzt ist der jQuery-Code, um die JSON-Daten zu nutzen, sehr einfach:

```
$(document).ready( function() {
    $('#demo').html( myJson.foo );
});
```

Damit wird eine weitere Server-Anfrage vermieden.

Diskussion

Ein wichtiger Schritt für schnell ladende Seiten ist das Minimieren der HTTP-Anfragen. Es kann auch hilfreich sein, Anfragen an verschiedene Server zu stellen. Browser führen nur eine kleine Zahl paralleler Anfragen an eine Domain (oder Subdomain) durch, wenn Sie jedoch einige der Dateien von einer anderen Domain herunterladen, geschieht dies doch parallel.

 Lässt man unterschiedliche `<script>`-Tags auf verschiedene Domains verweisen, werden sie zwar eventuell parallel heruntergeladen, aber die *Ausführungsreihenfolge* wird dadurch nicht beeinflusst. `<script>`-Tags werden in der Reihenfolge abgearbeitet, in der sie sich im HTML-Code befinden.

Sie können JavaScript-Dateien per Hand zusammenfassen, indem Sie sie einfach in eine große Datei kopieren. Das ist zwar bei der Entwicklung unpraktisch, beschleunigt aber das Herunterladen.

Es gibt eine Reihe von Tools zum Zusammenfassen und/oder Minifizieren von Dateien, die auch für diverse Server-Sprachen verfügbar sind.

Ruby on Rails:

- Bundle-fu (*http://jquery-cookbook.com/go/bundle-fu*)
- AssetPackager (*http://jquery-cookbook.com/go/asset-packager*)
- Der in Rails 2.0 eingebaute Packager

PHP:

- Minify (*http://jquery-cookbook.com/go/minify*)

Python:

- JSCompile (*http://jquery-cookbook.com/go/js-compile*)

Java:

- YUI Compressor (*http://jquery-cookbook.com/go/yui-compressor*)

Neben dem JavaScript-Code sollten Sie auch Ihr CSS überprüfen. Ein paar der aufgeführten Tools können Ihre `.css`-Dateien wie die `.js`-Dateien zusammenfassen.

 Das »Packen« von JavaScript war einmal total in. Dabei werden nicht nur Kommentare und Whitespace entfernt, der JavaScript-Code wird auch noch so umgeschrieben, dass es sich gar nicht mehr um JavaScript-Code handelt. Zum Packen gehört auch immer ein Entpacken zur Laufzeit – jedes Mal, wenn die Seite geladen wird, selbst wenn der JavaScript-Code schon gepuffert ist. Daher ist das Packen nicht mehr State of the Art und stattdessen wird das »Minifizieren« des Codes (Entfernen von Kommentaren und Whitespace) empfohlen – kombiniert mit der gzip-Komprimierung. Beim Packen lag ein großer Vorteil im Entfernen doppelter Strings – dies nimmt gzip sowieso vor.

5.19 Zurückhaltendes JavaScript schreiben

Problem

Sie haben eine Seite mit Inline-Eventhandler-Attributen, die für ein Menü einen Hover-Effekt erzeugen.

Ihr Inhalt (HTML), die Darstellung (CSS) und das Verhalten (JavaScript) sind wüst kombiniert, so dass es schwer ist, jeden Bereich getrennt zu warten. Dies führt zu doppeltem JavaScript-Code und entsprechend zu doppelten Style-Einstellungen:

```
<!DOCTYPE html PUBLIC "-//W3C//DTD XHTML 1.0 Transitional//EN"
    "http://www.w3.org/TR/xhtml1/DTD/xhtml1-transitional.dtd">
<html xmlns="http://www.w3.org/1999/xhtml" xml:lang="en" lang="en">
<head>
    <meta http-equiv="Content-Type" content="text/html; charset=utf-8" />
    <meta http-equiv="Content-Language" content="en-us" />
    <title>Menü-Demo</title>

    <style type="text/css">
        .menu {
            background-color: #ccc;
            list-style: none;
            margin: 0;
            padding: 0;
            width: 10em;
        }
        .menu li {
            margin: 0;
            padding: 5px;
        }
        .menu a {
            color: #333;
        }
    </style>
</head>
<body>
<ul class="menu">
    <li onmouseover="this.style.backgroundColor='#999';"
        onmouseout="this.style.backgroundColor='transparent';">
        <a href="download.html">Download</a>
    </li>
    <li onmouseover="this.style.backgroundColor='#999';"
        onmouseout="this.style.backgroundColor='transparent';">
        <a href="documentation.html">Dokumentation</a>
    </li>
    <li onmouseover="this.style.backgroundColor='#999';"
        onmouseout="this.style.backgroundColor='transparent';">
        <a href="tutorials.html">Tutorials</a>
    </li>
</ul>
</body>
</html>
```

Lösung

Ersetzen Sie das Inline-JavaScript durch jQuery-Eventhandler und nutzen Sie Klassen, die Sie hinzufügen beziehungsweise entfernen, anstatt die backgroundColor direkt zu verändern:

```
<!DOCTYPE html PUBLIC "-//W3C//DTD XHTML 1.0 Transitional//EN"
    "http://www.w3.org/TR/xhtml1/DTD/xhtml1-transitional.dtd">
<html xmlns="http://www.w3.org/1999/xhtml" xml:lang="en" lang="en">
<head>
    <meta http-equiv="Content-Type" content="text/html; charset=utf-8" />
    <meta http-equiv="Content-Language" content="en-us" />
    <title>Men-üDemo</title>

    <style type="text/css">
        .menu {
            background-color: #ccc;
            list-style: none;
            margin: 0;
            padding: 0;
            width: 10em;
        }
        .menu li {
            margin: 0;
            padding: 5px;
        }
        .menu a {
            color: #333;
        }
        .menuHover {
            background-color: #999;
        }
    </style>

    <script type="text/javascript"
src="http://ajax.googleapis.com/ajax/libs/jquery/1.3.2/jquery.js">
    </script>

    <script type="text/javascript">

        $(document).ready( function() {
            $('li').hover(
                function() {
                    $(this).addClass('menuHover');
                },
                function() {
                    $(this).removeClass('menuHover');
                });
        });

    </script>
</head>
<body>

<ul class="menu">
    <li><a href="download.html">Download</a></li>
```

```
    <li><a href="documentation.html">Dokumentation</a></li>
    <li><a href="tutorials.html">Tutorials</a></li>
</ul>
</body>
</html>
```

Wir haben die Inline-Eventhandler entfernt und sie durch jQuery-Eventhandler ersetzt, wodurch wir Inhalt und Verhalten trennen konnten. Wollen wir jetzt mehr Menü-Einträge hinzufügen, müssen wir nicht immer die gleichen Eventhandler kopieren, sondern sie werden automatisch hinzugefügt.

Auch haben wir die Style-Regeln für den Hover-Effekt in eine CSS-Klasse verschoben und damit Verhalten und Darstellung getrennt. Wollen wir nun den Stil des Hover-Effekts ändern, brauchen wir nur das Stylesheet anpassen und müssen nicht mehr am Markup herumschrauben.

Diskussion

Eine »All-In-One«-HTML-Datei mit on*event*-Attributen funktioniert bei einer kleinen, einfachen Seite wunderbar, aber sie lässt sich nur sehr schlecht skalieren. Wenn Ihre Seiten komplexer werden, wird der Code durch eine Trennung von Darstellung und Verhalten leichter wartbar.

Wir haben in diesem einfachen Beispiel keine getrennten .js- oder .css-Dateien genutzt, aber wenn Sie mehrere Seiten haben, die den gleichen JavaScript- oder CSS-Code nutzen, ist dies unbedingt empfehlenswert. Die betreffenden Informationen werden dann nur einmal in den Browser-Cache geladen, anstatt sie mit jedem Laden der Seite neu holen zu müssen. So werden die Seiten schneller geladen, nachdem einmal eine erste Seite aufgesucht wurde.

5.20 jQuery für die progressive Verbesserung nutzen

Problem

Sie wollen eine Site aufbauen, mit der einfache Aufgaben verwaltet werden können. Dabei soll der Anwender allen Komfort erfahren – Animationen, Ajax, alles, was das Herz begehrt – Sie wollen aber auch Anwendern entgegenkommen, die JavaScript abgeschaltet haben.

Lösung

Sie können die Site so aufbauen, dass sie ohne all die coolen Flash-Animationen und ähnliche Features funktioniert, und dann zurückhaltend JavaScript-Funktionalität hinzufügen:

```
<!DOCTYPE html PUBLIC "-//W3C//DTD XHTML 1.0 Transitional//EN"
    "http://www.w3.org/TR/xhtml1/DTD/xhtml1-transitional.dtd">
<html xmlns="http://www.w3.org/1999/xhtml" xml:lang="en" lang="en">
<head>
    <meta http-equiv="Content-Type" content="text/html; charset=utf-8" />
    <meta http-equiv="Content-Language" content="en-us" />
```

```
    <title>Aufgabenliste</title>

    <script type="text/javascript"
src="http://ajax.googleapis.com/ajax/libs/jquery/1.3.2/jquery.js">
    </script>

    <script type="text/javascript">

        $(document).ready( function() {
            var url = $('form').attr('action');
            $(':checkbox').click(function() {
                $.post(url, this.name + '=1');
                $(this).parent().slideUp(function() {
                    $(this).remove();
                });
            });
            $(':submit').hide();
        });

    </script>
</head>
<body>
<form method="post" action="tasklist.html">
    <ul>
        <li>
            <input type="checkbox" name="task1" id="task1" />
            <label for="task1">jQuery lernen</label>
        </li>
        <li>
            <input type="checkbox" name="task2" id="task2" />
            <label for="task2">Progressive Verbesserung lernen</label>
        </li>
        <li>
            <input type="checkbox" name="task3" id="task3" />
            <label for="task3">Tolle Websites erstellen</label>
        </li>
    </ul>
    <input type="submit" value="Fertig" />
</form>
</body>
</html>
```

Die Form auf dieser Seite benötigt kein JavaScript. Der Anwender markiert die abgeschlossenen Aufgaben und schickt die Form ab. Dann muss der Server eine neue Seite laden, auf der die fertigen Aufgaben aus der Liste entfernt sind.

Jetzt können wir die Seite mit jQuery progressiv verbessern: Wir binden einen Eventhandler an die Checkboxen, der ein normales Abschicken der Form simuliert. Dazu holt er sich die entsprechende URL aus der Form und erzeugt POST-Daten mit der markierten Checkbox. Dann animieren wir das Entfernen der Aufgabe, um den Anwender Feedback zu geben. Zudem verbergen wir den Button zum Abschicken der Form, da das Abschließen einer Aufgabe direkt umgesetzt wird.

Diskussion

Auch wenn heutzutage nur wenige Anwender ohne JavaScript unterwegs sind, ist es trotzdem gute Praxis, Seiten – wenn möglich – so zu bauen, dass sie auch ohne JavaScript funktionieren. Man kann dann jQuery und JavaScript nutzen, um sie zu verbessern.

Achten Sie darauf, die User Experience mit JavaScript nicht *schlimmer* zu machen. Die JavaScript-freie Version dieser Seite gibt Ihnen zwar keine sofortige Rückmeldung, wenn Sie eine Aufgabe markieren, aber Sie können ihre Meinung noch problemlos ändern, bevor Sie die Form abschicken.

Wenn Sie jede Checkbox direkt abschicken, wenn sie angeklickt wird, müssen Sie den Anwendern auch die Möglichkeit geben, diese Aktion rückgängig zu machen. Verschwindet die Aufgabe von der Seite, dann werden die Benutzer Angst davor haben, einen Klick zu tätigen, weil sie vielleicht das falsche Element anklicken. Sie können die Aufgabe entweder auf der Seite lassen – nur verschoben in einen »Abgeschlossen«-Abschnitt – oder eine explizite Option »Rückgängig« anbieten.

5.21 Machen Sie Ihre Seiten barrierefrei

Problem

Sie erstellen eine Webanwendung mit komplexen Widgets und massivem Einsatz von Ajax, aber Sie wollen auch für Besucher mit Einschränkungen verfügbar sein.

Lösung

Fügen Sie Ihren Widgets Tastatur-Unterstützung und Accessible Rich Internet Applications (ARIA)-Semantik hinzu . Im folgenden Code sind die Änderungen für diese Features in **fett** hervorgehoben:

```
<!DOCTYPE html PUBLIC "-//W3C//DTD XHTML 1.0 Transitional//EN"
    "http://www.w3.org/TR/xhtml1/DTD/xhtml1-transitional.dtd">
<html xmlns="http://www.w3.org/1999/xhtml" xml:lang="en" lang="en">
<head>
    <meta http-equiv="Content-Type" content="text/html; charset=utf-8" />
    <meta http-equiv="Content-Language" content="en-us" />
    <title>Dialog-Demo</title>

    <style type="text/css">
        table {
            border-collapse: collapse;
            width: 500px;
        }
        th, td {
            border: 1px solid #000;
            padding: 2px 5px;
        }
```

```css
        .dialog {
            position: absolute;
            background-color: #fff;
            border: 1px solid #000;
            width: 400px;
            padding: 10px;
        }
        .dialog h1 {
            margin: 0 0 10px;
        }
        .dialog .close {
            position: absolute;
            top: 10px;
            right: 10px;
        }
    </style>

    <script type="text/javascript"
src="http://ajax.googleapis.com/ajax/libs/jquery/1.3.2/jquery.js">
    </script>

    <script type="text/javascript">

        $(document).ready( function() {
            function close() {
                dialog.hide();
                $('#add-user').focus();
            }

            var title = $('<h1>Add User</h1>')
                    .attr('id', 'add-user-title'),

                closeButton = $('<button>Schließen</button>')
                    .addClass('close')
                    .click(close)
                    .appendTo(title),

                content = $('<div/>')
                    .load('add.html'),

                dialog = $('<div/>')
                    .attr({
                        role: 'dialog',
                        'aria-labelledby': 'add-user-title'
                    })
                    .addClass('dialog')
                    .keypress(function(event) {
                        if (event.keyCode == 27) {
                            close();
                        }
                    })
                    .append(title)
                    .append(content)
                    .hide()
                    .appendTo('body');
```

```
            $('#add-user').click(function() {
                var height = dialog.height(),
                    width = dialog.width();

                dialog
                    .css({
                        top: ($(window).height() - height) / 2
                            + $(document).scrollTop(),
                        left: ($(window).width() - width) / 2
                            + $(document).scrollLeft()
                    })
                    .show();

                dialog.find('#username').focus();

                return false;
            });
        });

    </script>
</head>
<body>
<h1>Users</h1>
<a id="add-user" href="add.html">Benutzer hinzufügen</a>
<table>
<thead>
    <tr>
        <th>Benutzer</th>
        <th>Vorname</th>
        <th>Nachname</th>
    </tr>
</thead>
<tbody>
    <tr>
        <td>jsmith</td>
        <td>John</td>
        <td>Smith</td>
    </tr>
    <tr>
        <td>mrobertson</td>
        <td>Mike</td>
        <td>Robertson</td>
    </tr>
    <tr>
        <td>arodriguez</td>
        <td>Angela</td>
        <td>Rodriguez</td>
    </tr>
    <tr>
        <td>lsamseil</td>
        <td>Lee</td>
        <td>Samseil</td>
    </tr>
    <tr>
        <td>lweick</td>
        <td>Lauren</td>
        <td>Weick</td>
```

```
        </tr>
      </tbody>
    </table>
  </body>
</html>
```

Wir haben hier mit nur wenig Code eine ganze Reihe nützlicher Features hinzugefügt:

- Wir haben ARIA-Semantik hinzugefügt (`role` und `aria-labelledby`), so dass unterstützende Technologien, wie zum Beispiel Screen Reader wissen, dass es sich bei unserem `<div>` um einen Dialog und nicht nur einfach um zusätzlichen Inhalt handelt.

- Wir haben den Tastatur-Fokus beim Öffnen in das erste Eingabefeld gebracht. Das hilft allen Besuchern – sehenden wie blinden.

- Beim Schließen des Dialogs wird der Fokus wieder auf den Link »Benutzer hinzufügen« gelegt.

- Der Dialog kann mit der Escape-Taste abgebrochen werden.

Diskussion

ARIA befindet sich noch in der Entwicklung, daher ist die Unterstützung durch Browser und Screen Reader noch eingeschränkt. Aber wenn Sie es jetzt ihren Seiten hinzufügen, sind Sie besser auf die Besucher vorbereitet, die es schon nutzen können. Und eine verbesserte Tastaturbedienung ist für alle Besucher Ihrer Seite von Vorteil.

Mehr Informationen über ARIA erhalten Sie hier:

- WAI-ARIA Overview (*http://jquery-cookbook.com/go/aria-overview*)
- DHTML Style Guide (*http://jquery-cookbook.com/go/dhtml-style-guide*)

Lassen Sie sich nicht von dem »alten« DHTML-Begriff abschrecken – der DHTML Style Guide ist eine aktuelle Tastatur-Referenz für die neuesten Widgets.

KAPITEL 6

Dimensionen

Rebecca Murphey

6.0 Einführung

Dimensionen sind ein wichtiges Element von Websites. Wenn Sie wissen, wie man die Dimensionen von Elementen und ihre Positionen auf der Seite verändern kann, haben Sie mehr Kontrolle über Ihre Benutzerschnittstelle und können Desktop-ähnliche Verhaltensweisen und Interaktionen anbieten.

6.1 Die Dimensionen von Window und Document ermitteln

Problem

Sie wollen die Breite und Höhe von window und document in Pixeln ermitteln.

Lösung

Die jQuery-Methoden width und height ermöglichen einen einfachen Zugriff auf die grundlegenden Dimensionen von window oder document:

```
jQuery(document).ready(function() {
    alert('Window-Höhe: ' + jQuery(window).height()); // Höhe des Viewport
    alert('Window-Breite: ' + jQuery(window).width()); // Breite des Viewport

    alert('Document-Höhe: ' + jQuery(document).height()); // Höhe des Dokuments
    alert('Document-Breite: ' + jQuery(document).width()); // Breite des Dokuments
});
```

Diskussion

Es ist wichtig, zu wissen, dass sich die Breite und Höhe des Dokuments von der Breite und Höhe des Fensters unterscheiden kann (und sehr wahrscheinlich auch unterscheiden wird). Die Dimensionen des Fensters beziehen sich auf den Viewport – den Teil des Browsers, der ein Dokument anzeigen kann. Die Dimensionen des Dokuments beziehen sich auf die Größe des Dokuments selbst. In den meisten Fällen wird die Höhe des Dokuments größer sein als die des Fensters. Die Breite des Dokuments wird immer mindestens der des Fensters entsprechen, sie kann aber auch größer sein. In Abbildung 6-1 gilt jQuery('body').width() < jQuery(document).width() und jQuery(document).width() == jQuery(window).width(). Wäre die Breite des Bodys größer als die des Fensters, dann wäre auch die Dokumenten-Breite entsprechend größer.

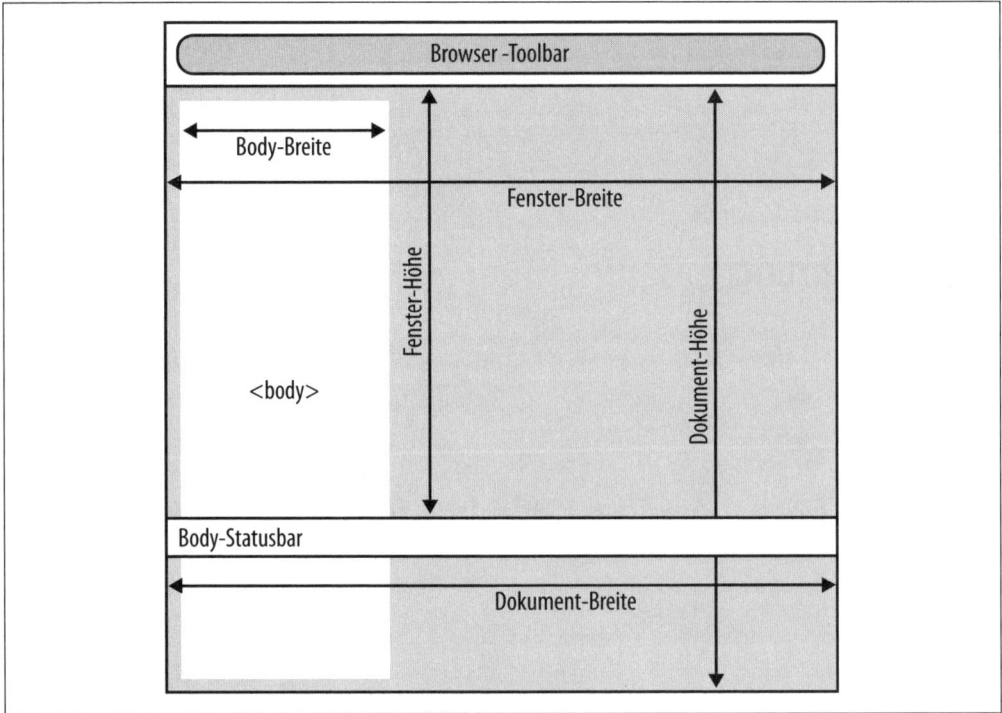

Abbildung 6-1: Die Größe von document und window unterscheiden sich häufig

Den Methoden width und height kann man auch Argumente mitgeben, wenn Sie die Dimensionen eines Elements setzen wollen. Das Argument kann dabei ein Integer-Wert sein – dann wird es als Pixel interpretiert – oder ein String, wodurch es wie eine CSS-Maßeinheit interpretiert wird (also $('#foo').width('300px')).

6.2 Ermitteln der Dimensionen eines Elements

Problem

Sie wollen den Platz ermitteln, der von einem Element beansprucht wird.

Lösung

Die Methoden `width` und `height` können auf jedes Element angewandt werden und sie sind nützlich, um die berechnete Breite oder Höhe eines Elements zu bestimmen. Allerdings greifen sie zu kurz, wenn Sie die tatsächlichen Ausmaße eines Elements auf dem Bildschirm bestimmen müssen. Neben `width` und `height` stellt jQuery noch folgende Methoden bereit, um spezifischere Dimensionen zu erhalten:

`innerWidth`
> Gibt die Breite *ohne* Rand (Border), aber *mit* Abstand (Padding) zurück.

`innerHeight`
> Gibt die Höhe *ohne* Rand, aber *mit* Abstand zurück.

`outerWidth`
> Gibt die Breite *sowohl* mit Rand *als auch* mit Abstand zurück.

`outerHeight`
> Gibt die Höhe *sowohl* mit Rand *als auch* mit Abstand zurück.

In Abbildung 6-2 sehen Sie alle Dimensionen dargestellt.

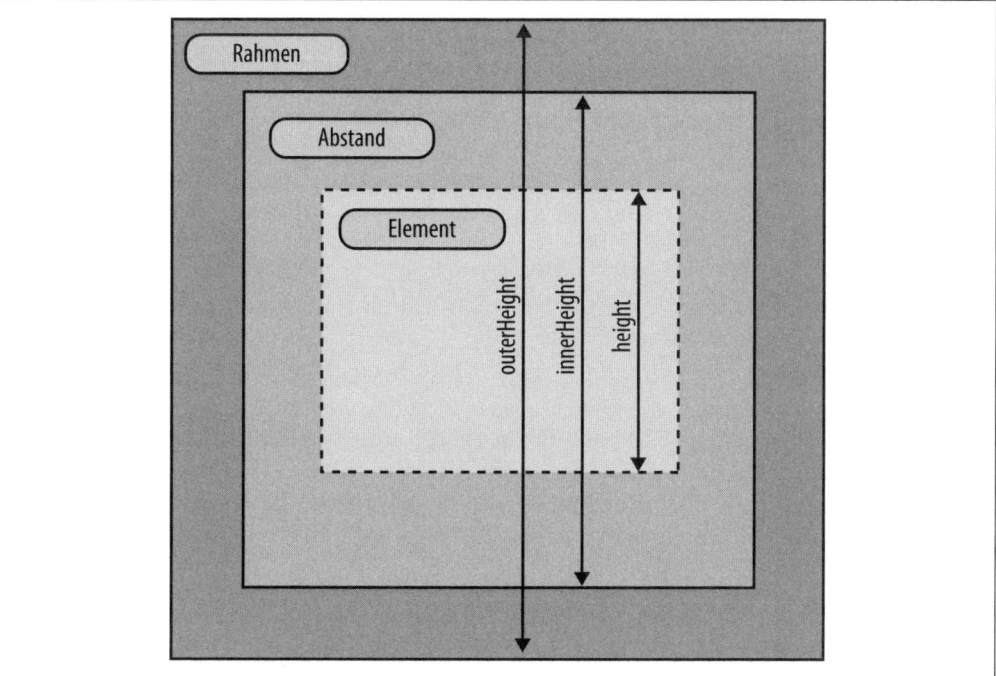

Abbildung 6-2: Darstellung von height, innerHeight und outerHeight eines Elements

Gehen wir einmal von folgendem HTML-Code aus:

```
<div id="results"></div>
<div id="myDiv">Irgendwelcher Text.</div>
```

und von diesem CSS-Code:

```css
#myDiv {
    width:100px;
    height:30px;
    padding:10px;
    border:1px;
}
```

Dann können Sie folgende Ergebnisse erwarten:

```javascript
jQuery(document).ready(function() {
    var $myDiv = jQuery('#myDiv');
    var $results = jQuery('#results');

    jQuery('<p>Computed width: ' + $myDiv.width() + '</p>')
        .appendTo($results); // 100
    jQuery('<p>Computed height: ' + $myDiv.height() + '</p>')
        .appendTo($results); // 30
    jQuery('<p>Inner width: ' + $myDiv.innerWidth() + '</p>')
        .appendTo($results); // 120
    jQuery('<p>Inner height: ' + $myDiv.innerHeight() + '</p>')
        .appendTo($results); // 50
    jQuery('<p>Outer width: ' + $myDiv.outerWidth() + '</p>')
        .appendTo($results); // 122
    jQuery('<p>Outer height: ' + $myDiv.outerHeight() + '</p>')
        .appendTo($results); // 52

    jQuery('<p>Document outer height: ' + jQuery(document).outerHeight() + '</p>')
        .appendTo($results); // NaN
    jQuery('<p>Document inner height: ' + jQuery(document).innerHeight() + '</p>')
        .appendTo($results); // NaN
    jQuery('<p>Window outer height: ' + jQuery(window).outerHeight() + '</p>')
        .appendTo($results); // NaN
    jQuery('<p>Window inner height: ' + jQuery(window).innerHeight() + '</p>')
        .appendTo($results); // NaN
});
```

Diskussion

Die Methoden innerWidth/innerHeight und outerWidth/outerHeight sind sehr hilfreich, um die Dimensionen zu bestimmen, die Sie interessieren – die grundlegenden Methoden für Breite und Höhe sind nicht so nützlich, wenn Sie versuchen, die tatsächliche Höhe und Breite herauszufinden, die ein Element mit Rahmen und Abstand auf dem Bildschirm einnimmt.

Beachten Sie, dass die Methoden innerWidth, innerHeight, outerWidth oder outerHeight für jQuery(document) oder jQuery(window) den Wert NaN zurückliefern.

6.3 Den Offset eines Elements ermitteln

Problem

Sie wollen die Position eines Elements im Dokument herausfinden.

Lösung

jQuery stellt drei Methoden bereit, die beim Bestimmen der Position eines Elements helfen können:

offset
Liefert ein Objekt mit der Position der oberen linken Ecke des Elements – relativ zur oberen linken Ecke des Dokuments.

position
Liefert ein Objekt mit der Position der oberen linken Ecke des Elements – relativ zur oberen linken Ecke des ersten positionierten Eltern-Elements (der offsetParent).

offsetParent
Liefert ein jQuery-Objekt zurück, dass den offsetParent des Elements enthält.

Die Methode offset ist nützlich, wenn man die Position eines Elements auf der Seite bestimmen möchte – zum Beispiel, um das Fenster zu einem Element zu verschieben. Die Methode position hilft, Elemente neu zu positionieren und die Position eines Elements in einem scrollenden Container zu ermitteln. Beide Aufgaben werden im Folgenden noch besprochen werden – dieser Abschnitt soll als Überblick über die Positionierungs-Methoden dienen.

Nehmen wir einmal den folgenden HTML-Code, bei dem das Element <body> einen 0-Pixel-Rahmen und einen Abstand von 10 Pixeln hat:

```
<body id="the_offset_parent">
    <h1>Den Offset eines Elements ermitteln</h1>
    <div id="foo">
        <div id="bar">Text innerhalb von #bar, das innerhalb von #foo ist</div>
    </div>

    <div id="results"></div>
</body>
```

Mit folgendem Code können Sie die Position, das Offset und den Offset-Parent der beiden DIVs ermitteln:

```
jQuery(document).ready(function() {
    var $foo = jQuery('#foo');
    var $bar = jQuery('#bar');

    var $results = jQuery('#results');
    var fooPosition = $foo.position();
    var barPosition = $bar.position();
    var fooOffset = $foo.offset();
    var barOffset = $bar.offset();
```

```
        var $fooOffsetParent = $foo.offsetParent();
        var $barOffsetParent = $bar.offsetParent();

        $results
            .append('<p>#foo position.top: ' + fooPosition.top + '</p>') // 10
            .append('<p>#foo position.left: ' + fooPosition.left + '</p>') // 10
            .append('<p>#bar position.top: ' + barPosition.top + '</p>') // 10
            .append('<p>#bar position.left: ' + barPosition.left + '</p>') // 10

            .append('<p>#foo offset.top: ' + fooOffset.top + '</p>') // 10
            .append('<p>#foo offset.left: ' + fooOffset.left + '</p>') // 10
            .append('<p>#bar offset.top: ' + barOffset.top + '</p>') // 10
            .append('<p>#bar offset.left: ' + barOffset.left + '</p>') // 10

            .append('<p>ID des offsetParent von #foo: '
                + $fooOffsetParent.attr('id')) // the_offset_parent
            .append('<p>ID des offsetParent von #bar: '
                + $barOffsetParent.attr('id')); // the_offset_parent
});
```

In diesem Fall haben beide Elemente die gleiche Position und den gleichen offsetParent (das <body>-Element des Dokuments).

Wird allerdings #foo per CSS positioniert

```
<body id="the_offset_parent">
    <div id="foo" style="position:absolute; top:10px; left:10px;">
        <div id="bar">Text innerhalb von #bar, das sich im absolut
                    positionierten #foo befindet</div>
    </div>

    <div id="results" style="position:absolute; top:60px; left:10px;"></div>
</body>
```

ändern sich die Ergebnisse. Das #foo-DIV hat sich nicht bewegt und sein offsetParent ist auch kein anderer, daher bleiben Position und Offset gleich. Das #bar-DIV hat sich auch nicht bewegt, aber da sich dessen offsetParent geändert hat, ist auch die Position eine andere – vergessen Sie nicht, dass die Position eines Elements relativ zu seinem Offset-Parent angegeben wird.

```
jQuery(document).ready(function() {
    var $foo = jQuery('#foo');
    var $bar = jQuery('#bar');

    var $results = jQuery('#results');
    var fooPosition = $foo.position();
    var barPosition = $bar.position();
    var fooOffset = $foo.offset();
    var barOffset = $bar.offset();

    var $fooOffsetParent = $foo.offsetParent();
    var $barOffsetParent = $bar.offsetParent();

    $results
        .append('<p>#foo position.top: ' + fooPosition.top + '</p>') // 10
        .append('<p>#foo position.left: ' + fooPosition.left + '</p>') // 10
```

```
        .append('<p>#bar position.top: ' + barPosition.top + '</p>') // 0
        .append('<p>#bar position.left: ' + barPosition.left + '</p>') // 0

        .append('<p>#foo offset.top: ' + fooOffset.top + '</p>') // 10
        .append('<p>#foo offset.left: ' + fooOffset.left + '</p>') // 10
        .append('<p>#bar offset.top: ' + barOffset.top + '</p>') // 10
        .append('<p>#bar offset.left: ' + barOffset.left + '</p>') // 10

        .append('<p>ID des offsetParent von #foo: '
            + $fooOffsetParent.attr('id')) // the_offset_parent
        .append('<p>ID des offsetParent von #bar: '
            + $barOffsetParent.attr('id')); // foo
});
```

Diskussion

Bedenken Sie immer Folgendes: Die Methode offset gibt Ihnen immer die Position des Elements relativ zum Dokument zurück. Der Rückgabewert der Methode position *kann* die Position des Elements relativ zum Dokument sein – abhängig davon, ob es einen offsetParent besitzt oder nicht. Hat es einen offsetParent – also ein übergeordnetes Element, für das eine Positionierung vorgenommen wurde – gibt die Methode die Position relativ zum offsetParent zurück, *nicht* zum Dokument.

 Die jQuery-Methode offsetParent ist ein Ersatz für die DOM-Knoten-Eigenschaft offsetParent im Standard-JavaScript. In bestimmten Fällen – wenn zum Beispiel ein Element eine feste Position besitzt – geben manche Browser null zurück, wenn man sie nach der Eigenschaft offsetParent des Elements fragt.

6.4 Ein Element in den sichtbaren Bereich scrollen

Problem

Sie wollen das Dokument oder ein Element so scrollen, dass ein anderes Element sichtbar wird.

Lösung: Scrollen des gesamten Fensters

Wenn Sie das gesamte Fenster scrollen müssen, können Sie die Methode offset nutzen, um die Position des Ziel-Elements relativ zum Dokument zu bestimmen und dann mit der Methode scrollTop das Dokument so scrollen, dass das gewünschte Element sichtbar wird.

Gehen wir zum Beispiel davon aus, dass wir zum Element #foo scrollen wollen, wenn der Anwender auf das Element #bar klickt:

```
jQuery('#bar').click(function() {
    var fooOffset = jQuery('#foo').offset(),
```

```
        destination = fooOffset.top;
        jQuery(document).scrollTop(destination);
    });
```

Lösung: Scrollen innerhalb eines Elements

Befindet sich Ihr Ziel-Element in einem scrollenden Container, dann nutzen Sie die Methode position, um die Position des Elements relativ zum Container herauszufinden, addieren diese zur aktuellen Scroll-Position des Containers und nutzen anschließend die Methode scrollTop, um den Container so zu scrollen, dass das Element sichtbar wird. Beachten Sie, dass der scrollende Container positioniert sein muss – über position: relative, position: absolute oder position: fixed – damit dies funktioniert.

Schauen Sie sich zum Beispiel das folgende Markup an, das so angelegt wurde, dass #foo nicht groß genug ist, um beide Absätze auf einmal anzuzeigen.

```html
<head>
    <style>
    #foo {
    width:300px;
    padding:10px;
    height:20px;
    border:1px solid black;
    overflow:auto;
    position:relative;
    }
    </style>
</head>
<body>
    <input type="button" id="bar" value="Zum letzten Absatz scrollen" />
    <input type="button" id="bam" value="Animiert zum letzten Absatz scrollen" />
    <div id="foo">
    <p>Dies ist der erste Absatz. Lorem ipsum dolor sit amet, consectetur
adipisicing elit, sed do eiusmod tempor incididunt ut labore et dolore magna
aliqua. Ut enim ad minim veniam, quis nostrud exercitation ullamco laboris nisi
ut aliquip ex ea commodo consequat. Duis aute irure dolor in reprehenderit in
voluptate velit esse cillum dolore eu fugiat nulla pariatur. Excepteur sint
occaecat cupidatat non proident, sunt in culpa qui officia deserunt mollit anim
id est laborum.</p>
    <p>Dies ist der zweite Absatz. Lorem ipsum dolor sit amet, consectetur
adipisicing elit, sed do eiusmod tempor incididunt ut labore et dolore magna
aliqua. Ut enim ad minim veniam, quis nostrud exercitation ullamco laboris nisi
ut aliquip ex ea commodo consequat. Duis aute irure dolor in reprehenderit in
voluptate velit esse cillum dolore eu fugiat nulla pariatur. Excepteur sint
occaecat cupidatat non proident, sunt in culpa qui officia deserunt mollit anim
id est laborum.</p>
    <!-- Viele Absätze mehr -->
    </div>
</body>
```

Es ist einfach, zu #foo zu scrollen, um den letzten Absatz anzuzeigen:

```javascript
var $foo = jQuery('#foo');
$('#bar').click(function() {
    var lastParagraphPosition = jQuery('#foo p:last').position();
```

```
    var scrollPosition = $foo.scrollTop() + lastParagraphPosition.top;
    $foo.scrollTop(scrollPosition);
});
```

In beiden Beispielen geschieht das Scrollen sofort – effizient, aber nicht sonderlich hübsch. Die Methode animate animiert die Eigenschaft scrollTop eines Elements, so dass ein elegantes Scrollen leicht umzusetzen ist. So würden wir es für den Scroll-Container realisieren:

```
var $foo = jQuery('#foo');
$('#bam').click(function() {
    var lastParagraphPosition = jQuery('#foo p:last').position();
    var scrollPosition = $foo.scrollTop() + lastParagraphPosition.top;
    jQuery('#foo').animate({scrollTop: scrollPosition}, 300);
});
```

 jQuery besitzt auch eine Methode scrollLeft, die sich analog zu scrollTop verhält.

6.5 Ermitteln, ob sich ein Element im sichtbaren Bereich befindet

Problem

Sie wollen herausfinden, ob sich ein Element im sichtbaren Bereich befindet. Zudem möchten Sie wissen, wie groß der sichtbare Anteil des Elements ist und dann zu ihm scrollen, wenn dieser geringer als 50% ist.

Lösung

Hier werden mehrere der bisher behandelten Lösungen kombiniert.

Es sind mehrere Schritte notwendig:

1. Die Größe des sichtbaren Bereichs (des »Viewports«) bestimmen.
2. Die Scroll-Position des Elements bestimmen.
3. Die minimalen und maximalen Werte für die obere und linke Position des Elements ermitteln, wenn es sichtbar ist.
4. Die Position des Elements mit diesen Werten vergleichen.

```
jQuery(document).ready(function() {
    var viewportWidth = jQuery(window).width(),
        viewportHeight = jQuery(window).height(),

        documentScrollTop = jQuery(document).scrollTop(),
        documentScrollLeft = jQuery(document).scrollLeft(),
```

```
            minTop = documentScrollTop,
            maxTop = documentScrollTop + viewportHeight,
            minLeft = documentScrollLeft,
            maxLeft = documentScrollLeft + viewportWidth,

            $myElement = jQuery('#myElement'),
            elementOffset = $myElement.offset();
    if (
            (elementOffset.top > minTop && elementOffset.top < maxTop) &&
            (elementOffset.left > minLeft &&elementOffset.left < maxLeft)
    ) {
            alert('Element ist sichtbar');
    } else {
            alert('Element ist nicht sichtbar');
    }
});
```

Mit dieser Lösung wissen wir, ob sich das obere Ende des Elements im sichtbaren Bereich befindet. Eine bessere Lösung wäre, zu prüfen, ob sich das gesamte Element im sichtbaren Bereich befindet:

```
jQuery(document).ready(function() {
    var viewportWidth = jQuery(window).width(),
        viewportHeight = jQuery(window).height(),
        documentScrollTop = jQuery(document).scrollTop(),
        documentScrollLeft = jQuery(document).scrollLeft(),

        $myElement = jQuery('#myElement'),

        elementOffset = $myElement.offset(),
        elementHeight = $myElement.height(),
        elementWidth = $myElement.width(),

        minTop = documentScrollTop,
        maxTop = documentScrollTop + viewportHeight,
        minLeft = documentScrollLeft,
        maxLeft = documentScrollLeft + viewportWidth;

    if (
        (elementOffset.top > minTop && elementOffset.top + elementHeight < maxTop) &&
        (elementOffset.left > minLeft && elementOffset.left + elementWidth < maxLeft)
    ) {
        alert('Element ist vollständig sichtbar');
    } else {
        alert('Element ist nicht vollständig sichtbar');
    }
});
```

Alternativ können wir auch prüfen, wie viel vom Element sichtbar ist – liegt der Anteil unter einem bestimmten Grenzwert, können wir dorthin scrollen:

```
jQuery(document).ready(function() {

var viewportWidth = jQuery(window).width(),
    viewportHeight = jQuery(window).height(),

    documentScrollTop = jQuery(document).scrollTop(),
```

```
    documentScrollLeft = jQuery(document).scrollLeft(),

    $myElement = jQuery('#myElement'),

    verticalVisible, horizontalVisible,

    elementOffset = $myElement.offset(),
    elementHeight = $myElement.height(),
    elementWidth = $myElement.width(),

    minTop = documentScrollTop,
    maxTop = documentScrollTop + viewportHeight,
    minLeft = documentScrollLeft,
    maxLeft = documentScrollLeft + viewportWidth;

function scrollToPosition(position) {
    jQuery('html,body').animate({
        scrollTop : position.top,
        scrollLeft : position.left
    }, 300);
}

if (
    ((elementOffset.top > minTop && elementOffset.top < maxTop) ||
    (elementOffset.top + elementHeight > minTop && elementOffset.top +
     elementHeight < maxTop))
&&
    ((elementOffset.left > minLeft && elementOffset.left < maxLeft) ||
    (elementOffset.left + elementWidth > minLeft && elementOffset.left +
     elementWidth < maxLeft))
) {
    alert('Element ist (teilweise) sichtbar');

    if (elementOffset.top >= minTop && elementOffset.top + elementHeight
<= maxTop) {
        verticalVisible = elementHeight;
    } else if (elementOffset.top < minTop) {
        verticalVisible = elementHeight - (minTop - elementOffset.top);
    } else {
        verticalVisible = maxTop - elementOffset.top;
    }

    if (elementOffset.left >= minLeft && elementOffset.left + elementWidth
<= maxLeft) {
        horizontalVisible = elementWidth;
    } else if (elementOffset.left < minLeft) {
        horizontalVisible = elementWidth - (minLeft - elementOffset.left);
    } else {
        horizontalVisible = maxLeft - elementOffset.left;
    }

    var percentVerticalVisible = (verticalVisible / elementHeight) * 100;
    var percentHorizontalVisible = (horizontalVisible / elementWidth) * 100;

    if (percentVerticalVisible < 50 || percentHorizontalVisible < 50) {
        alert('weniger als 50% des Elements sind sichtbar, daher Scrollen');
        scrollToPosition(elementOffset);
```

```
    } else {
        alert('Element ist ausreichend sichtbar, daher kein Scrollen');
    }

} else {
    // Element ist nicht sichtbar, daher Scrollen
    alert('Element ist nicht sichtbar, daher Scrollen');
    scrollToPosition(elementOffset);
}

});
```

 Das Plugin scrollTo (*http://jquery-cookbook.com/go/plugin-scrollto*) von Ariel Flesler bietet einen direkten Zugriff auf viele dieser Methoden. Sie schreiben einfach $.scrollTo('#myElement') und das Plugin kümmert sich um das Bestimmen der Position des Zielelements.

6.6   Zentrieren eines Elements im sichtbaren Bereich

Problem

Sie wollen im Fenster so scrollen, dass ein Element in der Mitte des sichtbaren Bereichs liegt.

Lösung

Holen Sie sich die Dimensionen des sichtbaren Bereich, bestimmen Sie Breite, Höhe und Offset des Elements und mit ein bisschen Rechnen zentrieren Sie dann das Element im sichtbaren Bereich:

```
jQuery(document).ready(function() {
    jQuery('#bar').click(function() {
        var viewportWidth = jQuery(window).width(),
            viewportHeight = jQuery(window).height(),

            $foo = jQuery('#foo'),
            elWidth = $foo.width(),
            elHeight = $foo.height(),
            elOffset = $foo.offset();

        jQuery(window)
            .scrollTop(elOffset.top + (elHeight/2) - (viewportHeight/2))
            .scrollLeft(elOffset.left + (elWidth/2) - (viewportWidth/2));
    });
});
```

In den letzten Zeilen addieren wir den oberen Offset zur halben Höhe des Elements, um die vertikale Mitte des Elements zu bestimmen. Dann subtrahieren wir die halbe Höhe des sichtbaren Bereichs, um die Position zu bestimmen, an die das Fenster scrollen soll. Eine ähnliche Rechnung führen wir anschließend durch, um das Fenster auch horizontal zu zentrieren.

6.7 Absolute Positionierung eines Elements an seiner aktuellen Position

Problem

Sie wollen ein statisch oder relativ positioniertes Element in ein absolut positioniertes Element umwandeln.

Lösung

Um das zu erreichen, holen wir uns einfach die Position des Elements und nutzen diese, um die CSS-Eigenschaften entsprechend zu setzen:

```
var $myElement = jQuery('#foo p').eq(0),
        elPosition = $myElement.position();

    $myElement.css({
        position : 'absolute',
        top : elPosition.top,
        left : elPosition.left
    });
```

Wir können ein Element auch relativ zu seiner aktuellen Position versetzen:

```
var $myElement = jQuery('#foo p').eq(1),
        elPosition = $myElement.position();

    $myElement.css({
        position : 'absolute',
        top : elPosition.top + 20,
        left : elPosition.left + 20
    });
```

6.8 Ein Element relativ zu einem anderen Element positionieren

Problem

Sie wollen ein neues Element relativ zu einem bestehenden Element positionieren.

Lösung

Holen Sie sich die Breite, Höhe und den Offset des bestehenden Elements und nutzen Sie diese Werte, um das neue Element dementsprechend zu positionieren.

Schauen Sie sich folgenden HTML-Code an:

```
<style>
#foo {
    width: 300px;
    height: 100px;
    border: 1px solid red;
    padding: 5px;
}
#tooltip {
    border: 1px solid black;
    padding: 5px;
    background-color: #fff;
}
</style>

<div id="foo">Ein bestehendes Element</div>
```

Der folgende Code fügt nun ein Element als Geschwister-Element hinzu, positioniert es aber »innerhalb« des Elements – 10 Pixel vom oberen und linken Rand des bestehenden Elements entfernt und 20 Pixel kleiner:

```
jQuery(document).ready(function() {
    var $foo = jQuery('#foo'),
        fooPosition = $foo.position(),
        $tooltip = $('<div id="tooltip">Ein neues Element</div>').insertAfter($foo);

    $tooltip.css({
        position : 'absolute',
        top : fooPosition.top + 10,
        left : fooPosition.left + 10,
        width : $foo.width() - 20
    });
});
```

Wollen Sie das neue Element irgendwo anders auf der Seite platzieren – soll es also kein Geschwister-Element des bestehenden Elements werden – dann können Sie Ihren Code so anpassen, dass er sich am Offset des ursprünglichen Elements anstatt an der Position orientiert:

```
jQuery(document).ready(function() {
    var $foo = jQuery('#foo'),
        fooOffset = $foo.offset(),
        $tooltip = $('<div id="tooltip">Ein neues Element</div>').appendTo('body');

    $tooltip.css({
        position : 'absolute',
        top : fooOffset.top + 10,
        left : fooOffset.left + ($foo.width() / 2),
        width : $foo.width() - 20
    });
});
```

6.9 Stylesheets abhängig von der Browser-Breite wechseln

Problem

Sie wollen die verwendeten CSS-Informationen abhängig von der Breite des Browserfensters einsetzen.

Lösungen

Es gibt für dieses Problem verschiedene Lösungen. Eine ändert das Attribut class des Body-Elements, eine andere das Attribut href des zu ändernden Stylesheets und die dritte bindet alle größenbezogenen Stylesheets auf der Seite ein, aktiviert aber immer nur eines gleichzeitig.

In allen Fällen erstellen wir eine Funktion, die die Breite des Browsers prüft, und binden diese Funktion an das Event ready des Dokuments und an das Event resize des Fensters. Die Funktion checkWidth ruft dann die Funktion setSize auf, die wir abhängig vom gewählten Ansatz definieren:

```
var checkWidth = function() {
    var browserWidth = $(window).width();
    if (browserWidth < 960) {
        setSize('small');
    } else {
        setSize('large');
    }
};

jQuery(document).ready(function() {
    checkWidth();
    $(window).resize(checkWidth);
});
```

Die Definition der Funktion setSize hängt davon ab, wie Sie die Styles wechseln wollen.

Lösung 1: Ändern der Klasse des Body-Elements

```
var setSize = function(size) {
    var $body = jQuery('body');
    jQuery('body').removeClass('large small').addClass(size);
};
```

Lösung 2: Ändern des href-Attributs des Stylesheets, das für größenbezogene Styles zuständig ist

Gehen wir einmal davon aus, dass Sie folgendes größenbezogene Stylesheet in Ihrem Dokument haben:

```
<link rel="stylesheet" type="text/css" id="css_size" href="size-small.css" />
```

In diesem Fall würden Sie die Funktion setSize wie folgt definieren:

```
var setSize = function(size) {
    var $css = jQuery('#css_size');
    $css.attr('href', 'size-' + size + '.css');
};
```

Beachten Sie, dass die neue CSS-Datei in diesem Fall vom Server angefordert wird, was vermutlich zu einer kurzen Verzögerung beim Wechsel führt. Aus diesem Grund ist dies die vielleicht am wenigsten zu bevorzugende Lösung.

Lösung 3: Alle größenbezogenen Stylesheets in die Seite einbinden, aber nur eines aktivieren

```
<link rel="stylesheet" type="text/css" class="css_size small" href="size-small.css" />
<link rel="alternate stylesheet" type="text/css" class="css_size large"
    href="size-large.css" disabled=true/>
```

In diesem Fall würden Sie die Funktion setSize wie folgt definieren:

```
var setSize = function(size) {

    jQuery('link.css_size').each(function() {
        var $this = $(this);
        if ($this.hasClass(size)) {
            $this
                .removeAttr('disabled')
                .attr('rel', 'stylesheet');
        } else {
            $this
                .attr('disabled', true)
                .attr('rel', 'alternate stylesheet');
        }
    });
};
```

Bei diesem Vorgehen werden alle Stylesheets mit der Seite geladen und es muss beim Wechsel von einem zu anderen Stylesheet nichts nachgeladen werden. Das verhindert die Verzögerung, die es in Lösung 2 gibt, führt aber zu potenziell unnötigen HTTP-Anfragen, wenn Ihr Anwender die alternativen Stylesheets nicht benötigt.

Diskussion

Es gibt keine eindeutig zu bevorzugende Lösung. Wenn Sie eine Methode auswählen wollen, sollten Sie sich überlegen, wie wahrscheinlich es ist, dass Ihre Anwender ein anderes Stylesheet benötigen, wie groß die größenbezogenen Stylesheet-Daten sind und wie Sie Ihre größenbezogenen Style-Daten verwalten wollen. In vielen Fällen wird die Methode aus der ersten Lösung ausreichend und zu bevorzugen sein.

KAPITEL 7

Effekte

Remy Sharp

7.0 Einführung

Ohne weitere Installationen bringt jQuery eine ganze Reihe von Effekten mit, dazu die robuste Low-Level-Methode `animation`, mit der Sie eigene Effekte erzeugen können.

Zu den mitgelieferten Effekten gehört unter anderem:

- Elemente verbergen und anzeigen
- Elemente skalieren und gleichzeitig ein- oder ausblenden
- Elemente auf- oder zuziehen
- Auf eine bestimmte Opazität ein- oder ausblenden

All diese mitgelieferten Effekte unterstützen eine Geschwindigkeitsangabe und Callback-Funktionen, die nach dem Ende des Effekts aufgerufen werden.

Neben diesen vordefinierten Effekten gibt es auch eine Reihe von Tools, die Ihnen dabei helfen können, Ihre Animationen besser zu kontrollieren:

- Der `:animated`-Selektor, mit dem man auf Elemente zugreifen kann, die gerade animiert werden.
- Die Möglichkeit, alle Effekte zusammen an- oder abzuschalten.
- Die Möglichkeit, eigene Funktionen zur Animations-Queue hinzuzufügen.
- Funktionen, mit denen die gesamte Animations-Queue geändert wird.

 Es sei darauf hingewiesen, dass die vorgefertigten Animationsmethoden `hide` (mit angegebener Dauer) und `slideUp` den Rahmen und den Abstand des Elements verändern, wenn sie es zur Höhe Null zusammenschrumpfen. Das kann Einfluss darauf haben, wie Sie Ihre Seite per Markup und CSS einrichten. Beachten Sie auch, dass jQuery *offiziell* keine Effekte in Dokumenten im Quirks-Mode unterstützt.

Methode animate

Mit der Methode animate erhalten Sie die vollständige Kontrolle über die Animation, so dass Sie Ihren selbstentwickelten Effekt darstellen können. Mit dieser Methode können Sie:

- CSS-Eigenschaften kontrollieren (beschränkt auf numerische Eigenschaften)
- die DOM-Eigenschaften scrollTop und scrollLeft beeinflussen (wenn das Element auf Overflow gesetzt ist)
- CSS-Maßeinheiten für die End-Werte nutzen (zum Beispiel Pixel, Em, Inch oder Prozent)
- den Endpunkt des Effekts als festen Wert oder relativ zum aktuellen Status angeben
- mit toggle als Wert zwischen Zuständen wechseln (zum Beispiel opacity: toggle)
- eine Easing-Methode angeben, die festlegt, wie die Animation ablaufen soll
- Callbacks für alle Zeitpunkte angeben: bei jeden Animationsschritt und zum Abschluss
- angeben, ob die Animation gequeuet werden oder sofort ablaufen soll

 Wenn Sie zu animierende Eigenschaften angeben, müssen diese im Camel-Case geschrieben werden, also zum Beispiel marginLeft anstatt margin-left. Anderenfalls wird nichts animiert werden!

Animations-Geschwindigkeiten

Mit dem Parameter speed kann man entweder Millisekunden oder ein paar vordefinierte Strings angeben:

- slow hat einen Wert von 600 Millisekunden
- fast hat einen Wert von 200 Millisekunden

Wenn keine explizite Geschwindigkeit angegeben wird, läuft die Animation mit einer Standard-Geschwindigkeit von 400 Millisekunden ab.

 Übergeben Sie explizit eine Geschwindigkeit von 0, dann wird die Animation wie die Funktion .css() ablaufen, seit jQuery 1.3 wird der Methodenaufruf jedoch *synchron* ablaufen und nicht wie alle anderen Animationen *asynchron*.

Effekt-Vorlage

Sofern in den Rezepten nicht anders angegeben nutzen wir die folgende Vorlage für alle Beispiele, wobei wir bei jeder Lösung einen anderen jQuery-Schnipsel verwenden:

```
<!DOCTYPE html PUBLIC "-//W3C//DTD XHTML 1.0 Transitional//EN"
  "http://www.w3.org/TR/xhtml1/DTD/xhtml1-transitional.dtd">
<html>
```

```
<head>
  <title>Kapitel 6</title>
  <link rel="stylesheet" href="chapter6.css" type="text/css" />
  <script src="jquery-latest.js" type="text/javascript"></script>
</head>
<body id="single">
  <input type="button" id="animate" value="Animieren" />
  <div class="box">
  <p>Lorem ipsum dolor sit amet, consectetur adipisicing elit, sed do
    eiusmod tempor incididunt ut labore et dolore magna aliqua.</p>
  </div>
</body>
</html>
```

Alle Beispiele sind auch online unter *http://jquery-cookbook.com/examples/06/* verfügbar, einschließlich einer Version, in der alle Rezepte zusammengefasst sind.

7.1 Elemente per Sliding und Fading ein- und ausblenden

Problem

Wir wollen einen Inhaltsblock ein- oder ausblenden. Dies kann dadurch ausgelöst werden, dass der Anwender auf ein Element klickt, oder durch ein anderes Ereignis.

Statt den Inhalt einfach anzuzeigen (oder zu verbergen), was etwas irritierend sein kann, wollen wir den Inhalt langsamer einblenden.

Für diese Lösungen gehe ich davon aus, dass der Anwender den Effekt wechselweise ein- und ausschalten kann.

Lösung

Wollen wir das Element einfach *nur* zeigen, dann würde unser Code so aussehen:

```
$(document).ready(function () {
  $('#animate').click(function () {
    $('.box').show();
  });
});
```

Wenn wir die Box zwischen sichtbar und verborgen hin- und herschalten wollten, würden wir anstatt .show() Folgendes verwenden:

```
$('.box').toggle();
```

Aber unsere Lösung soll ein bisschen attraktiver aussehen. Daher schauen wir uns die Slide- und Fade-Methoden an:

Slide

```
$(document).ready(function () {
  $('#animate').click(function () {
```

```
      $('.box').slideToggle('slow');
    });
  });
```

Fade

Da es keine Umschaltfunktion für die Opazität gibt, können wir eine Kombination aus fadeIn und fadeOut nutzen:

```
$(document).ready(function () {
  $('#animate').click(function () {
    var $box = $('.box');
    if ($box.is(':visible')) {
      $box.fadeOut('slow');
    } else {
      $box.fadeIn('slow');
    }
  });
});
```

Oder wir erzeugen uns unsere eigene Umschalt-Fade-Animation mit Hilfe der Methode fadeTo:

```
$(document).ready(function () {
  $('#animate').click(function () {
    $('.box').fadeTo('slow', 'toggle');
  });
});
```

Ich bin allerdings der Meinung, dass die zukünftige Erweiterbarkeit deutlich besser ist, wenn man die Methode animate nutzt:

```
$(document).ready(function () {
  $('#animate').click(function () {
    $('.box').animate({ opacity : 'toggle' }, 'slow');
  });
});
```

Beides

Wollen wir die Höhe und die Opazität gleichzeitig beeinflussen, können wir die vorige Lösung nutzen und gleichzeitig die Höhe anpassen lassen. Damit würde die Box ausgeblendet *und* gleichzeitig weggeschoben werden:

```
$(document).ready(function () {
  $('#animate').click(function () {
    $('.box').animate({
      opacity : 'toggle',
      height: 'toggle'
    }, 'slow');
  });
});
```

Diskussion

Wie wir aus den Lösungen sehen können, sind die Slide- und Fade-Methoden der nächste Schritt weg vom einfachen Anzeigen (und Verbergen). Die Slide-Methoden gibt es in folgenden Varianten:

- slideUp
- slideDown
- slideToggle

Die Fade-Methoden besitzen keine explizite »Umschalt«-Variante, aber man kann es selbst umsetzen. Für das Fading gibt es folgende Methoden:

- fadeIn
- fadeOut
- fadeTo

Abgesehen von fadeTo kann man allen Methoden speed als ersten Parameter und eine *Callback-Funktion* als zweiten Parameter übergeben – wobei beide optional sind. Die Callback-Funktion wird ausgeführt, wenn die Animation abgeschlossen ist, wobei der Kontext auf das Element gesetzt wird, das durch die Animation beeinflusst wurde – die Variable this ist damit das aktuelle Element.

Der Grund, warum ich eher animate anstatt fadeTo nutzen würde, um die Opazität umzuschalten, ist der, dass die Parameter von fadeTo genau vertauscht sind. Beschäftigt sich ein neuer Entwickler mit dem Code, kann er die Funktion animate fast wie einen normalen (englischen) Satz lesen, wodurch die Lesbarkeit und das Verständnis des Codes steigt.

Es lohnt sich auch, darauf hinzuweisen, dass bei Anwendung der Methode show (oder hide) mit einer Geschwindigkeitsangabe die Höhe, Breite, Opazität, der Rahmen und der Abstand alle gleichzeitig animiert werden (siehe auch Abbildung 7-1).

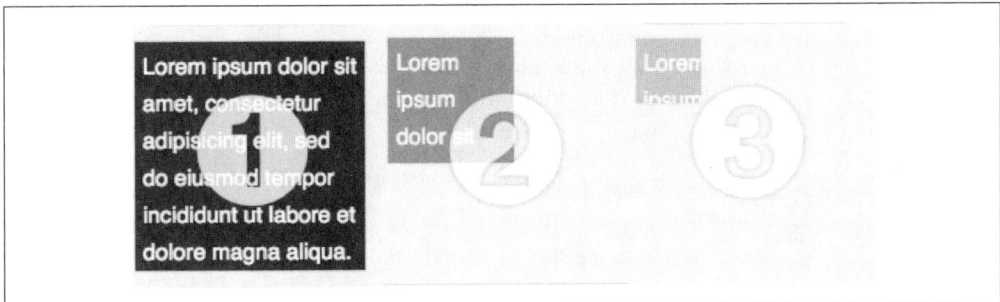

Abbildung 7-1: Übergeben einer Geschwindkeit an die Methode show animiert Höhe, Breite, den Rahmen, den Abstand und die Opazität

7.2 Elemente durch ein Sliding Up anzeigen

Problem

Sie wollen den Inhalt per Sliding sichtbar machen, aber das UI Design gibt vor, dass er von unten nach oben »hineingleiten« soll. Die Methode `slideUp` würde das Element verbergen, da sie die Höhe vom oberen Ende aus verringert.

Um nach oben hineinzugleiten müssen wir das Element per CSS positionieren und uns überlegen, welche Inhalte wir damit aufdecken.

Lösung

HTML

Wir müssen das zu animierende Element absolut positionieren, damit es am unteren Ende festgehalten und nach oben animiert werden kann.

Dazu müssen wir das zu animierende Element in ein weiteres `<div>` packen (oder das zu Ihrem Design passendere Element) und ihm einen Style `position: relative` mitgeben. (Das kann auch `position: absolute` sein. Wir brauchen einfach eine definierte Position, um `position: absolute` für `#revealUp` relativ positionieren zu können. Da das Dokument *normal* scrollen soll, haben wir hier `position: relative` verwendet.)

```
<div class="box">
  <div id="revealUp">
    <p>Lorem ipsum dolor sit amet, consectetur adipisicing elit, sed do
    eiusmod tempor incididunt ut labore et dolore magna aliqua.</p>
  </div>
</div>
```

CSS

Jetzt müssen wir dem box-Element eine relative Position verpassen, so dass wir `#revealUp` relativ dazu absolut positionieren können:

```
.box {
  position: relative;
}

#revealUp {
  position: absolute;
  overflow: hidden;
  display: none;
  bottom: 0;
  background-color: #c00;
  height: 0;
}
```

jQuery

Wir können nun `#revealUp` basierend auf der Höhe des Elements umschalten. Dabei werden wir die Längen größer gestalten, um die Box nach oben zu animieren (durch Prüfen der aktuellen Höhe), anstatt einfach `slideToggle()` zu verwenden – in der Diskussion werden wir uns den Grund dafür anschauen:

```
$(document).ready(function () {
  $('#animate').click(function () {
    var $box = $('#revealUp');

    if ($box.height() > 0) {
      $box.animate({ height : 0 });
    } else {
      $box.animate({ height : '100%' });
    }
  });
});
```

Diskussion

Bei dieser Lösung müssen wir die Höhe der Box prüfen, um den weiteren Ablauf festzulegen.

Beachten Sie, dass wir nicht `slideToggle` nutzen, das hinter den Kulissen (fast) das Gleiche wie `.animate({ height: 'toggle' })` macht.

Wir nutzen das Umschalten hier aber nicht, denn wir müssen die *echte* Höhe irgendwo herholen. Beginnt das Element mit einer Höhe von Null, kann jQuery nicht ermitteln, wie groß sie wirklich ist. Mit `slideToggle` taucht das Element `#revealUp` kurz mit einem Pixel Höhe auf, um dann wieder zu verschwinden. Das liegt daran, dass es keine reale Höhe gibt, die man zur Animation nutzen könnte.

Stattdessen bestimmen wir, ob die Höhe größer als Null ist, um sie dann entsprechend zu animieren. Da das Element in einem anderen Element mit `position: relative` eingebettet ist, können wir ihm eine Höhe von 100% verpassen, so dass es den gesamten Platz einnehmen kann.

 In diesem Rezept haben ich `overflow: hidden` genutzt. Wird die Schriftgröße allerdings durch den Anwender erhöht, dann verbirgt mein Beispiel einen Teil des Inhalts. In Ihrer echten Lösung sollten Sie prüfen, ob der Inhalt immer noch sichtbar ist, wenn die Schriftgröße erhöht wird. Sorgen Sie dann entweder dafür, dass die auftauchende Box groß genug ist, oder verwenden Sie `overflow: auto` für das Element `#revealUp`.

7.3 Erzeugen eines horizontalen Akkordeons

Problem

Die jQuery UI-Bibliothek unterstützt vertikale Akkordeons und es gibt auch ein paar einfache Code-Schnipsel, die für das Erzeugen eines rudimentären Akkordeon-Effekts genutzt werden können. Aber für ein horziontales Akkorden benötigt man speziellen CSS-Code und ein bisschen anderen jQuery-Code.

Für diese Lösung werden wir die Vorlage nicht verwenden, da sich das Markup für das horizontale Akkordeon deutlich unterscheidet.

Lösung

HTML

```
<div id="accordionWrapper">
  <h3 class="red"><a href="#red">Rot</a></h3>
  <div id="red" class="box"><p>Lorem ipsum dolor sit amet, consectetur
   adipisicing.</p></div>

  <h3 class="green"><a href="#green">Grün</a></h3>
  <div id="green" class="box"><p>Lorem ipsum dolor sit amet, consectetur
   adipisicing.</p></div>

  <h3 class="blue"><a href="#blue">Blau</a></h3>
  <div id="blue" class="box"><p>Lorem ipsum dolor sit amet, consectetur
   adipisicing.</p></div>
</div>
```

CSS

```
#accordionWrapper {
  margin: 10px;
}

#accordionWrapper h3 a {
  text-indent: -9999px;
  height: 150px;
  width: 50px;
  float: left;
}

#accordionWrapper .red {
  background: #c00 url(images/red.png) no-repeat;
}

#accordionWrapper .green {
  background: #0c0 url(images/green.png) no-repeat;
}
```

```
#accordionWrapper .blue {
  background: #00c url(images/blue.png) no-repeat;
}

#accordionWrapper div.box {
  float: left;
  height: 150px;
  width: 150px;
  border: 0;
  margin: 0;

  /* Bild aus .red usw. verbergen */
  background-image: none;
}
```

jQuery

```
$.fn.horizontalAccordion = function (speed) {
  return this.each(function () {
    var $accordionHeaders = $(this).find('h3'),
      $open = $accordionHeaders.next().filter(':first'),
      width = $open.outerWidth();

    // Anzeige initialisieren
    $accordionHeaders.next().filter(':not(:first)').css({ display : 'none', width : 0
});

    $accordionHeaders.click(function () {
      if ($open.prev().get(0) == this) {
        return;
      }
      $open.animate({ width: 0 }, { duration : speed });
      $open = $(this).next().animate({ width : width }, { duration : speed });
    });
  });
};

$(document).ready(function () {
  $('#accordionWrapper').horizontalAccordion(200);
});
```

Diskussion

Der HTML- und CSS-Code legen das Akkordeon so an, dass die enthaltenen Elemente alle nach links geschoben werden. Nutzen Sie dies auf einer Webseite, werden Sie vermutlich direkt hinter dem Akkordeon ein Element einfügen müssen, um die folgenden Inhalte an der richtigen Stelle zu halten.

Die Elemente gleiten nach links und unser Akkordeon ist mit h3 > a als Titel versehen.

Sind CSS und JavaScript abgeschaltet, wird der Inhalt korrekt angezeigt und ist zum Beispiel auch für die Suchengine von Google lesbar.

Ist CSS angeschaltet, JavaScript aber nicht, dann sind alle Inhalts-Boxen sichtbar.

Mit jQuery initialisieren wir die Anzeige so, dass abgesehen von der ersten alle Boxen verborgen werden und wir Click-Handler mit den Headern verbinden, um die Inhalte entsprechend anzuzeigen.

Das horziontale Akkordeon wurde als jQuery-Plugin geschrieben, insbesondere um zu zeigen, dass wir keine Variablen für den Effekt fest verdrahten müssen. Wir übergeben nur die Ablaufgeschwindigkeit an das Plugin, das dann die Effektdauer berechnet. Wir könnten das Plugin auch leicht so erweitern, dass es eine Easing-Angabe oder einen Callback übernimmt.

Es ist wichtig, darauf hinzuweisen, dass sich im gesamten Code alle Click-Handler und die Navigation im DOM um das Element <h3> drehen, *nicht* um das Element <a>. Dies funktioniert auch, der Code bleibt recht einfach (anstatt vom <a>-Element zum Eltern-Element <h3> und dann zum zugehörigen <div>-Element navigieren zu müssen), aber vor allem erhalten wir so eine Tastaturunterstützung, weil die <a>-Elemente per Tab-Taste angesprungen und über die Tastatur auch ausgelöst werden können. Wir müssen den Click-Handler nicht an das <a>-Element binden, da das Click-Event beim Auslösen (über die Maus oder die Tastatur) durch das DOM nach oben steigt und von unserem Click-Handler im <h3>-Element abgefangen wird.

Das Plugin sammelt zunächst die erforderlichen Bestandteile des Akkordeons ein: den Header, der anklickbar sein wird, das erste sichtbare Panel und die Breite des Panels (beachten Sie, dass diese Version des Plugins nur für gleich breite Panels funktioniert):

```
var $accordionHeaders = $(this).find('h3'),
```

this ist das aktuelle Wrapper-Element des Akkordeons, im Allgemeinen ein <div>.

Innerhalb des Akkordeon-Wrappers holt sich unser Code alle <h3>-Elemente. Dabei nutzen wir next() und prev(), um unsere DOM-Collection von den <h3>-Elemente zu den nächsten Knoten im DOM-Baum wechseln zu lassen – hier die Inhalts-Panels des Akkordeons:

```
$open = $accordionHeaders.next().filter(':first'),
```

$open ist eine temporäre Variable, die auf das aktuell sichtbare Panel zeigt. Wir können .is(':visible') hier nicht nutzen, weil wir eigentlich nur die Breite verkleinern, das Panel aber immer noch die CSS-Eigenschaft display: block besitzt. Also merken wir uns das aktuelle Panel über die Variable $open:

```
width = $open.outerWidth();
```

Schließlich merken wir uns bei der Initialisierung noch die Breite des sichtbaren Panels, so dass wir sie korrekt animieren können.

Es bleiben noch zwei Aufgaben:

- Initialisieren der Panel-View, wobei nur das erste Panel angezeigt wird.
- Binden der Click-Handler, um die Panels anzuzeigen beziehungsweise zu verbergen.

Um die View zu initialisieren, müssen wir alle Panels außer dem ersten verbergen. Zudem müssen wir die Breite auf Null setzen, damit die animate-Funktion die Breite aufziehen kann, anstatt das Panel einfach *aufploppen* zu lassen.

Dazu nutzen wir einen Filter, der umgekehrt zur Variable $open arbeitet – nämlich :not(:first):

```
$accordionHeaders.next().filter(':not(:first)').css({ display : 'none', width : 0 });
```

Nachdem wir unsere Selektion mit allen Panels *außer dem ersten* haben, ändern wir die CSS-Eigenschaften, um sie zu initialisieren.

Schließlich fügen wir noch den Click-Handler hinzu.

Denken Sie daran, dass die Variable $accordionHeaders die h3-Elemente enthält. Ist nun das <h3> angeklickt worden, das zum öffnenden Panel gehört, geschieht gar nichts.

Da die Variable $open das Panel enthält, nutzen wir .prev(), um zum vorigen <h3>-Element zu navigieren und zu prüfen, ob es dem aktuellen Kontext des angeklickten Elements entspricht.

Handelt es sich beim angeklickten Element nicht um das aktuell geöffnete Panel, animieren wir die Breite des $open-Panels auf Null und die des angeklickten Panels auf die vorher gespeicherte Breite.

Achten Sie auch auf die letzte Zeile des Click-Handlers:

```
$open = $(this).next().animate({ width : width }, { duration : speed });
```

Da jQuery normalerweise jQuery zurückgibt (außer beim Auslesen eines Wertes) und wir das Panel animieren, dass jetzt angezeigt werden wird, können wir das Ergebnis der Animation gleich in der Variable $open ablegen und damit das letzte geöffnete Panel überschreiben.

7.4 Elemente gleichzeitig Sliden und Faden

Wenn ein Teil der Seite verborgen ist und dem Anwender nur als Reaktion auf eine bestimmte Aktivität präsentiert wird, ist ein einfaches Show/Hide manchmal nicht genug. Wir wollen interessantere Effekte erzeugen.

Abhängig vom Layout der Seite macht ein direkter Show/Hide-Effekt dem Anwender nicht unbedingt klar, welche Inhalte neu sind. Dies ist ein weiterer Vorteil des Sliding: Der Benutzer bekommt die Layout-Änderung besser mit.

Wir könnten die in jQuery eingebauten Methoden mit einer Laufzeitangabe nutzen. Dies erledigt die Aufgabe *fast*, aber eben nur fast, denn es wird auch die Breite des Elements beeinflusst (siehe Abbildung 7-1). Wie ebenfalls schon erwähnt animiert die show-Methode auch Rand und Abstand eines Elements. Um das Problem also zu lösen, werden wir die animate-Funktion nutzen, um einen eigenen Effekt zu erzeugen.

Lösung

Verwenden Sie die Animations-Funktion, um sowohl die Höhe als auch die Opazität gleichzeitig umzuschalten:

```
$(document).ready(function () {
  $('#animate').click(function () {
    $('.box').animate({ opacity: 'toggle', height: 'toggle' });
    return false;
  });
});
```

Diskussion

Mit der Methode `animate` können Sie genau festlegen, welche CSS-Eigenschaften wir für den Effekt animieren wollen.

Als End-Angabe nutzen wir zudem `toggle`. So nimmt die Methode `animate` die aktuelle Höhe im initialen Zustand und bringt sie abhängig vom Ausgangswert entweder auf Null oder auf 100%.

In unserem Beispiel ist der initiale Status der Box sichtbar. Wollen wir die Box hingegen gerade per Sliding und Fading *sichtbar* machen, müssen wir die `display`-Eigenschaft im Stylesheet auf `none` setzen.

Achtung: Die Höhe muss im Stylesheet nicht auf Null gesetzt werden. Im Gegenteil – damit würde die Animationsfunktion nicht wie gewünscht funktionieren, da sie dann nur zwischen der Höhe Null (aus dem CSS) und der Höhe Null und dem Display-Style None (dem Ende von `slideUp`) wechseln würde.

7.5 Sequenzielle Effekte anwenden

Problem

Sie wollen einen Effekt auf ein Set mit Elementen anwenden, nachdem ein anderer Effekt für ein anderes Set mit Elementen beendet ist. Das lässt sich einfach lösen, wenn Sie nur einen anderen Effekt ausführen wollen. Soll der Effekt aber nacheinander auf eine *beliebige* Zahl von Elementen angewendet werden, dann *kann* es schwierig werden, den Code zu warten.

Lösung

Diese Lösung nutzt die Standard-Vorlage, die wir am Anfang dieses Kapitels vorgestellt haben. Allerdings haben wir dieses Mal mehrere Kopien des `div.box`-Elements auf der Seite. Die Lösung ist so entworfen, dass sie mit einer beliebigen Zahl von `div.box`-Elementen arbeiten kann, da das automatische Sequenzieren sich darum kümmert.

Manueller Callback

Die Grundlage der Lösung ist die Verwendung eines Callbacks. Das lässt sich auch nutzen, wenn sich der folgende Effekt vom aktuellen Effekt unterscheidet:

```
$(document).ready(function () {
  var $boxes = $('.box').hide();

  $('#animate').click(function () {
    $boxes.eq(0).fadeIn('slow', function () {
      $boxes.eq(1).slideDown('slow');
    });
  });
});
```

Automatische Sequenz

Diese alternative Vorgehensweise, basierend auf Dave Methvins Lösung, wiederholt den Effekt sequenziell für eine beliebige Anzahl von Elementen:

```
$(document).ready(function () {
  var $boxes = $('.box').hide(),
    div = 0;

  $('#animate').click(function () {
    $($boxes[div++] || []).fadeIn('slow', arguments.callee);
  });
});
```

Diskussion

Die einfache Lösung nutzt das Callback-Feature, um zur nächsten Animation in der Folge zu springen. Der Selektor, den wir nutzen, spricht die erste div.box an, allerdings lässt sich dies nicht skalieren, da die Lösung davon ausgeht, dass es genau zwei animierte Elemente gibt. Bei weniger Elementen gibt es Fehler. Bei mehr Elementen werden die überzähligen nicht animiert.

Haben wir viel mehr Elemente, oder sogar eine unbekannte Zahl von Elementen, die animiert werden müssen, ist die Lösung von Dave Methvin perfekt.

In dessen Code werden zwei Tricks genutzt. Der erste ist das Handhaben eines leeren Arrays:

```
$($boxes[div++] || [])
```

Dieser Code erhöht den Index-Zähler. Wenn das Element nicht existiert, wird ein leeres Array an jQuery übergeben.

Ist die Ergebnismenge leer, dann geschieht beim Ausführen einer Animation nichts. Dann übergibt jQuery auch *keine* DOM-Elemente an den verketteten Aufruf und es werden damit auch keine weiteren verketteten Methoden per Callback aufgerufen.

Würden wir hingegen den folgenden Code nutzen, würde das Alert-Fenster nie angezeigt werden – für dieses Rezept ist das die Hauptzutat:

```
$('ausgedachtes-element').show(function () {
  alert('wird nie zu sehen sein');
});
```

Der zweite Trick in diesem Rezept ist das Callback-Argument:

```
arguments.callee
```

arguments ist in JavaScript ein Schlüsselwort, mit dem man sich auf eine lokale Variable beziehen kann, auf die alle Funktionen Zugriff haben. Das Objekt arguments ähnelt einem Array, besitzt aber außer length keine der Array-Methoden (wie slice) oder -Eigenschaften.

arguments enthält auch in der Eigenschaft arguments.callee eine Referenz auf die aktuell ausgeführte Funktion. Das ist für rekursive Funktionsaufrufe nützlich – was genau der Grund dafür ist, dass wir es in unserer Lösung verwenden.

Diese Lösung arbeitet sich inkrementierend durch die jQuery-Collection $boxes und ruft am Ende der Animation rekursiv die Funktion auf. Dies setzt sicht fort, bis der <div>-Index die Anzahl der Elemente in der jQuery-Collection $boxes ($boxes.length) übersteigt. Dann wird ein leeres Array als jQuery-Collection genutzt, der Callback damit nicht ausgeführt und der Code beendet.

7.6 Erkennen, ob Elemente aktuell animiert werden

Problem

Wenn eine Animation abläuft, wollen Sie verhindern, dass der Anwender eine neue Animation auslöst, bevor die letzte beendet wurde.

Ein Beispiel dafür ist das Klicken eines Anwenders auf einen Button, durch den eine Animation ausgelöst wird. Damit werden vielleicht Informationen sichtbar gemacht. In unserem Beispiel werden wir nur die Box hin- und herschütteln, wenn der Button angeklickt wird.

Klickt der Anwender weiter auf den Button, wollen wir keine weiteren Animationen in die Queue stellen. Daher müssen wir prüfen, ob die Animation schon läuft, und die Anfragen solange ignorieren.

Lösung

In dieser Lösung möchte ich ein paar Debugging-Informationen mit aufnehmen, daher habe ich ein <div>-Element mit der ID debug hinzugefügt. In dieses Element fügen wir Log-Meldungen ein, um zu sehen, was gerade geschieht.

Wir werden den jQuery-Selektor :animated nutzen, um zu prüfen, ob die Animation aktuell läuft:

```
$(document).ready(function () {
  var speed = 100;

  $('#animate').click(function () {
    $('.box')
      .filter(':not(:animated)')
      .animate({ marginLeft: -10 }, speed, function () {
        $('#debug').append('<p>Animation startet.<p>');
      })
      .animate({ marginLeft: 10 }, speed)
      .animate({ marginLeft: -10}, speed)
      .animate({ marginLeft: 10 }, speed)
      .animate({ marginLeft: -10}, speed)
      .animate({ marginLeft: 10 }, speed)
      .animate({ marginLeft: 0}, speed, function () {
        $('#debug').append('<p>Animation beendet.</p>');
      }); // Ende der langen Kette
  });
});
```

Diskussion

In diesem (künstlichen) Beispiel nutzen wir mehrere Aufrufe der Methode animate, um die Box zu schütteln (bei einem »echten« Einsatz wäre es wahrscheinlich besser, eine »schüttelnde« Easing-Funktion zu nutzen!).

Diese Animation wird ausgelöst, wenn der Anwender auf den Animations-Button klickt.

Ich habe zwei Callback-Funktionen genutzt, die ausgeführt werden, wenn die Animation gestartet wird und wenn sie endet. Beachten Sie, dass der Code zwar mehrere Zeilen umfasst, aber durch die Verkettung handelt es sich von $('.box') bis }); // Ende der langen Kette um eine JavaScript-Anweisung.

Die folgende jQuery-Zeile filtert alle div.box-Elemente aus der Collection heraus, die aktuell animiert werden, so dass die folgenden Animationen nur für die restlichen Elemente genutzt werden:

```
.filter(':not(:animated)')
```

Da wir in unserem Beispiel nur ein einzelnes div.box-Element haben, wird die Animation nur dann ausgeführt, wenn sie nicht schon läuft.

7.7   Animationen stoppen und zurücksetzen

Problem

Läuft eine Animation, kann es sein, dass wir sie auch einmal abbrechen müssen. Das passiert gerne bei der Verwendung eines Mouseover und Mouseout, um eine Animation zum Anzeigen und Verbergen von Inhalten zu erhalten.

Wird der Mauscursor in den Trigger-Bereich hinein- und herausbewegt, dann wird die Animation immer wieder getriggert. So kann ein Block hoch- und runtergeschoben werden, bis die ausgelösten Animationen abgearbeitet sind.

Eine Lösung wäre die Verwendung des Selektors :animated, um die Elemente auszufiltern. Aber vielleicht wollen Sie auch ein Element wieder per Fading ausblenden, wenn der Anwender den Mauscursor aus dem Trigger-Bereich entfernt, anstatt die Animation »auslaufen« zu lassen. Dies lässt sich mit der Methode stop() erreichen .

Lösung

Wir haben dem Element div.box einen CSS-Style verpasst, um die Opazität auf Null zu setzen.

Statt den Anwender auf den Button *klicken* zu lassen, um den Effekt auszulösen, lassen wir die Animation laufen, wenn sich der Mauscursor nur auf den Button *bewegt*. Damit wollen wir nur zeigen, dass die Animation ohne die Aufrufe von stop() außer Kontrolle geraten würde:

```
$(document).ready(function () {
  $('#animate').hover(function () {
    $('.box').stop().fadeTo(200, 1);
  }, function () {
    $('.box').stop().fadeTo(200, 0);
  });
});
```

Diskussion

Dieses Problem wird typischerweise über eine Kombination aus fadeIn() und fadeOut() gelöst. Nutzt man diese allerdings ohne stop(), wird der Effekt jedes Mal wiederholt, wenn sich der Mauscursor über den Button bewegt.

Um das zu verhindern, fügen wir die stop()-Anweisung ein, bevor wir die nächste Animation in die Queue stellen. Der große Vorteil ist der, dass die Animation so auch mittendrin gestoppt wird. Befindet sich die Opazität zum Beispiel gerade bei 0,5 (oder 50 im IE), wird die nächste Animation von dort aus fortfahren.

Da wir nun eventuell mitten in der Animation der Opazität abbrechen, können wir auch fadeIn() und fadeOut() nicht verwenden. Wir müssen explizit angeben, wohin wir uns mit dem Faden »bewegen« wollen. Daher nutzen wir nun fadeTo() und übergeben die Dauer und die Ziel-Opazität.

Bewegt der Anwender seinen Mauscursor nun auf dem Button, wird die Animation nun nicht dauernd wiederholt, sondern sie wird elegant ein- oder ausgefadet.

7.8 Eigene Easing-Methoden für Effekte nutzen

Problem

jQuery bringt standardmäßig nur zwei Easing-Funktionen mit: swing und linear. Standard ist swing. Wollen wir unsere Animationen ein bisschen interessanter gestalten, können wir eine andere Easing-Funktion verwenden – zum Beispiel für eine hüpfende oder elastische Animation, oder einfach eine Animation, die zum Ende hin langsamer wird.

Wir können selber Easing-Funktionen hinzufügen, aber wir können mit dem Plugin jquery.easing auch eine vordefinierte Sammlung einbinden. Dieses lässt sich unter *http://jquery-cookbook.com/go/easing/* herunterladen.

Lösung

Indem wir nach dem Einbinden der jQuery-Bibliothek noch jquery.easing.1.3.js auf unserer Seite einbinden, können wir auf 31 weitere Easing-Funktionen zugreifen:

```
$(document).ready(function () {
  $('#animate').click(function () {
    $('.box').animate({ scrollTop: '+=100' },
      { duration: 400, easing: 'easeOutElastic' });
  });
});
```

Diskussion

Durch das Einbinden der Easing-Bibliothek können wir eine ganze Reihe von Werten für die Easing-Eigenschaft des options-Parameters angeben. Die Methode animate unterstützt auch die Übergabe von easing als dritten Parameter, daher ließe sich die vorige Lösung auch wie folgt schreiben:

```
$('.box').animate({ scrollTop: '+=100' }, 400, 'easeOutElastic');
```

Um eine eigene Easing-Funktion zu erzeugen, können Sie das Objekt easing erweitern:

```
jQuery.extend(jQuery.easing, {
  customEasing: function(x, t, b, c, d) {
    return c*(t/=d)*t + b;
  },
});
```

Dieses Beispiel enthält die Gleichung für das Easing easeInQuad. Allen Easign-Funktionen werden fünf Parameter übergeben:

fraction
Die aktuelle (zeitliche) Position der Animation – zwischen 0 (dem Anfang der Animation) und 1 (dem Ende)

elapsed
Die Millisekunden seit dem Anfang der Animation (selten genutzt)

attrStart
> Der Anfangswert des CSS-Attributs, das animiert wird

attrDelta
> Die Differenz zwischen Anfangs- und Endwert des animierten CSS-Attributs

duration
> Die Zeit in Millisekunden, die die vollständige Animation läuft (selten genutzt)

7.9 Alle Effekte deaktivieren

Problem

Ihre Anwender oder Ihre Webanwendung fordern, dass alle Animationen deaktiviert sind, aber es kann trotzdem notwendig sein, Informationen »aufzudecken« oder an eine bestimmte Stelle zu scrollen.

Das kann eine Benutzereinstellung sein oder das verwendete Gerät hat eventuell nur eine geringe Auflösung oder die Animationen stören einfach beim Browsen.

jQuery bietet die Möglichkeit, alle Animationen zentral abzulegen, während gleichzeit noch die Methode animate genutzt werden kann, um zu einem Endwert zu gelangen.

Lösung

```
$.fx.off = true;

$(document).ready(function () {
  $('#animate').click(function () {
    $('.box').animate({ width: '+=100', height: '+=100' });
  });
});
```

Diskussion

Setzt man fx wie in der folgenden Zeile auf off, dann haben alle Animations-Aufrufe den gleichen Effekt wie ein direkter Aufruf von css():

```
$.fx.off = true;
```

Dies kann jederzeit gesetzt werden und alle Animationen werden damit beendet – so lässt es sich als Benutzereinstellung anbieten. Um die Animationen wieder zu aktivieren, setzen Sie die Option einfach auf false:

```
$.fx.off = false;
```

7.10 Aufwändigere Effekte mit jQuery UI erzeugen

Problem

Wenn Sie kompliziertere Effekte erzeugen möchten, gelingt Ihnen das ziemlich wahrscheinlich mit der Methode `animate`. Das kann eine Web-Anwendung sein, für die ein ganzer Sack voll CSS-Eigenschaften eines Elements animiert werden muss, oder vielleicht eine exotische Variante, mit der ein Dialogfenster beim Schließen verschwindet (vielleicht in Form einer Explosion – siehe Abbildung 7-2).

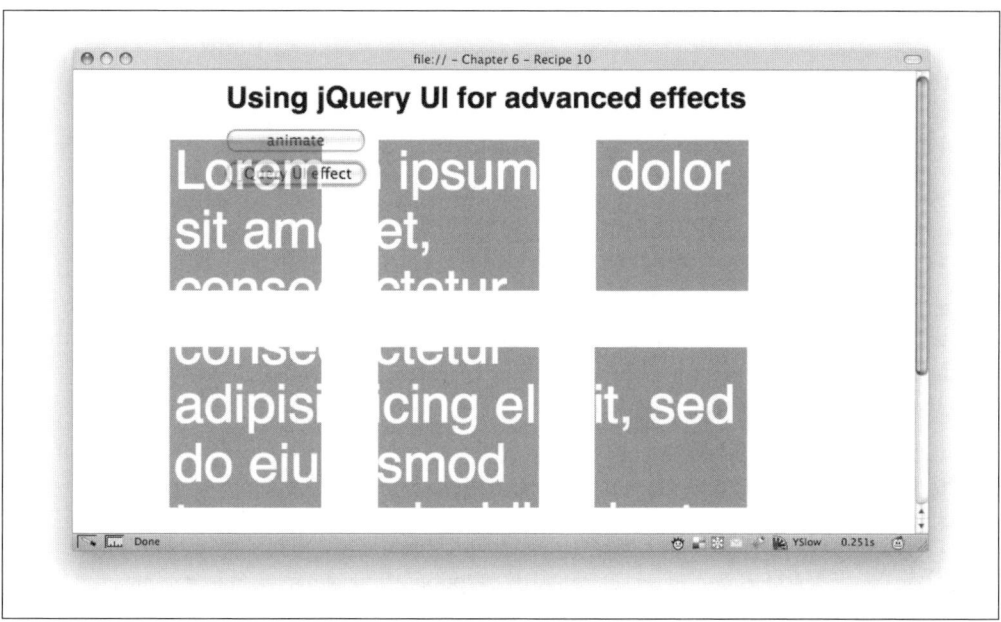

Abbildung 7-2: Der Explode-Effekt für das Element div.box

Lösung

Laden Sie die jQuery UI-Bibliothek von *http://jquery-cookbook.com/go/jqueryui-download* herunter und binden Sie sie auf Ihrer Webseite ein (nachdem Sie jQuery eingebunden haben). Jetzt ist das neue Effekt-Plugin verfügbar.

Für diese Lösung habe ich einen zusätzlichen Button eingefügt, um zwei Effekte anzuzeigen, und den CSS-Code um eine neue Klasse ergänzt.

CSS

```
.big {
  font-size: 400%;
  width: 500px;
```

```
    height: 500px;
    line-height: 100%;
}
```

jQuery

```
$(document).ready(function () {
  $('#animate').click(function () {
    $('.box').toggleClass('big', 2000);
  });

  $('#effect').click(function () {
    $('.box').effect('explode', null, 2000);
  });
});
```

Diskussion

Die Effekt-Bibliothek jQuery UI ändert auch die Verhaltensweise von addClass, remove-Class und toggleClass . Vor allem können Sie jetzt als zweiten Parameter eine Dauer angeben, womit Sie eine Animation vom aktuellen Zustand zur neuen Klasse erhalten.

Das erste Beispiel fügt also die Klasse big hinzu und lässt die Animation zwei Sekunden laufen. Alle CSS-Eigenschaften der Klasse big werden für das Element div.box animiert. Da die Methode toggleClass ebenfalls durch jQuery UI verändert wurde, können wir auch zwischen dem alten und neuen Zustand hin und her wechseln.

Dann nutzen wir die Methode effect(), die zur jQuery UI-Bibliothek gehört. Diese Methode stellt eine ganze Reihe von Möglichkeiten bereit, um Elemente anzuzeigen oder zu verbergen.

Der Methode effect() muss das Options-Objekt als zweiter Parameter übergeben werden. Das kann null oder auch ein leeres Objekt sein, aber um eine Dauer angeben zu können, muss es bereitgestellt werden.

Mit dem String explode wird div.box in neun Bereiche unterteilt, die wie in Abbildung 7-2 vom Bildschirm verschwinden.

Zum Zeitpunkt der Entstehung dieses Buches haben ein oder zwei Effekte unter Safari 4 Nebenwirkungen. Aber wie von Yahoo! unter *http://developer.yahoo.com/yui/articles/gbs/* beschrieben, funktionieren sie in allen anderen wichtigen Browsern.

Um sich all die verschiedenen Effekte anzuschauen, können Sie *http://jquery-cookbook.com/go/jqueryui-effects* besuchen und mit den interaktiven Demos herumspielen.

KAPITEL 8

Events

Ariel Flesler

8.0 Einführung

Events (oder Ereignisse) sind die wichtigste Kommunikationsform zwischen einem Anwender und einer Website oder einer Webanwendung. Ein Großteil des JavaScript/jQuery-Codings läuft als Reaktion auf eine Reihe von Benutzer- und Browser-Events ab.

Mit *Benutzer-Events* meine ich vor allem Interaktionen über die Tastatur und Maus, wie zum Beispiel click, mousedown, keypress und so weiter. *Browser-Events* sind vor allem DOM-Events wie document.ready, window.onload und viele weitere, die mit DOM-Elementen zusammenhängen.

Wenn wir Ajax-Anwendungen schreiben, haben wir auch noch jQuery-eigene *Ajax-Events*, die während der Lebenszeit der Ajax-Anforderung auftreten können – ajaxSend, ajaxComplete, ajaxError und noch ein paar mehr.

Die jQuery-API ist sehr konsistent, insbesondere bei den Events. Einen Handler verbindet man mit einem beliebigen Event immer über die gleiche Code-Struktur:

```
jQuery( listener).bind( 'eventName', handlerFunction);
```

Diese Syntax ist auch für eine vierte Kategorie von Events gültig, die ich noch gar nicht erwähnt habe. Das Event-System von jQuery kann für die *ereignisorientierte Programmierung*[1] genutzt werden, in der Sie Ihre *eigenen Events* definieren können, die sich wie die vorgegebenen Events binden und auslösen lassen.

jQuery bietet für die am häufigsten genutzten Browser- und Ajax-Events eine Kurzform an. Ein Aufruf sähe dann so aus:

```
jQuery( listener).eventName( handlerFunction);
```

Bei der Verwendung von bind() ist eventName ein String in einfachen oder doppelten Anführungszeichen. Bei dieser Kurzform nutzen Sie einfach den Namen des Events als Methodenname von jQuery.

---

[1] *http://de.wikipedia.org/wiki/Ereignis_(Programmierung)*

Hier ein Beispiel für das Binden eines Click-Handlers in Lang- und Kurzform:

```
// bind() nutzen
jQuery('div').bind('click',function(e){...});
// Kurzform nutzen
jQuery('div').click(function(e){...});
```

In diesem Kapitel werde ich die Kurzform nutzen, wenn es sie gibt, weil sie eben kürzer und meiner Meinung nach einfacher lesbar sind. Beide funktionieren gleich und es gibt keinen Vorteil der einen Form gegenüber der anderen – abgesehen von Klarheit und Kürze, was aber natürlich Geschmackssache ist.

Ich gehe davon aus, dass Sie schon Kapitel 1 gelesen haben, in dem das Event document.-ready bereits genauer beschrieben wurde (Rezept 1.2). Sind Sie sich in Bezug auf die Anwendung nicht ganz sicher, dann schauen Sie sich den Abschnitt nochmals an.

Ich möchte auch noch klarstellen, dass ich mit dem Begriff *Plugin* in den meisten Fällen »Plugin, Widget oder einfach ein Code-Abschnitt« meine. Die meisten jQuery-Anwender tendieren dazu, ihren Code in Plugin-ähnlichen Strukturen zu organisieren und dabei dem jQuery-Namensraum Namen hinzuzufügen.

Schließlich wurde das Event-Modul von jQuery in der Version 1.3 stark verändert. Ich werde immer erwähnen, wenn etwas je nach jQuery-Version unterschiedlich gehandhabt werden muss.

8.1 Einen Handler mit vielen Events verbinden

Problem

In vielen häufig vorkommenden Situationen muss man die gleiche Handler-Funktion an mehr als ein Element binden (allerdings für das gleiche Element). Folgendes geht immer:

```
jQuery('div').click(function(e){
        alert('Event');
    })
    .keydown(function(e){
        alert('Event');
    });
```

Dies ist kein Problem, wenn die Funktion kurz ist, aber bei längeren Codeblöcken ist es nicht so trivial, immer alles zu wiederholen, und vor allem ist es keine gute Programmierpraxis.

Lösung

Es gibt mehr als eine Lösung für dieses einfache, aber immer wieder auftretende Problem.

Eine Möglichkeit zur Lösung, die ohne Wiederholungen auskommt, ist diese:

```
function handler(e){
    alert('Event');
  }
```

```
jQuery('div').click(handler)
        .keydown(handler);
```

Das einmalige Definieren einer Funktion und das folgende mehrfache Verweisen auf diese Funktion ist keine schlechte Vorgehensweise, aber es gibt in jQuery noch eine einfachere Möglichkeit.

bind() kann auch eine Liste von Events mitgegeben werden – getrennt durch Leerzeichen. Sie können also das Problem auch so lösen:

```
jQuery('div').bind('click keydown', function(e){
    alert('Event');
});
```

Diskussion

Sie können dieses Vorgehen auch bei unbind() und one() nutzen.

Um eine bestimmte Funktion von einem Event zu »trennen«, brauchen Sie eine Referenz auf sie. Selbst wenn Sie also das Multievent-Feature nutzen, müssen Sie sich immer noch eine Referenz auf den Handler merken. Übergeben Sie keine Funktion an unbind(), dann werden alle Eventhandler, die mit diesem Event verbunden sind, ebenfalls entfernt:

```
function handler(e){
    alert('Event');
}

jQuery('div').bind('click keydown', handler);

// ...

jQuery('div').unbind('click keydown', handler);
```

8.2   Eine Handler-Funktion mit anderen Daten wiederverwenden

Problem

Sie haben mehrere Bindings und die Handler-Funktionen sehen sich sehr ähnlich. Es ist egal, ob diese Bindings auf unterschiedliche Kombinationen aus Element und Event angewandt werden. Sie wollen nur nicht immer wieder den gleichen Code schreiben (wer will das schon?).

Hier ein Beispiel:

```
jQuery('#button1').click(function(e){
    jQuery('div.panel').hide();
    jQuery('#panel1').show();
    jQuery('#desc').text('Sie haben den roten Button angeklickt');
});
```

```
jQuery('#button2').click(function(e){
    jQuery('div.panel').hide();
    jQuery('#panel2').show();
    jQuery('#desc').text('Sie haben den blauen Button angeklickt');
});

jQuery('#button3').click(function(e){
    jQuery('div.panel').hide();
    jQuery('#panel3').show();
    jQuery('#desc').text('Sie haben den grünen Button angeklickt');
});
```

Wie Sie sehen, liegt der Unterschied zwischen den Handlern nur in der Farbe und dem anzuzeigenden Panel. Wenn Sie noch mehr Buttons hinzufügen, würde auch die Menge an Code wachsen, weil Sie jedes Mal einen Handler schreiben müssten.

Lösung

bind() kann ein optionales Argument data mitgegeben werden, dass dann an die spezifische Handler-Funktion gebunden wird. Die Werte dieses Arguments lassen sich innerhalb der Funktion über *event*.data ansprechen.[2] Dabei ist *event* das Argument des Event-Objekts, das von jQuery bereitgestellt wird.

Bei diesem Wert kann es sich um alles handeln – ein Array, ein String, eine Zahl oder ein Objekt-Literal.

Häufig übergibt man ein Objekt-Literal, auch wenn Sie nur einen Wert benötigen, um den Code lesbarer zu gestalten. Durch den Namen, den Sie diesem einen Attribut im Objekt verpassen, wird Ihr Code etwas lesbarer.

Diskussion

event.data wird genutzt, um einer Funktion vorberechnete Werte mitzugeben. Das heißt, die Werte, die Sie an bind() übergeben, müssen schon zum Zeitpunkt des Bindens vorhanden sein. Um »dynamischere« Werte zu nutzen, gibt es einen anderen Weg, den wir in Rezept 8.5 kennenlernen werden.

Die Lösung für das Problem kann in etwa so aussehen:

```
function buttonClicked(e){
    jQuery('div.panel').hide();
    jQuery('#panel'+e.data.panel).show();
    jQuery('#desc').text('Sie den '+e.data.color+' Button angeklickt');
}

jQuery('#button1').bind('click',{panel:1, color:'roten'}, buttonClicked);
jQuery('#button2').bind('click',{panel:2, color:'blauen'}, buttonClicked);
jQuery('#button3').bind('click',{panel:3, color:'grünen'}, buttonClicked);
```

---

2 *http://docs.jquery.com/Events/jQuery.Event#event.data*

Natürlich könnten Sie das mit einer Schleife noch kürzer hinbekommen. Dieser Ansatz wird von manchen als *Makro* bezeichnet und er wird zusammen mit jQuery sehr häufig eingesetzt.

Diese *Makros* verringern auf jeden Fall die Menge an Code und können manchmal auch die Lesbarkeit verbessern. Allerdings kann Ihr Code manchmal auch komplett unlesbar werden, daher sollten Sie immer vorsichtig vorgehen.

So könnten Sie mit einer Schleife arbeiten:

```
jQuery.each(['roten','blauen','grünen'], function(num, color){
    num++; // it's 0-index based
    jQuery('#button'+num).bind('click',function(e){
        jQuery('div.panel').hide();
        jQuery('#panel'+num).show();
        jQuery('#desc').text('Sie haben den '+color+' Button angeklickt');
    });
})
```

Wie Sie sehen, habe ich das Daten-Argument nicht verwendet, weil wir es nicht wirklich benötigen. Der Code ist so noch kürzer, allerdings nicht viel. Dafür hat die Lesbarkeit ein wenig gelitten.

Sie können also in solchen Situationen beide Vorgehensweisen wählen. Abhängig vom Problem wird die eine Vorteile gegenüber der anderen haben (kürzer, lesbarer, leichter wartbar).

8.3 Ein ganzes Set mit Eventhandlern entfernen

Problem

Sie haben einen Plugin-ähnlichen Codeblock geschrieben, der viele Eventhandler an bestimmte DOM-Elemente bindet.

Später wollen Sie diese dann alle aufräumen, um das Plugin wieder komplett entfernen zu können.

Wenn Sie viele Handler hinzugefügt haben, kann das etwas aufwändig werden. Vielleicht haben Sie nicht einmal Zugriff auf die gebundenen Handler, weil sie zu einem anderen lokalen Gültigkeitsbereich gehören.

Sie können nicht einfach einen Handler von einem bestimmten Event (oder überhaupt ein Event) »entbinden«, da Sie damit auch andere Handler löschen könnten, an die Sie gar nicht gedacht haben.

Lösung

Nutzen Sie einen eindeutigen Namensraum für jedes Plugin, das Sie erstellen. Alle Handler, die mit diesem Plugin gebunden werden, müssen in diesem Namensraum hinzugefügt werden.

Wenn Sie dann später wieder aufräumen, müssen Sie nur den gesamten Namensraum »entbinden« und alle dazugehörigen Eventhandler werden mit einer einzigen Codezeile verschwunden sein.

Diskussion

Wie bindet man mit einem Namensraum?

Um einen Event-Typ um einen Namensraum zu ergänzen, fügen Sie einfach einen Punkt, gefolgt vom Namen des Namensraums an.

Seit jQuery 1.3 können Sie mehr als einen Namensraum pro Event hinzufügen.

So binden Sie die Funktionen click und mousedown mit einem Namensraum:

```
jQuery.fn.myPlugin = function(){
    return this
        .bind('click.myPlugin', function(){
            // [Code]
        })
        .bind('mousedown.myPlugin', function(){
            // [Code]
        });
};
```

Wie räumt man später auf?

Um die oben erzeugten Bindings wieder zu entfernen, nutzen Sie folgenden Code:

```
jQuery.fn.disposeMyPlugin = function(){
    return this.unbind('.myPlugin');
};
```

8.4 Eventhandler auslösen

Problem

Sie müssen einen Event für ein bestimmtes Element (oder auch mehrere) auslösen. Dieses Element gehört zu einem oder mehreren Plugins, daher können auch mehrere Eventhandler daran gebunden sein.

Handelt es sich um ein häufig genutztes Event, wie zum Beispiel click oder mousedown, können damit auch andere Eventhandler ausgelöst werden, die Sie gar nicht erwartet haben.

Lösung

Wie beim vorigen Rezept können auch hier Namensräume genutzt werden. Beim Binden müssen Sie nur darauf achten, dass Sie jeder Gruppe von Handlern einen eindeutigen Namensraum zuweisen.

Das kann auch für die umgekehrte Situation nützlich sein. Wenn Sie alle Events auslösen müssen, nur nicht die mit einem Namensraum, können Sie den Operator ! verwenden. Ein entsprechendes Beispiel wird im Diskussionsabschnitt angeführt werden.

Diskussion

Wie löst man Handler mit einem bestimmten Namensraum aus?

Stellen Sie sich vor, Sie wollen das Click-Event per Code auslösen, das durch das Plugin myPlugin gebunden wurde. Sie könnten einfach das Click-Element auslösen, aber das wäre schlecht, da andere Hander, die an das gleiche Event gebunden wären, ebefalls ausgelöst würden.

So machen Sie es richtig:

```
jQuery.fn.runMyPlugin = function(){
    return this.trigger('click.myPlugin');
};
```

Wie löst man Handler aus, die *keinen* Namensraum haben?

Vielleicht wollen Sie umgekehrt auch einen Click (oder ein anderes Event) auslösen, aber das fragliche Element wird von einem oder mehreren Plugins mit betreut. Das Auslösen eines Events könnte zum unerwünschten Aufruf von weiteren Eventhandlern führen. Solche Probleme lassen sich dann ausgesprochen schwierig debuggen.

Wenn alle Plugins einen Namensraum nutzen, können Sie folgendermaßen einen sicheren Click auslösen:

```
jQuery('div.panels').trigger('click!');
```

8.5   Dynamische Daten an Eventhandler übergeben

Problem

Sie wollen Werte an einen Eventhandler übergeben, die aber beim Binden noch nicht bekannt sind und die bei jedem Aufruf des Handlers anders sein können.

Lösung

Es gibt zwei Wege, dieses Problem zu lösen:

- Zusätzliche Arguemte an die Methode `trigger()` übergeben
- Ein eigenes Event-Objekt an `trigger()` übergeben

Beide Ansätze funktionieren und keiner hat gegenüber dem anderen besondere Vorteile. Der zweite Ansatz ließ sich vor jQuery 1.3 allerdings nur umständlich einsetzen. Bei den höheren Versionen funktioniert aber auch dieser Weg ohne große Schwierigkeiten. Ich werde im Diskussions-Abschnitt beide Optionen behandeln.

Übergibt man Daten an den Handler anstatt sie von der Funktion selbst holen zu lassen (aus globalen Variablen, dem jQuery-Namensraum und so weiter), lässt sich der Code leichter warten, da die Handler-Funktionen einfacher aufgebaut sind und keine Bedingungen an die Umgebung stellen.

Damit können Sie den gleichen Handler für verschiedene Situationen nutzen.

Diskussion

Zusätzliche Argumente übergeben

Man kann der Funktion trigger() einen oder mehrere Werte übergeben, die dann an die ausgelösten Handler weitergereicht werden.

Diese Werte können einen beliebigen Typ besitzen. Haben Sie mehrere Werte, müssen Sie sie in ein Array stecken:

```
jQuery('form').trigger('submit', ['John','Doe', 28, {gender:'M'}]);
```

Die gebundene Funktion, die durch diesen Code aufgerufen würde, könnte wie folgt aussehen:

```
jQuery('form').bind('submit', function(e, name, surname, age, extra){
    // Tue etwas mit den Argumenten
});
```

Dieses Vorgehen ist einfach und beim Studieren des Codes auch direkt verständlich. Nur wenn man viele Argumente mitgeben muss, sieht der Code nicht mehr so hübsch aus. Ich persönlich würde nicht mehr als fünf Argumente nutzen.

Zudem kann diese Lösung verwirrend sein, wenn jemand den üblichen Funktions-Typ function(e){ } gewohnt ist.

Sie fragen sich, wo diese anderen Argumente herkommen können?

Mehr Beispiele

Mit einem eigenen Event:

```
jQuery('#slideshow').bind('add-image', function(e, src){
    var $img = jQuery('<img />').attr('src', src);
    jQuery(this).append($img);
});
jQuery('#slideshow').trigger('add-image', 'img/dogs4.jpg');
```

Mit einem »eingebauten« Event:

```
jQuery('#button').bind('click', function(e, submit){
    if( submit )
```

```
        // Tue etwas
    else
        // Tue etwas anderes
});
jQuery('#button').trigger('click', true);
```

Ein eigenes Event-Objekt übergeben

Wenn Sie stattdessen lieber ein eigenes Event-Objekt übergeben möchten, muss der Handler auf die übergebenen Werte als Attribute des Objekts zugreifen.

Das bedeutet, dass der Handler unabhängig von der tatsächlichen Anzahl der Daten immer nur ein einzelnes Argument besitzt – das Event-Objekt.

Das ist gegenüber dem ersten Ansatz immer ein Vorteil, da die Funktionsdeklaration damit weniger ausschweifend wird.

Wie schon erwähnt gestaltet sich dieses Vorgehen seit jQuery 1.3 viel angenehmer. So würden Sie das erste Beispiel mit einem eigenen Objekt programmieren:

```
jQuery('form').bind('submit', function(e){
    // Tue etwas mit e.name, e.surname usw.
});
jQuery('form').trigger({
    type:'submit',
    name:'John',
    surname:'Doe',
    age: 28,
    gender:'M'
});
```

Übergibt man ein literales Objekt, ist dies eine Kurzform für das Erstellen einer Instanz von jQuery.Event.[3] Dies ist eine andere Variante:

```
var e = jQuery.Event('submit'); // der Operator new kann weggelassen werden
e.name = 'John';
e.surname = 'Doe';
e.age = 28;
e.gender = 'M';
jQuery('form').trigger(e);
```

Sie können natürlich jQuery.extend nutzen, anstatt ein Attribut nach dem anderen zu setzen.

Sie müssen selber ein Event-Objekt erzeugen, wenn Sie nach dem Aufruf von trigger() Daten aus diesem Objekt auslesen wollen. Das ist übrigens eine ziemlich geniale Möglichkeit, Informationen vom Handler an die aufrufende Methode zu übergeben (wir werden uns im nächsten Kapitel damit befassen).

---

3 http://docs.jquery.com/Events/jQuery.Event

Was ist der Unterschied zu event.data?

`event.data` können Sie für statische Werte nutzen, die schon beim Binden bekannt sind. Wenn die zu übergebenden Daten erst später ausgewertet werden dürfen (oder jedes Mal anders sein können), hilft Ihnen `event.data` nicht weiter.

8.6 Sofortiger Zugriff auf ein Element (noch vor document.ready)

Problem

Sie brauchen so schnell wie möglich Zugriff auf ein bestimmtes DOM-Element.

Die Verwendung von `document.ready` ist nicht schnell genug – Sie müssen mit dem Element schon arbeiten, bevor die Seite fertig geladen wurde.

Solche Situationen treten vor allem bei großen Seiten auf, bei denen das Event `document.ready` erst nach einiger Zeit ausgelöst wird.

Lösung

Dies ist ein sehr häufig auftretendes Problem, das sich auf unterschiedliche Art und Weise lösen lässt.

Es gibt einen Ansatz, der immer funktioniert. Allerdings muss dazu das DOM per Polling abgefragt werden, was den Render-Prozess verlangsamen kann (nicht wünschenswert!).

Ein paar der Probleme, um die es sich da dreht, sind folgende:

* Ein Element verbergen (oder eine andere Änderung am Style vornehmen), noch bevor es gerendert wurde
* Eventhandler sofort an ein Element binden, so dass es schnell genutzt werden kann
* Andere Situationen

Wir werden das beste Vorgehen für jede dieser Situationen im Diskussionsabschnitt behandeln.

Diskussion

Ein Element direkt verbergen (oder eine andere Änderung am Style vornehmen)

Bei Ihrem Problem geht es direkt um Stylefragen – Sie wollen einem Element in Abhängigkeit von anderen Informationen in seinem Style verändern. Diese Abhängigkeit muss per JavaScript entschieden werden.

Dazu fügt man einem Element, das frühzeitig verfügbar ist (wie zum Beispiel das <html>-Element), eine CSS-Klasse hinzu, um dann das gewünschte Element dementsprechend anzupassen.

Schauen Sie sich folgenden Code an:

```
<!DOCTYPE html>
<html>
<head>
 <style type="text/css">
    html.no-message #message{ display:none; }
 </style>
 <script src="assets/jquery-latest.js"></script>
 <script type="text/javascript">
    // schlecht
    jQuery(document).ready(function($){
       $('#message').hide();
    });
    // korrekt
    jQuery('html').addClass('no-message');
    // oder ...
    document.documentElement.className = 'no-message';
 </script>
</head>
<body>
    <p id="message">Ich sollte nicht sichtbar sein</p>
    <!--
      Weitere HTML-Elemente
    -->
</body>
</html>
```

Eventhandler so schnell wie möglich an ein Element binden

Sehr häufig haben wir eine große Seite mit interaktiven Elementen, wie zum Beispiel Buttons und Links.

Diese Elemente sollen beim Laden der Seite nicht nur einfach zu sehen sein, sondern auch schon funktionieren.

Glücklicherweise gibt es ein großartiges Konzept namens *Event-Delegation*, das einem den Tag retten kann. Die Event-Delegation lässt sich mit einem der vielen jQuery-Plugins problemlos implementieren und seit jQuery 1.3 braucht man nicht einmal mehr ein Plugin, weil die Funktionalität in den Core gewandert ist.

Sie können jetzt Eventhandler mit der Methode live() an Elemente binden, die noch gar nicht existieren.[4] So müssen Sie nicht darauf warten, dass die Elemente bereit sind, um sie mit Events zu verbinden.

Mehr zur Event-Delegation lesen Sie in Rezept 8.10.

---

4 *http://docs.jquery.com/Events/live*

Andere Situationen

Bei Ihrem Problem geht es nicht um Styles oder Events. Tja, dann müssen Sie mit dem schlimmsten rechnen.

Aber verzweifeln Sie nicht! Es gibt eine bessere Lösung, als das DOM per Polling abzufragen, wenn Sie sich Sorgen um die Performance machen. Ich werde dies zum Schluss erläutern.

Polling

Man kann das Polling über ein einfaches Intervall implementieren (`setInterval`), das prüft, ob ein Element schon da ist, und in diesem Fall eine bestimmte Funktion ausführt und die wiederholte Prüfung beendet.

Es gibt zwei Plugins, die Ihnen dabei helfen können. Das eine ist `LiveQuery`,[5] bei dem die Möglichkeit besteht, eine Funktion zu registrieren, die für jedes neu gefundene Element ausgeführt wird, das einem Selektor entspricht. Dieses Vorgehen ist ziemlich langsam, aber es sind alle Selektoren nutzbar.

Ein weiteres Plugin namens `ElementReady`[6] kümmert sich ebenfalls um diese Situation.

Dabei registrieren Sie `id`/`function`-Paare und das DOM wird per Polling abgefragt. Wurde eine `id` gefunden, wird die `function` aufgerufen und die `id` aus der Queue entfernt.

Dieses Plugin implementiert den wahrscheinlich schnellsten Ansatz, um Elemente zu finden – nämlich `document.getElementById`. Somit ist es ziemlich schnell, kann aber nur nach `id`s suchen.

Skripte positionieren

Das ganze Konzept rund um »document-ready« bezieht sich auf die Situation »wenn der HTML-Code geparst ist«, also wenn der Browser das schließende body-Tag `</body>` erreicht hat.

Mit anderen Worten – anstatt `document.ready` zu verwenden, könnten Sie auch einfach Ihre Skripten direkt vor `</body>` platzieren.

Das gleiche Prinzip können Sie auch auf andere Teile des DOM anwenden. Fügen Sie direkt hinter dem Element, auf das Sie zugreifen wollen, ein `<script>` ein, dann können Sie sich darauf verlassen, dass dieses Element schon nutzbar ist.

Hier ein Beispiel:

```
<!DOCTYPE html>
<html>
<head>
 <script src="assets/jquery-latest.js"></script>
</head>
```

---

5 *http://plugins.jquery.com/project/LiveQuery*
6 *http://plugins.jquery.com/project/ElementReady*

```
<body>
    <p>Uhrzeit: <span id="time"> </span></p>
    <script type="text/javascript">
    jQuery('#time').text( new Date().toString() );
    </script>
    <!-- Viele weitere HTML-Elemente -->
</body>
</html>
```

Wie Sie sehen, war hier gar kein Polling notwendig. Diese Lösung ist dann sehr gut nutzbar, wenn Sie sie nicht überall verwenden, da Sie ansonsten auf der Seite Berge von Skripten unterbringen.

8.7 Die Ausführungsschleife für Handler stoppen

Problem

Sie haben eine ganze Reihe von Handlern, die an die gleiche Kombination aus Element und Event gebunden sind.

Nun wollen Sie innerhalb eines Handlers dafür sorgen, dass die restlichen Handler nicht mehr ausgeführt werden – so ähnlich wie bei event.stopPropagation().[7] Das Problem ist, dass event.stopPropagation() nur bei Elementen funktioniert, die sich in der DOM-Hierarchie unterhalb des aktuellen Elements befinden.

Lösung

Seit jQuery 1.3 besitzen Event-Objekte, die an Handler übergeben werden, eine neue Methode namens stopImmediatePropagation().[8] Diese Methode macht genau das, was ihr Name besagt, so dass keine folgenden Eventhandler über das aktuelle Event benachrichtigt werden. Zudem wird die Event Propagation ebenfalls gestoppt – wie bei stopPropagation().

Diese Methode wurde aus den Spezifikationen der ECMAScript DOM Level 3 Events übernommen.[9]

Wollen Sie auf das Event-Objekt zugreifen, um zu wissen, ob diese Methode aufgerufen wurde, dann können Sie event.isImmediatePropagationStopped() nutzen,[10] die entweder true oder false zurückgibt.

---

7   *http://docs.jquery.com/Events/jQuery.Event#event.stopPropagation.28.29*
8   *http://docs.jquery.com/Events/jQuery.Event#event.stopImmediatePropagation.28.29*
9   *http://www.w3.org/TR/DOM-Level-3-Events/*
10 *http://docs.jquery.com/Events/jQuery.Event#event.isImmediatePropagationStopped.28.29*

Diskussion

Beispiele

Einfaches Überprüfen einer Form

stopImmediatePropagation() kann das Abschicken einer Form verhindern, wenn eine bestimmte Prüfung nicht erfolgreich war:

```
jQuery('form')
    .submit(function(e){
        e.preventDefault(); // Nicht wirklich abschicken
        if( jQuery('#field').val() == '' )
            e.stopImmediatePropagation();
    })
    .submit(function(e){
        // Nur ausführen, wenn die Funktion vorher
        // nicht e.stopImmediatePropagation aufgerufen hat
    });
```

Alle Events stoppen

Es kann auch nützlich sein, Elemente zwischenzeitlich zu deaktivieren oder Container zu blockieren:

```
(function($){

function checkEnabled(e){
    if( jQuery(this).is('.disabled') ){
        e.stopImmediatePropagation(); // Alle Handler stoppen
        e.preventDefault();
    }
};

jQuery.fn.buttonize = function(){
    return this.css('cursor','pointer')
            .bind('click mousedown mouseup',checkEnabled};
};

})(jQuery);
```

Nachteile dieses Vorgehens

Dieses neue Feature kann zwar in manchen Situationen die einzige Lösung sein, aber Sie dürfen nicht davon ausgehen, dass Sie Ihre Logik zuverlässig darauf aufbauen können. Wenn Sie sich auf dieses Feature verlassen, gehen Sie auch davon aus, dass die Handler in der erwarteten Reihenfolge ausgeführt werden und sich keine anderen Handler dazwischenschummeln.

Events, die mit jQuery gebunden werden, werden zwar auch in der Reihenfolge ausgeführt, in der man sie hinzugefügt hat, aber die API kann das nicht immer hundertprozentig sicherstellen. Bei manchen Browsern oder in bestimmten Situationen kann es auch schiefgehen. Es ist zudem möglich, dass sich Bindings aus verschiedenen Plugins ins Gehege kommen, weil das eine `stopImmediatePropagation()` aufruft und das andere Plugin dann nicht mehr zum Zuge kommt. Das kann zu unerwarteten Problemen führen, die sich nur mit großem Aufwand debuggen lassen.

Zögern Sie also nicht, `stopImmediatePropagation()` zu verwenden, wenn das für Ihr Problem genau das Richtige ist, aber seien Sie vorsichtig und prüfen Sie alle beteiligten Handler lieber doppelt.

In folgenden Situationen sollten Sie die Verwendung noch einmal überdenken:

- Der Listener ist ein »beliebtes« DOM-Element, das auch von anderen Plugins genutzt wird.
- Das Event ist ein häufig gebrauchtes, wie `click` oder `ready`. Dort ist die Gefahr von Kollisionen deutlich größer.

In diesen Situationen sollte es andererseits vollkommen gefahrlos eingesetzt werden können:

- Der Listener ist ein dynamisch erzeugtes DOM-Element, das nur gelegentlich von einem Plugin verwendet wird.
- Es handelt sich um ein selbstdefiniertes Event wie `change-color` oder `addUser`.
- Sie wollen tatsächlich absichtlich dafür sorgen, dass keiner der gebundenen Handler ausgeführt wird (wie im zweiten Beispiel).

8.8 Beim Verwenden von event.target das richtige Element erhalten

Problem

Ihr Code basiert auf der Eigenschaft `event.target`[11] eines Event-Objekts, vermutlich im Zusammenhang mit der Event-Delegation, bei der ein einzelner Eventhandler an einen Container gebunden ist und eine ganze Reihe von abhängigen Elementen betreut.

In manchen Fällen scheinen Sie nicht das gewünschte Verhalten zu erzielen. `event.target` verweist gelegentlich auf ein Element, das sich innerhalb des von Ihnen erwarteten Elements befindet.

Lösung

Die Eigenschaft `event.target` bezieht sich auf das Element, das das Event erhält.

Wenn Sie zum Beispiel ein Bild innerhalb eines Links haben und Sie auf den Link klicken, wird `event.target` auf das Bild verweisen, nicht auf den Link.

---

11 *http://docs.jquery.com/Events/jQuery.Event#event.target*

Wie kann man das nun umgehen? Wenn Sie nicht die Event-Delegation nutzen, sollte die Verwendung von this (Scope der Funktion) oder event.currentTarget (seit jQuery 1.3) helfen. Damit wird immer auf das Element verwiesen, an das der Eventhandler gebunden ist.

Arbeiten Sie aber mit der Event-Delegation, dann müssen Sie das übergeordnete Element finden, das Sie eigentlich erwarten.

Seit jQuery 1.3 können Sie closest() verwenden.[12] Wie in der Dokumentation angegeben, werden ausgehend vom aktuellen Element die Eltern-Elemente anhand eines Selektors durchsucht, bis das naheliegendste gefunden wird.

Verwenden Sie eine ältere Version von jQuery, dann können Sie closest() mit folgendem Code simulieren:

```
jQuery.fn.closest = function( selector ){
    return this.map(function(){
        var $parents = jQuery(this).parents();
        return jQuery(this).add($parents).filter( selector )[0];
    });
}
```

Dies lässt sich aus Performance-Sicht noch ein bisschen verbessern, diese einfache Version sollte jedoch im Allgemeinen ausreichen.

Hier ein kleines Beispiel für eine sehr häufig auftretenden Situation und den Einsatz von closest():

```
jQuery('table').click(function(e){
    var $tr = jQuery(e.target).closest('tr');
    // Tue etwas mit der Tabellenzeile
});
```

Diskussion

event.target ist eine der Eigenschaften des Event-Objekts, die durch das Event-System von jQuery normalisiert werden (im IE wäre es event.srcElement).

Wie kommt es dann, dass ein Event für dieses Ziel-Element ausgelöst wird, aber Ihr Eventhandler trotzdem aufgerufen wird, wenn er doch »nur« an ein übergeordnetes Element gebunden ist? Das liegt am Event Bubbling, also dem »Aufsteigen« von Events im DOM-Baum nach oben.[13]

Die meisten Standard-DOM-Elemente steigen nach oben.[14] Dies bedeutet, dass das Event nach dem Auslösen für das Ziel zu den übergeordneten Knoten aufsteigt und dort das gleiche Event auslöst (mit all seinen Handlern).

Dieser Prozess setzt sich fort, bis entweder document erreicht oder event.stopPropagation() in einem Eventhandler aufgerufen wird.

---

12 *http://docs.jquery.com/Traversing/closest*
13 *http://www.quirksmode.org/js/events_order.html*
14 *http://en.wikipedia.org/wiki/DOM_events#Common.2FW3C_events*

Dank des Event Bubbling müssen Sie nicht immer Eventhandler an bestimmte Elemente binden – stattdessen können Sie sie einmal an einen Container binden und sie von dort aus behandeln. Dies ist das Prinzip der Event-Delegation.

8.9 Mehrere parallele hover()-Animationen vermeiden

Problem

Wir sind alle schon mindestens einmal in diese Falle gelaufen. Sie schreiben so etwas wie:

```
jQuery('#something').hover(
    function(){
        // coole Animation für jQuery(this)
    },
    function(){
        // coole Animation in Ausgangszustand zurückversetzen
    }
);
```

So könnten Sie zum Beispiel ein Element immer dann vergrößern, wenn der Mauscursor darüber bewegt wird, und es beim Verlassen mit der Maus wieder zurücksetzen.

Alles klappt wunderbar, bis Sie die Maus schnell herein- und wieder herausbewegen und … was passiert da?

Das Element jQuery('#something') wird plötzlich viele Male hin- und hergeschaltet, bis die Animation schließlich endet.

Lösung

Die Lösung ist wirklich einfach, aber das Problem taucht so häufig auf, dass ich diese Lösung trotzdem als nützlich ansehe.

Um diesen verrückten Effekt zu vermeiden, müssen Sie einfach alle bestehenden Animationen für das Element abbrechen, bevor Sie eine neue erstellen.

Dazu haben Sie die jQuery-Methode stop() zur Verfügung. Sie stoppt (wie der Name schon sagt) die aktuelle Animation und entfernt optional auch die folgenden.

Diskussion

Beispiel

Ich werde Ihnen ein Beispiel einer Animation der CSS-Eigenschaft opacity zeigen, aber die Lösung funktioniert auch für jede andere Eigenschaft:

```
jQuery('#something').hover(
    function(){
        jQuery(this).stop().animate({opacity:1}, 1000);
    },
    function(){
```

```
        jQuery(this).stop().animate({opacity:0.8}, 1000);
    }
);
```

Dies funktioniert auch für vorgefertigte jQuery-Animationen wie slideUp(), slideDown(), fadeIn() und so weiter.

Dies ist das vorherige Beispiel, aber mit einem Fade-Effekt:

```
jQuery('#something').hover(
    function(){
        jQuery(this).stop().fadeTo( 1, 1000 );
    },
    function(){
        jQuery(this).stop().fadeTo( 0.8, 1000 );
    }
);
```

Der Rest

Es kann aber immer noch ein Problem entstehen, wenn man sich in Situationen wie der folgenden befindet:

```
jQuery('#something').hover(
    function(){
        jQuery(this).stop()
            .fadeTo( 1, 1000 )
            .animate( {height:500}, 1000 );
    },
    function(){
        jQuery(this).stop()
            .fadeTo( 0.8, 1000 )
            .animate( {height:200}, 1000 );
    }
);
```

Probieren Sie diesen Code aus und bewegen die Maus sehr schnell, dann wird das Element wieder sehr unschön animiert werden – allerdings nur die Höhe, nicht die Opazität.

Der Grund ist einfach – Animationen werden in jQuery standardmäßig in eine Queue gestellt. Fügen Sie also mehrere Animationen hinzu, werden sie nacheinander ausgeführt.

stop() stoppt (und entfernt) standardmäßig nur die aktuelle Animation. In unserem letzten Beispiel wird nur die Animation der Opazität entfernt werden, die Animation der Höhe verbleibt aber in der Queue und ist bereit, sofort ausgeführt zu werden.

Um das zu vermeiden, müssen Sie entweder stop() ein weiteres Mal aufrufen oder als Argument für die Methode true übergeben. Dadurch sorgt stop() dafür, dass auch alle gequeueten Animationen verworfen werden. Unser Hover-Code sollte also so aussehen:

```
jQuery('#something').hover(
    function(){
        jQuery(this).stop(true)
            .fadeTo( 1, 1000 )
            .animate( {height:500}, 1000 );
    },
```

```
    function(){
        jQuery(this).stop(true)
            .fadeTo( 0.8, 1000 )
            .animate( {height:200}, 1000 );
    }
);
```

8.10 Eventhandler für neu hinzugefügte Elemente nutzbar machen

Problem

Sie haben einen oder mehrere Eventhandler gebunden, die plötzlich nicht mehr aufgerufen werden.

Das passiert, nachdem man dynamisch neue Elemente hinzugefügt hat – sei es über eine Ajax-Anforderung oder einfach durch jQuery-Anweisungen wie (append(), wrap() und so weiter.

Dieses Problem tritt immer wieder auf und jedem von uns ist es schon einmal begegnet.

Ich werden die theoretischen Grundlagen dazu im Diskussions-Abschnitt behandeln. Haben Sie das Gefühl, dass Sie dies verstehen sollten, bevor Sie sich der Lösung zuwenden, dann werfen Sie einfach einen Blick in Rezept 8.11.

Lösung

Es gibt zwei mögliche Lösungen für dieses Problem, wobei beide ihre Vor- und Nachteile haben:

Rebinding
> Bei diesem Ansatz rufen Sie immer dann, wenn neue Elemente hinzugefügt wurden, wieder bind() auf.
>
> Dies lässt sich leicht implementieren und erfordert keine Plugins oder neue Methoden.
>
> Am einfachsten ist es, alle Bindings in einer Funktion herzustellen, die man nach jeder Änderung aufruft.

Event-Delegation
> Dabei wird das Event Bubbling genutzt.[15] Dieser Ansatz ist schnell und einfach, erfordert aber ein gewisses Mitdenken und kann manchmal (ein bisschen) trickreich sein.

---

15 *http://www.quirksmode.org/js/events_order.html*

Seit jQuery 1.3 gibt es eine direkte Unterstützung der Event-Delegation. Man verwendet einfach die neue `live()`-Methode statt `bind()`.

Diskussion

Warum gehen Eventhandler verloren?

JavaScript ist im Gegensatz zu CSS keine deklarative Sprache. Sie beschreiben keine Verhaltensweisen, die dann wie von Zauberhand angewandt werden.

JavaScript ist wie die meisten anderen Programmiersprachen imperativ. Der Entwickler gibt eine Folge von Aktionen an, die ausgeführt werden sollen, und diese werden dann umgesetzt, wenn die Codezeile erreicht wird.

Schauen Sie sich diesen Code an:

```
function handler(){
    alert('got clicked');
}
jQuery('.clickable').bind('click', handler);
```

Dabei passiert Folgendes:

1. Es werden alle Elemente mit einer CSS-Klasse `clickable` gesucht und in der Collection gespeichert.
2. Die `handler`-Funktion wird an das Click-Event jedes Elements in der Collection gebunden.

Würde JavaScript/jQuery deklarativ interpretiert werden, würde der eben angeführte Code Folgendes bedeuten:

1. Immer, wenn ein Element mit der CSS-Klasse `clickable` angeklickt wird, führt die Funktion `handler` aus.

Da JavaScript/jQuery aber imperativ interpretiert wird, werden nur die Elemente gebunden, die den Selektor zum Zeitpunkt der Ausführung der Anweisung erfüllen. Fügen Sie neue Elemente mit einer Klasse `clickable` hinzu oder entfernen Sie die Klasse von einem Element, dann ändert sich das Verhalten für diese Elemente überhaupt nicht.

Eine kleine Einführung in die Event-Delegation

Die Event-Delegation besteht aus einem Binden beim Start der Seite. Danach wird nur noch passiv auf die Events gelauscht, die gebunden sind. Dieser Ansatz baut darauf auf, dass viele Events im Browser nach oben steigen.

Klicken Sie zum Beispiel auf ein `<div>`, dann erhält der übergeordnete Knoten ebenfalls das Click-Event, dieser gibt es wiederum nach oben und so weiter, bis das Element `document` erreicht wird.

Vor- und Nachteile jeder Lösung

Rebinding

Das Rebinding ist einfach: Sie fügen schlicht die Eventhandler erneut hinzu. Das führt zu neuen Problemen, so werden zum Beispiel Elementen Eventhandler hinzugefügt, die schon gebunden waren. Manche fügen den Elementen CSS-Klassen hinzu, um dieses Problem zu umgehen (sie markieren damit die schon gebundenen Elemente).

Dies alles sorgt bei jeder Aktualisierung für CPU-Last und es werden mehr und mehr Eventhandler erzeugt.

Man kann beide Probleme umgehen, indem man benannte Funktionen als Eventhandler verwendet. Wenn Sie immer die gleiche Funktion nutzen, haben Sie das Verdopplungs-Problem gelöst und der Overhead ist kleiner.

Trotzdem kann das Rebinding mit der Zeit zu einem immer größeren Speicherverbrauch führen.

Event-Delegation

Bei der Event-Delegation benötigt man nur ein initiales Binding und muss sich nicht dauernd mit dem Rebinding befassen. Das ist für den Entwickler sehr befreiend und der Code wird kürzer und klarer. Das oben erwähnte Speicher-Problem tritt so auch nicht auf. Der Inhalt der Seite kann sich ändern, aber die aktiven Eventhandler bleiben immer gleich.

Aber die Event-Delegation hat auch einen Nachteil. Damit sie funktioniert, muss der entsprechende Code (live(), ein Plugin oder Ihr eigener Code) das Element nehmen, das das Event erhalten hat (event.target), und seine übergeordneten Elemente durchsuchen, um herauszufinden, welche Eventhandler besitzen, um die weitere Verarbeitung auszulösen. Das heißt, dass bei der Event-Delegation weniger Bindings notwendig sind, aber bei jedem ausgelösten Event der Aufwand höher ist.

Zudem kann die Event-Delegation nicht genutzt werden, wenn die betreffenden Events nicht aufsteigen, wie zum Beispiel bei focus und blur. Bei diesen Events gibt es einen Workaround, der Browser-übergreifend funktioniert – die Events focusin und focusout.

Ergebnis

Die Event-Delegation scheint der schönere Ansatz zu sein, aber sie erfordert zusätzlichen Verarbeitungsaufwand.

Ich empfehle hier, Live-Bindings nur zu verwenden, wenn Sie sie wirklich brauchen. Das sind die beiden häufigsten Situationen:

Dynamische Elemente
Sie haben eine Liste mit DOM-Elementen, die dynamisch geändert wird.

Große Listen

Die Event-Delegation kann schneller arbeiten, wenn Sie ein Live-Binding nutzen anstatt zum Beispiel 100 normale Bindings. Das sorgt für einen schnelleren Start und es erfordert weniger Speicher.

Wenn es keinen Grund gibt, `live()` zu nutzen, dann nehmen Sie lieber `bind()`. Brauchen Sie die Live-Variante, dann sollten die Änderungen kein großes Problem sein.

KAPITEL 9

Events für Fortgeschrittene

Ariel Flesler

9.0 Einführung

Bei den Rezepten in diesem Kapitel geht es um Grenzfälle, fortgeschrittene Optimierungstechniken und Vorgehensweisen, um Ihren Code noch genialer zu gestalten. Die Rezepte sind vor allem für erfahrenere Entwickler gedacht, die mit ihrem jQuery-Code in neue Bereiche vordringen wollen.

Wie in Kapitel 8 werde ich mich auf den Code als *Plugins* beziehen, was aber nicht bedeutet, dass es sich tatsächlich um Plugins handeln muss. Haben Sie Ihren Code nicht als jQuery-Plugins strukturiert, sollten Sie meine Namenskonvention nicht vergessen.

9.1 jQuery nutzen, wenn es dynamisch geladen wird

Problem

Sie binden jQuery dynamisch auf der Seite ein, indem Sie entweder dem DOM ein `<script>` hinzufügen oder es per Ajax anders »holen«.

Nachdem jQuery geladen ist, erwarten Sie, dass alles läuft, aber aus irgendeinem Grund lässt sich kein Skript starten.

Lösung

Sie müssen ein zusätzliches Skript einbinden, das ausgeführt wird, nachdem jQuery geladen ist. Dieses Skript ruft einfach `jQuery.ready()` auf. Danach funktioniert alles so wie gewünscht.

Diskussion

Was ist jQuery.ready()?

Die Funktion jQuery.ready() wird vom jQuery-Core aufgerufen, wenn das Dokument vollständig geladen ist. Damit werden alle document.ready-Handler automatisch ausgelöst.

 Sie müssen sich nicht darum kümmern, ob diese Funktion schon aufgerufen wurde (zum Beispiel durch die ursprüngliche Erkennung) und alle document.ready-Handler erneut ausgelöst werden.

jQuery.ready() verfügt über eine interne Prüfung, so dass weitere Aufrufe ignoriert werden.

Warum ist das passiert?

Die Erkennung von document.ready basiert vor allem auf Events. Abhängig vom Browser wird ein bestimmtes Event gebunden, das dann ausgelöst wird, wenn das Dokument bereit ist.

Zusätzlich wird das Event window.onload für alle Browser gebunden, falls die anderen Optionen nicht zum Erfolg führen.

Hier wurde jQuery auf die Seite geladen, nachdem das Event window.onload ausgelöst wurde. Daher blieben alle Eventhandler gebunden und keiner wurde ausgelöst.

Durch den Aufruf von jQuery.ready() lösen Sie das Event document.ready per Hand aus und sorgen dafür, dass alle Handler aufgerufen werden und alles seinen gewohnten Gang gehen kann.

9.2 Das globale Auslösen von Events beschleunigen

Problem

Das Auslösen globaler Events führt dazu, dass alle Eventhandler für ein bestimmtes Event gerufen werden – für alle verfügbaren Elemente.

Dies wird durch den Aufruf von jQuery.trigger() ohne Angabe eines DOM-Elements als Kontext ausgelöst. Es ist ungefähr identisch mit dem Aufruf von trigger() für alle Elemente, die ein oder mehrere Bindings für das entsprechende Event haben, zum Beispiel:

```
jQuery('#a1,#a2,div.b5').trigger('someEvent');
```

Ein globales Auslösen ist offensichtlich einfacher, weil Sie nicht alle Elemente kennen müssen, die anzustoßen sind.

Dieser Weg ist in bestimmten Situationen sehr praktisch, kann aber auch manchmal langsam sein. Seit jQuery 1.3 ist der Prozess zwar optimiert, aber es müssen immer noch alle Elemente durchlaufen werden, die für das Event-System von jQuery registriert sind. Das kann zu kurzen (oder auch nicht ganz so kurzen) Verzögerungen führen, wenn ein Event auf diese Art und Weise ausgelöst werden soll.

Lösung

Eine mögliche Lösung ist das Verwenden eines oder mehrerer globaler Objekte als Event-Listener. Diese Elemente können DOM-Elemente sein, müssen es aber nicht. Alle globalen Events werden dann an eines dieser Elemente gebunden und auch dort ausgelöst.

Dies ist das klassische Vorgehen:

```
jQuery('#text1').bind('change-page', function(e, title){
    jQuery(this).text( 'Seite ist ' + title );
});
jQuery('#text2').bind('change-page', function(e, title){
    jQuery(this).text( 'Auf Seite ' + title );
});
jQuery.trigger('change-page', 'Inbox');
```

Und so wird es schneller:

```
jQuery.page = jQuery({}); // Nur ein leeres Objekt
jQuery.page.bind('change', function(e, title){
    jQuery('#text1').text( 'Seite ist ' + title );
});
jQuery.page.bind('change', function(e, title){
    jQuery('#text2').text( 'Auf Seite ' + title );
});
jQuery.page.trigger('change', 'Inbox');
```

Die Syntax scheint fast die gleiche zu sein, aber die Aufrufe von `trigger` iterieren so nicht über den Datenpuffer von jQuery (`jQuery.cache`).

Selbst wenn Sie sich dazu entschließen, ein DOM-Element zu nutzen, sind die Prinzipien identisch. DOM-Elemente können manchmal sinnvoller sein. Wenn Sie zum Beispiel ein Tabellen-Plugin schreiben, ist es sinnvoll, jedes `<table>`-Element als Event-Listener zu nutzen.

Das Problem bei den DOM-Elementen besteht in vielen Browsern darin, dass sie die Hauptursache für Speicherlecks sind. Speicherlecks treten dann auf, wenn es Speicher gibt, die nicht von der JavaScript-Engine freigegeben werden können, wenn der Anwender eine Seite verlässt.

Sie sollte beim Sichern Ihrer Daten in Objekten sehr viel vorsichtiger sein, wenn Sie DOM-Elemente nutzen. Dies ist der Grund, warum jQuery die Methode `data()` bereitstellt.

Ich würde in den meisten Situationen trotzdem normale JavaScript-Objekte nutzen. Sie können ihnen Attribute und Funktionen hinzufügen und die Wahrscheinlichkeit für Speicherlecks und auch deren Größe werden geringer sein.

Diskussion

Vor- und Nachteile

Wie schon im Titel des Rezepts angedeutet, ist dieses Vorgehen schneller. Sie lösen immer Events für einzelne Objekte aus und nicht für die *n* Einträge in jQuery.cache.

Der Nachteil dieses Vorgehens ist der, dass jeder das Event-Listener-Objekt (jQuery.page im Beispiel) kennen muss, um eines der Events zu binden oder auszulösen.

Das kann von Nachteil sein, wenn Sie versuchen, Ihren Code so gut wie möglich zu kapseln.[1]

Das Konzept des Kapselns ist in der objektorientierten Programmierung sehr wichtig und dort sollten Sie dieses Thema auch sorgfältig durchdenken.

Bei der jQuery-Programmierung ist das nicht so wichtig, da es sich nicht um objektorientierte Programmierung handelt und die meisten Anwender sich auch keine großen Gedanken um die Kapselung machen. Trotzdem sollte es hier nicht unerwähnt bleiben.

Den Listenern weitere Funktionalität verpassen

Die erwähnten Listener-Objekte müssen keine simplen Dummy-Objekte sein, die nichts anderes kennen als bind(), unbind() und trigger() (soweit es uns betrifft).

Diese Objekte können auch Methoden und Attribute besitzen, die für uns sehr nützlich sind.

Ein Problem gibt es allerdings. Nehmen wir an, wir wollen eigentlich Folgendes erreichen, um das Attribut number anzusprechen:

```
jQuery.page = jQuery({ number:1 });
```

Wir müssten allerdings wie folgt vorgehen:

```
jQuery.page.number; // undefined
  jQuery.page[0].number; // 1
```

Das liegt an der Art, wie jQuery mit HTML-Knoten arbeitet.

Aber halt! Es gibt einen einfachen Workaround dafür. Lassen Sie uns ein kleines Plugin erstellen:

```
(function( $ ){

    // Diese Methoden werden von jQuery.fn in unseren Prototypen kopiert
    var copiedMethods = 'bind unbind one trigger triggerHandler'.split(' ');

    // leerer Konstruktor
    function Listener(){
    };
```

---

1 *http://de.wikipedia.org/wiki/Datenkapselung_(Programmierung)*

```
    $.each(copiedMethods, function(i,name){
        Listener.prototype[name] = $.fn[name];
    });

    // Unser "jQuery.fn.each" muss ersetzt werden
    Listener.prototype.each = function(fn) {
        fn.call(this);
        return this;
    };

    $.listener = function( data ){
        return $.extend(new Listener(), data);
    };

})( jQuery );
```

Jetzt können wir Objekte erzeugen, die alle benötigten Event-Methoden von jQuery besitzen, aber der Gültigkeitsbereich der Funktionen, die wir an bind(), unbind() und so weiter übergeben, wird der des Objekts selbst sein (in unserem Beispiel jQuery.page).

Beachten Sie, dass unsere Listener-Objekte nicht alle jQuery-Methoden besitzen, sondern nur die, die wir kopiert haben. Sie können zwar noch mehr Methoden hinzufügen, aber die meisten davon werden nicht funktionieren. Dazu bräuchten wir eine komplexere Implementierung – wir werden bei der vorliegenden bleiben, da sie unsere Erfordernisse abdeckt.

Jetzt haben wir dieses Mini-Plugin und können folgenden Code schreiben:

```
jQuery.page = jQuery.listener({
    title: 'Start',
    changeTo: function( title ){
        this.title = title;
        this.trigger('change');
    }
});
jQuery.page.changeTo('Inbox');
```

Da Sie aus den Handlern heraus mit this auf das Objekt zugreifen können, müssen Sie Werte wie den Titel nicht mehr als Argument an den Handler übergeben. Stattdessen nutzen Sie einfach this.title, um auf den Wert zuzugreifen:

```
jQuery.page.bind('change', function(e){
    jQuery('#text1').text( 'Seite ist ' + this.title );
});
```

9.3 Eigene Events erstellen

Problem

Sie wollen einem Element bestimmte Verhaltensweisen entlocken, wenn es an ein Event gebunden wird.

Lösung

Mit `jQuery.event.special` können Sie das erreichen. Für dieses Feature benötigen Sie ein Objekt mit mindestens einer Funktion, die jedes Mal für jedes Element aufgerufen wird, wenn es gebunden wird, sowie eine andere Funktion, um das aufzuräumen, was Sie vorher alles erstellt haben.

Die Syntax sieht in etwa so aus:

```
jQuery.event.special.myEvent = {
    // Das eigene Element binden
    setup:function( data, namespaces ){
        this; // Das zu bindende Element
        // false für das normale Binding, ansonsten wird
        // es übersprungen
    },
    // Aufräumen
    teardown:function( namespaces ){
        this; // Das gebundene Element
        // Rückgabe von false wie oben
    }
};
```

Nachdem Sie Ihr Event-Verhalten hinzugefügt haben, können Sie wie im folgenden Beispiel vorgehen:

```
jQuery('#some_element').bind('myEvent', {foo:'bar'}, function(){...});
```

Danach wird Ihre Funktion `setup()` aufgerufen.

Diskussion

Bindings für Ihr Event

Wie schon erläutert wird Ihre Funktion `setup()` nur aufgerufen, wenn der erste Handler hinzugefügt wird.

Das ist ausreichend, wenn die Logik, die Sie für dieses Event kapseln wollen, keine Anweisungen benötigt, die bei jedem Binden ausgeführt werden müssen.

Diese Option wird von jQuery angeboten, aber das Vorgehen hat sich seit jQuery 1.3.3 geändert.

Nutzen Sie eine ältere Version, dann müssen Sie anstatt `jQuery.event.special` nur `jQuery.event.specialAll` verwenden. Dabei wird die gleiche Art von Objekten entgegengenommen und Ihre Callbacks erhalten die gleichen Argumente. Der einzige Unterschied liegt darin, dass die Rückgabe von false keine Änderung bewirkt.

Ab jQuery 1.3.3 gibt es `jQuery.event.specialAll` nicht mehr. Um alle Bindings für ein Event behandeln zu können, müssen Sie eine Funktion `add()` (und optional `remove()`) für Ihrem Namensraum `jQuery.event.special` mit aufnehmen. Die Funktionen erhalten den Handler, der gebunden werden soll, und sie können optional eine neue Handler-Funktion zurückgeben, die stattdessen genutzt werden soll.

Ein reales Beispiel

Lassen Sie uns das Ganze anhand eines einfachen Beispiels deutlicher machen. Ich werde dabei die Notation ab Version 1.3.3 nutzen.

Gehen wir davon aus, dass Sie ein Event auslösen wollen, wenn ein Element selektiert (angeklickt) wird und dabei nicht inaktiv ist. Wir nehmen an, dass das Element inaktiv ist, wenn es die CSS-Klasse disabled besitzt.

Dies ließe sich wie folgt umsetzen:

```
// Objekte sichern, um den Code kürzer zu machen
// Nicht im globalen Gültigkeitsbereich machen!
var event = jQuery.event;
var $selected = event.special.selected = {
    setup:function( data ){
        event.add(this, 'click', $selected.handler);
        return false;
    },
    teardown:function(){
        event.remove(this, 'click', $selected.handler);
        return false;
    },
    handler:function(){
        var $elem = jQuery(this);
        if( !$elem.hasClass('disabled') )
            $elem.triggerHandler('selected');
    }
};
```

Wie Sie sehen, stellen wir unseren eigenen Handler für selected bereit. Innerhalb des Handlers nutzen wir triggerHandler() anstatt trigger(), da wir kein Event Bubbling benötigen. Es gibt auch keine Standard-Aktionen, die zu verhindern sind, so ersparen wir uns einige unnötige Schritte.

Bestehende Anwendungsfälle für dieses Feature

Mit jQuery.event.special können Sie neue Verhaltensweisen hinzufügen, ohne den jQuery-Namensraum vollzumüllen.

Das bringt nicht in jeder Situation etwas, aber es ist praktisch, wenn Sie ein eigenes Event benötigen, das auf einem anderen basiert (in unserem Beispiel click). Es ist auch nützlich, wenn Sie ein Plugin haben, das nur Events bindet oder sie simuliert – dann können Sie dieses Plugin als normales Event »maskieren«.

Der jQuery-Core nutzt jQuery.event.special, um mit den Events zu arbeiten, die an document.ready gebunden sind. Sie sind sogar als normale Eventhandler abgelegt, aber beim ersten Binden an dieses Event aktivieren Sie den Code zur Erkennung.

Dieses Feature wird auch verwendet, um die Events mouseenter/mouseleave transparent zu verwalten (genutzt durch hover()). Alle Operationen zum Durchlaufen des DOM, die dazu notwendig sind, werden elegant in den setup()-Handlern verborgen.

Es gibt zudem Plugins, die sich `jQuery.event.special` zunutze machen. Dazu gehören:

`mousewheel`
Unterstützung für Mausräder.[2]

`drag, drop`
Unterstützung für Drag and Drop mit Hilfe einfacher Events.[3]

`focusin, focusout`
Dieses Codestück (kein echtes Plugin), das ursprünglich von Jörn Zaefferer entwickelt wurde, wurde später über Plugins hinzugefügt, um eine Event-Delegation von focus- und blur-Events zu ermöglichen.

Schauen Sie sich diese Plugins genauer an, wenn Sie selbst neue Events zu jQuery hinzufügen wollen.

9.4   Eventhandler stellen benötigte Daten bereit

Problem

Sie wollen, dass andere Plugins (oder einfach irgendwelcher jQuery-Code) aufgerufen werden können und bestimmte Variablen verändern, bevor Sie die eigentliche Aufgabe angehen.

Lösung

Nutzen Sie Events, um andere Skripten über die Aktion zu informieren, die durchgeführt werden soll.

Es ist möglich, Daten von den »aufgerufenen« Eventhandlern zu erhalten.

Wenn keine angegeben werden, können Sie eigene Standard-Optionen angeben.

Der Weg zur Lösung ist abhängig von der verwendeten jQuery-Version.

Diskussion

Wie kann man das mit jQuery 1.3 und höher machen?

Seit jQuery 1.3 lässt sich dies durch `jQuery.Event` leichter erledigen. Der alte Weg funktioniert immer noch für `triggerHandler()`, aber nicht für `jQuery.trigger()`.

Für den folgenden Code müssen wir ein `jQuery.Event` erzeugen:

```
var e = jQuery.Event('updateName');
```

Um jetzt die Handler aufzurufen und den Wert zu erhalten, übergeben wir das Event-Objekt an `trigger()` und holen uns danach die Daten:

---

2   *http://plugins.jquery.com/project/mousewheel*
3   *http://plugins.jquery.com/project/drag, http://plugins.jquery.com/project/drop*

```
jQuery('#element').trigger(e);
alert( e.result ); // Charles
```

Wie schon zu Beginn gesagt funktioniert das nicht so toll, wenn man viele Handler gebunden hat – dann ist das Ganze oft etwas unzuverlässig und fragil.

Wie können wir also zwischen den Eventhandlern und der auslösenden Funktion kommunizieren?

Nun, über das Event-Objekt, das wir übergeben.

Das an `trigger()` übergebene Objekt `jQuery.Event` ist das gleiche, das jeder Handler als erstes Argument erhält.

Wir können also wie folgt vorgehen:

```
jQuery('#name').bind('updateName', function(e){
    e.name = this.value;
});

var e = jQuery.Event('updateName');
jQuery('#name').trigger(e);
alert( e.name );
```

Das Beispiel unterscheidet sich nicht sehr von einer einfachen Zuweisung an `e.result`, aber was ist bei mehreren Eventhandlern, die mit dem gleichen Event-Objekt arbeiten?

```
jQuery('#first').bind('update', function(e){
    e.firstName = this.value;
});
jQuery('#last').bind('update', function(e){
    e.lastName = this.value;
});

var e = jQuery.Event('update');
jQuery('#first, #last').trigger(e);
alert( e.firstName );
alert( e.lastName );
```

Wir haben also eine Möglichkeit, eine beliebige Zahl von Eventhandlern zu nutzen, um die erforderlichen Informationen für eine Funktion zusammenzustellen. Sie können natürlich `trigger()` mehrfach aufrufen und dabei immer das gleiche Event-Objekt mitgeben.

Wie schon gesagt ist es sinnvoll, das Event-Objekt mit Standardwerten vorzubelegen (wenn es passende gibt). Ihr Code sollte sich nicht darauf verlassen, dass andere sich für ein bestimmtes Event registriert haben.

Können keine Standardwerte genutzt werden, dann können Sie immer noch den Aufruf abbrechen oder einen Fehler werfen.

Vorgehen vor jQuery 1.3

Bei älteren Versionen von jQuery konnte der Anwender nur einen einzelnen Wert erhalten, der beim Aufruf von jQuery.trigger() und/oder triggerHandler() zurückgegeben wurde.

Das ganze sah dann in etwa so aus:

```
jQuery('#element').bind('updateName', function(){
    return 'Charles';
});

var name = jQuery('#element').triggerHandler('updateName');
alert( name ); // Charles
```

Das war ausreichend, wenn Sie nicht mehr als einen Eventhandler hatten, der Daten zurückgab. Bei mehreren Handlern entschied der letzte der aufgerufenen Handler, welche Daten zurückgegeben wurden.

Eventhandler können Aktionen verhindern

Dies ist noch eine Spezialisierung dessen, was wir schon gesehen haben. Event-Objekte haben immer eine Methode namens preventDefault(). Diese Methode wird für die eingebauten Events genutzt, um die normalen Aktionen zu unterbinden, wie zum Beispiel beim Klicken auf einen Link. Bei eigenen Events gibt es aber hierfür keine sinnvolle Anwendung.

Wir können daraus einen Vorteil ziehen und diese Methode nutzen, um es anderen Skripten zu erlauben, Aktionen zu verhinden, die ausgeführt werden sollten.

Ich werde Ihnen ein Beispiel dafür zeigen und das in Rezept 9.2 vorgestellte Mini-Plugin nutzen, was für die Anwendung dieser Methode allerdings keine Voraussetzung ist:

```
var remote = jQuery.listener({
    request:function( url, callback ){
        jQuery.ajax({ url:url, success:callback });
    }
});

// Anforderung abschicken
remote.request('contact.html', function( html ){
    alert( html );
});
```

Stellen Sie sich jetzt vor, dass wir es einem externen Skript erlauben wollen, bestimmte Anforderungen bei Bedarf abbrechen zu können. Dazu müssen wir remote.request wie folgt anpassen:

```
var remote = jQuery.listener({
    request:function( url, callback ){
        var e = jQuery.Event('beforeRequest');
        e.url = url;
        this.trigger(e);
```

```
            if( !e.isDefaultPrevented() )
                jQuery.ajax({ url:url, success:callback });
        }
    });
```

e.isDefaultPrevented() gibt zurück, ob e.preventDefault() für dieses Objekt aufgerufen wurde.

Ein externes Skript kann nun Folgendes tun:

```
remote.bind('beforeRequest', function(e){
    if( e.url == 'contact.html' )
        e.preventDefault();
});
```

Durch die Rückgabe von false (innerhalb der Funktion) erzielt man nahezu den gleichen Effekt wie beim Aufruf von e.preventDefault(). Auch damit wird die Weiterverteilung des Events abgebrochen, was durchaus erwünscht sein kann.

In solchen Situationen kann man natürlich auch ein Anpassen der URL (oder der Post-Daten, wenn es welche gibt) durch Handler zulassen.

9.5 Event-gesteuerte Plugins erstellen

Problem

Sie wollen Ihr Plugin von außen steuern können. Der Anwender sollte jederzeit dazu in der Lage sein, dem Plugin mitzuteilen, dass es etwas tun soll. Es kann viele Instanzen eines Plugins geben, aber unsere Aktion sollte im von uns gelieferten Kontext ausgeführt werden.

Lösung

Man kann dieses Problem unter anderem durch Events lösen.

Wenn ein Plugin aufgerufen wird, bindet es Funktionen an jedes gefundene Element, die einmal aufgerufen die gewünschten Aktionen ausführen.

Eine optionale Möglichkeit wäre auch, bei jedem Aufruf des Plugins nicht die Kette abzuarbeiten, sondern ein Objekt zurückzugeben, das die Bindings enthält und das von außen bearbeitet werden kann (zum Beispiel das Plugin aus Rezept 9.2).

Damit können Sie das Plugin viele Male für das gleiche Element aufrufen, ohne sich mit Events vollzumüllen.

Diskussion

Ein Beispiel

Wir werden jetzt ein einfaches Slideshow-Plugin erstellen. Ich werde dieses Plugin auf einem bestehenden Plugin von mir namens jQuery.SerialScroll aufbauen.[4] Ich habe beim Schreiben des Codes für dieses Plugin als erstes an diesen Ansatz gedacht und es funktioniert ausgesprochen gut.

Wir werden unser Plugin slideshow nennen. Es wird ein <img>-Element und ein Array mit URLs erhalten und dann zyklisch durch die Bilder laufen. Zudem wird man damit zum vorherigen und nächsten Bild, aber auch zu einem bestimmten Bild springen können.

Fangen wir mit den Grundlagen an:

```
(function( $ ){
    $.fn.slideshow = function(options){

        return this.each(function(){
            var $img = $(this),
                current = 0;

            // Slideshow-Verhalten hinzufügen ...
        });
    };
})( jQuery );
```

Jetzt werden wir ein paar lokale Funktionen hinzufügen, mit denen wir zu unterschiedlichen Bildern (URLs) in der Collection springen können:

```
function show( index ){
    var total = options.images.length;

    while( index < 0 )
        index += total;

    while( index >= total )
        index -= total;

    current = index;
    $img.attr('src', options.images[index]);
}

function prev(){
    show( current - 1 );
}

function next(){
    show( current + 1 );
}
```

---

4 *http://flesler.blogspot.com/2008/02/jqueryserialscroll.html*

Nun können wir diese Funktionalität über Events nach außen bringen:

```
$img.bind('prev', prev).bind('next', next).bind('goto',function(e, index){
    show( index );
});
```

Wie ist es mit dem automatischen zyklischen Anzeigen? Ergänzen wir ein paar weitere Funktionen:

```
var auto = false, id;

function start(){
    stop();
    auto = true;
    id = setTimeout(next, options.interval || 2000);
}

function stop(){
    auto = false;
    clearTimeout(id);
}
```

und die dazugehörigen Events:

```
$img.bind('start', start).bind('stop', stop);
```

Jetzt brauchen wir noch ein paar weitere Code-Zeilen bei show(), um das automatische Anzeigen zu aktivieren:

```
function show( index ){
    // Wie zuvor ...

    if( auto )
        start();
}
```

Das ist alles! Wir haben jetzt eine vollständige Slideshow mit prev, next und einem automatischen Anzeigen des nächsten Bildes.

Um das Beispiel verständlicher zu machen, wurde dieses Plugin so aufgezogen, dass es komplett von den Einstellungen von außen abhängt.

Hier eine Modell-Implementierung:

```
<ul>
    <li><img id="prev" src="prev.png" /></li>
    <li><img id="slideshow" /></li>
    <li><img id="next" src="next.png" /></li>
</ul>

...

(function( $ ){
    var $image = $('#slideshow');

    $image.slideshow({
        images: ['1.jpg', '2.jpg', '3.jpg', '4.jpg'],
        interval: 3000
```

```
    });

    $('#prev').click(function(){
        $image.trigger('prev');
    });

    $('#next').click(function(){
        $image.trigger('next');
    });

    $image.trigger('goto', 0); // Mit 0 initialisieren
    $image.trigger('start'); // automatisch loslaufen

})( jQuery );
```

 Ich habe `trigger()` genutzt, weil es klein und nett ist. Schneller wäre es aber, `triggerHandler()` zu verwenden, weil `trigger()` für ein Event Bubbling sorgt (seit jQuery 1.3) und Sie das vermutlich nicht brauchen.

Was passiert, wenn ein Element schon eines dieser Events besitzt?

Es kann passieren (auch wenn es seltsam wäre), dass das Element `#slideshow` schon ein Binding für ein Event mit dem Namen `prev`, `next`, `goto`, `start` oder `stop` besitzt.

In diesem Fall schauen Sie bei Rezept 8.4 nach einer Lösung.

Wie kann ich es anderen ermöglichen, die hinzugefügten Eventhandler wieder abzuräumen?

Da ich die Funktionen zum Binden nicht nach außen gegeben habe, kann auch kein anderer externer Code die Eventhandler wieder freigeben.

In den meisten Fällen können Sie einfach alle Events vom Element »entbinden«, wie zum Beispiel:

```
jQuery('#slideshow').unbind('prev next goto start stop'); // Jedes Element
                                                          // enumerieren oder
jQuery('#slideshow').unbind(); // Einfach alles entfernen
```

Wenn Sie vorsichtiger die Handler entfernen müssen oder einfach alle Events loswerden wollen, schauen Sie sich einmal Rezept 8.3 an.

Was ist der Unterschied zu anderen Vorgehensweisen?

Es gibt andere Techniken, um von außen Einfluss zu nehmen. Ich werde ein paar zum Vergleich vorstellen:

Das Plugin kann Anweisungen entgegennehmen

Dieses Muster wird (unter anderem) von jQuery UI genutzt. Dabei werden Aktionen ausgeführt, wenn dem Plugin als erstem Argument ein String übergeben wird, zum Beispiel:

```
jQuery('#image').slideshow('goto', 1);
```

Das ist ein weniger kürzer als das Verwenden von Events, aber bei diesem Ansatz müssen Sie alle notwendigen Daten (hier der aktuelle Index) öffentlich abspeichern, so dass sie später ausgelesen werden können. Entwickler, die dieses Muster nutzen, tendieren auch dazu, data() zu verwenden, um die Variablen abzuspeichern.

Wenn Sie Events nutzen, können Sie einfach lokale Variablen verwenden, da Ihre Eventhandler Zugriff auf den lokalen Gültigkeitsbereich des Plugins besitzen.

Ein Objekt mit Methoden zurückgeben

Dieses Muster wird vom Plugin validate von Jörn Zaefferer genutzt (und natürlich auch von anderen).

Abhängig von der Programmierung können die Methoden des Objekts eventuell auf lokale Variablen zugreifen. Dazu müssen Sie Closures nutzen,[5] welche sich leider leicht missbrauchen lassen. Zudem müssen Sie dieses Objekt irgendwo (global) speichern. Dazu benötigen Sie dann pseudo-objektorientierten Code (was Sie vielleicht mögen – vielleicht aber auch nicht).

Sie können auch eine Lösung nutzen, die irgendwo zwischen diesem Ansatz und dem von mir erläuterten liegt. Anstatt die Events (prev, next und so weiter) an das DOM-Element zu binden, können Sie ein Objekt erzeugen (mit jQuery.listener), die Events daran binden und es dann zurückgeben. Wie wir in Rezept 9.2 gesehen haben, ist das Listener-Objekt nicht auf Events beschränkt. Es kann auch Methoden und sogar Daten in seinen Attributen besitzen.

9.6 Benachrichtigungen erhalten, wenn jQuery-Methoden aufgerufen werden

Problem

Sie wollen eine bestimmte Aktion ausführen, wenn ein DOM-Element mit Hilfe von jQuery verändert wird. Dazu kann das Ändern eines Attributs gehören – wie zum Beispiel eine CSS-Eigenschaft – aber auch das Entfernen aus dem Dokument und so weiter.

Manche Browser bieten für solche Situationen schon Events an (sogenannte Mutation Events[6]), die unsere Anforderungen erfüllen werden, aber Sie können diese nicht Browser-übergreifend nutzen und sie sind auch nicht in jQuery integriert.

Eine andere Situation ist das Verändern der Argumente, die an jQuery-Methoden übergeben werden, bevor sie zur Ausführung gelangen. Nach dem gleichen Prinzip können Sie auch die von einer Methode zurückgegebenen Daten nach dem Ausführen der Funktion beeinflussen.

---

5 *http://en.wikipedia.org/wiki/Closure_(computer_science)*
6 *http://www.w3.org/TR/DOM-Level-2-Events/events.html#Events-eventgroupings-mutationevents*

Lösung

Das hängt mit der aspektorientierten Programmierung zusammen,[7] aber hier werden wir keine Funktionen einbetten, sondern die gewünschte Methode einmal überladen und Events immer dann auslösen, wenn die Methode aufgerufen wird.

Wir brauchen ein Event, das ausgelöst wird, *bevor* die Funktion abläuft, um die Argumente ändern zu können. Und wir benötigen ein Event, das ausgelöst wird, *nachdem* die Funktion lief, um die zurückzugebenden Daten auslesen und bei Bedarf auch ändern zu können.

Lassen Sie uns schauen, wie man dies als Plugin programmieren kann. Ich werde Ihnen jeden Schritt zeigen.

Diskussion

Die gewünschte Methode überladen

Zuerst erstellen wir eine Funktion, die die jQuery-Methoden durch unsere eigene Funktion ersetzt. Ich werde sie jQuery.broadcast() nennen, Sie können den Namen natürlich anpassen:

```
(function($){

    $.broadcast = function(name){
        // ursprüngliche Methode sichern
        var old = $.fn[name];

        $.fn[name] = function(){
            // Broadcast
        };
    };

})(jQuery);
```

name muss der Methodenname sein, den wir überschreiben wollen, zum Beispiel:

```
jQuery.broadcast('addClass');
```

Ein Event vor der Ausführung auslösen

Nachdem wir unsere eigene Funktion als jQuery-Methode etabliert haben, wollen wir uns anschauen, wie wir ein Event auslösen, mit dem wir die übergebenen Argumente ändern können:

```
// Ein Event-Objekt erstellen
var e = $.Event('before-'+name);
// Argumente im Objekt sichern
e.args = $.makeArray(arguments);
// Das Event auslösen
this.trigger(e);
```

---

7 http://de.wikipedia.org/wiki/Aspektorientierte_Programmierung

Wenn wir addClass() »verbreiten« wollen, können wir Folgendes tun:

```
jQuery('body').bind('before-addClass',function(e){
  e.args[0]; // Die CSS-Klasse
});
```

Die ursprüngliche Methode ausführen

Jetzt wird ein Event ausgelöst, aber wir müssen immer noch die alte addClass() aufrufen. Wir werden auch die zurückgegebenen Daten im Event-Objekt speichern, so dass wir sie später bereitstellen können, wenn wir das andere Event auslösen.

```
e.ret = old.apply(this, e.args);
```

Wie Sie sehen können, übergeben wir nicht das ursprüngliche Array arguments, sondern wir nutzen die Version, die wir bereitgestellt haben, falls es schon irgendwie verändert wurde.

Ein Event nach der Ausführung auslösen

Wir haben jetzt die zurückgegebenen Daten in unserem Event-Objekt gespeichert. Nun können wir das abschließende Event auslösen und damit die externe Veränderung der zurückgegebenen Daten ermöglichen.

Wir werden das gleiche Event-Objekt verwenden, aber den Namen des Events ändern.

```
e.type = 'after-'+name;
this.trigger(e);
```

Das Ergebnis zurückgeben

Jetzt bleibt uns nur noch, die Ergebnisse zurückzugeben und mit der normalen Ausführung fortzufahren. Wir werden das zurückgeben, was wir in e.ret gesichert haben und was eventuell durch einen Eventhandler verändert wurde:

```
return e.ret;
```

Alles zusammen

Dies ist der vollständige Code:

```
(function($){

    $.broadcast = function(name){
        var old = $.fn[name];

        $.fn[name] = function(){
            var e = $.Event('before-'+name);

            e.args = $.makeArray(arguments);
            this.trigger(e);

            e.ret = old.apply(this, e.args);
```

```
            e.type = 'after-'+name;
            this.trigger(e);

            return e.ret;
        };
    };

})(jQuery);
```

Was kann man noch machen?

Ich habe versucht, das Beispiel kurz zu halten, um die Idee deutlich zu machen. Es gibt ein paar Dinge, die noch verbessert werden können – hier ein paar Ideen:

- Nutzen Sie `triggerHandler()` anstatt `trigger()` : Müssen die Events nicht aufsteigen, dann können Sie einfach `triggerHandler()` verwenden. Dadurch läuft der gesamte Prozess schneller ab. Beachten Sie allerdings, dass `triggerHandler()` nur das Event für das erste Element der Collection auslöst.

- Lassen Sie den Prozess für jedes Element getrennt ablaufen. Im vorigen Beispiel wird `trigger()` für die gesamte Collection auf einmal aufgerufen. Das ist in den meisten Fällen in Ordnung, kann aber zu unerwarteten Ergebnissen führen, wenn man dies für Collections mit mehreren Elementen nutzt.

  Sie können das, was wir in die Funktion gesteckt haben, mit einem Aufruf von `map()` einpacken. Damit sollte der Code einmal pro Element ausgeführt werden. Der Nachteil ist der, dass die Performance etwas niedriger ist und zudem durch den Aufruf von `map()` ein (unerwarteter) Eintrag auf dem Stack entsteht (`pushStack()`).

- Erlauben Sie es externem Code, die normale Ausführung zu verhindern. Nutzen Sie jQuery 1.3 oder höher, können Sie auf die Methoden für `jQuery.Event` zurückgreifen.

  Sie können das Event-Objekt »fragen«, ob jemand seine Methode `preventDefault()` aufgerufen hat. Dazu müssen Sie nur `e.isDefaultPrevented()` abfragen. Gibt diese Methode `true` zurück, dann rufen Sie die ursprüngliche Funktion einfach nicht auf.

- Vermeiden Sie mehrfaches Überladen der gleichen jQuery-Methode. Dies lässt sich leicht kontrollieren – erzeugen Sie einfach ein internes Objekt, in dem Sie dokumentieren, welche Methoden überladen wurden. Dann ignorieren Sie wiederholte Aufrufe.

- Nutzen Sie `jQuery.event.special` : Dadurch müssen Sie nicht für jede Methode, die Sie überladen wollen, `jQuery.broadcast()` aufrufen.

  Stattdessen fügen Sie für jede Methode einen Eintrag in `jQuery.event.special` hinzu und rufen intern `jQuery.broadcast()` auf, wenn jemand ein Event bindet. Dies sollte mit der Prüfung auf doppelte Aufrufe verbunden werden.

9.7 Objekt-Methoden als Event Listener nutzen

Problem

Sie haben Objekte mit Methoden und Attributen und wollen diese Methoden (Funktionen) als Eventhandler übergeben. Das Problem besteht darin, dass die Methoden dann die »Referenz« auf das Objekt verlieren und Sie keine Möglichkeit haben, sich innerhalb des Eventhandlers auf das Objekt zu beziehen.

Lösung

Dies ist nicht leicht zu lösen. Sie müssen dafür Closures erzeugen, die das Objekt kapseln, und diese an `bind()` übergeben.

Seit jQuery 1.3.3 besitzt `bind()` einen neuen Parameter. Mit diesem können Sie ein Objekt als Gültigkeitsbereich oder `this` des Eventhandlers angeben, ohne Funktions-Closures nutzen zu müssen.

Dadurch wird der notwendige Code kürzer und schneller. Sie können nun die Objekt-Methode als Funktion und das Objekt selbst als Gültigkeitsbereich übergeben.

Diskussion

Wo ist der Knoten hin?

Sie werden sich dies bestimmt früher oder später fragen. Ich habe weiter vorne angeführt, dass bei der Übergabe eines Scope-Objekts an `bind()` das `this` des Eventhandlers überschrieben wird. Wir können also den Knoten nicht wie üblich einlesen – aber er ist nicht verloren.

Übergeben Sie ein Scope-Objekt an die Methode `bind()`, dann wird bei den Events das `this` des Eventhandlers auf das Scope-Objekt gesetzt. Sie können das Element, das dem Event mitgegeben wird, immer noch bestimmen, indem Sie die Eigenschaft `event.currentTarget` nutzen, die eine Referenz auf das DOM-Element enthält.

Normalerweise ist dies nicht notwendig, weil `this` kürzer ist, aber in solchen Situationen handelt es sich um die einzige Möglichkeit.

Das Beispiel

Ich werde ein kleines Beispiel erstellen, das Ihnen zeigen soll, wie man den Scope-Parameter nutzt und in welcher Situation dies nützlich ist.

Die Objekte

Wir benötigen für das Beispiel zwei Objekte. Beide haben eine Methode, die wir als Eventhandler binden wollen.

Dies sind die Objekte:

```
function Person(name){
    this.name = name;
    this.married = false;
}

jQuery.extend( Person.prototype, {
    whatIsYourName: function(){
        alert(this.name);
    },
    updateMarriedState: function(e){
        var checkbox = e.currentTarget;
        this.married = checkbox.checked;
    }
});

var peter = new Person('Peter');
var susan = new Person('Susan');
```

Die Methoden binden

Lassen Sie uns annehmen, dass eine Form mit zwei Checkboxen vorliegt (#c1 und #c2).
Beide haben Einfluss auf den Status *married* eines der vorigen Objekte.

```
jQuery('#c1').bind('change', peter.updateMarriedState, peter);
jQuery('#c2').bind('change', susan.updateMarriedState, susan);
```

Dank des Scope-Attributs müssen wir keine neuen Funktionen für jedes Binding erstellen,
sondern können auf die Objekt-Methoden zurückgreifen.

Die Methoden müssen nicht einmal direkt mit den Objekten verbunden sein. Sie könnten
auch Folgendes tun:

```
function updatePersonMarriedState(e){
    var checkbox = e.currentTarget;
    this.married = checkbox.checked;
}
jQuery('#c1').bind('change', updatePersonMarriedState, peter);
jQuery('#c2').bind('change', updatePersonMarriedState, susan);
```

Wie Sie sehen, müssen die Funktionen nicht im Prototypen des Objekts angesiedelt sein –
es kann tatsächlich sogar sinnvoller sein, sie getrennt zu halten. Warum sollte eine
Methode, die zu Person gehört, über Checkboxen und den Knoten Bescheid wissen
müssen? Es ist doch wohl sauberer, all die DOM-Veränderungen von den Daten fern zu
halten.

In manchen Fällen müssen die Objekt-Methoden gar nichts über den Knoten oder das
Event-Objekt wissen. In diesem Fall können wir direkt eine Methode binden und
vermischen so auch nicht DOM und Daten.

Müssten wir zwei Buttons erstellen (#b1 und #b2), um bei einem Klick den Namen einer
Person anzuzeigen, wäre das genauso einfach:

```
jQuery('#b1').bind('click', peter.whatIsYourName, peter);
jQuery('#b2').bind('click', susan.whatIsYourName, susan);
```

Es sei darauf hingewiesen, dass beide Methoden tatsächlich identisch sind:

```
peter.whatIsYourName == susan.whatIsYourName; // true
```

Die Funktion wird nur einmal erzeugt und in Person.prototype gespeichert.

HTML-Forms durch eigenen Code verbessern

Brian Cherne

10.0 Einführung

Ob Sie mehr über JavaScript und jQuery lernen wollen oder einfach die schnellste Lösung für das aktuelle Problem benötigen – manchmal ist es am Besten, Code komplett selbst zu schreiben. Dieses Kapitel will Sie mit einfachen, generischen Lösungen versorgen, die dabei helfen sollen, eigenen Code schreiben zu können.

Es sei angemerkt, dass es zwar von Vorteil sein kann, von Grund auf alles selbst zu schreiben, aber manche häufiger vorkommenden Probleme, wie zum Beispiel das Zählen der verbleibenden Zeichen, das automatische Anpassen von Textareas und die Form-Validierung (um nur ein paar zu nennen), wurden schon von anderen gelöst. Werfen Sie einen Blick in Kapitel 11 oder stöbern Sie in den jQuery-Foren und -Blogs, um mehr Informationen über Plugins zu erhalten, die vielfach getestet und analysiert wurden. Manchmal hilft es auch, sich fremden Code anzuschauen, um herauszufinden, was am eigenen Code verbesserungswürdig ist.

Wenn nötig, stelle ich im »Problem«-Bereich eines Rezepts Beispiel-HTML-Code bereit. Das ist keine philosophische Aussage – an nacktem HTML-Code ist nichts falsch. Aber ich finde die Idee förderungswürdig, JavaScript als Erweiterung bestehenden HTML-Codes und als Verbesserungsmöglichkeit der Benutzer-Interaktion anzusehen. JavaScript ist von Ihrem HTML-Code völlig getrennt und das sollte auch so gesehen werden.

In den folgenden Rezepten zeige ich nur XHTML-Codeabschnitte, die für das Problem relevant sind. Denken Sie daran, dass Ihr Code ein komplettes XHTML-Dokument und auch validierbar sein sollte.

Zudem nehme ich in den Rezepten nur dann `$(document).ready(function(){...})` mit auf, wenn es ein Teil der Diskussion ist. Alle anderen Lösungen gehen davon aus, dass Sie den JavaScript-Code an der richtigen Position in Ihrer Code-Struktur unterbringen – entweder im `.ready()`-Handler oder am Ende Ihrer Datei nach dem betreffenden XHTML-Code. In Kapitel 1 finden Sie mehr Informationen dazu.

10.1 Ein Texteingabefeld beim Laden der Seite fokussieren

Problem

Sie haben eine Anmeldeform auf Ihrer Homepage und wollen, dass das Feld für den Benutzernamen beim Laden der Seite den Eingabefokus erhält.

Lösung

Verwenden Sie die jQuery-Methode `$(selector).focus()`:

```
// Wenn das HTML-DOM bereit ist
$(document).ready(function(){
    // Fokus auf <input id="username" type="text" ...>
    $('#username').focus();
});
```

Diskussion

Das Verwenden von `$(document).ready()` sollte schnell genug sein. Beim Empfangen einer großen HTML-Datei über eine langsame Verbindung aber beispielsweise kann es passieren, dass der Cursor erst später als gewünscht in das Feld gesetzt wird – der Benutzer könnte schon den Namen angegeben haben und dabei sein, sein Passwort zu tippen, wenn `$(document).ready()` ausgeführt wird und den Cursor wieder in das Texteingabefeld für den Benutzernamen setzt. Wie ärgerlich! In diesem Fall können Sie ein bisschen JavaScript nach dem `<input>`-Tag nutzen, um den Fokus sofort zu setzen:

```
<input name="username" id="username" type="text" />

<script type="text/javascript">
    $('#username').focus();
</script>
```

Oder wenn Sie den Code lieber im Block `$(document).ready()` haben möchten, können Sie prüfen, ob das Eingabefeld schon Text enthält, bevor Sie den Fokus setzen:

```
// Wenn das HTML-DOM bereit ist
$(document).ready(function(){
    var $inputTxt = $('#username');
    if( $inputTxt.val() == '' ) {
        // standardmäßig den Fokus setzen
        $inputTxt.focus();
    }
});
```

Was geschieht, wenn JavaScript abgeschaltet ist? Der Benutzer wird manuell in das Texteingabefeld klicken müssen, um seinen Namen angeben zu können.

10.2 Form-Elemente aktivieren und deaktivieren

Problem

Ihre Bestellform verfügt über Felder für die Rechnungs- und die Lieferadresse. Sie wollen dem Anwender entgegenkommen und bieten eine Checkbox an, mit der angegeben werden kann, ob beide Adressen gleich sind. Ist die Checkbox markiert, sollten die Felder für die Rechnungsadresse deaktiviert werden:

```
<fieldset id="shippingInfo">
    <legend>Lieferadresse</legend>

    <label for="shipName">Name</label>
    <input name="shipName" id="shipName" type="text" />

    <label for="shipAddress">Adresse</label>
    <input name="shipAddress" id="shipAddress" type="text" />
</fieldset>

<fieldset id="billingInfo">
    <legend>Rechnungsadresse</legend>

    <label for="sameAsShipping">Wie Lieferadresse</label>
    <input name="sameAsShipping" id="sameAsShipping" type="checkbox"
value="sameAsShipping" />

    <label for="billName">Name</label>
    <input name="billName" id="billName" type="text" />

    <label for="billAddress">Adresse</label>
    <input name="billAddress" id="billAddress" type="text" />
</fieldset>
```

Lösung 1

Wollen Sie nur die Felder für die Rechnungsadresse deaktivieren, genügt das Verwenden der jQuery-Methoden .attr() und .removeAttr(), wenn das Event change ausgelöst wird:

```
// Checkbox "sameAsShipping" selektieren und auf das change-Event warten
$('#sameAsShipping').change(function(){

    if( this.checked ){
        // alle Texteingabefelder innerhalb von billingInfo selektieren und deaktivieren
        $('#billingInfo input:text').attr('disabled','disabled');

    } else {
        // alle Texteingabefelder innerhalb von billingInfo selektieren und aktivieren
        $('#billingInfo input:text').removeAttr('disabled');
    }

}).trigger('change'); // change() schließen und einmalig auslösen
```

Lösung 2

Das Selektieren einer Checkbox und das Deaktivieren der Form-Felder kann ausreichen, um dem Anwender entgegenzukommen, aber noch besser wäre es, die Felder für die Rechnungsadresse mit denen der Lieferadresse vorzubefüllen.

Der erste Teil dieser Lösung entspricht in seiner Struktur der aus der vorigen Lösung. Aber neben dem Deaktivieren der Felder für die Rechnungsadresse befüllen wir sie auch mit Daten aus der Lieferadresse. Der folgende Code geht davon aus, dass die <fieldset>-Elemente für Rechnungs- und Lieferadresse die gleiche Anzahl und die gleiche Reihenfolge von Feldern enthalten:

```
// Checkbox "sameAsShipping" selektieren und auf das change-Event warten
$('#sameAsShipping').change(function(){
    if( this.checked ){
        // alle Texteingabefelder innerhalb von billingInfo selektieren, sie deaktivieren
und durchlaufen
        $('#billingInfo input:text').attr('disabled',
'disabled').each(function(i){

            // Lieferadressen-Feld finden, das zum Rechnungsadressen-Feld gehört
            var valueFromShippingInput =
$('#shippingInfo input:text:eq('+i+')').val();
            // Wert für Rechnungsadress-Feld aus Lieferadress-Feld setzen
            $(this).val( valueFromShippingInput );

        }); // Ende von each()

    } else {
        // alle Texteingabefelder innerhalb von billingInfo selektieren und aktivieren
        $('#billingInfo input:text').removeAttr('disabled');
    }
}).trigger('change'); // change() schließen und einmalig auslösen
```

Der zweite Teil dieser Lösung aktualisiert die Felder für die Rechnungsadresse automatisch, wenn der Anwender Informationen in die Felder für die Lieferadresse eingibt – aber nur, wenn die Rechnungsadresse deaktiviert ist:

```
// Texteingabefelder von shippingInfo finden und auf die Events keyup und change lauschen
$('#shippingInfo input:text').bind('keyup change',function(){

    // wenn die Checkbox "sameAsShipping" markiert ist
    if ( $('#sameAsShipping:checked').length ){

        // Texteingabefeld ermitteln
        var i = $('#shippingInfo input:text').index( this );
        var valueFromShippingInput = $(this).val();

        $('#billingInfo input:text:eq('+i+')').val( valueFromShippingInput );
    }

}); // Ende von bind()
```

Diskussion

In der vorigen Lösung habe ich den Selektor input:text genutzt, um zu verhindern, dass die Checkbox selbst deaktiviert wird.

Mit .trigger('change') wird das Event .change() direkt ausgeführt. Damit wird der Status der Checkbox initial geprüft, falls sie automatisch markiert ist. Zudem wird so der Tatsache Rechnung getragen, dass Firefox und andere Browser sich den Status von Radio-Buttons und Checkboxen beim Aktualisieren der Seite merken.

Was geschieht hier, wenn JavaScript abgeschaltet ist? Sie sollten die Checkbox standardmäßig per CSS verbergen. Fügen Sie dann per JavaScript einen Klassennamen zu einem Eltern-Element hinzu, mit dem die vorige CSS-Regel überschrieben wird. Im folgenden Beispiel-Code habe ich ein zusätzliches <div> um die Checkbox und das Label gelegt, so dass man beides leicht verbergen kann:

```
<style type="text/css" title="text/css">
 #sameAsShippingWrapper { display:none; }
 .jsEnabled #sameAsShippingWrapper { display:block }
</style>

...

// wenn das HTML-DOM bereit ist
$(document).ready(function(){
    $('form').addClass('jsEnabled');
});

...

<form>
 ...
 <div id="sameAsShippingWrapper">
   <label for="sameAsShipping">Same as Shipping</label>
   <input name="sameAsShipping" id="sameAsShipping" type="checkbox" ... />
 </div>
 ....
</form>
```

Statt die Checkbox per CSS zu verbergen und per JavaScript anzuzeigen können Sie auch die Checkbox selbst per JavaScript dem DOM hinzufügen. Ich bevorzuge es zwar, HTML, CSS und JavaScript getrennt zu halten, aber manchmal ist die erstere die bessere Lösung:

```
var html_label = '<label for="sameAsShipping">Same as Shipping</label>';
var html_input = '<input name="sameAsShipping" id="sameAsShipping" type="checkbox"
value="sameAsShipping" />';

$( html_label + html_input ).prependTo('#billingInfo").change( ... ).trigger( ... );
```

10.3 Automatisch Radio Buttons auswählen

Problem

Sie haben eine Reihe von Radio Buttons. Der letzte davon trägt das Label »Andere« und besitzt ein Texteingabefeld. Natürlich möchten Sie, dass der Radio Button ausgewählt wird, wenn der Anwender Text in das Feld »Andere« eingibt:

```
<p>Wie sind Sie auf uns aufmerksam geworden?</p>
<ul id="chooseSource">
    <li>
        <input name="source" id="source1" type="radio" value="www" />
        <label for="source1">Website oder Blog</label>
    </li>
    <li>
        <input name="source" id="source2" type="radio" value="mag" />
        <label for="source2">Zeitschrift</label>
    </li>
    <li>
        <input name="source" id="source3" type="radio" value="per" />
        <label for="source3">Freunde</label>
    </li>
    <li>
        <input name="source" id="source4" type="radio" value="oth" />
        <label for="source4">Andere</label>
        <input name="source4txt" id="source4txt" type="text" />
    </li>
</ul>
```

Lösung 1

Sie sehen im HTML-Code, dass der Radio Button, das Label und das zugehörige Texteingabefeld in einem `<li>`-Tag eingebettet sind. Diese Struktur ist nicht zwingend notwendig, aber es ist dadurch einfacher, den entsprechenden Radio Button zu finden – so können Sie sicher sein, dass es nur ein Geschwister-Element gibt, das diesen Typ aufweist:

```
// Texteingabefeld in der Liste chooseSource selektieren und auf blur lauschen
$('#chooseSource input:text').blur(function(){

    // wenn Textfeld etwas enthält
    if ( $(this).val() != '' ) {
        // Radio Button als Geschwisterelement finden und auswählen
        $(this).siblings('input:radio').attr('checked',true);
    }

});
```

Lösung 2

Man kann noch einen Schritt weitergehen und umgekehrt nach dem Auswählen des Radio Button für das Texteingabefeld `.focus()` aufrufen. Der folgende Code ersetzt den aus der vorigen Lösung vollständig. Anstatt die Methode `.blur()` zu nutzen und dann eine `.each()`-Methode anzuhängen, verwenden Sie nur die Methode `.each()`, da wir mit dieser Zugriff auf alle Objekte erhalten, die wir benötigen:

```
$('#chooseSource input:text').each(function(){

    // beide werden doppelt verwendet, daher speichern wir sie zwischen
    // Texteingabefeld
    var $inputTxt = $(this);
    // zugehöriger Radio Button
    var $radioBtn = $inputTxt.siblings('input:radio');

    // Auf das blur-Event des Textfeldes lauschen
    $inputTxt.blur(function(){
        // gibt es Text im Feld,
        if ( $inputTxt.val() != '' ) {
            // selektieren den Radio Button
            $radioBtn.attr('checked',true);
        }
    });

    // Auf das change-Event des Radio Button lauschen
    $radioBtn.change(function(){
        // wenn selektiert, Fokus auf Textfeld setzen
        if ( this.checked ) { $inputTxt.focus(); }
    });

}); // Ende von each()
```

Diskussion

Die jQuery-Methode `.sibling()` gibt nur Geschwister-Elemente zurück, aber nicht das HTML-Element, in dem Sie versuchen, Geschwister zu finden. Daher ließe sich der Code `$(this).siblings('input:radio')` auch schreiben als `$(this).siblings('input')`, da es nur ein anderes Eingabefeld als Geschwister-Element gibt. Ich ziehe aber den Selektor `:radio` vor, da dies expliziter ist und sich zudem selbst beschreibt.

Es wäre sehr einfach, das Texteingabefeld zu »Andere« mit `$('#source5txt').focus(...)` und den Radio Button über sein Attribut `id` direkt anzusprechen. Dies funktioniert zwar, aber der gezeigte Code ist flexibler. Was geschieht sonst, wenn jemand die `id` des Radio Button »Andere« ändert? Was, wenn jeder Radio Button ein Texteingabefeld bekommt? Die abstrakte Lösung kümmert sich ohne Mehraufwand auch um diesen Fall.

Warum nutzen wir bei dem Texteingabefeld `.blur()` und nicht `.focus()`? Nun, `.focus()` würde den zugehörigen Radio Button auch beim Springen per Tab-Taste durch die Form selektieren, während mittels `.blur()` und der Werteprüfung dieses Problem vermieden wird.

Was geschieht, wenn JavaScript abgeschaltet ist? Der Anwender muss dann selbst in das Texteingabefeld klicken und den Radio Button selektieren. Sie müssen sich dann noch auf dem Server darum kümmern, was passieren soll, wenn zwar Text eingegeben, aber ein anderer Radio Button selektiert wurde.

10.4 (De)selektieren aller Checkboxen durch Links

Problem

Sie wollen alle Checkboxen durch eigene Links selektieren oder deselektieren:

```
<fieldset>

    <legend>Gründe zum Glücklichsein</legend>

    <a class="selectAll" href="#">Alle wählen</a>
    <a class="deselectAll" href="#">Alle abwählen</a>

    <input name="reasons" id="iwokeup" type="checkbox" value="iwokeup" />
    <label for="iwokeup">Ich bin aufgewacht</label>

    <input name="reasons" id="health" type="checkbox" value="health" />
    <label for="health">Meine Gesundheit</label>

    <input name="reasons" id="family" type="checkbox" value="family" />
    <label for="family">Meine Familie</label>

    <input name="reasons" id="sunshine" type="checkbox" value="sunshine" />
    <label for="sunshine">Die Sonne scheint</label>

</fieldset>
```

Lösung

Sprechen Sie die Links zum Wählen und Abwählen direkt über ihre Klassen an. Dann weisen sie die passenden .click()-Handler zu:

```
// Den Link "Alle wählen" in einem Fieldset
// für das Click-Event selektieren
$('fieldset .selectAll').click(function(event){
    event.preventDefault();
    // Alle Checkboxen finden und selektieren
    $(this).siblings('input:checkbox').attr('checked','checked');
});

// Den Link "Alle abwählen" in einem Fieldset
// für das Click-Event selektieren
$('fieldset .deselectAll').click(function(event){
    event.preventDefault();
    // Alle Checkboxen finden und deselektieren
    $(this).siblings('input:checkbox').removeAttr('checked');
});
```

Diskussion

Sind Sie daran interessiert, die Links zu aktivieren oder zu deaktivieren, dannsollten Sie einen Blick auf Rezept 10.5 werfen. In der Lösung aktualisieren die einzelnen Checkboxen den Toggle-Status und Sie brauchen diese Logik, um die Links entsprechend zu aktivieren oder zu deaktivieren.

Was geschieht, wenn JavaScript abgeschaltet ist? Sie sollten die Links standardmäßig per CSS verbergen. Dann nutzen Sie JavaScript, um einem Eltern-Element einen Klassennamen hinzuzufügen, durch den die vorige CSS-Regel überschrieben wird:

```
<style type="text/css" title="text/css">
.selectAll, .deselectAll { display:none; }
.jsEnabled .selectAll, .jsEnabled .deselectAll { display:inline; }
</style>

...

// Wenn das HTML-DOM bereit ist
$(document).ready(function(){
    $('form').addClass('jsEnabled');
});
```

10.5 (De)selektieren aller Checkboxen über einen einzelnen Umschalter

Problem

Sie wollen alle Checkboxen über einen einzelnen Umschalter selektieren oder deselektieren. Hier soll dieser Umschalter eine andere Checkbox sein. Zusätzlich soll dieser Umschalter automatisch seinen Status ändern, wenn einige (oder alle) Checkboxen einzeln ausgewählt werden:

```
<fieldset>

    <legend>Gründe zum Glücklichsein</legend>

    <input name="reasons" id="toggleAllReasons" type="checkbox" class="toggle" />
    <label for="toggleAllReasons" class="toggle">Alle wählen</label>

    <input name="reasons" id="iwokeup" type="checkbox" value="iwokeup" />
    <label for="iwokeup">Ich bin aufgewacht</label>

    <input name="reasons" id="health" type="checkbox" value="health" />
    <label for="health">Meine Gesundheit</label>

    <input name="reasons" id="family" type="checkbox" value="family" />
    <label for="family">Meine Familie</label>

    <input name="reasons" id="sunshine" type="checkbox" value="sunshine" />
    <label for="sunshine">Die Sonne scheint</label>

</fieldset>
```

Lösung

Greifen Sie auf den Umschalter direkt über sein Attribut class und über den Selektor :checkbox zu. Dann durchlaufen Sie jeden gefundenen Umschalter, bestimmen die zugehörigen Checkboxen über .siblings() und fügen die Event-Listener für change hinzu:

```
// Den Umschalter "Alle wählen" in einem Fieldset finden,
// durch alle durchlaufen
$('fieldset .toggle:checkbox').each(function(){

    // wird mehr als einmal genutzt, daher Zwischenspeichern
    // der Umschalt-Box
    var $toggle = $(this);
    // die anderen Checkboxen
    var $checkboxes = $toggle.siblings('input:checkbox');

    // Auf das change-Event des Umschalters lauschen
    $toggle.change(function(){
        if ( this.checked ) {
            // Wenn markiert, alle Checkboxen selektieren
            $checkboxes.attr('checked','checked');
        } else {
            // Wenn nicht markiert, alle Checkboxen deselektieren
            $checkboxes.removeAttr('checked');
        }
    });

    // Auf das change-Event der einzelnen Checkboxen lauschen
    // ohne Umschalt-Checkbox
    $checkboxes.change(function(){
        if ( this.checked ) {
            // sind diese und alle anderen selektiert, Umschalter auch
            // selektieren
            if ( $checkboxes.length == $checkboxes.filter(':checked').length ) {
                $toggle.attr('checked','checked');
            }
        } else {
            // wenn nicht, Umschalter deselektieren
            $toggle.removeAttr('checked');
        }
    }).eq(0).trigger('change'); // Ende von change(), dann change nur für
                                // erste Checkbox aufrufen
}); // Ende von each()
```

Diskussion

Mit .eq(0).trigger('change') wird direkt das .change()-Event der ersten Checkbox ausgelöst. Damit wird der Status des Umschalters gesetzt und man ist unabhängig vom Browser, da Firefox und andere Browser sich den Status von Radio Buttons und Checkboxen merken, wenn die Seite aktualisiert wird. .eq(0) dient dazu, nur das Change-Event der ersten Checkbox auszulösen. Ohne .eq(0) würde .trigger('change') für jede Checkbox ausgelöst. Da sie aber alle den gleichen Umschalter haben, brauchen Sie das Event nur einmal auszuführen.

Was geschieht, wenn JavaScript abgeschaltet ist? Sie sollten die Umschalt-Checkbox und das Label standardmäßig per CSS ausblenden. Mit JavaScript fügen Sie dann einem Eltern-Element einen Klassennamen hinzu, der die vorige CSS-Regel überschreibt:

```
<style type="text/css" title="text/css">
 .toggle { visibility:hidden; }
 .jsEnabled .toggle { visibility:visible; }
</style>

...

// wenn das HTML-DOM bereit ist
$(document).ready(function(){
    $('form').addClass('jsEnabled');
});
```

10.6 Auswahl-Optionen hinzufügen und entfernen

Problem

Sie haben eine Auswahlliste für Farben und wollen neue Einträge hinzufügen, aber auch welche entfernen.

```
<label for="colors">Farben</label>
<select id="colors" multiple="multiple">
    <option>Blau</options>
    <option>Braun</options>
    <option>Schwarz</options>
</select>

<button id="remove">Ausgewählte Farbe(n) entfernen</button>


<label for="newColorName">Neue Farbe (Name)</label>
<input id="newColorName" type="text" />

<label for="newColorValue">Neue Farbe (Wert)</label>
<input id="newColorValue" type="text" />

<button id="add">Neue Farbe hinzufügen</button>
```

Lösung

Um der Auswahlliste eine neue Option hinzuzufügen, verwenden Sie die Methode .appendTo():

```
// Den Button "Neue Farbe hinzufügen" selektieren
$('#add').click(function(event){
    event.preventDefault();

    var optionName = $('#newColorName').val();
    var optionValue = $('#newColorValue').val();
```

```
    $('<option/>').attr('value',optionValue).text(optionName).appendTo('#colors');
});
```

Um eine Option zu entfernen, nutzen Sie die Methode `.remove()`:

```
// Den Button "Ausgewählte Farbe(n) entfernen" selektieren
$('#remove').click(function(event){
    event.preventDefault();

    var $select = $('#colors');

    $('option:selected',$select).remove();
});
```

Diskussion

Ich verwende die Methoden `.attr()` und `.text()`, um das Element `<option>` mit Leben zu füllen:

```
    $('<option/>').attr("value",optionValue).text(optionName).appendTo('#colors');
```

Die gleiche Zeile könnte man auch so schreiben, dass das `<option>`-Element in einem Schritt erstellt wird:

```
    $('<option value="'+optionValue+'">'+optionName+'</option>').appendTo('#colors');
```

Durch das Verbinden aller Daten für `<option>` ist man vielleicht einen Bruchteil einer Millisekunde schneller, nur merkt das der Anwender nicht wirklich. Ich ziehe dann doch die Methoden `.attr()` und `.text()` vor, um das `<option>`-Element mit Leben zu füllen, denn der resultierende Code ist lesbarer und lässt sich auch leichter debuggen und warten. Da die Performance hier keinen Unterschied aufweist, liegt die Entscheidung also beim Entwickler.

Was geschieht, wenn JavaScript abgeschaltet ist? Sie brauchen dann eine Alternative auf dem Server, der das Anklicken der Buttons verarbeitet. Der Benutzer muss dann entsprechend warten, bis die Seite neu geladen ist.

10.7 Abhängig von der Anzahl der Zeichen ins nächste Feld springen

Problem

Sie haben eine form, in dem die Anweder ein Produkt online registrieren können. Dabei muss eine Seriennummer eingegeben werden, die auf den Installations-CDs steht. Diese Nummer ist 16 Ziffern lang und auf vier Eingabefelder aufgeteilt. Damit die Eingabe möglichst schnell vorgenommen werden kann, soll das Springen zum nächsten Eingabefeld so weit wie möglich automatisiert werden, sobald ein Eingabefeld vollständig ausgefüllt ist:

```
<fieldset class="autotab">
    <legend>Seriennummer</legend>
    <input type="text" maxlength="4" />
    <input type="text" maxlength="4" />
    <input type="text" maxlength="4" />
    <input type="text" maxlength="4" />
</fieldset>
```

Lösung

Selektieren Sie innerhalb von `<fieldset class="autotab">` alle `<input>`-Elemente. Mit der jQuery-Methode `.bind()` binden Sie die Events `keydown` und `keyup`. Wir verlassen die gebundene Funktion gleich wieder, wenn eine Taste aus einer Liste gedrückt wurde, die für das Autotabbing nicht weiter von Interesse ist. Wenn ein `<input>`-Element komplett »ausgefüllt« wurde (zu prüfen über das Attribut `maxlength`), rufen wir für das nächste `<input>`-Element die Methode `.focus()` auf. Umgekehrt rufen wir `.focus()` für das vorige `<input>`-Element auf, wenn die Rückschritt-Taste genutzt wurde und das aktuelle Eingabefeld leer ist:

```
$('fieldset.autotab input').bind('keydown keyup',function(event){

    // Tastencode für die gerade gedrückte Taste
    var keyCode = event.which;

    // folgende Tasten sollen ignoriert werden:
    // 9 Tab, 16 Shift, 17 Ctrl, 18 Alt, 19 Pause Break, 20 Caps Lock
    // 27 Esc, 33 Page Up, 34 Page Down, 35 End, 36 Home
    // 37 Left Arrow, 38 Up Arrow, 39 Right Arrow, 40 Down Arrow
    // 45 Insert, 46 Forward Delete, 144 Num Lock, 145 Scroll Lock
    var ignoreKeyCodes =
',9,16,17,18,19,20,27,33,34,35,36,37,38,39,40,45,46,144,145,';
    if ( ignoreKeyCodes.indexOf(',' + keyCode + ',') > -1 ) { return; }

    // wir ignorieren Backspace nur bei keydown
    // normal arbeiten lassen, sonst den Fokus nicht ändern
    if ( keyCode == 8 && event.type == 'keydown' ) { return; }

    var $this = $(this);
    var currentLength = $this.val().length;
    var maximumLength = $this.attr('maxlength');

    // Backspace ohne weitere Zeichen: zurück gehen
    if ( keyCode == 8 && currentLength == 0 ) {
        $this.prev().focus();
    }

    // Feld ausgefüllt: nächstes Feld
    if ( currentLength == maximumLength ) {
        $this.next().focus();
    }
});
```

Diskussion

Warum binden wir sowohl keydown als auch keyup an die Funktion?

Sie könnten nur das Event keydown verwenden. Wenn aber der Anwender das erste Feld ausgefüllt hätte, gäbe es dann keinen sichtbaren Hinweis darauf, dass die nächste Eingabe direkt im zweiten Feld landet. Durch das Event keyup erhält das zweite Feld den Fokus, der Cursor wird an den Anfang des Feldes gestellt und die meisten Browser zeigen den Fokus durch einen Rahmen oder eine andere Art des Hervorhebens an. Zudem ist das Event keyup für die Rückschritt-Taste notwendig, um den Fokus auf das vorige Feld setzen zu können, wenn das aktuelle Eingabefeld geleert wurde.

Sie könnten auch nur das Event keyup nutzen. Aber wenn sich Ihr Cursor im zweiten Eingabefeld befindet und Sie es mit der Rückschritt-Taste leeren, wird der Fokus in das erste Eingabefeld zurückgesetzt. Leider ist das erste Feld schon voll, daher geht der nächste Tastendruck aufgrund des Attributs maxlength verloren und das Event keyup würde dann wieder dafür sorgen, dass das zweite Eingabefeld in den Fokus gelangt. Tastenaktionen zu verlieren, ist wirklich schlecht, daher führen wir die gleiche Prüfung bei keydown durch. Dadurch wird der Cursor in das nächste Eingabefeld bewegt, bevor das Zeichen verloren geht.

Da diese Logik nicht viel Rechenleistung verbraucht, können wir problemlos beide Events binden. In anderen Situationen müssen Sie eventuell genauer hinschauen.

Ihnen wird vielleicht aufgefallen sein, dass die Variable ignoreKeyCodes ein String ist. Würden wir sie dynamisch aufbauen, wäre es schneller, ein Array zu erstellen und dann die JavaScript-Methoden .join(',') oder .toString() zu nutzen. Aber da der Wert immer gleich bleibt, ist es einfacher, direkt einen String zu nutzen. Ich verwende zudem in der Variablen ignoreKeyCodes auch am Anfang und Ende ein Komma, da ich auf jeden Fall falsch positive Suchergebnisse vermeiden möchte. Suche ich auf diese Weise nach einem keyCode, der durch Kommas umschlossen ist, dann finde ich garantiert nur die gesuchte Zahl – wenn ich nur nach 9 suchen würde, wären auch 19 oder 39 gefundene Ergebnisse.

Beachten Sie, dass es keinen Code gibt, der den Aufruf von $this.next().focus() beim letzten <input>-Element verhindert. Ich nutze hier den Vorteil der jQuery-Verkettungen. Findet $this.next() nichts, bricht die Kette ab – sie kann kein .focus() aufrufen, wenn sie nichts findet. In einem anderen Szenario kann es sinnvoll sein, alle bekannten .prev()- und .next()-Elemente zu puffern.

Was geschieht, wenn JavaScript abgeschaltet ist? Nichts. Der Anwender muss dann manuell ins nächste Feld springen, um mit der Eingabe fortzufahren.

10.8 Anzahl der verbleibenden Zeichen anzeigen

Problem

Ihre Firma hat auf ihrer Website eine Kontaktform. In dieser Form gibt es ein <textarea>-Element, damit die Anwender Anfragen stellen können. Aber Sie wissen ja –

Zeit ist Geld und Sie wollen nicht, dass Ihre Mitarbeiter Kurzgeschichten lesen müssen, daher wollen Sie die Länge der Nachrichten beschränken. Dabei wollen Sie dem Anwender auch zeigen, wie viele Zeichen er noch eingeben kann:

```
<textarea></textarea>
<div class="remaining">Verbleibende Zeichen: <span class="count">300</span></div>
```

Lösung

Sprechen Sie alle .remaining-Elemente an und suchen sie das zugehörige <textarea>-Element und die maximale Zeichenzahl aus dem Kind-Element .count heraus. Binden Sie an das <textarea> eine update-Funktion, um benachrichtigt zu werden, wenn der Anwender Text eingibt:

```
// für jedes Element der Art "Verbleibende Zeichen: ###"
$('.remaining').each(function(){

    // Maximalzahl und Eingabefeld finden und sichern
    var $count = $('.count',this);
    var $input = $(this).prev();

    // .text() gibt einen Text zurück. Multipliziert mit 1 wird es eine Zahl (für math)
    var maximumCount = $count.text()*1;

    // update-Funktion wird für die Events keyup, paste und input aufgerufen
    var update = function(){

        var before = $count.text()*1;
        var now = maximumCount - $input.val().length;

        // Prüfen, ob der Anwender die Grenze schon überschritten hat
        if ( now < 0 ){
            var str = $input.val();
            $input.val( str.substr(0,maximumCount) );
            now = 0;
        }

        // DOM nur bei Bedarf aktualisieren
        if ( before != now ){
            $count.text( now );
        }
    };

    // Auf Änderungen lauschen (siehe Diskussion)
    $input.bind('input keyup paste', function(){setTimeout(update,0)} );

    // update direkt aufrufen, falls Eingabefeld schon befüllt ist
    update();

}); // Ende von .each()
```

Diskussion

Der vorgestellte Code ist generisch genug, um eine beliebige Zahl von »Verbleibende Zeichen«-Ausgaben und <textarea>-Elementen auf einer Seite betreuen zu können. Das kann nützlich sein, wenn Sie ein CMS oder eine Dateneingabemaske haben.

Um auch das Kopieren oder Einfügen von Daten in das <textarea> per Maus zu berücksichtigen, müssen wir die Events input und paste berücksichtigen. Das Event mouseup kann nicht verwendet werden, weil es nicht ausgelöst wird, wenn man einen Eintrag aus dem Kontextmenü des Browsers wählt. Das Event input ist Teil von HTML5 (Working Draft) und schon durch Firefox, Opera und Safari implementiert. Es wird bei einer Benutzereingabe ausgelöst – unabhängig vom verwendeten Eingabegeräte (Maus oder Tastatur). Safari hat zum Zeitpunkt der Entstehung dieses Buches einen Bug, durch den das input-Event bei <textarea>-Elementen nicht ausgelöst wird. Sowohl Safari als auch der Internet Explorer kennen das Event paste für <textarea>-Elemente und keyup, um Tastenaktionen abzufangen. Bindet man keyup, input und paste, ist das zwar redundant, aber in diesem Fall hilfreich. Die Funktion update ist so einfach, dass sie keine Performance-Probleme hervorruft, und sie passt das DOM nur dann an, wenn es notwendig ist. Es gibt also keinen Ärger durch Redundante Aufrufe von update.

Eine Alternative zu redundanten Events wäre das Verwenden von setInterval, solange das <textarea>-Element den Fokus besitzt. Die gleiche Funktion update könnte in regelmäßigen Zeitabständen aufgerufen werden. Kombiniert mit dem Event keyup würden Sie beim Tippen eine direkte Reaktion erhalten und mit einem passenden Aktualisierungs-Intervall – vielleicht so 300 Millisekunden – würde auch nach einem Einfügen eine Reaktion erfolgen. Ist die update-Funktion komplexer oder teurer, dann kann das der bessere Weg sein.

Bindet man Events an Form-Elemente, ist es manchmal wichtig, einen Timeout zu nutzen, um einen Funktionsaufruf ein bisschen zu verzögern. Im vorherigen Beispiel löst der Internet Explorer das paste-Event aus, bevor der Text aus der Zwischenablage tatsächlich im <textarea>-Element eingefügt wird. Dadurch würde die Berechnung der verbleibenden Zeichen falsch sein, bis der Anwender klickt oder eine Taste drückt. Durch setTimeout (update,0) wird die Funktion update an das Ende des Call Stacks verschoben und erst ausgelöst, nachdem der Browser den Text hinzugefügt hat:

```
$input.bind('input keyup paste', function(){setTimeout(update,0)} );
```

Was geschieht, wenn JavaScript abgeschaltet ist? Sie sollten den Bereich »Verbleibende Zeichen« standardmäßig per CSS verbergen. Mit JavaScript fügen Sie dann einem Eltern-Element einen Klassennamen hinzu, der die CSS-Regel überschreibt. Es ist zudem wichtig, die Länge der Nachricht auf dem Server zusätzlich zu kontrollieren:

```
<style type="text/css" title="text/css">
 .remaining { display:none; }
 .jsEnabled .remaining { display:block; }
</style>

...
```

```
// wenn das HTML-DOM bereit ist
$(document).ready(function(){
    $('form').addClass('jsEnabled');
});
```

10.9 Texteingabefelder auf bestimmte Zeichen beschränken

Problem

Ihre Seite für den Warenkorb besitzt Felder für die Anzahl. Bei diesen wollen Sie sicherstellen, dass die Anwender nur Zahlen eingeben können:

```
<input type="text" class="onlyNumbers" />
```

Lösung

Selektieren Sie alle Elemente mit der Klasse onlyNumbers und lassen sie auf die Events keydown und blur lauschen. Der Eventhandler für keydown verhindert, dass Anwender nicht-numerische Zeichen in das Feld eingeben. Der Eventhandler für blur ist eine Vorsichtsmaßnahme, durch die Daten gesäubert werden, die über das Kontextmenü per Einfügen oder über das Bearbeiten-Menü des Browsers in das Feld gelangen:

```
$('.onlyNumbers').bind('keydown',function(event){

    // Der Tastencode der gedrückten Taste
    var keyCode = event.which;

    // 48-57 Ziffern auf der normalen Tastatur
    var isStandard = (keyCode > 47 && keyCode < 58);

    // 96-105 Ziffern auf dem Ziffernblock
    var isExtended = (keyCode > 95 && keyCode < 106);

    // 8 Backspace, 46 Forward Delete
    // 37 Left Arrow, 38 Up Arrow, 39 Right Arrow, 40 Down Arrow
    var validKeyCodes = ',8,37,38,39,40,46,';
    var isOther = ( validKeyCodes.indexOf(',' + keyCode + ',') > -1 );

    if ( isStandard || isExtended || isOther ){
        return true;
    } else {
        return false;
    }

}).bind('blur',function(){

    // Regex, der alles findet, was keine Ziffer ist
    var pattern = new RegExp('[^0-9]+', 'g');

    var $input = $(this);
    var value = $input.val();
```

```
        // Säubern des Werts über die Regex
        value = value.replace(pattern, '');
        $input.val( value )
    });
```

Diskussion

Das Event `keydown` wirkt sofort und verhindert, dass die Anwender nicht-numerische Zeichen in das Feld eingeben. Man kann auch das Event `keyup` nutzen, das dann den gleichen Handler wie das Event `blur` hätte. Allerdings könnten die Anwender dann ein nicht-numerisches Zeichen kurz aufblitzen sehen. Ich bevorzuge es, direkt die Eingabe zu verhindern und stattdessen das Aufblitzen zu vermeiden.

Das Event `blur` schützt vor dem Einfügen nicht-numerischer Zeichen in das Textfeld. In unserem Szenario gehe ich davon aus, dass der Anwender entweder versucht, die Grenzen des JavaScript-Codes auszuloten (etwas, was ich tun würde), oder dass er versucht, die Daten aus einer Tabellenkalkulation einzufügen. In beiden Fällen muss meiner Meinung nach nicht sofort korrigierend eingegriffen werden. Wenn Ihre Situation jedoch eine instantane Korrektur erfordert, werfen Sie einen Blick auf den Abschnitt »Diskussion« des Rezepts Rezept 10.8, um mehr Informationen über das Abfangen von Änderungen durch ein Einfügen zu erhalten.

Ist Ihre Situation eine andere und Sie gehen davon aus, dass Ihre Anwender Daten eher aus einer Tabellenkalkulation kopieren, dann sollten Sie daran denken, dass die Regex, die ich verwende, keine Kommas und Punkte berücksichtigt. Eine Zahl wie »1.000,00« würde dann zu »100000« werden – ebenso wie »100,000« zu »100000« würde.

Vielleicht ist Ihnen aufgefallen, dass die Variable `validKeyCodes` ein String ist, der mit Kommas beginnt und endet. Wie in Rezept 10.7 erwähnt, habe ich diese Vorgehensweise gewählt, um falsch positive Suchergebnisse zu vermeiden – suche ich nach einem `keyCode`, der von Kommas »umhüllt« ist, werden garantiert auch nur die gewünschten Zahlen gefunden.

Was geschieht, wenn JavaScript abgeschaltet ist? Der Anwender wird beliebige Zeichen eingeben können. Überprüfen Sie daher die Daten auf dem Server immer nochmals. Verlassen Sie sich nicht auf JavaScript, um Daten sauber zu halten.

10.10   Eine Form mit Ajax abschicken

Problem

Sie haben eine form, die Sie gerne mit Ajax abschicken würden:

```
<form action="process.php">

    <!-- Wert wird durch JavaScript geändert -->
    <input type="hidden" name="usingAJAX" value="false" />
```

```
<label for="favoriteFood">Was ist Ihr Lieblingsessen?</label>
<input type="text" name="favoriteFood" id="favoriteFood" />

<input type="submit" value="Abschicken!" />
```

```
</form
```

Lösung

Selektieren Sie das <form>-Element und kapern Sie das Event submit:

```
$('form').submit(function(event){

    // wir wollen die Form per Ajax abschicken
    // und ein Aktualisieren der Seite verhindern)
    event.preventDefault();

    // Überprüfen der Daten (wenn nötig)
    // ...

    // Hinweis an den Server, dass Ajax genutzt wurde
    $('input[name="usingAJAX"]',this).val( 'true' );

    // Referenz auf die Form speichern
    var $this = $(this);

    // URL aus dem form-Element holen
    var url = $this.attr('action');

    // Formdaten aufbereiten
    var dataToSend = $this.serialize();

    // Callback-Funktion für die Server-Antwort
    var callback = function(dataReceived){

        // Verbergen der Form (zum Glück haben wir eine Referenz gesichert)
        $this.hide();

        // hier hat der Server einen HTML-Schnipsel zurückgegeben,
        // den wir in das DOM einfügen
        // <div id="result">Ihr Lieblingsessen ist Pizza! Vielen Dank für
        // die Teilnahme!</div>
        $('body').append(dataReceived)
    };

    // Typ der empfangenen Daten (wir erwarten HTML)
    var typeOfDataToReceive = 'html';

    // Form abschicken und auf das Ergebnis warten
    $.get( url, dataToSend, callback, typeOfDataToReceive )

}); // Ende von .submit()
```

Diskussion

Was geschieht, wenn JavaScript abgeschaltet ist? Die Form wird abgeschickt und die gesamte Seite mit dem Ergebnis des Server-Skripts aktualisiert. Ich nutze JavaScript, um den Wert des Elements `<input type="hidden" name="usingAJAX" />` von `false` auf `true` zu ändern. Damit kann das Skript auf Serverseite darüber informiert werden, wie die Antwort auszusehen hat – entweder eine vollständige HTML-Seite oder nur die Daten, die für die Ajax-Antwort erwartet werden.

10.11 Forms überprüfen

Problem

Sie haben eine Form, deren Daten Sie gerne überprüfen würden. Dazu richten Sie auch ein paar einfache CSS-Regeln ein. Für dieses Rezept sind eigentlich nur die Deklaration `display:none` des Selektors `div.errorMessage` und die Deklaration `display:block` des Selektors `div.showErrorMessage` von Interesse. Der Rest sorgt nur dafür, dass alles etwas hübscher aussieht:

```
<style type="text/css" title="text/css">
    div.question {
        padding: 1em;
    }
    div.errorMessage {
        display: none;
    }
    div.showErrorMessage {
        display: block;
        color: #f00;
        font-weight: bold;
        font-style: italic;
    }
    label.error {
        color: #f00;
        font-style: italic;
    }
</style>
```

Der folgende HTML-Ausschnitt ist ein Beispiel für das Strukturieren der form. Das Element `<div class="question">` dient nur Layout-Zwecken und ist für den Validierungs-Code unwichtigt. Jedes for-Attribut eines `<label>`-Elements verbindet dieses mit dem Form-Element mit der entsprechenden id. Das ist Standard-HTML, aber ich wollte darauf explizit hinweisen, da der JavaScript-Code diese Verbindung (allerdings in umgekehrte Richtung) nutzen wird, um das passende `<label>` für ein Form-Element zu finden. Auch die Fehlermeldungen haben ein id-Attribut in der Form `errorMessage_` plus name des zugehörigen Form-Elements. Diese Struktur mag redundant erscheinen, aber Radio-Buttons und Checkboxen werden mit Hilfe des Attributs name gruppiert und Sie wollen nicht nur eine Fehlermeldung pro Gruppe haben:

```
<form action="process.php">

<!-- TEXT -->
<div class="question">
    <label for="t">Benutzername</label>
    <input id="t" name="user" type="text" class="required" />
    <div id="errorMessage_user" class="errorMessage">Bitte den Benutzernamen
                                                eingeben.</div>
</div>

<!-- PASSWORT -->
<div class="question">
    <label for="p">Passwort</label>
    <input id="p" name="pass" type="password" class="required" />
    <div id="errorMessage_pass" class="errorMessage">Bitte das Passwort eingeben.</div>
</div>

<!-- EINZELAUSWAHL -->
<div class="question">
    <label for="so">Lieblingsfarbe</label>
    <select id="so" name="color" class="required">
        <option value="">Wählen Sie eine Farbe aus</option>
        <option value="ff0000">Rot</option>
        <option value="00ff00">Grün</option>
        <option value="0000ff">Blau</option>
    </select>
    <div id="errorMessage_color" class="errorMessage">Bitte wählen Sie Ihre
Lieblingsfarbe aus.</div>
</div>

<!-- MEHRFACHAUSWAHL -->
<div class="question">
    <label for="sm">Lieblingsessen</label>
    <select id="sm" size="3" name="foods" multiple="multiple" class="required">
        <option value="pizza">Pizza</option>
        <option value="burger">Burger</option>
        <option value="salad">Salat</option>
    </select>
    <div id="errorMessage_foods" class="errorMessage">Bitte wählen Sie Ihr
                                        Lieblingsessen aus.</div>
</div>

<!-- RADIO BUTTONS -->
<div class="question">
    <span>Händigkeit:</span>
    <input id="r1" type="radio" name="hand" class="required"/>
    <label for="r1">Links</label>
    <input id="r2" type="radio" name="hand" class="required" />
    <label for="r2">Rechts</label>
    <div id="errorMessage_hand" class="errorMessage">Bitte wählen Sie aus, mit welcher
                                            Hand Sie schreiben.</div>
</div>

<!-- TEXTAREA -->
<div class="question">
    <label for="tt">Kommentare</label>
    <textarea id="tt" name="comments" class="required"></textarea>
```

```
    <div id="errorMessage_comments" class="errorMessage">Was denken Sie gerade?</div>
</div>

<!-- CHECKBOX -->
<div class="question">
    <input id="c" type="checkbox" name="legal" class="required" />
    <label for="c">Ich stimme den AGB zu.</label>
    <div id="errorMessage_legal" class="errorMessage">Bitte markieren Sie diese
Box!</div>
</div>

<input type="submit" value="Continue" />

</form>
```

Lösung

Der erste Teil der Lösung ist recht einfach. Das <form>-Element wird selektiert und das Event submit übernommen. Wenn die Form abgeschickt werden soll, werden die notwendigen Form-Elemente durchlaufen und es wird geprüft, ob sie korrekt ausgefüllt sind. Gibt es keine Fehler, dann wird das Event submit ausgelöst:

```
$('form').submit(function(event){

    var isErrorFree = true;

    // alle notwendigen Form-Elemente durchlaufen und überprüfen
    $('input.required, select.required, textarea.required',this).each(function(){
        if ( validateElement.isValid(this) == false ){
            isErrorFree = false;
        };
    });

    // Alternative per Ajax:
    // event.preventDefault();
    // if (isErrorFree){ $.get( url, data, callback, type ) }
    // if (isErrorFree){ $.post( url, data, callback, type ) }
    // if (isErrorFree){ $.ajax( options ) }

    return isErrorFree;

}); // Ende von .submit()
```

Im zweiten Teil dieser Lösung wird die eigentliche Überprüfung vorgenommen. Die Methode isValid() speichert zunächst häufiger genutzte Daten des zu überprüfenden Elements zwischen. Dann wird es in der switch()-Anweisung geprüft. Zum Schluss werden die Klassennamen dem <label> und den div.errorMessage-Elementen hinzugefügt oder wieder entfernt.

```
var validateElement = {

    isValid:function(element){

        var isValid = true;
        var $element = $(element);
```

```
        var id = $element.attr('id');
        var name = $element.attr('name');
        var value = $element.val();

        // <input> nutzt Typattribute aus dem Tag
        // <textarea> besitzt den Typ 'textarea'
        // <select> besitzt den Typ 'select-one' oder 'select-multiple'
        var type = $element[0].type.toLowerCase();

        switch(type){
            case 'text':
            case 'textarea':
            case 'password':
                if ( value.length == 0 ||
value.replace(/\s/g,'').length == 0 ){ isValid = false; }
                break;
            case 'select-one':
            case 'select-multiple':
                if( !value ){ isValid = false; }
                break;
            case 'checkbox':
            case 'radio':
                if( $('input[name="' + name +
'"]:checked').length == 0 ){ isValid = false; };
                break;
        } // Ende von switch()

        // anstatt $(selector).method nutzen wir $(selector)[method]
        // Wahl der Methode
        var method = isValid ? 'removeClass' : 'addClass';

        // Fehlermeldung anzeigen [addClass]
        // Fehlermeldung verbergen [removeClass]
        $('#errorMessage_' + name)[method]('showErrorMessage');
        $('label[for="' + id + '"]')[method]('error');

        return isValid;

    } // Ende von validateElement.isValid()
}; // Ende des Objekts validateElement
```

Diskussion

Die Überprüfungen sind in dieser Lösung ziemlich einfach. Folgendes wird kontrolliert:

- Die Elemente <input type="text">, <input type="password"> und <textarea> enthalten Daten, die nicht nur aus Whitespace bestehen.

- Bei <select>-Elementen ist eine andere als die Standard-Option ausgewählt. Beachten Sie, dass es zwei Arten von <select>-Elementen gibt: »select-one« und »select-multiple« (siehe den zweiten Code-Ausschnitt im Abschnitt für den HTML-Code und den vorherigen Code-Ausschnitt für die JavaScript-Überprüfung). Das erste <option>-Element des »select-one«-<select> muss das Attribut value="" besitzen, damit die Überprüfung funktioniert. Das »select-multiple«-<select> ist hier nicht betroffen, da dessen <option>-Elemente abgewählt werden können.

- Elemente der Art <input type="radio"> und <input type="checkbox"> müssen mindestens ein selektiertes Element in ihrer Gruppe besitzen.

Die Anweisung switch(){} wird genutzt, da sie effizienter als eine Reihe von if(){}else if(){} ist. Zudem können Elemente mit gleicher Überprüfung auch gruppiert werden, indem man die break;-Anweisung zum Trennen dieser Gruppen nutzt.

Das Objekt validateElement befindet sich im globalen Gültigkeitsbereich, weil es vielleicht auch von anderen Forms genutzt werden kann. Zudem sorgt es durch das »Sammeln« der Validierungsmethoden dafür, dass der globale Gültigkeitsbereich nicht vermüllt wird – in Zukunft können dann dem Objekt Hilfsmethoden hinzugefügt werden, ohne dass man sich um Namenskonflikte Sorgen machen muss. So könnte zum Beispiel eine Methode stripWhitespace() wie folgt implementiert werden:

```
var validateElement = {

    stripWhitespace : function(str){
        return str.replace(/\s/g,'');
    },
    isValid : function(element){

    //... Code ausgeschnitten ...//

        case 'text':
        case 'textarea':
        case 'password':
            // ist die Länge nach dem Entfernen von Whitespace gleich 0, ist es nicht
            // gültig
            if ( this.stripWhitespace(value).length == 0 ){ isValid = false; }
            break;

    //... Code ausgeschnitten ...//

    } // Ende von validateElement.isValid()
}; // Ende des Objekts validateElement
```

Beim Anzeigen und Verbergen von Fehlermeldungen habe ich eckige Klammern für das Aufrufen der jQuery-Methoden .addClass() und .removeClass() genutzt:

```
// anstatt $(selector).method nutzen wir $(selector)[method]
// Wahl der Methode
var method = isValid ? 'removeClass' : 'addClass';

// Fehlermeldung anzeigen [addClass]
// Fehlermeldung verbergen [removeClass]
$('#errorMessage_' + name)[method]('showErrorMessage');
$('label[for="' + id + '"]')[method]('error');
```

Der Code mit eckigen Klammern ist funktional identisch mit der »normalen« Punkt-Notation:

```
if (isValid) {
    $('#errorMessage_' + name).removeClass('showErrorMessage');
```

```
        $('label[for="' + id + '"]').removeClass('error');
    } else {
        $('#errorMessage_' + name).addClass('showErrorMessage');
        $('label[for="' + id + '"]').addClass('error');
    }
```

Wenn wir beim Abschicken validieren, ist die Punkt-Notation sauberer und besser lesbar. Aber wir wollen die Lösung mit den eckigen Klammern noch erweitern, um (nach der initialen Validierung) eine Revalidierung beim Event change durchführen zu können. Damit erhält der Anwender eine direkte Rückmeldung auf seine neuen Antworten, ohne den Button zum Abschicken erneut anklicken zu müssen. Der folgende Code funktioniert noch nicht so wie erwartet (siehe den nächsten Abschnitt für die richtige Lösung), aber er zeigt, wo man das change-Event per .unbind() entbindet und per .bind() bindet:

```
// anstatt $(selector).method nutzen wir $(selector)[method]
// wähle die richtige Methode, aber wähle weise
var method = isValid ? 'removeClass' : 'addClass';

// Fehlermeldung zeigen [addClass]
// Fehlermeldung verbergen [removeClass]
$('#errorMessage_' + name)[method]('showErrorMessage');
$('label[for="' + id + '"]')[method]('error');

// nach der initialen Validierung beim Ändern revalidieren können
$element
    .unbind('change.isValid')
    .bind('change.isValid',function(){ validateElement.isValid(this); });
```

Da wir das change-Event bei jeder Validierung entbinden und wieder binden, habe ich den Event-Namensraum .isValid hinzugefügt, um es direkte ansprechen zu können. Hat ein Form-Element andere change-Events gebunden, dannbleiben sie so erhalten.

Das Problem am vorigen Code ist nicht die Syntax sondern die Logik. Die Radio Buttons im HTML-Code haben das Attribut class="required". Das bedeutet, beim Validieren der gesamten Form wird jeder Radio Button validiert und (noch wichtiger) jedes <label> eines Radio Button erhält eine Klasse (oder sie wird wieder entfernt), um den Fehler anzuzeigen. Wenn wir aber eine Revalidierung mit dem Element-spezifischen change-Event erlauben, wird nur das <label> des entsprechenden Radio Buttons aktualisiert – die anderen behalten ihren Fehlerstatus bei. Um dies zu beheben, muss ein einzelnes change-Event alle Radio Buttons in der name-Gruppe begutachten, um die Klassen aller <label>s simultan anzupassen:

```
// anstatt $(selector).method nutzen wir $(selector)[method]
// wähle die richtige Methode, aber wähle weise
var method = isValid ? 'removeClass' : 'addClass';

// Fehlermeldung zeigen [addClass]
// Fehlermeldung verbergen [removeClass]
$('#errorMessage_' + name)[method]('showErrorMessage');

if ( type == 'checkbox' || type == 'radio' ) {
```

```
    // Bei Radio Button oder Checkbox alle Inputs mit dem gleichen Namen finden
    $('input[name="' + name + '"]').each(function(){
        // Alle <label>-Tags der Inputs anpassen, (this==<input>)
        $('label[for="' + this.id + '"]')[method]('error');
    });

} else {

    // Für alle anderen Inputs nur ein <label> anpassen
    $('label[for="' + id + '"]')[method]('error');

}

// nach der initialen Validierung beim Ändern revalidieren können
$element
    .unbind('change.isValid')
    .bind('change.isValid',function(){ validateElement.isValid(this); });
```

Hätten wir diesen Code mit der Punkt-Syntax geschrieben, hätte er doppelt so viele Zeilen gehabt. Und mit dieser neuen Logik benötigt nur ein Radio Button (oder eine Checkbox) in einer name-Gruppe das Attribut class="required", damit alle anderen Elemente in dieser Gruppe ebenfalls korrekt angepasst werden.

Was geschieht, wenn JavaScript deaktiviert ist? Die Form wird ohne Validierung auf Client-Seite abgeschickt. Stellen Sie daher immer sicher, dass Sie auch auf Server-Seite eine Überprüfung vornehmen. Verlassen Sie sich nicht nur auf JavaScript. Gibt der Code auf Server-Seite die Form mit Fehlern zurück, dann können die gleichen Klassen für die gleichen Elemente genutzt werden. Sie brauchen keine Inline-Style-Tags oder eigenen Code, um die vom Server gemeldeten Fehler anders zu behandeln.

Verbesserungen von HTML-Forms durch Plugins

Jörn Zaefferer

11.0 Einleitung

Forms werden für die Interaktion von Web-Anwendungen mit Benutzern sehr häufig genutzt. Verbessert man diese Interaktion, dann ist das ein Gewinn für die ganze Anwendung.

jQuery und eine ganze Reihe von Plugins bieten vorgefertigte und konfigurierbare Lösungen für eine bessere Interaktion an, wobei immer auf progressive Verbesserung geachtet wird.

Jedes Problem lässt sich durch eine jQuery-Lösung angehen, die man komplett selbst aufbaut, aber mit Plugins erhalten Sie eine Reihe von Vorteilen:

- Man muss nicht das Rad neu erfinden.
- Die Funktionalität ist auf vielen Browsern umfassend getestet.
- Man spart sich eine Menge Arbeit, die in den Details stecken.
- Alles funktioniert auch unter extremen Bedingungen.

Jedes Rezept wird die Vor- und Nachteile des Plugins behandeln und auch darlegen, wann es sinnvoller ist, selbst zu programmieren.

Grundlegendes Vorgehen

Das grundlegende Vorgehen bei der Verwendung von jQuery-Plugins ist immer das Gleiche. Zunächst binden Sie jQuery selbst ein, dann die Plugins. Manche Plugins benötigen zudem ein Stylesheet. Bei den meisten Plugins ist Markup erforderlich, mit dem sie arbeiten können, und ein oder zwei Zeilen Code, die dieses Markup-Element selektieren und etwas damit anstellen. Nach den üblichen Namenskonventionen würde ein Plugin »slideshow« wie folgt genutzt werden:

```
<!DOCTYPE html>
<html>
<head>
    <link rel="stylesheet" href="jquery.slideshow.css"/>
    <script src="assets/jquery-latest.js"></script>
    <script src="assets/jquery.slideshow.js"></script>
    <script type="text/javascript">
    jQuery(document).ready(function($){
        $("#slideshow").slideshow();
    });
    </script>
</head>
<body>
    <div id="slideshow">...</div>
</body>
</html>
```

Das für eine Slideshow notwendige Markup unterscheidet sich von einem Slider oder einer Form-Validierung, daher sollte man in der Dokumentation und in den Beispielen für das Plugin danach suchen. In den folgenden Rezepten wird ebenfalls darauf eingegangen.

11.1 Forms überprüfen

Problem

Bei den meisten Forms zum Registrieren muss man eine E-Mail-Adresse, ein Passwort (doppelt), einen Benutzernamen und ein paar andere Informationen angeben, wie zum Beispiel ein Geburtsdatum. Das gilt für E-Mail-Dienste, Webshops oder Foren.

Stellen Sie sich Herrn Mustermann vor, der in einem Webshop einen neuen Monitor kaufen möchte, und der zum Registrieren ein *Ccaptcha* angeben muss (eine gerade noch lesbare zufällige Zeichenfolge, die einen echten Benutzer von einem Bot unterscheiden soll). Er füllt die Form komplett aus (was einige Zeit dauert) und schickt sie dann ab. Nach etwa fünf Sekunden wird die Form erneut angezeigt – diesmal mit einer Fehlermeldung: er hat vergessen, die Straße anzugeben. Also holt er das nach und schickt die Form erneut ab. Weitere fünf Sekunden vergehen – jetzt hat er das Passwort und das Captcha vergessen! Bitte? Er hat sie doch ausgefüllt, muss das jetzt aber wiederholen.

Solche verzögerte Rückmeldungen können sehr frustrierend sein und die ansonsten gute Oberfläche ruinieren, insbesondere, wenn Sicherheitsbedenken die Funktionalität einschränken – was hier zu den leeren Passwort- und Captcha-Feldern führt.

Lösung

Eine Möglichkeit, die Situation zu verbessern, ist das Hinzufügen einer Überprüfung schon auf dem Client. Die grundlegende Idee ist dabei die, dem Anwender so schnell wie möglich Rückmeldung zu geben, ohne ihn zu nerven. Es sollte nicht möglich sein, eine ungültige Form abzuschicken. Dadurch wird vermieden, Passwörter oder Captchas wiederholt eingeben zu müssen.

Es ist zudem sinnvoll, Felder nach dem Ausfüllen hervorzuheben, die fehlerhaft sind, wie zum Beispiel bei ungültigen E-Mail-Adressen wie *john.doe@gmail,com*. Dies ist allerdings nicht sehr hilfreich, wenn es schon passiert, bevor der Anwender überhaupt die Chance hatte, ein Feld korrekt auszufüllen. Gibt man »zu kurz« für ein mindestens zwei Zeichen langes Feld aus, nachdem der Anwender gerade erst das erste Zeichen eingetippt hat, ist das nur nervig.

Ein Plugin, das diese Anforderungen abdeckt, ist das Validation-Plugin (*http://jquery-cookbook.com/go/plugin-validation*).

Laden Sie zunächst einmal das Plugin herunter, entpacken Sie die Dateien und kopieren Sie jquery.validate.js in Ihr Projekt. Das folgende Beispiel zeigt eine Form zum Kommentieren – mit Feldern für den Namen, die E-Mail-Adresse, eine URL und den eigentlichen Kommentar. Ein Aufruf der Plugin-Methode validate() sorgt für eine Überprüfung der Form. Die dabei berücksichtigten Regeln werden mit Klassen und Attributen innerhalb der Tags definiert:

```html
<!DOCTYPE html>
<html>
<head>
  <script src="assets/jquery-latest.js"></script>
  <script src="assets/jquery.validate.js"></script>
  <style type="text/css">
    * { font-family: Verdana; font-size: 96%; }
    label { width: 10em; float: left; }
    label.error { float: none; color: red; padding-left: .5em; vertical-align: top; }
    div { clear: both; }
    input, textarea { width: 15em; }
    .submit { margin-left: 10em; }
  </style>
  <script type="text/javascript">
    jQuery(document).ready(function($){
      $("#commentForm").validate();
    });
  </script>
</head>
<body>
  <form id="commentForm" method="get" action="">
    <fieldset>
      <legend>Eine einfache Kommentar-Form mit Überprüfung beim Abschicken
        und Fehlermeldungen</legend>
      <div>
        <label for="cname">Name</label>
        <input id="cname" name="name" class="required" minlength="2" />
      </div>
      <div>
        <label for="cemail">E-Mail</label>
        <input id="cemail" name="email" class="required email" />
      </div>
      <div>
        <label for="curl">URL (optional)</label>
        <input id="curl" name="url" class="url" value="" />
      </div>
      <div>
```

```
        <label for="ccomment">Ihr Kommentar</label>
        <textarea id="ccomment" name="comment" class="required"></textarea>
      </div>
      <div>
        <input class="submit" type="submit" value="Abschicken"/>
      </div>
    </fieldset>
  </form>
</body>
</html>
```

Jedes Feld mit der Klasse `required` wird daraufhin überprüft, ob es etwas enthält. Andere Methoden in diesem Beispiel enthalten Folgendes:

email
> Prüft, ob das Feld eine gültige E-Mail-Adresse enthält.

url
> Prüft, ob das Feld eine gültige URL enthält.

minlength
> Prüft, ob das Feld mindestens *x* Zeichen enthält, wobei *x* über ein Attribut definiert wird: `minlength="2"`

Diskussion

Das Validation-Plugin kümmert sich vor allem um einen speziellen Ansatz der Validierung auf Client-Seite – so viel Arbeit wie möglich im Browser erledigen und den Server nur in besonderen Fällen, die durch die remote-Methode (*http://jquery-cookbook.com/go/plugin-validation-remote-method*) abgedeckt werden, zur Hilfe heranziehen, zum Beispiel zum Prüfen, ob ein Benutzername immer noch verfügbar ist.

Ein anderer Ansatz wäre es, ein Verdoppeln der Validierungsregeln und -methoden zu vermeiden und anstattdessen die gesamte Form per Ajax an der Server zu schicken – normalerweise beim Abschicken der Form. Dann könnte auf Server-Seite die schon vorhandene Logik genutzt werden. Allerdings ist die Rückmeldung an den Anwender dadurch langsamer, da man nicht bei jedem Tastendruck eine Anfrage schicken sollte. Zudem ist es recht unwahrscheinlich, dass der Server-Code zum Überprüfen der Daten schon mit Ajax im Hinterkopf geschrieben wurde, wodurch der Aufwand für die Wiederverwendung größer sein kann. In diesem Fall müssten Sie Ihre Planung von vornherein entsprechend ausrichten.

Das Validation-Plugin kann einer Form auch später hinzugefügt werden und abgesehen von der Remote-Validierung gibt es keine Notwendigkeit, die Anwendung irgendwie anzupassen. Das ist für einfache Kommentar-Forms für ein Blog nützlich, genauso aber auch für komplexere Forms einer Intranet-Anwendung oder für alles dazwischen.

Die wichtigsten Elemente des Plugins sind Regeln und Methoden. Methoden enthalten Validierungs-Logik, so wie die E-Mail-Methode, die einen regulären Ausdruck nutzt, um zu bestimmen, ob es sich bei einem Wert um eine gültige E-Mail-Adresse handelt. Regeln verbinden Eingabefelder mit Methoden, wobei eine einzelne Regel aus der Kombination eines Eingabefeldes und einer Methode besteht. Das E-Mail-Feld weist also eine Regel auf, die es zu einem Pflichtfeld macht, und eine, die festlegt, dass eine E-Mail-Adresse als Eingabe erwartet wird.

Methoden

Das Plugin besitzt etwa 19 eingebaute Methoden. Die grundlegende Methode ist `required` – wenn diese angegeben ist, muss das Feld ausgefüllt werden. Lässt man sie weg, dann werden die meisten anderen Methoden bei einem leeren Feld ignoriert. Die einzige Ausnahme bildet die Methode `equalTo`, die prüft, ob der Inhalt eines Feldes genau dem eines anderen Feldes entspricht. Dies wird auch für ein leeres Feld geprüft. Die Regel selbst wird meist für Felder genutzt, in denen Passwörter bestätigt werden müssen.

Die Methoden `email`, `url`, `date`, `dateISO`, `dateDE`, `number`, `numberDE`, `digits` und `creditcard` prüfen den Wert alle anhand bestimmter Datentypen mit kleinen Unterschieden für verschiedene Locales. So muss man zum Beispiel bei `number` eine Zahl im US-Format wie 1,000.00 eingeben, während `numberDE` das deutsche Format 1.000,00 erfordert.

Die Methoden `min` und `max` sowie `range` prüfen den Wert einer Zahl, während `minlength`, `maxlength` und `rangelength` die Anzahl der Zeichen kontrollieren.

Bei einem Auswahlfeld oder bei Checkboxen prüfen `min`, `max` und `range` die Anzahl der ausgewählten Optionen oder markierten Checkboxen.

Bei Dateifeldern ist die Methode `accept` praktisch – sie prüft die Dateierweiterung, wobei sie standardmäßig nach `.gif`, `.png`, `.jpg` oder `.jpeg` schaut.

Die Methode `remote` ist die einzige Methode, die die Validierungslogik auf den Server verlagert. Sie erhält eine URL als Parameter, die auf eine Ressource auf dem Server zeigt. Das kann ein Skript sein, das eine Datenbankabfrage durchführt, um zum Beispiel zu prüfen, ob ein Benutzername schon vorhanden ist oder ob eine E-Mail-Adresse schon registriert ist. Ein Beispiel für eine Registrierungsform, das die Remote-Methode für den Benutzernamen und die E-Mail-Adresse nutzt, finden Sie unter *http://jquery-cookbook.com/go/plugin-validation-remote-demo*.

Eigene Methoden

Sie können das Plugin durch eigene Methoden erweitern, um anwendungsspezifische Anforderungen umzusetzen. Vielleicht haben Sie eine Form, in der die Benutzer URLs eingeben, die mit einer bestimmten Firmen-Domain beginnen müssen. Eine eigene Methode kann die notwendige Überprüfung vornehmen:

```
jQuery.validator.addMethod("domain", function(value, element) {
    return this.optional(element) || /^http:\/\/mycorporatedomain.com/.test(value);
}, "Bitte geben Sie die korrekte Domain für Ihre Dokumente an");
```

Das erste Argument von `jQuery.validator.addMethod` ist der Name der eigenen Methode. Dabei muss es sich um eine gültige JavaScript-Kennung handeln. Das zweite Argument ist eine Funktion, die die Überprüfung vornimmt. Gibt sie true zurück, dann ist die Eingabe gültig. Dabei wird `this.optional(element)` genutzt, um herauszufinden, ob das Ein-

gabefeld keinen Wert enthält und daher übersprungen werden sollte – alle Standard-
methoden nutzen hier den gleichen Aufruf. Das dritte Argument legt die Standard-Meldung für die neue Methode fest.

Wenn man eine Methode schreiben möchte, die einen Parameter erwartet, funktioniert
das sehr ähnlich:

```
jQuery.validator.addMethod("math", function(value, element, params) {
    return this.optional(element) || value == params[0] + params[1];
}, jQuery.format("Bitte geben Sie korrekte Werte für {0} + {1} ein"));
```

In diesem Fall wird die Standard-Mitteilung mit Hilfe von jQuery.format definiert, eine
Hilfsfunktion, die das Plugin bereitstellt. Die in geschweiften Klammern angegebenen
Index-Platzhalter werden bei der Überprüfung durch die eigentlichen Parameter ersetzt.

Eigene Methoden können auch auf bestehende Methoden zurückgreifen, wenn man zum
Beispiel andere Standard-Meldungen für eine bestimmte Methode nutzen will. In diesem
Beispiel wird die Methode required mit einem Alias customerRequired versehen, der eine
andere Standard-Meldung besitzt:

```
$.validator.addMethod("customerRequired", $.validator.methods.required,
"Kundenname erforderlich");
```

In additionalMethods.js finden Sie eine Reihe fertiger »selbstdefinierter« Funktionen für
das Plugin.

Regeln

Es gibt vier verschiedene Wege, Regeln festzulegen: zwei per Code und zwei inline als
Metadaten. Das vorherige Beispiel greift auf Klassen und Attribute als Metadaten zurück,
die vom Plugin standardmäßig unterstützt werden. Wenn das Plugin metadata
(*http://jquery-cookbook.com/go/plugin-metadata*) verfügbar ist, können die Regeln auf
unterschiedliche Art und Weise eingebettet werden, zum Beispiel innerhalb des Attributs
class:

```
<input type="text" name="email" class="{required:true, email:true}" />
```

Hier enthält die Klasse JavaScript-Literale, die in geschweiften Klammern eingeschlossen
sind, was der Syntax mit der Option rules im Code stark ähnelt:

```
$("#myform").validate({
    rules: {
        name: {
            required: true,
            minlength: 2
        },
        email: {
            required: true,
            email: true
        },
        url: "url",
        comment: "required"
    }
});
```

Die Objekt-Schlüssel wie `name`, `email`, `url` und `comment` beziehen sich immer auf den Namen des Elements, nicht auf die ID.

Beachten Sie die Syntax-Kurzform für `url` und `comment`, bei der nur eine einzelne Regel notwendig ist. Nutzt man Regeln mit Parametern, wie zum Beispiel `minlength`, dann lässt sich diese Kurzform allerdings nicht verwenden.

Manche Regeln sollen erst später hinzugefügt werden, was über den vierten Weg möglich ist – die Plugin-Methode `rules`:

```
// Erst initialisieren der Validierung
$("#myform").validate();
// Später mehr Regeln hinzufügen
$("#username").rules("add", { minlength: 2});
```

Regeln können so auch entfernt werden:

```
$("#username").rules("remove", "required");
```

Das kann praktisch sein, wenn man einen Link »Passwort vergessen« auf einer Anmelde-Form hinzufügen möchte:

```
$("#loginform").validate({
    username: "required",
    password: "required"
});
$("a#forgotPassword").click(function(e) {
    $("#password").rules("remove", "required");
    $("#loginform").submit();
    $("#password").rules("add", "required");
    return false;
});
```

Dieser Click-Event-Code entfernt die Required-Regel für das Passwort, versucht dann, die Form abzuschicken (und dabei die Validierung auszulösen) und fügt anschließend die Regel wieder hinzu. So wird das Feld für den Benutzernamen immer noch überprüft. Schlägt die Validierung fehl, dann wird das Passwort-Feld auch wieder ein Pflichtfeld (für das nächste normale Abschicken).

Abhängigkeiten

Häufig hängt die Gültigkeit eines Feldes von mehr Faktoren ab, als nur einem angeklickten Link. Dies lässt sich über einen Parameter für die Methode `required` erledigen. Beim Parameter kann es sich um einen Selektor oder einen Callback handeln. Der Selektor ist nützlich, wenn die Abhängigkeit in einem einfachen Ausdruck formuliert werden kann. So ist zum Beispiel ein E-Mail-Feld vielleicht nur dann notwendig, wenn die Checkbox »Newsletter« markiert ist:

```
email: {
    required: "#newsletter:checked"
}
```

Ein Callback kann für Ausdrücke beliebiger Komplexität genutzt werden, zum Beispiel, wenn das Feld vom Status mehrerer anderer Felder abhängt:

```
email: {
    required: function(element) {
        return $("#newsletter:checked").length && $("#telephone:blank");
    }
}
```

Eigene Ausdrücke

Das vorherige Beispiel hat den Ausdruck `:blank` genutzt, um ein Element nur dann zu wählen, wenn es keinen Wert oder höchstens Whitespace enthält. Das Plugin stellt auch den Ausdruck `:filled` bereit, das Gegenteil von `:blank`. jQuery selbst bietet noch `:checked` und das Validation-Plugin ergänzt dies durch das inverse `:unchecked`. Beide sind nützlich, wenn man Abhängigkeiten zu Radio Buttons oder Checkboxen definieren möchte.

Sie können zwar `:not` nutzen, um `:filled` oder `:checked` umzukehren, aber `:blank` und `:unchecked` sorgen dafür, dass der Selektor lesbarer und damit verständlicher wird.

Fehlermeldungen

Wie bei Regeln gibt es ein paar Möglichkeiten, Meldungen festzulegen – sowohl per Code als auch inline. Inline-Meldungen werden über das Attribut `title` definiert:

```
<input name="email" class="required email" title="Geben Sie eine gültige
E-Mail-Adresse ein" />
```

Damit wird eine einzelne Fehlermeldung für jede Regel erzeugt. Ein alternativer Inline-Ansatz ist die Verwendung des Metadata-Plugins (siehe Rezept 11.2):

```
<input name="email" class="{required:true, email:true, messages:{required:"Required",
email: "Keine gültige E-Mail-Adresse"}}"/>
```

So können Sie eine Meldung für jede Regel angeben, was sich auch über die Option `messages` erzielen lässt:

```
$("#myform").validate({
    messages: {
        email: {
            required: "Required",
            email: "Keine gültige E-Mail-Adresse"
        }
    }
});
```

Auch hier beziehen sich die Schlüssel – hier `email` – auf die Namen der Eingabefelder, nicht auf die ID.

Bei dynamischeren Szenarien kann die Plugin-Methode `rules` genutzt werden:

```
$("#myform").validate();
// irgendwann später
$("#email").rules("add", {
    messages: {
        email: "Gültige E-Mail-Adresse angeben!"
    }
});
```

Nutzen Sie eine der Alternativen zum Attribut `title`, wenn Sie einen normalen Titel verwenden, dann können Sie dafür sorgen, dass das Plugin das Attribut für Meldungen nutzt:

```
$("#myform").validate({
    ignoreTitle: true
});
```

Lokalisierung

Die Standard-Meldungen sind in Englisch formuliert (abgesehen von denen für `dateDE` und `numberDE`). Das Plugin stellt (zum Zeitpunkt der Entstehung dieses Textest) zudem 17 Lokalisierungen bereit. Diese lassen sich ganz einfach verwenden: Kopieren Sie die für Sie notwendige Datei `messages_xx.js` in Ihr Projekt und binden Sie es nach dem Validierungs-Plugin ein. So sieht zum Beispiel der Code für die schwedische Lokalisierung aus:

```
<script src="assets/jquery-latest.js"></script>
<script src="assets/jquery.validate.js"></script>
<script src="assets/messages_se.js.js"></script>
```

Sie erhalten dann anstelle von »Please enter a valid email address.« den Text »Ange en korrekt e-postadress.«

Fehler-Element

Standardmäßig werden die Fehlermeldungen im DOM direkt nach dem Element eingefügt, auf das sie sich beziehen. Eine Fehlermeldung wird als Label-Element eingefügt, wobei das Attribut `for` auf die `id` des überprüften Elements gesetzt wird. Nutzt man ein Label mit dem Attribut `for`, dann setzt der Browser den Fokus auf das Eingabefeld, sobald man auf das Label klickt. So kann der Anwender die Fehlermeldung anklicken und damit zum ungültigen Feld springen.

Wenn Sie einen anderen Element-Typ benötigen, verwenden Sie die Option `errorElement`:

```
$("#myform").validate({
    errorElement: "em"
});
```

Das Attribut wird dann immer noch das Attribut `for` verwenden, aber die automatisch erstellte Verbindung durch den Browser gibt es dann natürlich nicht.

Layout

Wenn Sie die Position beeinflussen möchten, an der die Fehlermeldung eingefügt wird, ist die Option `errorPlacement` nützlich. Hier haben wir zum Beispiel eine Form, die eine Tabelle als Layout verwendet. In der ersten Spalte befindet sich das normale Label, in der zweiten das Eingabefeld und in der dritten die Meldungen:

```
<form id="signupform" method="get" action="">
    <table>
        <tr>
            <td class="label">
```

```
                        <label id="lfirstname" for="firstname">Vorname</label>
                </td>
                <td class="field">
                        <input id="firstname" name="firstname" type="text" value=""
maxlength="100" />
                </td>
                <td class="status"></td>
        </tr>
        <!-- more fields -->
    </table>
</form>

$("#signupform").validate({
    errorPlacement: function(error, element) {
        error.appendTo( element.parent("td").next("td") );
    }
});
```

Häufig will man auch eine allgemeine Meldung oberhalb der Form anzeigen. Dies kann man über die Option errorContainer erzielen:

```
$("#myform").validate({
    errorContainer: "#messageBox1"
});
```

In diesem Beispiel würde ein Element mit der ID messageBox1 angezeigt, wenn die Form ungültig ist. Ist sie korrekt, dann würde das Element verborgen werden.

Dies lässt sich mit der Option errorLabelContainer kombinieren. Wenn man diese angibt, werden die Fehler-Label nicht neben ihr Eingabefeld gesetzt, sondern einem einzelnen Element über oder unter der Form hinzugefügt. Kombiniert mit den Optionen errorContainer und wrapper werden die Meldungen einer Liste mit Fehlern oberhalb der Form hinzugefügt:

```
<div class="container">
        <h4>Es gibt ein paar Probleme, bitte achten Sie auf die Details.</h4>
        <ul></ul>
</div>
<form id="myform" action="">
<!-- form content -->
</form>

var container = $('div.container');
// Form überprüfen, wenn sie abgeschickt wird
$("#myform").validate({
    errorContainer: container,
    errorLabelContainer: $("ul", container),
    wrapper: 'li'
});
```

Umgang mit submit

Wenn die Form gültig ist, muss sie abgeschickt werden. Standardmäßig funktioniert das wie bei jedem normalen Form-Submit. Um die Form per Ajax abzuschicken, kann die

---

Option `submitHandler` genutzt werden – zusammen mit dem Form-Plugin (siehe auch Rezept 11.6):

```
$(".selector").validate({
    submitHandler: function(form) {
        $(form).ajaxSubmit();
    }
});
```

Der Callback `invalidHandler` ist nützlich, um Code auszuführen, wenn ein ungültiges Submit auftritt. Das folgende Beispiel zeigt eine Zusammenfassung der fehlenden Felder an:

```
$("#myform").validate({
    invalidHandler: function(e, validator) {
        var errors = validator.numberOfInvalids();
        if (errors) {
            var message = errors == 1
                ? '1 Feld ist nicht ausgefüllt. Es wurde hervorgehoben.'
                : 'Es fehlen ' + errors + ' Felder. Sie wurden hervorgehoben.';
            $("div.error span").html(message);
            $("div.error").show();
        } else {
            $("div.error").hide();
        }
    }
});
```

Die Marketo-Demo zeigt dieses Verhalten live (*http://jquery-cookbook.com/go/plugin-validation-marketo-demo*).

Einschränkungen

Wann ist es sinnvoll, das Plugin nicht zu verwenden und die Überprüfungen selbst zu programmieren? Es gibt ein paar Einschränkungen des Plugins: Forms, bei denen Gruppen von Eingabefeldern, wie zum Beispiel Checkboxen, unterschiedliche name-Attribute haben, lassen sich als Gruppe nur schwer validieren. Listen mit Eingabefeldern, die alle den gleichen Namen haben, können nicht überprüft werden, weil jedes einzelne Eingabefeld einen eindeutigen Namen benötigt. Halten Sie sich an die Namenskonventionen – eindeutige Namen für einzelne Eingabefelder, ein Name für Checkbox- oder Radio-Button-Gruppen, dann funktioniert das Plugin wunderbar.

Besitzt Ihre Anwendung nur eine Anmeldeform, dann ist das Plugin vermutlich eine Nummer zu groß und es wäre schwer, mit dieser Dateigröße zu leben. Nutzen Sie das Plugin aber irgendwo auf einer Site, kann es auch für die Anmeldeform verwendet werden.

11.2 Eingabemasken für Felder erstellen

Problem

Es gibt eine Reihe von Eingabetypen, bei denen man sich gerne vertippt, wie zum Beispiel bei Kreditkarten-Nummern. Ein schlichter Tippfehler, der nicht gleich bemerkt wird, kann später zu seltsamen Fehlern führen. Das gilt auch für Datumswerte oder Telefonnummern. Alle haben ein paar gemeinsame Eigenschaften:

- Feste Länge
- Größtenteils aus Ziffern bestehend
- Trennzeichen an bestimmten Positionen

Lösung

Ein jQuery-Plugin, das die Eingabe unterstützen kann, ist das Masked Input-Plugin (*http://jquery-cookbook.com/go/plugin-masked-input*). Es wird auf ein oder mehrere Eingabefelder angewandt, um festzulegen, was man eingeben kann, während gleichzeitig die Feldtrenner automatisch ergänzt werden.

In diesem Beispiel wird eine (nordamerikanische) Telefonnummer erwartet:

```
<!DOCTYPE html>
<html>
<head>
    <script src="assets/jquery-latest.js"></script>
    <script src="assets/jquery.maskedinput.js"></script>
    <script>
    jQuery(document).ready(function($) {
        $("#phone").mask("(999) 999-9999");
    });
    </script>
</head>
<body>
    <form>
        <label for="phone">Telefon</label>
        <input type="text" name="phone" id="phone" />
    </form>
</body>
</html>
```

Die Plugin-Datei wird nach jQuery eingebunden. Im ready-Callback wird das Eingabefeld mit der ID phone selektiert und die Methode mask aufgerufen. Dabei wird mit dem Argument angegeben, welche Maske zu verwenden ist – hier ein Format für nordamerikanische Telefonnummern.

Diskussion

Beim Definieren der Maske gibt es vier Zeichen mit einer besonderen Bedeutung:

a

Beliebiger Buchstabe (a–z und A–Z)

9

Beliebige Ziffer (0–9)

*

Beliebiges alphanumerisches Zeichen (a–z, A–Z und 0–9)

?

Alles nach diesem Zeichen ist optional

Alle anderen Zeichen – wie zum Beispiel die Klammern oder der Bindestrich in der Maske für phone – werden als Literale angesehen, die das Plugin automatisch einfügt und die der Anwender auch nicht entfernen kann.

Standardmäßig fügt das Plugin einen Unterstrich (_) für jedes variable Zeichen ein. Beim Telefonbeispiel würde das Eingabefeld mit Erhalt des Fokus folgenden Wert anzeigen:

```
(__) ___-____
```

Wenn der Anwender mit der Eingabe der Daten beginnt, wird der erste Unterstrich ersetzt, wenn es sich um ein gültiges Zeichen handelt – hier eine Ziffer. Die anderen Literale werden dabei übersprungen.

Der Unterstrich kann auch angepasst werden, indem man ein zusätzliches Argument mitgibt:

```
$("#phone").mask("(999) 999-9999", {placeholder: " "});
```

In diesem Fall würde ein Leerzeichen anstelle des Unterstrichs angezeigt.

Es ist auch möglich, neue Masken-Zeichen zu definieren:

```
$.mask.definitions['~'] = '[+-]';
$("#eyescript").mask("~9.99 ~9.99 999");
```

Hier ist das neue Masken-Zeichen eine Tilde, durch die + und – eingegeben werden kann. Die Menge der gültigen Zeichen wird dabei als Regex-Zeichenklasse definiert. Nun kann auch die Tilde in einer Maske verwendet werden.

Das Fragezeichen ermöglicht Masken mit einem festen und einem optionalen Teil. Eine Telefonnummer mit einer optionalen Durchwahl könnte wie folgt definiert werden:

```
$("#phone").mask("(999) 999-9999? x99999");
```

Wenn eine Masken-Eingabe mit dem Validation-Plugin (Rezept 11.1) kombiniert wird, ist es wichtig, dass für das Feld die richtigen Regeln definiert sind. Ansonsten akzeptiert das Validation-Plugin eventuell die Platzhalter-Zeichen der Maske als gültige Eingabe. Der Anwender würde dadurch verwirrt, weil ein ungültiges Feld als gültig markiert würde, obwohl er erst das erste Zeichen eingegeben hat.

Einschränkungen

Die wichtigste Einschränkung des Plugins ist der Zwang zu Feldern mit festen Längen. Man kann es nicht für variable Längen verwenden, wie zum Beispiel einen Währungs-

Wert. So könnte man zum Beispiel mit »$ 999.999,99« nur einen Wert zwischen 100.000,00 und 999.999,99 eingeben, aber nichts darüber oder darunter.

11.3 Textfelder automatisch vervollständigen

Problem

Es gibt zwei HTML-Eingabefeld-Typen, bei denen ein Anwender einen Wert aus einer Liste bestehender Werte auswählen kann: Radio Buttons und Selects. Radio Buttons sind für Listen mit bis zu acht Einträgen sinnvoll, während Selects bis zu 30 oder 150 Einträgen noch gut anwendbar sind – abhängig von der Art der Daten. Wenn der Anwender aber auch einen neuen Wert eintragen kann, helfen sie nicht weiter – meist wird ihnen dann ein Feld »Andere« beigestellt. Wird die Liste richtig groß – 500 oder sogar 500.000 Einträge, dann sind auch sie nicht mehr verwendbar.

Lösung

Das Autocomplete-Widget (*http://jquery-cookbook.com/go/widget-autocomplete*) von jQuery UI kann die verschiedenen Situationen abdecken, in denen ein Select nicht ausreichend ist. Im einfachsten Fall sind die anzuzeigenden Daten in einem JavaScript-Array verfügbar:

```
<label for="month">Wählen Sie einen Monat aus:</label>
<input id="month" name="month" />

var months = ['Januar', 'Februar', 'März', 'April', 'Mai', 'Juni', 'Juli',
'August', 'September', 'Oktober', 'November', 'Dezember'];
$("#month").autocomplete({
    source: months
});
```

Hier wenden wir das Autocomplete-Plugin auf ein Eingabefeld für einen Monat an, wobei die Daten in einem einfachen JavaScript-Array bereitgestellt werden.

Sind die Daten noch nicht auf Client-Seite vorhanden, dann kann das Plugin sie vom Server holen:

```
$("#month").autocomplete({
    source: "addresses.php"
});
```

Das Plugin schickt dann eine GET-Anfrage an diese Ressource, wobei der vom Benutzer eingegebene Wert als Parameter q angehängt wird, also zum Beispiel addresses.php?q=ma. Als Antwort erwartet das Plugin eine Liste mit durch Zeilenumbruch getrennten Werten:

```
Mainstraße
Marktstraße
Markusstraße
```

Diskussion

Zuerst muss man sich entscheiden, ob man das Plugin mit lokalen oder mit Remote-Daten nutzen will.

Bei lokalen Daten ist die vollständige Liste der Daten schon im Speicher des Browsers vorhanden. Sie kann als Teil der Seite oder über eine eigene Ajax-Anfrage geladen werden. Auf jeden Fall wird sie nur ein Mal geladen. Dieses Modell ist dann sinnvoll nutzbar, wenn die Daten klein und statisch sind – weniger als 500 Zeilen – und sich beim Auswählen eines Werts nicht ändern. Der große Vorteil dieser Methode ist der, dass die Daten außerordentlich schnell gefunden werden.

Remote-Daten werden vom Server in kleineren Häppchen geladen (bis zu 100 Zeilen sind sinnvoll). Dies funktioniert sowohl mit kleinen Datenmengen als auch mit sehr großen (zum Beispiel mehr als 500.000). Da die Daten vom Server geladen werden, ist der Suchprozess im Vergleich zu lokalen Daten langsamer. Das kann man durch Daten-happen »ausgleichen«, die groß genug sind und die dann im Client ohne weitere Anfragen gefiltert werden können.

11.4 Einen Wertebereich selektieren

Problem

Stellen Sie sich eine Webseite vor, auf der Sie nach Autos suchen können: Der Anwender gibt den für ihn akzeptablen Preisbereich ein und während er den Wert ändert, wird die Liste der sich in diesem Bereich befindenden Autos aktualisiert. Die HTML-Form-Elemente für diese Art von Eingaben – Texteingabefelder, Radio Buttons, Selects – reichen dafür nicht aus. Einerseits benötigt jedes dieser Felder einen exakten Wert. Andererseits sind sie nicht in der Lage, den Preisbereich darzustellen. Zudem ist es nicht möglich, den gesamten Bereich zu verschieben; anstattdessen muss der Anwender den Anfangswert und den Endwert anpassen.

Lösung

Das Slider-Widget (*http://jquery-cookbook.com/go/widget-slider*) von jQuery UI kann zwei Texteingabefelder in einen Bereichs-Slider umwandeln. Die Anfangs- und Endwerte des Bereich können mit der Maus oder mit den Cursor-Tasten verschoben werden.

Der Standard-Slider wird auf ein einfaches `<div>` angewandt und es sind keine Optionen notwendig:

```
<div id="slider"></div>
```

```
$("#slider").slider();
```

Damit dies funktioniert, müssen jQuery, jQuery UI Core und die Slider-`.js`-Dateien sowie ein UI-Theme eingebunden werden:

```
<link rel="stylesheet" href="ui.core.css" />
<link rel="stylesheet" href="ui.slider.css" />
<link rel="stylesheet" href="ui.theme.css" />
<script type="text/javascript" src="jquery-1.3.2.js"></script>
<script type="text/javascript" src="ui.core.js"></script>
<script type="text/javascript" src="ui.slider.js"></script>
```

Das bringt zwar einen hübsch aussehenden Slider auf die Seite, aber sehr nützlich ist er noch nicht.

Bei der Auto-Suche wollen wir die selektierten Werte in ein Eingabefeld übertragen und dem Anwender präsentieren:

```
<p>
    <label for="amount">Preisbereich:</label>
    <input type="text" id="amount" style="border:0; color:#f6931f;
font-weight:bold;" />
</p>

<div id="slider-range"></div>
```

Mit diesem Markup können wir einen Bereichs-Slider erstellen:

```
var slider = $("#slider-range").slider({
    range: true,
    min: 0,
    max: 500,
    values: [75, 300],
    slide: function(event, ui) {
        $("#amount").val('€ ' + ui.values[0] + ' - € ' + ui.values[1]);
    }
});
$("#amount").val('€ ' + slider.slider("values", 0) + ' - € ' + slider.slider("values",
1));
```

Wenn man die Option range auf true setzt, weiß das Plugin, dass zwei Handles erzeugt werden sollen und nicht nur einer. Die Optionen min und max legen den verfügbaren Bereich fest und die Option values gibt die Ausgangsposition an.

Der Callback slide wird ausgelöst, wenn ein Handle bewegt wird. Hier aktualisiert er das Eingabefeld amount, um den selektierten Bereich anzuzeigen.

Diskussion

Einen Slider an ein Texteingabefeld zu binden, ist eine Option – die andere ist, ihn an ein Select-Feld zu binden und die Optionen des Select-Feldes als Werte zu nutzen.

Lassen Sie uns als Beispiel eine Form zur Zimmerreservierung nutzen, bei der der Anweder die minimale Anzahl an Betten eingeben kann. Die maximale Zahl ist sechs, daher ist ein Slider keine ganz schlechte Idee. Mit progressiver Optimierung können wir das Select durch einen Slider »verbessern« und die Änderungen wiederum in das <select>-Element übertragen:

```
<select name="minbeds" id="minbeds">
    <option>1</option>
```

```
        <option>2</option>
        <option>3</option>
        <option>4</option>
        <option>5</option>
        <option>6</option>
    </select>

    var select = $("#minbeds");
    var slider = $('<div id="slider"></div>').insertAfter(select).slider({
        min: 1,
        max: 6,
        range: "min",
        value: select[0].selectedIndex + 1,
        slide: function(event, ui) {
            select[0].selectedIndex = ui.value - 1;
        }
    });
    $("#minbeds").click(function() {
        slider.slider("value", this.selectedIndex + 1);
    });
```

Anstatt bestehendes Markup zu verwenden, das noch nicht einmal eine semantische Bedeutung besitzt, generieren wir das <div> bei Bedarf und fügen es direkt nach dem <select> in das DOM ein.

Wir haben einen einzelnen Wert, daher verwenden wir die Option value und nicht values. Wir initialisieren sie mit dem selectedIndex des Selects, wobei wir direkt die DOM-Eigenschaft nutzen. Diese Eigenschaft beginnt bei Null, daher addieren wir 1.

Wenn der Slider aktualisiert wird – durch Tastenaktionen oder durch das Ziehen des Handles mit der Maus – wird das Select-Feld aktualisiert, indem sein selectedIndex auf den Wert des ui-Objekts gesetzt wird, das jedes ui-Event erhält. Der Offset von 1, den wir bei der Initialisierung hinzugefügt haben, wird hier wieder abgezogen.

Wir setzen auch die Option range, obwohl wir nur ein Handle haben. Neben einem Booleschen Wert kann man auch einen String-Parameter übergeben. Setzt man ihn auf min, dann wird der Bereich vom Anfang des Sliders bis zum Handle angezeigt, bei max hingegen vom Handle bis zum Ende des Sliders. Damit lässt sich die minimale Anzahl von Betten, die das Hotelzimmer haben sollte, besser visualisieren.

Schließlich binden wir noch ein Click-Event an das Select-Feld, um den Slider zu aktualisieren, wenn das Select selbst durch den Anwender verändert wird. Wir könnten das Select-Feld auch verbergen, müssten dann aber den numerischen Wert auf andere Art und Weise darstellen.

Das Plugin unterstützt noch zwei weitere Optionen, die wir in diesem Beispiel nicht genutzt haben:

• Option animate: true animiert den Handle, wenn er durch ein Klicken irgendwo im Slider an ein »Ziel« bewegt wird.

• Option orientation: vertical zeigt anstelle eines horizontalen einen vertikalen Slider an.

Es gibt noch ein paar weitere Events, die eine detailliertere Steuermöglichkeit bieten:

- `start` wird aufgerufen, wenn das Verschieben beginnt.
- `stop` wird am Ende des Verschiebens aufgerufen.
- `change` wird aufgerufen, wenn das Verschieben beendet ist und sich der Wert des Sliders verändert hat. Dies ist besonders dann nützlich, wenn eine Änderung des Sliders eine teure Aktion auslöst, wie zum Beispiel das Abschicken einer Anfrage an den Server oder das Anpassen eines Graphen. Natürlich wird das Verhalten des Sliders dadurch weniger offensichtlich, da man dann beim Verschieben keine direkte Rückmeldung erhält.

11.5   Einen Wert eingeben, der innerhalb bestimmter Grenzen liegt

Problem

Ein Slider ist wunderbar dafür geeignet, grob Daten einzugeben und sie zu visualisieren, für exakte Werte hingegen ist er nicht so nützlich. Ein Beispiel wäre ein Pixel-Wert in einer Layout-Komponente, bei der der Wert in sehr kleinen Schritten verändert werden muss – Pixel für Pixel. Bei einem Standard-Eingabefeld muss die Tastatur genutzt werden – der aktuelle Wert wird gelöscht und ein neuer eingegeben, bei jedem Schritt.

Lösung

Das Spinner-Widget (*http://jquery-cookbook.com/go/widget-spinner*) von jQuery UI kann dieses Problem lösen, indem es dem Eingabefeld Buttons für das Erhöhen und Verringern des Wertes hinzufügt. So kann man mit der Maus arbeiten, aber auch die Cursor-Tasten benutzen.

Sie brauchen dazu nur ein normales Eingabefeld:

```
<input id="value" name="value" />
```

Auf das wenden Sie dann das Spinner-Plugin an:

```
$("#value").spinner();
```

Damit werden die Buttons für das Hoch- und Runterblättern erzeugt, platziert und die notwendigen Tastatur-Events hinzugefügt.

Zudem wird die Eingabe auf numerische Werte beschränkt – gibt man im Spinner-Feld *abc* ein, dann wird dies beim Verlassen des Feldes durch den Standardwert ersetzt. Definiert man keinen eigenen, ist der Wert Null.

Diskussion

Das Plugin bietet ein paar Möglichkeiten an, die Eingabe weiter zu beschränken:

- `min` setzt die untere Grenze, zum Beispiel –10 oder 100.

- max setzt die obere Grenze, zum Beispiel 10 oder 200.
- stepping gibt gewisse Sprungwerte vor, zum Beispiel 5. Standard ist 1.

Wird der Spinner genutzt, um einen Währungsbetrag einzugeben, kann die Option currency genutzt werden, um das passende Symbol innerhalb des Eingabefeldes anzuzeigen.

Das folgende Beispiel nutzt all diese Features und zeigt eine Form an, mit der Geld gespendet werden kann:

```
<label for="currency">Währung</label>
<select id="currency" name="currency">
    <option value="$">US $</option>
    <option value="€">EUR €</option>
    <option value="\$Y">YEN \$Y</option>
</select>
<br/>
<label for="amount">Wählen Sie den Spendenbetrag:</label>
<input id="amount" name="amount" value="5" />
```

Wir haben ein Select-Feld für die Währung und ein Texteingabefeld für den Betrag:

```
var currency = $("#currency").change(function() {
    $("#amount").spinner("option", "currency", $(this).val()).blur();
});
$("#amount").spinner({
    currency: currency.val(),
    min: 5,
    max: 1000,
    step: 5
});
```

Wir binden ein Change-Event an das Währungs-Select-Feld, um die Option currency des Spinner-Feldes bei einer Auswahl der Währung anzupassen.

Das Spinner-Feld selbst wird mit dem aktuellen Wert initialisiert, es werden aber auch Angaben für min, max und step gemacht und die Werte auf den Bereich von 5 bis 1.000 beschränkt, wobei immer nur in Fünferschritten erhöht werden kann.

Integration mit Google Maps

Der Wert kann auch eine Dezimalzahl sein, wofür man die Option decimal nutzen kann, um die Anzahl der Nachkommastellen festzulegen. Im folgenden Beispiel zeigen wir eine Google Map an und nutzen Spinner, um Länge und Breite anzugeben.

Zunächst binden wir die API-Skripten von Google Maps ein:

```
<script type="text/javascript" src="http://maps.google.com/maps/api/js?
sensor=false"></script>
```

Dann können wir Markup für die Spinner und die eigentliche Karte sowie ein paar einfache Styles hinzufügen:

```
<style>
    #map { width:500px; height:500px; }
</style>

<label for="lat">Länge</label>
<input id="lat" name="lat" value="44.797916" />
<br/>
<label for="lng">Breite</label>
<input id="lng" name="lng" value="-93.278046" />

<div id="map"></div>
```

Darauf basierend können wir die Karte initialisieren und sie mit den Spinnern verbinden:

```
function latlong() {
    return new google.maps.LatLng($("#lat").val(),$("#lng").val());
}
function position() {
    map.set_center(latlong());
}
$("#lat, #lng").spinner({
    precision: 6,
    change: position
});

var map = new google.maps.Map($("#map")[0], {
    zoom: 8,
    center: latlong(),
    mapTypeId: google.maps.MapTypeId.ROADMAP
});
```

Die Funktion position setzt die Mitte der Karte auf die Längen- und Breitenwerte aus den Spinner-Feldern. Initialisiert werden sie mit dem Wert 6 für die Option decimal und die Funktion position wird für die Option change übergeben. So wird die Karte immer dann aktualisiert, wenn sich einer der Spinner ändert. Danach wird die Karte noch mit Hilfe der Google Maps API initialisiert.

Der Nachteil der Spinner ist in diesem Fall, dass Inkrement und Dekrement nur die Ziffern vor dem Dezimalpunkt beeinflussen, daher ist das Scrollen doch mit recht großen Sprüngen behaftet. Die Option increment rundet jeden Wert kleiner Eins auf Eins, daher ist sie hier nicht so hilfreich.

11.6 Dateien im Hintergrund hochladen

Problem

Das Hochladen von Dateien ist für viele Web-Anwendungen ein wichtiger Bestandteil, es wird aber von den Browsern mehr schlecht als recht unterstützt. Das größte Problem ist die fehlende Rückmeldung zum Status, während gleichzeitig jede Aktion des Benutzers den Vorgang abbrechen lassen kann. Ein einfacher Fortschrittsbalken kann die Rückmeldung deutlich verbessern, aber dafür muss auf Server-Seite einiges getan werden, während das Problem mit den Abbrüchen durch Anwender-Aktionen trotzdem besteht.

Lösung

Um die Situation zu verbessern, sollten Dateien im Hintergrund hochgeladen werden. Dadurch kann die Anwendung weiter genutzt werden.

Durch das jQuery-Plugin form (*http://jquery-cookbook.com/go/plugin-form*) wird der Wechsel vom klassischen Browser-basierten Hochladen zum Hochladen per Ajax im Hintergrund zu einem Kinderspiel. Wir nutzen hier diese Form:

```
<form id="uploadform">
    <input type="file" id="fileupload" name="fileupload" />
    <input type="submit" value="Hochladen!" />
</form>
```

Hier brauchen Sie nur einen Aufruf von ajaxForm:

```
$("#uploadform").ajaxForm();
```

Das Hochladen im Hintergrund ohne irgendeine Rückmeldung über den Erfolg ist natürlich nicht ausreichend, daher nutzen wir die Option success, um nach dem erfolgreichen Hochladen eine Meldung auszugeben:

```
$("#uploadform").ajaxForm({
    success: function() {
        alert("Hochladen abgeschlossen!");
    }
});
```

Diskussion

Die Methode ajaxForm bindet sich selbst an das Submit-Event der Form, wodurch auch der Button, mit dem die Form abgeschickt werden sollte, in die Ajax-Anfrage mit eingebunden werden kann. Wenn man ajaxSubmit nutzt, ist das nicht möglich. Die Methode ajaxSubmit ist hilfreich, wenn das Abschicken der Form an anderer Stelle vorgenommen wird, zum Beispiel durch das Validation-Plugin. Um Validierung und Ajax zusammenzuführen, sollte ajaxSubmit in der Option submitHandler genutzt werden:

```
$("#commentform").validate({
    submitHandler: function(form) {
        $(form).ajaxSubmit({
            success: function() {
                $(form).clearForm();
                alert("Vielen Dank für Ihren Kommentar!");
            }
        });
    }
});
```

Die Methode clearForm wird ebenfalls vom Form-Plugin bereitgestellt. Sie entfernt alle Werte aus der Form. Das erleichtert es dem Anwender, eine weitere Datei hochzuladen.

11.7 Die Länge von Texteingabefeldern begrenzen

Problem

Es ist immer wieder notwendig, die Menge der Zeichen in einer Textarea zu begrenzen, wie zum Beispiel bei den 140 Zeichen für Twitter oder den 500 Zeichen für einen Kommentar bei YouTube. Für den Anwender ist es frustrierend, erst nach dem Abschicken der Form darüber informiert zu werden, dass er zu viel eingegeben hat. Daher ist es sinnvoll, immer anzuzeigen, wie viele Zeichen noch eingegeben werden können.

Lösung

Das Maxlength-Plugin (*http://jquery-cookbook.com/go/plugin-maxlength*) löst dies durch Hinzufügen eines Indikators »Noch x Zeichen« vor oder hinter der Textarea. Das Plugin schaut, nachdem es auf ein Texteingabefeld oder eine Textarea angewandt wurde, nach einem Element mit der Klasse charsLeft, um dort den Zähler zu aktualisieren:

```
<form action="/comment">
  <p>Noch <span class="charsLeft">10</span> Zeichen</p>
  <textarea name="commentbody" maxlength="10"></textarea>
</form>

$('textarea').maxlength();
```

Um dies weniger aufdringlich zu gestalten, können wir die notwendigen Elemente mit jQuery erzeugen, womit wir ein einfacheres Form-Markup erhalten:

```
<form action="/comment">
  <textarea name="commentbody" maxlength="10"></textarea>
</form>

var textarea = $('textarea');
$('<p>Noch <span class="charsLeft">10</span> Zeichen</p>').insertBefore(textarea);
textarea.maxlength();
```

Diskussion

Bei Twitter kann man in der Textarea mehr als 140 Zeichen eingeben, die Form dann aber nicht abschicken. Das ist hilfreich, wenn man einen längeren Text einfügt, der die Grenze überschreitet, um ihn danach anzupassen. Einen ähnlichen Effekt erhält man beim Maxlength-Plugin, wenn man die Option hardLimit auf false setzt. Dies beeinflusst zwar nicht das Abschicken des Plugins, aber es kann an anderer Stelle behandelt werden – zum Beispiel vom Validation-Plugin (siege Rezept 11.1).

Das Plugin ermöglicht auch das Zählen von Wörtern anstelle von Zeichen, indem die Option words auf true gesetzt wird.

Anstatt das Plugin nach dem Standard-Selektor .charsLeft suchen zu lassen, können wir auch die Option feedback setzen.

Hier ein weiteres Beispiel, das alle drei Optionen nutzt:

```
<form action="/comment">
    <textarea name="commentbody" maxlength="10"></textarea>
    <p>Noch <span>x</span> Zeichen</p>
</form>

$('textarea').maxlength({
    feedback: "p>span",
    hardLimit: false,
    words: true
});
```

11.8 Label oberhalb von Eingabefeldern anzeigen

Problem

Ein Seitenlayout bietet nicht ausreichend Platz vor einem Eingabeelement, um ein Label anzuzeigen. Die Funktion des Feldes ist nicht sofort klar und ein Titel alleine ist nicht deutlich genug.

Such- und Anmelde-Forms haben häufig Platzprobleme. Es gibt nicht ausreichend Fläche, um ein Label vor einem Eingabefeld anzuzeigen. Aber ohne Label ist die Funktion des Feldes nicht klar. Ein Attribut title reicht nicht aus, um das Problem zu beheben, da man es nur dann sieht, wenn man den Mauscursor über das Feld bewegt und dort verweilt.

Lösung

Der häufige Fall des Suchfeldes kann gelöst werden, indem man innerhalb des Feldes in hellgrau »Suchbegriff« einträgt, um zu zeigen, dass es sich bei diesem Text nur um ein Label, nicht um den tatsächlich zu suchenden Text handelt. Fokussiert man das Feld, dann wird der Text entfernt. Verlässt man es, so kehrt der Text zurück, sofern nicht etwas eingegeben wurde.

Der etwas seltenere Fall ist eine Anmelde-Form, die nicht viel Platz bietet und Felder für den Benutzernamen und das Passwort enthält. Das Passwort-Feld muss das »Wasserzeichen« als normalen Text anzeigen, das Passwort selbst aber (direkt eingetippt oder vom Browser vorbefüllt) muss »verschleiert« sein.

In beiden Fällen sollte das Wasserzeichen nicht als Wert an den Server geschickt werden. Das Watermark Plugin (*http://jquery-cookbook.com/go/widget-watermark*) löst dieses Problem, indem es oberhalb des eigentlichen Eingabefeldes ein Label-Element anzeigt, das Label verbirgt, wenn das Eingabefeld den Fokus erhält, und es wieder anzeigt, wenn das leere Feld verlassen wird.

Mit einem Label über dem Feld anstelle des Anzeigens von Text innerhalb des Feldes funktioniert diese Lösung auch bei Passwort-Feldern und man vermeidet, den Wasserzeichen-Wert löschen zu müssen, bevor man die Form abschickt.

Die Standardversion nutzt die Plugin-Methode watermark und übergibt den anzuzeigenden Wert:

```
$("#search").watermark("Suchbegriff");
```

Diskussion

Anstatt einen Wert an das Plugin zu übergeben, kann dieser auch bei Verwendung des
Metadata-Plugin (*http://jquery-cookbook.com/go/plugin-metadata*) als Metadaten-Eintrag
im Markup angegeben werden, was praktischer ist, wenn mehrere Wasserzeichen genutzt
oder diese auf dem Server generiert werden:

```
<form id="loginform">
    <input type="text" id="email" name="email"
class="{watermark:'E-Mail-Adresse'}" />
    <input type="password" id="password" name="password"
class="{watermark:'Ihr Passwort'}" />
</form>

$("#loginform input").watermark();
```

Metadaten haben den Nachteil, dass damit keine progressive Verbesserung möglich ist.
Dabei sollten Label-Elemente wie für eine normale Form verwendet werden, wobei das
Plugin sie an der richtigen Position platziert:

```
<form id="loginform">
    <div>
        <label for="email">E-Mail-Adresse</label>
        <input type="text" id="email" name="email" />
    </div>
    <div>
        <label for="password">Ihr Passwort</label>
        <input type="password" id="password" name="password" />
    </div>
</form>
```

In diesem Fall wird das Plugin auf die Label angewendet anstatt auf die Eingabefelder:

```
$("#loginform label").watermark();
```

Das Plugin nutzt dann das Attribut for für jedes Label, um das zugehörige Eingabefeld zu
finden und das Label an der richtigen Position zu platzieren.

11.9 Ein Eingabeelement mit seinem Inhalt wachsen lassen

Problem

Eine Textarea ist als Teil einer Benutzerschnittstelle häufig abhängig von der Benutzereingabe entweder zu groß oder zu klein. Ist sie zu groß, geraten andere wichtige Elemente
außer Sicht, ist sie zu klein, muss der Anwender zu viel scrollen.

Lösung

Nutzen Sie das Elastic-Plugin (*http://jquery-cookbook.com/go/plugin-elastic*), um mit einer kleinen vorgegebenen Höhe zu beginnen, die Sie dann automatisch wachsen lassen, wenn der Anwender eine bestimmte Menge Text eingibt.

Die Verwendung ist sehr einfach. Mit dieser Textarea:

```
<textarea id="commentbody"></textarea>
```

können wir das Plugin wie folgt anwenden:

```
$("#commentbody").elastic();
```

Diskussion

Das Plugin bindet sowohl einen Timer als auch ein Blur-Event an die Textarea, um auf Änderungen zu achten. Geschieht dies, kopiert es den Inhalt in eine verborgene Textarea mit den gleichen Styles wie das Original, berechnet die neue Höhe hierfür und beginnt bei einem Überschreiten der aktuellen Höhe eine Animation, um sie anzupassen. Damit kann die Textarea bei größeren Inhalten wachsen, aber auch schrumpfen, wenn Inhalte entfernt werden.

Eine Alternative ist, den Anwender die Größe der Textarea anpassen zu lassen. Safari bietet das standardmäßig an. Das Resizable-Plugin (*http://jquery-cookbook.com/go/widget-resizable*) von jQuery UI stellt diese Funktionalität auch für andere Browser zur Verfügung. Nutzen wir eine Textarea resizable, können wir das Plugin wie folgt anwenden, wobei wir die Handle-Option so einstellen, dass wir nur einen Handle in der unteren rechten Ecke erhalten:

```
$("#resizable").resizable({
    handles: "se"
});
```

Nutzt man das Base Theme von jQuery UI, dann wird der Handle unterhalb der Textarea angezeigt. Um es in die untere rechte Ecke der Textarea zu verschieben, müssen wir ein bisschen CSS hinzufügen:

```
.ui-resizable-handle {
    bottom: 17px;
}
```

11.10 Ein Datum wählen

Problem

Eingabefelder für Datumswerte braucht man, wenn man Veranstaltungen, Flüge oder Hotelzimmer sucht oder wenn man ein Geburtsdatum in einer Registrierungsform eintragen möchte. Dazu nutzt man häufig drei Select-Felder – für Tag, Monat und Jahr. Das ist zwar für ein Geburtsdatum akzeptabel, es kann aber sehr nervig sein, wenn man nach Flügen in einem bestimmten Zeitraum sucht.

Lösung

Der Datepicker (*http://jquery-cookbook.com/go/widget-datepicker*) von jQuery UI kann dieses Problem lösen, indem er einen Kalender zusammen mit einer ganzen Reihe von Konfigurationsoptionen anbietet, mit denen man ihn für die verschiedensten Anwendungen nutzen kann.

Der Standard-Datepicker wird einfach auf ein Eingabefeld angewendet:

```
<label for="startAt">Beginn:</label>
<input type="text" name="startAt" id="startAt" />

$("#startAt").datepicker();
```

Damit werden die Events an das Feld gebunden, die notwendig sind, um den Datepicker anzuzeigen, wenn das Eingabefeld den Fokus erhält. Ausgangswert ist das aktuelle Datum. Es gibt Buttons, um den nächsten oder vorherigen Monat anzuzeigen, zudem kann man mit dem Kalender einen Tag auswählen.

Damit der Datepicker noch nützlicher wird, müssen wir ihn an die Anwendung anpassen. Bei der Flugsuche können wir davon ausgehen, dass der Anwender nach einem Flug in den nächsten drei Monaten sucht. Daher zeigen wir gleich drei Monate auf einmal an, wobei wir mit der aktuell nächsten Woche beginnen:

```
<label for="from">Von</label>
<input type="text" id="from" name="from"/>
<label for="to">bis</label>
<input type="text" id="to" name="to"/>
```

Wir nutzen zwei Eingabeelemente, die jeweils mit einem passenden Label versehen sind, und wenden dann den Datepicker auf beide an:

```
var dates = $('#from, #to').datepicker({
    defaultDate: "+1w",
    changeMonth: true,
    numberOfMonths: 3,
    onSelect: function(selectedDate) {
        var option = this.id == "from" ? "minDate" : "maxDate";
        dates.not(this).datepicker("option", option, new Date(selectedDate));
    }
});
```

Das Standard-Datum für den Datepicker ist das aktuelle Datum plus eine Woche, gesetzt über die Option `defaultDate`. Mit `changeMonth: true` wird zudem ein Select für die Auswahl des Monats angezeigt. Die Option `numberOfMonths: 3` legt fest, dass drei Monate auf einmal angezeigt werden sollen.

Die Option `onSelect` ist ein Event, das ausgelöst wird, wenn der Anwender ein Datum selektiert. Ist das »Von«-Datum ausgewählt worden, wird die Option `minDate` für das »Bis«-Datum gesetzt, bei Auswahl des »Bis«-Datums wiederum wird die Option `maxDate` des »Von«-Datums gesetzt.

Damit kann der Anwender einen der beiden Datumswerte auswählen. Möchte er dann den anderen auswählen, dann wird seine Wahl so begrenzt, dass auf jeden Fall ein positiver Bereich entsteht.

Diskussion

Standardmäßig wird der Datepicker angezeigt, wenn das Eingabfeld den Fokus erhält. Mit der Option showOn können wir den Kalender so konfigurieren, dass er nur dann erscheint, wenn man auf das Kalender-Symbol neben dem Eingabefeld klickt:

```
$("#datepicker").datepicker({
    showOn: 'button',
    buttonImage: 'images/calendar.gif',
    buttonImageOnly: true
});
```

Die Option buttonImage gibt den Pfad zu einem Bild an, das als Button genutzt werden soll, während buttonImageOnly festlegt, dass ein Bild und kein »echter« Button zu verwenden ist.

Die Option showOn ermöglicht auch both als Wert, womit der Datepicker sowohl angezeigt wird, wenn das Eingabefeld den Fokus erhält, als auch bei einem Klick auf den Button.

Lokalisierung

Der Datepicker von jQuery UI unterstützt 41 Locales, die in den Dateien ui.datepicker-*xx*.js zu finden sind (wobei *xx* das Locale ist). Jede Datei fügt $.datepicker.regional eine Eigenschaft hinzu. Die Datei ui.datepicker-ar.js enthält Folgendes:

```
$.datepicker.regional['ar'] = {
    closeText: 'إغلاق',
    prevText: '&#x3c;السابق',
    nextText: 'التالي&#x3e;',
    currentText: 'اليوم',
    dayNames: ['السبت', 'الأحد', 'الاثنين', 'الثلاثاء', 'الأربعاء', 'الخم', 'الجمعة', 'يس'],
    dayNamesShort: ['سبت', 'أحد', 'اثنين', 'ثلاثاء', 'أربعاء', 'خم', 'جمعة', 'يس'],
    dayNamesMin: ['سبت', 'أحد', 'اثنين', 'ثلاثاء', 'أربعاء', 'خم', 'جمعة', 'يس'],
    dateFormat: 'dd/mm/yy',
    firstDay: 0,
    isRTL: true
};
```

Um einen Datepicker mit dem arabischen Locale zu initialisieren, beziehen wir uns auf diese Eigenschaft:

```
$("#datepicker").datepicker($.datepicker.regional.ar);
```

Um zudem andere Optionen zu nutzen, verwenden wir $.extend:

```
$("#datepicker").datepicker($.extend({}, $.datepicker.regional.ar, {
    changeMonth: true,
    changeYear: true
});
```

Wir erzeugen ein leeres Objekt per {} und greifen dann auf $.extend zurück, um die regionalen Optionen und die Werte für changeMonth und changeYear in das leere Objekt zu kopieren. Dieses wird dann genutzt, um den Datepicker zu initialisieren.

jQuery-Plugins

Mike Hostetler

12.0 Einleitung

Eines der wichtigen Ziele der jQuery-JavaScript-Bibliothek ist es, eine schnelle und schlanke Alternative zu anderen JavaScript-Bibliotheken aus der Open-Source-Welt zu bleiben. Daher wird darauf geachtet, dass der jQuery Core die Bedürfnisse der meisten Entwickler erfüllt, dabei aber schnell und schlank bleibt. Natürlich haben Entwickler auch Anforderungen, die sich durch den jQuery Core nicht vollständig abdecken lassen. Oder ein Entwickler möchte eine Erweiterung für die Core-Funktionalität schreiben, die für einen signifikanten Teil der jQuery-Anwender nützlich sein kann, aber nicht in den Core mit aufgenommen werden sollte.

jQuery wurde so entworfen, dass es auf vielen Wegen erweitert werden kann. Die Rezepte in diesem Kapitel sind dazu gedacht, den Leser in die Welt der jQuery-Plugins einzuführen.

12.1 Wo finden Sie jQuery-Plugins?

Problem

Sie versuchen, etwas mit jQuery zu bauen, das Funktionalität erfordert, die nicht im jQuery Core vorhanden ist. Dem Problem sahen sich sicherlich schon andere Entwickler gegenüber und Sie sind der Meinung, dass eventuell ein Plugin dafür existiert. Wo sollten Sie mit Ihrer Suche nach Plugins beginnen und wie sollten Sie die Plugins begutachten, die Sie finden?

Lösung

Suchen Sie in den folgenden Repositories nach jQuery-Plugins:

jQuery Plugin Repository
   http://plugins.jquery.com

Google Code
   http://code.google.com

GitHub
> *http://github.com*

Google mit passenden Suchbegriffen
> *http://google.com*

SourceForge
> *http://sourceforge.net*

Diskussion

Es gibt ein paar Sites im Netz, auf denen jQuery-Plugins gefunden werden können. Aufgrund der Natur der jQuery-Plugins gibt es eine Reihe von Hosting-Sites für Open-Source-Projekte, diefür solche Plugins anziehender erscheinen als andere. Zudem dient die jQuery-Site selbst als zentrales Repository für Plugins (siehe *http://plugins.jquery.com*).

Am besten suchen Sie in all den verfügbaren Ressourcen und sammeln erst einmal alle potenziellen Plugins ein, um sie zu begutachten. Plugins, die dazu gedacht sind, ein und dasselbe Problem zu lösen, verfolgen häufig völlig unterschiedliche Ansätze oder sie wurden für verschiedene Versionen der jQuery Core-Bibliothek gebaut.

Die folgenden Schritte sind eine gute Orientierungshilfe, wenn es darum geht, die aktuellsten und neuesten Versionen eines Plugins zu finden.

Im jQuery Plugin Repository suchen

Das jQuery-Projekt ist die Heimat eines Plugin-Repository (*http://plugins.jquery.com*), das aktuell mehr als 1.200 Plugins beherbergt. Die meisten Autoren, die ihre Plugins bei sich verwalten, veröffentlichen sie hier.

Plugins aus dem jQuery Plugin-Repository sind in einer Reihe von Kategorien gruppiert, die dabei helfen können, Ihre Suche einzugrenzen. Dabei können Plugins auch in mehreren Kategorien aufgeführt sein. Zudem muss für sie angegeben sein, mit welchen APIs sie kompatibel sind, damit Sie auch nur die Plugins finden, die mit der von Ihnen genutzten Version der jQuery Core-Bibliothek laufen. Und schließlich können Sie die Plugins auch nach ihrem Veröffentlichungsdatum sortiert durchstöbern, um zu schauen, ob von Ihren Lieblingsplugins neue Versionen herausgekommen sind.

In Google Code suchen

Google Code (*http://code.google.com/*) ist Heimat für viele jQuery-Plugins. Finden Sie ein Plugin nicht im Haupt-Repository, dann ist die Wahrscheinlichkeit sehr groß, dass es sich bei Google Code herumtreibt.

In GitHub suchen

GitHub (*http://github.com*) ist ein aufsteigender Stern am Code-Hosting-Himmel, dem sich aktuell viele Autoren von jQuery-Plugins zuwenden. Mehr und mehr Plugins landen bei diesem Hoster und es ist mit Sicherheit eine Site, bei der sich eine Suche lohnt, wenn man nach einem bestimmten Plugin sucht. Eines der interessantesten Features von GitHub ist die Fähigkeit, ein Repository per Fork ohne Probleme aufteilen zu können, wobei die Features des Git Source Code Management System zum Einsatz kommen. Wenn Sie also ein bestehendes Plugin anpassen müssen, dann ist GitHub ein interessanter Weg, trotzdem keine Updates für den Haupt-Entwicklungsast zu verpassen.

Auf GitHub findet man ein Plugin am besten mit der exzellenten Suche. GitHub unterstützt bei der Suche eine ganze Reihe ausgefeilter Operatoren. All diese Optionen werden detaillierter in *http://github.com/search* behandelt. Wenn Sie speziell nach einem jQuery-Plugin suchen, dann filtern Sie bei der Suche möglichst auf Repositories, die JavaScript nutzen.

Mit Google suchen

Während die bisherigen Vorschläge auf Sites verweisen, die bekannt für Plugins sind, kann auch eine Google-Suche im gesamten Web sinnvoll sein. Da die Menge des zu durchsuchenden Materials umfangreicher ist, werden auch die potenzielle Ergebnis-Listen dementsprechend länger sein. Mit folgenden Such-Varianten kann man diese aber einschränken:

```
{Suchbegriff} "jquery*.js" - Best Practice für die Namensgebung von Plugins ist
jquery-{myplugin}.js oder jquery.{myplugin}.js

{Suchbegriff} "*jquery.js" - Alternative Version für die Namensgebung
```

In SourceForge suchen

Es gibt nur ein paar wenige echte jQuery-Plugins, die ihre Heimat auf SourceForge (*http://sourceforge.net*) haben. Aber eine Reihe von Projekten auf dieser Site bieten Tools für die Arbeit mit jQuery an, so zum Beispiel IDE-Erweiterungen zur Code-Vervollständigung. Sind Ihnen bei der Suche die Möglichkeiten ausgegangen oder suchen Sie etwas ganz bestimmtes, dann kann auch SourceForge einen Blick wert sein.

12.2 Wann sollten Sie ein jQuery-Plugin schreiben?

Problem

Bei der Suche nach bestehenden jQuery-Plugins, die Ihre Anforderungen erfüllen, hatten Sie leider keinen Erfolg. Entweder gab es einfach nichts passendes oder die Plugins waren so aufgebaut, dass Sie sie nicht sinnvoll einsetzen konnten. Lohnt es sich, ein neues jQuery-Plugin zu schreiben, das dann auch anderen Nutzern mit den gleichen Anforderungen helfen kann?

Lösung

Es gibt keine eindeutige Lösung zu diesem Problem. Die Anzahl der verfügbaren jQuery-Plugins ist groß, aber es gibt durchaus Situationen, in denen keine passenden Plugins vorhanden sind.

Die Entscheidung, ein eigenes jQuery-Plugin zu schreiben und zu veröffentlichen, sollten Sie meiner Meinung nach vor allem an drei Dingen festmachen:

- Ist es wahrscheinlich, dass andere das gleiche Problem haben?
- Welchen Support werden Sie geben wollen/können?
- Wie stark wollen Sie sich an der Community beteiligen?

Diskussion

Ein Plugin bauen, wenn es einen potenziellen Anwenderkreis gibt

Sehen Sie sich einem Problem gegenüber, das bisher noch nicht gelöst wurde, dann gibt es wahrscheinlich auch andere Entwickler, die sich der gleichen Aufgabe gegenüber sahen. Die Frage ist, wie diese das Problem gelöst haben. Sie haben sicherlich schon Ihre Hausaufgaben gemacht und nach einer Lösung gesucht. Bei dieser Suche sind eventuell Hinweise auf die Sinnhaftigkeit eines Plugins durch unbeantwortete Fragen in Foren oder Mailing-Listen aufgetaucht. Die Entscheidung, ob es sich lohnt, ein Plugin zu bauen, lässt sich nicht so leicht treffen. Letztendlich hängt sie von der Person ab, die das Plugin erstellen würde. Es lohnt sich aber auf jeden Fall, sich ein Gefühl dafür anzueignen, ob es einen potenziellen Anwenderkreis gibt.

Der andere potenzielle Grund für das Bauen und Veröffentlichen Ihres eigenen Plugins ist der, dass ein Plugin existiert, das theoretisch Ihre Anforderungen erfüllt, aber nicht das tut, was Sie wollen. In diesem Fall lohnt es sich, zu überlegen, ob man einen Patch schreibt, den man dann dem Autor des Plugins zukommen lässt. Denn die Teilnahme am Open-Source-Prozess durch Bereitstellen eines Patches für ein bestehendes Projekt stellt einen sehr viel effizienteren Umgang mit der wertvollsten Ressource eines Entwicklers dar – der Zeit.

Das für Sie akzeptable Support-Level kennen und kommunizieren

Wenn es am besten ist, ein eigenes Plugin zu schreiben, hilft etwas Planung und Vorausschau dabei, ein Veröffentlichen Ihres Plugins erfolgreich verlaufen zu lassen.

Entschließen Sie sich dazu, Ihren Code zu veröffentlichen, dann ist der erste große und wichtige bedenkenswerte Punkt die Lizenz. Das jQuery Core-Projekt besitzt eine Doppellizenz als MIT und GPL, aber auch viele andere Open Source-Lizenzen sind sinnvoll. Eine umfassendere Diskussion der Feinheiten der Open Source-Lizenzen finden Sie bei Wikipedia (*http://de.wikipedia.org/wiki/Open-Source-Lizenz*).

Zudem ist es wichtig, sich darüber im klaren zu werden, wie viel Support Sie geben können und wollen, und dies auch nach außen deutlich zu machen. Einfach nur Ihren Code zu veröffentlichen und keinerlei Unterstützung anzubieten ist durchaus eine akzeptable Lösung, und immer noch viel besser, als Ihren Code nur deshalb für sich alleine zu horten, weil Sie Angst vor Support-Anfragen haben. Entscheidend ist die Kommunikation – mit einem kurzen Hinweis zur Support-Situation in den Kommentaren Ihres Plugins ist vielen schon geholfen.

Wenn Sie bei einem zu veröffentlichenden Plugin mehr Support bieten möchten, gibt es eine ganze Reihe toller Hosting-Möglichkeiten für Ihren Code, die auch den Support unterstützen. In Rezept 12.1 erhalten Sie eine Liste der besten Sites zum Hosten und Supporten Ihres Plugins.

Berücksichtigen Sie die Mithilfe durch andere

Zum Schluss sollten Sie sich noch darüber Gedanken machen, wie Sie zu Beiträgen von anderen stehen. Mithilfe ist ein elementarer Bestandteil des Open-Source-Ökosystems und es ist sinnvoll, Ihre Ziele von Anfang an klarzustellen. Das Schöne an der Mithilfe durch andere ist die Tatsache, dass Sie von deren Arbeit profitieren können. Plugins, die auch Beiträge anderer enthalten, sind häufig bei den Anwendern beliebter. Das liegt zum Teil daran, dass sie den Eindruck erwecken, aktiver gepflegt zu sein, und zum Teil daran, dass aktiver Code eher vertrauenswürdig erscheint.

Entscheidend ist es, klarzustellen, wie die Mithilfe aussehen kann. Egal, ob Sie es geplant haben oder nicht – jeder veröffentlichte Code führt zu Beteiligung, sobald die Anwender ihn finden. Daher ist es wichtig, einen Plan zu haben, in dem dies klar und offen dargestellt ist.

Ein letzter Rat: Es reicht nicht, einfach Ihre E-Mail-Adresse zu veröffentlichen, um darüber Kommentare und Fragen einzusammeln. Denn E-Mails sind kein öffentliches Forum, in dem man potenziellen Anwendern zeigt, dass es rege Aktivitäten gibt. Und Sie, der Plugin-Autor, sind der Flaschenhals bei der Integration dieser Aktivitäten im Plugin.

12.3 Schreiben Sie Ihr erstes jQuery-Plugin

Problem

Sie haben sich dazu entschlossen, ein jQuery-Plugin schreiben zu wollen. Wie schreiben Sie es? Welchen Best Practices sollten Sie folgen?

Lösung

jQuery ist so entworfen, dass das Schreiben eines Plugins sehr einfach und geradlinig ist. Sie können das bestehende jQuery-Objekt erweitern, indem Sie entweder Methoden oder Funktionen schreiben. Deklarieren Sie einfach den folgenden JavaScript-Code, nachdem

Sie die jQuery Core-Bibliothek eingebunden haben, dann kann Ihr Code die neue, eigene Methode und Funktion nutzen.

Eine eigene jQuery-Methode schreiben

jQuery-Methoden lassen sich verketten und können damit die Vorteile der jQuery-Selektoren nutzen. jQuery-Methoden werden definiert, indem das Objekt jQuery.fn mit dem Namen Ihrer Methode erweitert wird. Da das jQuery-Objekt mehrere Ergebnisse verarbeiten können muss, müssen Sie Ihre eigene Funktionalität in einen Aufruf der Funktion each() verpacken, damit Ihr Code auf alle Ergebnisse angewendet wird:

```
jQuery.fn.goShop = function() {
  return this.each(function() {
    jQuery('body').append('<div>Kaufe: ' + this.innerHTML + '</div>');
  });
};
```

Der Zugriff auf dieses neue Plugin ist genauso einfach wie der »normale« Aufruf von jQuery:

```
jQuery('p').goShop();
```

Eine eigene jQuery-Funktion schreiben

Funktionen werden an das eigentliche jQuery-Objekt angehängt. Sie sind dazu gedacht, außerhalb einer jQuery-Selektion aufgerufen zu werden:

```
jQuery.checkout = function() {
  jQuery('body').append('<h1>Bezahlung erfolgreich</h1>');
};
```

Diese neue Funktion kann ganz normal verwendet werden:

```
jQuery.checkout();
```

Diskussion

Das Anhängen neuer Methoden und Funktionen an das eigentliche jQuery-Objekt ist ein sehr leistungsfähiges Feature von jQuery. Ein Großteil der Core-Methoden ist in der Bibliothek genauso »eingebaut« worden. Durch das Bereitstellen dieser Möglichkeit auch für neue Funktionen können die Anwender Ihres Plugins neue Funktionalität einfach und prägnant hinzufügen, bestehende Funktionalität erweitern und den jQuery-Code so formen, dass er für sie am sinnvollsten einzusetzen ist. Diese Flexibilität ist ein Schlüsselfeature von jQuery und sie ermöglicht die Verwendung des Core und der Plugins durch ein größeres Publikum.

Die Wahl, jQuery über eine neue Methode oder über eine neue Funktion zu erweitern, muss vor allem über die Anforderungen der Entwickler getroffen werden. Im Allgemeinen ist es am besten, jQuery möglichst über eine Methode zu erweitern, da diese dann mit anderen Methoden verkettet werden und der Code die Vorteile der Selektor-Engine von jQuery nutzen kann.

12.4 Ihrem Plugin Optionen mitgeben

Problem

Ihr erstes Plugin ergänzt jQuery um eine Methode. Aber es gibt ein paar Optionen, die für die Anwender dieser Methode hilfreich wären, wenn man sie sauber veröffentlichen würde. Welche ist die beste Methode, um Optionen an eine eigene Methode zu übergeben?

Lösung

Optionen werden Ihrer Plugin-Methode am Besten über ein Options-Objekt übergeben. Mit einem einzelnen Options-Objekt als Parameter wird der Code sauberer, man kann leichter damit arbeiten, erwirbt sich aber gleichzeitig Flexibilität für die Zukunft.

Wenn Sie Optionen zulassen wollen, ist es angebracht, sinnvolle Standardwerte vorzugeben, die dann aber eben vom Anwender überschrieben werden können. Beides ermöglicht die Deklaration eines Standard-Options-Objekts, das Überschreiben der Standard-Optionen durch die vom Benutzer vorgegebenen und die jQuery-Methode extend():

```
jQuery.fn.pulse = function(options) {
  // Übergebene Optionen mit den Standardwerten verbinden
  var opts = jQuery.extend({}, jQuery.fn.pulse.defaults, options);

  return this.each(function() {
    // Pulse!
    for(var i = 0;i<opts.pulses;i++) {
      jQuery(this).fadeTo(opts.speed,opts.fadeLow).fadeTo(opts.speed,opts.fadeHigh);
    }

    // Zurücksetzen auf Anfang
    jQuery(this).fadeTo(opts.speed,1);
  });
};

// Standard-Optionen für das Pulse-Plugin
jQuery.fn.pulse.defaults = {
  speed: "slow",
  pulses: 2,
  fadeLow: 0.2,
  fadeHigh: 1
};
```

Durch die Angabe von Standardwerten für die Optionen haben die Entwickler, die Ihr Plugin verwenden, die Möglichkeit, beliebig viele Optionen selbst anzugeben, wenn sie Ihre Funktion aufrufen. Es ist wichtig, die Standardwerte erst zu definieren, nachdem Sie die Einstiegsmethode für Ihr Plugin definiert haben, da Sie ansonsten eine Fehlermeldung erhalten:

```
// Nur eine Option überschreiben
jQuery('p').pulse({pulses: 6});
```

```
// Alle Optionen überschreiben
jQuery('p').pulse({speed: "fast", pulses: 10, fadeLow: 0.3, fadeHigh: 0.8});
```

Und indem Sie Ihre Optionen als Objekt definieren, das als Kind-Element an Ihre Plugin-Funktion angefügt wird, lassen sich die Standard-Optionen auch einmalig in einem Projekt überschreiben. Ein Entwickler kann dann seine eigenen Standard-Optionen festlegen und damit den Umfang des Codes gering halten:

```
// Plugin-Code vor dieser Zeile

// Standard-Optionen für Pulse ändern
jQuery.fn.pulse.defaults = {
  speed: "fast",
  pulses: 4,
  fadeLow: 0.2,
  fadeHigh: 1
};

// Hier werden die neuen Standard-Optionen genutzt
jQuery('p').pulse();
```

Diskussion

Durch die Unterstützung von Optionen ermöglichen Sie Ihrem Plugin eine erstaunliche Flexibilität. Plugins, die viele Optionen bereitstellen, werden sehr wahrscheinlich die Anforderungen einer größeren Gruppe von Anwendern erfüllen, unterschiedlichere Aufgaben erfüllen können und auch beliebter sein als Plugins, die keine Optionen unterstützen.

Durch die Verwendung von Standard-Optionen für Ihr Plugin haben die Entwickler ebenfalls mehr Auswahlmöglichkeiten. Ein angenehmer Nebeneffekt ist der, dass sich das Plugin immer darauf verlassen kann, dass bestimmte Optionen definiert sind. Dadurch wird der Code-Umfang auch geringer, denn es muss nicht mehr an allen Ecken und Enden geprüft werden, ob eine Option übergeben wurde. Die Anwender des Plugins haben zudem die Wahl, nur einzelne Optionen zu überschreiben oder auch allen Optionen andere Werte zu verpassen. Und indem Sie die Standard-Optionen an das jQuery-Objekt anhängen, können diese zudem global überschrieben werden, wodurch Ihre Anwender noch bequemer ihre Standard-Vorgaben festlegen können.

12.5 Die Kurzform $ in Ihrem Plugin verwenden

Problem

Andere JavaScript-Bibliotheken nutzen $. jQuery selbst nutzt $ nur als Kurzform, während das Haupt-Objekt den Namen jQuery trägt. Wie können Sie sicherstellen, dass Ihr Plugin mit anderen Plugins und Bibliotheken kompatibel bleibt?

Lösung

jQuery nutzt die Funktion $ als eigenen Alias für das jQuery-Objekt. Wird jQuery in den Kompatibilitätsmodus versetzt, dann übergibt es die Kontrolle über den Alias $ zurück an die Bibliothek, die ihn definiert hat. Plugins können so programmiert werden, dass sie die gleiche Technik verwenden.

Indem Sie Ihr Plugin in einer anonymen Funktion verpacken und diese Funktion direkt ausführen, wird die Kurzform $ innerhalb des Plugins gehalten. Code außerhalb des Plugins kann $ ganz normal verwenden. Innerhalb des Plugins bezieht sich $ wie üblich auf das jQuery-Objekt:

```
;(function($) {
  $.fn.pulse = function(options) {
    // Übergebene Optionen mit den Standardwerten verbinden
    var opts = $.extend({}, $.fn.pulse.defaults, options);

    return this.each(function() {
      // Pulse!
      for(var i = 0;i<opts.pulses;i++) {
        $(this).fadeTo(opts.speed,opts.fadeLow).fadeTo(opts.speed,opts.fadeHigh);
      }

      // Zurücksetzen auf Anfang
      $(this).fadeTo(opts.speed,1);
    });
  };

  // Standard-Optionen für das Pulse-Plugin
  $.fn.pulse.defaults = {
    speed: "slow",
    pulses: 2,
    fadeLow: 0.2,
    fadeHigh: 1
  };
})(jQuery);
```

Diskussion

Indem Sie Ihren Code in einer anonymen Funktion verpacken, erhalten Sie eine Reihe netter Features und Ihr Plugin-Code ist in der großen, weiten Welt, in der Ihre Anwender leben, deutlich robuster. Zudem ist dieser Schritt einfach und unkompliziert.

Durch ein Semikolon am Anfang Ihrer Funktionsdefinition schützen Sie Ihren Code vor unbeabsichtigten Änderungen durch andere Entwicklern, die eventuell ein Semikolon am Ende ihrer eigenen Bibliothek vergessen haben. JavaScript beendet zwar standardmäßig Anweisungen auch an einem Zeilenumbruch, aber viele Anwender nutzen Minimierungs-Tools, die den gesamten JavaScript-Code in ihrem Projekt in einer einzigen Datei zusammenfassen. Dieser Prozess entfernt auch die Zeilenumbrüche und kann zu Fehlern führen, wenn Ihr Code direkt danach folgt. Das Semikolon am Anfang Ihres Codes ist eine schneller und einfacher Trick, der Sie davor bewahrt.

Die öffnende Klammer ist direkt der Anfang der Definition der anonymen Funktion. Innerhalb unserer anonymen Funktion definieren wir eine Funktion, die die Variable übergibt, welche wir anstatt des vollständig benannten jQuery-Objekts nutzen wollen. In diesem Fall wollen wir $ als Variable nutzen. Aufgrund des Scope-Handlings von JavaScript müssen wir eine zusätzliche Funktion definieren. In klassischeren Sprachen wie Java und C++ ist der Gültigkeitsbereich auf den Block beschränkt. In JavaScript bezieht sich der Gültigkeitsbereich hingegen auf die Funktion. Daher erzeugen wir hier eine Funktion, um eine Grenze für den Gültigkeitsbereich in unserem Plugin zu haben.

Dann folgt eine neue Version unseres Plugins, in der nur der Zugriff auf das jQuery-Objekt geändert wurde. Da wir dieses Plugin anonym gekapselt und den Scope der Variablen $ begrenzt haben, können wir $ jetzt ohne Konflikte mit anderem Code verwenden.

Die letzte Zeile schließt die Scope-Funktion und die anonyme Funktion mit einer geschweiften und einer runden Klammer. Anschließend rufen wir unsere anonyme Funktion direkt auf. Dabei übergeben wir das jQuery-Objekt, das dann innerhalb der Funktion als $ angesprochen wird. Schließlich beenden wir unsere neue Anweisung mit einem Semikolon, um Minimierungs- und Komprimierungsprobleme zu vermeiden.

Die Kurzform $ kann beim Schreiben von JavaScript-Code ausgesprochen nützlich sein. Die Größe des Codes wird reduziert, das Design verbessert und zudem erfreut sich diese Verwendung wachsender Beliebtheit. Daher nutzen viele Bibliotheken diese Kurzform in ihrem eigenen Kontext. Aber mit jeder zusätzlichen Bibliothek, die das Zeichen $ auf diese Art und Weise verwendet, können auch mehr Konflikte entstehen. Durch das Kapseln Ihres Codes in einer anonymen Funktion stellen Sie sicher, dass Ihr Plugin den Gültigkeitsbereich für $ im Griff hat und damit potenzielle Konflikte mit anderen JavaScript-Bibliotheken vermieden werden.

Ein zusätzlicher Nebeneffekt dieser Kapselung ist der, dass ein Closure erzeugt wird. Auf diesem Weg werden die Namensräume von Methoden oder Variablen, die Sie definieren müssen, ordentlich getrennt. Damit verringert sich die Wahrscheinlichkeit, dass es Namenskonflikte mit anderem Code gibt.

12.6 Private Funktionen in Ihr Plugin aufnehmen

Problem

Ihr Plugin-Code wächst und wächst und muss durchorganisiert werden. Wie können Sie eine private Methode implementieren, die außerhalb des Plugins nicht aufgerufen werden kann?

Lösung

Durch das Plugin-Entwurfsmuster, das wir in Rezept 12.4 kennengelernt haben, können private Funktionen ganz normal innerhalb der anonymen Funktion definiert werden, in der wir unser Plugin gekapselt haben. Da die Funktion in einer anonymen Funktion eingebettet ist, kann Code außerhalb dieser Funktion nicht darauf zugreifen. Von außen sind nur Funktionen oder Methoden sichtbar, die an das jQuery-Objekt angehängt wurden.

```
;(function($) {

  $.fn.pulse = function(options) {

    // Übergebene Optionen mit den Standardwerten verbinden
    var opts = $.extend({}, $.fn.pulse.defaults, options);

    return this.each(function() {
      doPulse($(this),opts);
    });
  };

  function doPulse($obj,opts) {
    for(var i = 0;i<opts.pulses;i++) {
      $obj.fadeTo(opts.speed,opts.fadeLow).fadeTo(opts.speed,opts.fadeHigh);
    }

    // Zurücksetzen auf Anfang
    $obj.fadeTo(opts.speed,1);
  }

  // Standard-Optionen für das Pulse-Plugin
  $.fn.pulse.defaults = {
    speed: "slow",
    pulses: 2,
    fadeLow: 0.2,
    fadeHigh: 1
  };

})(jQuery);
```

Diskussion

Da wir unser Plugin nun in einer anonymen Funktion gekapselt haben, lassen sich private Funktionen ganz einfach hinzufügen.

Durch das Gruppieren in öffentliche und private Methoden haben sowohl die Anwender wie auch der Plugin-Autor Vorteile. Wenn Ihr Plugin wächst und Sie Rückmeldungen aus der Community erhalten, können Sie mit Hilfe der öffentlichen und privaten Methoden ein konsistentes API während der verschiedenen Versionen aufrechterhalten. Das kann von entscheidender Bedeutung für den Erfolg Ihres Plugins sein.

Durch das Aufteilen in private und öffentliche Nachrichten gibt es zudem Vorteile bei der Organisation Ihres Codes. Wohlorganisierter Code lässt sich leichter lesen, warten und testen. Gut getesteter, sauberer Code führt auch zu weniger fehlerbehaftetem anderen Code.

12.7   Das Metadata-Plugin unterstützen

Problem

Viele Plugins nutzen das Metadata-Plugin, um Optionen an die eigenen Methoden zu übergeben. Wie kann man die Integration mit dem Metadata-Plugin bewerkstelligen?

Lösung

Das Nutzen des Metadata-Plugins ist einfach – prüfen Sie, ob das Plugin verfügbar ist und erweitern Sie dann Ihre Plugin-Optionen durch die Metadata-Parameter. Mit dieser Technik können Sie Standard-Optionen bereitstellen, wenn Sie Ihr Plugin aufrufen, und diese Optionen dann für jedes Objekt, mit dem Sie arbeiten, durch Metadaten im Markup überschreiben:

```
<!DOCTYPE html PUBLIC "-//W3C//DTD XHTML 1.0 Transitional//EN"
    "http://www.w3.org/TR/xhtml1/DTD/xhtml1-transitional.dtd">
<html xmlns="http://www.w3.org/1999/xhtml" xml:lang="en" lang="en">
<head>
  <script type="text/javascript" src="../jquery-1.3.2.min.js"></script>
  <script type="text/javascript" src="metadata/jquery.metadata.js"></script>
  <script type="text/javascript" src="jquery.pulse.js"></script>
  <!-- Pfade können sich noch ändern - siehe Kapitel 18 -->

  <link rel="stylesheet"
href="http://github.com/jquery/qunit/raw/master/qunit/qunit.css" type="text/css"
media="screen" />
  <script type="text/javascript"
src="http://github.com/jquery/qunit/raw/master/qunit/qunit.js"></script>
</head>
<body>

  <script type="text/javascript">
    module("Testen des jQuery-Plugins Pulse");
    test("Test von Pulse mit den Standard-Optionen", function() {
       $("div.starship").pulse();
          equal($("#enterprise").css("opacity"),1,"Das Element sollte sichtbar sein");
          equal($("#galactica").css("opacity"),1,"Das Element sollte sichtbar sein");
       n});

       test("Test von Impulse", function() {
         $.pulse.impulse($("#galactica"));

         equal($("#galactica").css("opacity"),1,"Das Element sollte sichtbar sein");
       });
       test("Test von Warpspeed", function() {
          $.pulse.warpspeed($("#enterprise"));

          equal($("#enterprise").css("opacity"),1,"Das Element sollte sichtbar sein");
    });
  </script>
```

```
<h1 id="qunit-header">QUnit-Test</h1>
<h2 id="qunit-banner"></h2> <h2 id="qunit-userAgent"></h2>
<ol id="qunit-tests"></ol>

  <div id="main">
    <div class="starship" id="enterprise">USS Enterprise - NC-1701-A</div>
    <div class="starship" id="galactica">Kampfstern Galactica</div>
  </div>

</body>
</html>
```

Diskussion

Das Einbinden des Metadata-Plugins ist ein tolles Beispiel dafür, wie jQuery-Plugins aufeinander aufbauen können. Das Ökosystem der jQuery-Plugins ist riesengroß und es kann gut sein, dass es andere Plugins sind, auf die Sie aufbauen können.

Um das Metadata-Plugin mit aufzunehmen und zu nutzen, müssen Sie es erst einmal in Ihr Skript einbinden. Das Metadata-Plugin findet sich zusammen mit jQuery bei Google Code. Es ermöglicht Ihnen, zusätzliche Daten in Ihrem HTML-Code einfügen, während weiterhin gültiges HTML erzeugt wird. Wir nutzen dies und ermöglichen es den Anwendern, für Elemente spezifische Optionen in das Klassen-Attribut der Elemente einzubetten, mit denen wir arbeiten wollen.

Die Optionen werden per Standard-JSON in den HTML-Code eingebunden. Es können beliebig viele Optionen definiert werden – das liegt ganz beim Anwender. Dabei gibt es auch noch eine Reihe weiterer Methoden und Optionen für das Metadata-Plugin, die auf dessen Dokumentations-Seite (*http://docs.jquery.com/Plugins/Metadata*) beschrieben sind.

In unserem Plugin prüfen wir zunächst, ob ein Anwender das Metadata-Plugin eingebunden hat. Damit sorgen wir dafür, dass dieses zusätzliche Feature optional bleibt und man auch nach der »klassischen« Methode vorgehen kann. Da das Metadata-Plugin mit einem einzelnen Element arbeitet, gehen wir beim Bestimmen der zu nutzenden Optionen in mehreren Schritten vor. Zunächst holen wir uns die Optionen, die beim Aufruf des Plugins mitgegeben wurden. Diese werden dann durch unsere Standard-Optionen erweitert und dienen so als Ausgangspunkt für diese erste Instanzierung unseres Plugins. Im zweiten Schritt erweitern wir diese lokalen Standard-Optionen durch die Metadaten, die für jedes einzelne Element eventuell definiert wurden. Wir müssen dabei nur dann unsere lokalen Standard-Optionen durch die Metadaten-Optionen erweitern, wenn das Metadata-Plugin überhaupt vorhanden ist.

Das Metadata-Plugin stellt eine weitere Möglichkeit für Anwender unseres Plugins bereit, Optionen zu übergeben. Wenn Sie die potenziellen Anwender selbst Optionen angeben lassen, zeigen Sie, dass Sie zu Ihrem Plugin stehen und ein engagierter Teilnehmer am jQuery-Ökosystem sind. Das Metadata-Plugin hilft Ihren Anwendern zudem dabei, weniger Code schreiben zu müssen, indem sie eigene Optionen in die HTML-Elemente einbetten können.

12.8 Ihrem Plugin eine statische Funktion hinzufügen

Problem

Sie wollen Ihr Plugin nicht nur über die jQuery-Funktion verfügbar machen, sondern auch eine statische Funktion anbieten. Wie können Sie diese Funktion Ihrem jQuery-Plugin hinzufügen?

Lösung

Um Ihrem Plugin eine statische Methode hinzuzufügen, müssen Sie das jQuery-Objekt so ähnlich erweitern wie beim Hinzufügen einer Methode. Der Unterschied liegt nur darin, dass Funktionen ohne jQuery-Selektoren aufgerufen werden:

```
;(function($) {
  $.fn.pulse = function(options) {
    // Übergebene Optionen mit Standardwerten verbinden
    var opts = $.extend({}, $.fn.pulse.defaults, options);

    return this.each(function() {

      // Metadaten-Elemente für diesen Knoten einbinden
      var o = $.metadata ? $.extend({}, opts, $.metadata.get(this)) : opts;

      doPulse($(this),o);
    });
  };

  function doPulse($obj,opts) {
    for(var i = 0;i<opts.pulses;i++) {
      $obj.fadeTo(opts.speed,opts.fadeLow).fadeTo(opts.speed,opts.fadeHigh);
    }

    // Reset to normal
    $obj.fadeTo(opts.speed,1);
  }

  // Unsere Basis definieren
  $.pulse = {};

  // Statische Funktion
  $.pulse.impulse = function($obj) {
    var opts = {
      speed: 2500,
      pulses: 10,
      fadeLow: 0.2,
      fadeHigh: 0.8
    };
    doPulse($obj,opts);
  }

  // Statische Funktion
  $.pulse.warpspeed = function($obj) {
    var opts = {
```

```
      speed: 25,
      pulses: 100,
      fadeLow: 0.2,
      fadeHigh: 0.8
    };
    doPulse($obj,opts);
  }

  // Standard-Optionen für das Pulse-Plugin
  $.fn.pulse.defaults = {
    speed: "slow",
    pulses: 2,
    fadeLow: 0.2,
    fadeHigh: 1
  };
})(jQuery);
```

Der Aufruf der statischen Methoden in Ihrem Plugin ist sehr einfach. Sie müssen nur ein gültiges Objekt übergeben, mit dem sie arbeiten sollen:

```
// Aufruf der Methode impulse für das erste zurückgegebene Element
jQuery.pulse.impulse(jQuery('p:first'));

// Aufruf der Methode warpspeed für das erste zurückgegebene Element
jQuery.pulse.warpspeed(jQuery('p:first'));
```

Diskussion

Wenn Sie im Gültigkeitsbereich Ihres Plugins eine statische Funktion hinzufügen möchten, dann müssen Sie nur eine Möglichkeit ergänzen, mit der Code außerhalb Ihres Plugins diese aufrufen kann. Dies erreichen Sie, indem Sie die Funktion an das jQuery-Objekt anhängen.

Im vorigen Beispiel haben wir ein Namensraum-Objekt hinzugefügt, um die Struktur unseres Codes in einem besseren Zustand zu wahren. Wenn Sie nur eine einzelne statische Funktion benötigen, wäre es auch in Ordnung, diese Funktion ohne ein Namensraum-Objekt bereitzustellen. Nach dem Hinzufügen unseres Namensraum-Objekts definieren wir unsere Funktion ganz normal und fügen sie an das soebene erstellte Namensraum-Objekt an. Damit stellen wir unsere Funktion im globalen Namensraum bereit, ermöglichen es ihr aber gleichzeitig, auf private Funktionen und Variablen zuzugreifen.

Will man die statische Funktion nutzen, dann muss man sie einfach nur über das jQuery-Objekt aufrufen. Diese Funktion wird ohne jQuery-Selektoren aufgerufen. Um also mit einem DOM-Element arbeiten zu können, muss dieses explizit an die Funktion übergeben werden.

Eine statische Funktion, die an das jQuery-Objekt angehängt wird, ist ein weiteres Beispiel für die Flexibilität der jQuery-Bibliothek. Ihr gesamtes Plugin kann aus statischen Funktionen bestehen, die den jQuery Core auf interessante Art erweitern. Eine statische Funktion könnte als Einstiegspunkt für Ihr Plugin dienen, aber auch einfach eine Hilfs-Methode sein, die Sie nützlich finden und die der Einfachheit halber in Ihrem Plugin eingebettet ist, so dass sie auch von anderen Entwicklern genutzt werden kann. Statische Funktionen können sehr nützlich und leistungsfähig sein, wenn Sie Ihr eigenes jQuery-Plugin bauen.

12.9 Unit Tests für Ihr Plugin mit QUnit

Problem

Sie wollen die Qualität und Zuverlässigkeit Ihres jQuery-Plugins verbessern, indem Sie Unit Tests dafür erstellen. Aber wie schreiben Sie diese Tests und wie liefern Sie sie mit Ihrem Plugin aus?

Lösung

Am einfachsten schreibt man Unit Tests für ein jQuery-Plugin mit QUnit, dem gleichen Framework für Unit Tests, das auch das jQuery-Projekt selbst nutzt. Mit QUnit können Sie Ihre Testst direkt in JavaScript schreiben und sie zusammen mit Ihrem Plugin ausliefern, so dass sie von Ihren Anwendern in deren Browsern ausgeführt werden können:

```
<!DOCTYPE html PUBLIC "-//W3C//DTD XHTML 1.0 Transitional//EN"
    "http://www.w3.org/TR/xhtml1/DTD/xhtml1-transitional.dtd">
<html xmlns="http://www.w3.org/1999/xhtml" xml:lang="en" lang="en">
<head>
  <script type="text/javascript" src="../jquery-1.3.2.min.js"></script>
  <script type="text/javascript" src="metadata/jquery.metadata.js"></script>
  <script type="text/javascript" src="jquery.pulse.js"></script>

  <link rel="stylesheet"
href="http://jqueryjs.googlecode.com/svn/trunk/qunit/testsuite.css" type="text/css"
media="screen" />
  <script type="text/javascript"
src="http://jqueryjs.googlecode.com/svn/trunk/qunit/testrunner.js"></script>
</head>
<body>

  <script type="text/javascript">
    module("Testen des jQuery-Plugins Pulse");
    test("Test von Pulse mit den Standard-Optionen", function() {
      $("div.starship").pulse();

      equals($("#enterprise").css("opacity"),1,"Das Element sollte sichtbar sein");
      equals($("#galactica").css("opacity"),1,"Das Element sollte sichtbar sein");
    });

    test("Test von Impulse", function() {
      $.pulse.impulse($("#galactica"));

      equals($("#galactica").css("opacity"),1,"Das Element sollte sichtbar sein");
    });
```

```
      test("Test von Warpspeed", function() {
        $.pulse.warpspeed($("#enterprise"));

        equals($("#enterprise").css("opacity"),1,"Das Element sollte sichtbar sein");
      });
    </script>

  <div id="main">
    <div class="starship" id="enterprise">USS Enterprise - NC-1701-A</div>
    <div class="starship" id="galactica">Kampfstern Galactica</div>
  </div>

</body>
</html>
```

Diskussion

Es gehört nicht zum Thema dieses Kapitels, zu zeigen, wie man Code effektiv testet. Die im Beispiel geschriebenen Tests sind dazu gedacht, einfach nur zu zeigen, was man mit Unit Tests tun kann. Kapitel 18 geht da mehr ins Detail und kümmert sich um Unit Tests, insbesondere um das QUnit-Framework. Wenn Sie mehr darüber lernen wollen, wie man QUnit einsetzt, was für Tests damit ausgeführt werden können und wie Sie Ihren Code effektiv testen, lesen Sie sich das Kapitel durch.

Das Ausliefern von Unit Tests zusammen mit Ihrem Plugin ist eine weitere Gelegenheit, zu zeigen, dass Sie sich dem Erfolg und der Stabilität Ihres Codes verschrieben haben. Damit erzeugen Sie Vertrauen bei Ihrer Anwender-Basis und zeigen, dass Ihr Plugin zum Ökosystem der jQuery-Plugins gehört. Die Tests erleichtern es zudem Ihren Anwendern, Fehler zu finden, die eventuell nur in einer anderen Laufzeitumgebung (z. B. einem anderen Browser) auftreten. So können Sie als Plugin-Entwickler den Fehler besser angehen, weil Sie gleich eine Testumgebung haben.

KAPITEL 13

Selbst geschriebene Benutzerschnittstellen

Nathan Smith

13.0 Einleitung

Die offizielle Widget-Sammlung von jQuery UI bietet eine riesige Auswahl direkt einsetzbarer Tools, aber manchmal wollen oder müssen Sie dann doch ein eigenes Element erstellen, das bestimmte Anforderungen erfüllt. Vielleicht wollen Sie mehr Einfluss auf das HTML-Markup haben oder einfach Ihre JavaScript-Codebasis kleiner halten. Eventuell bauen Sie auch etwas, das tatsächlich noch nicht von jemand anderem geschaffen wurde. Welchen Grund Sie auch immer haben – dieses Kapitel wird Ihnen zeigen, wie Sie eigene Komponenten für Ihre Projekte schreiben können. Diese Rezepte wurden so geschrieben, dass sie leicht zu nutzen sind, wobei der Einfachheit Vorrang vor Konfigurationsmöglichkeiten gegeben wurde.

Rezept 13.1 zeigt Ihnen, wie Sie eigene Tooltips erzeugen, wenn Sie die Aufmerksamkeit des Anwenders auf zusätzliche Inhalte oder Hilfen lenken wollen. In Rezept 13.2 wird beschrieben, wie Sie ein Menü mit Baumstruktur bauen, so dass der Anwender die einzelnen Elemente einer Site hierarchisch anzeigen kann. Rezept 13.3 zeigt, wie man ein sich vertikal faltendes Akkordeon erstellt. Rezept 13.4 erklärt, wie man Links auf einer Seite und die entsprechenden Ziele nutzt, um Tabs aufzubauen. In Rezept 13.5 wird erklärt, wie man über eine entsprechende Aktion ein einfaches modales Fenster erzeugt. Rezept 13.6 erläutert, wie man ein einfaches Dropdown-Menü baut. Rezept 13.7 kümmert sich um das Erstellen eines Bild-Wechslers, der über Buttons gesteuert werden kann und die seiteninterne Link-Technik aus Rezept 13.4 nutzt. Rezept 13.8 nimmt die Erfahrungen aus Rezept 13.3 auf und erstellt horizontale Panels anstatt eines vertikalen Akkordeons.

Die folgenden Grundlagen werden im gesamten Kapitel genutzt und in den einzelnen Beispielen nicht explizit erwähnt.

Jedes Rezept prüft zunächst, ob das notwendige Element tatsächlich im Dokument vorhanden ist. Wenn nicht, beenden wir die Funktion. Wird das Element nicht gefunden, dann gibt es keinen Grund, noch irgendetwas zu tun, daher sorgen wir dafür, dass nicht unnötig Code ausgeführt wird:

```
// Existiert das Element?
if (!$('#foobar').length) {

// Wenn nicht, beenden
return;
}
```

Ein bisschen Code dient dazu, den Aufruf der Links abzubrechen, die nur dazu dienen, JavaScript-Events auszulösen. Die Methode blur() wird angewandt, um den gepunkteten Rahmen loszuwerden, der ansonsten so lange bestehen bliebe, bis der Anwender auf etwas Neues klickt, und mit return false wird der Browser angewiesen, dem Eintrag in href nicht zu folgen:

```
// Hier bleiben.
this.blur();
return false;
```

Um die eigentliche dynamische Funktionalität anzustoßen, endet jedes Rezept mit einem Aufruf der jQuery-Funktion document.ready(), um sicherzustellen, dass das DOM schon fertig geladen ist (wenn auch nicht unbedingt alle Bildinhalte), bevor wir versuchen, Event Listener und so weiter zuzuweisen:

```
// Los geht's.
$(document).ready(function() {
init_foobar();
});
```

Einige der Rezepte enthalten den folgenden Code im <head> des HTML-Dokuments. document.write() wird im Allgemeinen als furchtbar antiquierte JavaScript-Technik angesehen, da der Browser damit gezwungen ist, beim Rendern der Seite eine Pause einzulegen. Aber wenn wir Inhalte per CSS erst einmal verbergen, die wir später per JavaScript anzeigen wollen, ist das *genau* das Ergebnis, das wir haben wollen:

```
<script type="text/javascript">
/* <![CDATA[ */
document.write('<link rel="stylesheet" type="text/css" href="preload.css" />');
/* ]]> */
</script>
```

Bevor überhaupt mit dem Rendern der Seite begonnen wird, schreiben wir eine CSS-Datei in den <head>, die all den Inhalt verbirgt, den wir später zeigen wollen, wenn der Anwender mit der Seite interagiert. Der Grund für das Schreiben der CSS-Referenz auf diese Art und Weise liegt darin, dass so bei ausgeschaltetem JavaScript der gesamte Inhalt sichtbar und erreichbar ist. Mehr zu dieser Technik finden Sie in Peter-Paul Kochs „Three JavaScript articles and one best practice" (*http://www.quirksmode.org/blog/archives/2005/06/three_javascrip_1.html#link4*).

13.1 Eigene Tooltips erstellen

Problem

Von Zeit zu Zeit kann es passieren, dass ein grafisches Element oder ein Aspekt der Oberfläche genauer beschrieben werden muss, der Designer aber aufgrund von Platzproblemen (oder wegen der Ästhetik) keinen wertvollen Bildschirm-Raum für zusätzlichen beschreibenden Text opfern möchte. In solch einem Fall muss man den Anwender, der sich mit dem UI noch nicht so auskennt, ein wenig an die Hand nehmen. Da ist ein Tooltip eine ideale Lösung. Allerdings unterstützt uns HTML da nur sehr rudimentär und das Attribut `title="..."` sorgt nicht für den gewünschten Effekt.

Tooltips können eine gute Lösung darstellen, wenn Elemente der Benutzerschnittstelle beschrieben werden sollen, insbesondere dann, wenn sie mit Benutzereinstellungen verbunden werden können (»Nicht mehr anzeigen«). Allerdings werden dynamische Toolstips oft missbräuchlich angewendet, zum Beispiel bei Blogs, bei denen jedes einzelne Element auf einer Seite mit einem `title="..."`-Attribut einen Tooltip anzeigt, wenn sich der Mauscursor darüber befindet. Solche Fälle sollten vermieden werden, denn wenn alles und jedes als besonderer Fall behandelt wird, der einen Tooltip nötig hat, können die wirklich wichtigen Elemente nicht mehr hervorstechen und nichts ist mehr besonders. Das wäre so, als ob Sie jedes Wort in einem Satz besonders betonen. Wie bei jedem Web-Projekt sollte der Kontext des Inhalts das Vorgehen festlegen, nicht umgekehrt.

Lösung

Um dieses Problem zu lösen, können wir jQuery nutzen, um uns die Mausposition im für uns interessanten Bereich zu holen und dann dynamisch ein `<div>`-Element dort platzieren, in dem Anweisungen, zusätzliche Informationen (zum Beispiel bei Shop-Seiten) oder irgendetwas anderes stehen kann, was der Entwickler dort haben muss. Dazu würde man ein dynamisch generiertes `<div>` noch vor dem schließenden `</body>`-Tag erzeugen und ihm einen größeren z-Index als dem Rest der Seite geben. Das sähe dann aus wie in Abbildung 13-1. Um zusätzlich sicher zu sein, dass der Tooltip über allen anderen Elementen erscheint, geben wir ihm noch den extrem großen z-Index von 9999.

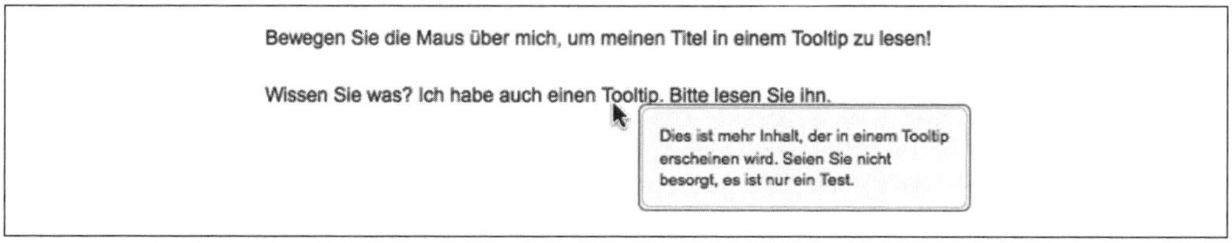

Abbildung 13-1: Ein Tooltip, der mit jQuery erzeugt wurde

Tooltip – HTML-Code

```
<!DOCTYPE html PUBLIC "-//W3C//DTD XHTML 1.0 Transitional//EN"
"http://www.w3.org/TR/xhtml1/DTD/xhtml1-transitional.dtd">
```

```
<html xmlns="http://www.w3.org/1999/xhtml" xml:lang="en" lang="en">
<head>
<meta http-equiv="content-type" content="text/html; charset=utf-8" />
<meta http-equiv="imagetoolbar" content="false" />
<title>jQuery Cookbook - Ch.13 - Creating Custom Tooltips</title>
<link rel="stylesheet" type="text/css" href="../_common/basic.css" />
<link rel="stylesheet" type="text/css" href="tooltip.css" />
<script type="text/javascript" src="../_common/jquery.js"></script>
<script type="text/javascript" src="tooltip.js"></script>
</head>
<body>
<div id="container">
  <p>
    <span class="tooltip" title="Dies ist mein Titel. Es gibt viele solche,
        aber dieser ist meiner. Sie werden ihn sehen, wenn Sie die Maus
        darüber bewegen.">
      Bewegen Sie die Maus über mich, um meinen Titel in einem Tooltip zu lesen!
    </span>
  </p>
  <p>
    <span class="tooltip" title="Dies ist mehr Inhalt, der in einem Tooltip
        erscheinen wird. Seien Sie nicht besorgt, es ist nur ein Test.">
      Wissen Sie was? Ich habe auch einen Tooltip. Bitte lesen Sie ihn.
    </span>
  </p>
</div>
</body>
</html>
```

Tooltip – jQuery-Code

```
// Initialisieren
function init_tooltip() {

  // Ist das Element vorhanden?
  if (!$('.tooltip').length) {

    // Wenn nicht, beenden
    return;
  }

  // Tooltip (verborgen) einfügen
  $('body').append('<div id="tooltip_outer"><div id="tooltip_inner"></div></div>');

  // Leere Variablen
  var $tt_title, $tt_alt;

  var $tt = $('#tooltip_outer');
  var $tt_i = $('#tooltip_inner');

  // Auf Hover warten
  $('.tooltip').hover(function() {

    // Titel sichern und leeren
    if ($(this).attr('title')) {
      $tt_title = $(this).attr('title');
```

```
      $(this).attr('title', '');
    }

    // Alt-Text sichern und leeren
    if ($(this).attr('alt')) {
      $tt_alt = $(this).attr('alt');
      $(this).attr('alt', '');
    }

    // Text einfügen
    $tt_i.html($tt_title);

    // Tooltip anzeigen
    $tt.show();
  },
  function() {

    // Tooltip verbergen
    $tt.hide();

    // Text leeren
    $tt_i.html('');

    // Titel zurückschreiben
    if ($tt_title) {
      $(this).attr('title', $tt_title);
    }

    // Alt-Text zurückschreiben
    if ($tt_alt) {
      $(this).attr('alt', $tt_alt);
    }

  // Auf Bewegung achten
  }).mousemove(function(ev) {

    // Koordinaten des Events
    var $ev_x = ev.pageX;
    var $ev_y = ev.pageY;

    // Tooltip-Koordinaten
    var $tt_x = $tt.outerWidth();
    var $tt_y = $tt.outerHeight();

    // Body-Koordinaten
    var $bd_x = $('body').outerWidth();
    var $bd_y = $('body').outerHeight();

    // Tooltip verschieben
    $tt.css({
      'top': $ev_y + $tt_y > $bd_y ? $ev_y - $tt_y : $ev_y,
      'left': $ev_x + $tt_x + 20 > $bd_x ? $ev_x - $tt_x - 10 : $ev_x + 15
    });
  });
}
```

```
// Los geht's
$(document).ready(function() {
  init_tooltip();
});
```

Diskussion

Es sei darauf hingewiesen, dass $('.tooltip') nicht der schnellste Weg ist, um Elemente zu selektieren. Bei dieser Demo werden alle Tags auf der Seite geparst, was dem Aufruf document.getElementsByTagName('*') entspricht. Abhängig vom Browser und von der Größe des Dokuments kann das ziemlich langsam sein. Wenn Sie diesen Code also wirklich veröffentlichen wollen, sollten Sie darauf achten, die Tags festzulegen, nach denen Sie suchen. So könnten Sie zum Beispiel anstatt $('.tooltip') eher $('a.tooltip, span.tooltip') verwenden. Die meisten modernen Browser bilden solche Klassen-Selektoren zwar auf getElementsByClassName oder querySelectorAll (je nach Verfügbarkeit) ab, aber ältere Browser müssen erst die Tag-Namen durchlaufen und dann herausfinden, ob die entsprechende Klasse vorhanden ist.

Wenn nun mindestens ein Element vorhanden ist, das die Klasse class="tooltip" enthält, fügen wir das dynamische Markup am Ende der Seite ein – direkt vor dem schließenden Body-Tag. Es wird nicht sichtbar sein, weil wir in der CSS-Datei für die ID #tooltip_outer die Angabe display: gemacht haben.

Als nächstes erstellen wir die leeren Variablen $tt_title und $tt_alt. Diese werden genutzt, um die Attribute title und alt (sofern vorhanden) unserer gefundenen Elemente zwischenzuspeichern. Der aufmerksame Leser wird sich jetzt fragen: »Sind wir nicht nur am Attribut title interessiert? Warum sollten wir uns um alt kümmern?« Guter Einwand. Wir speichern das Attribut alt zusätzlich zu title, falls class="tooltip" für ein Bild genutzt wird. Der Internet Explorer zeigt nämlich dann seinen eigenen Tooltip mit dem Inhalt von alt an, und das wollen wir nicht.

Der restliche Code kümmert sich um die Elemente mit dem Attribut class="tooltip". Wenn man über ein solches Element den Mauscursor bewegt, speichern wir den Inhalt der Attribute title und (falls gefüllt) alt und löschen sie dann, indem wir sie auf einen leeren String setzen. So stört uns kein Standard-Tooltip vom Browser. Der Inhalt des Attributs title wird nun nach #tooltip_inner kopiert und #tooltip_outer wird angezeigt.

Verlässt der Mauscursor das Zielelement, dann wollen wir all das rückgängig machen. #tooltip wird verborgen, der Inhalt von #tooltip_inner auf einen leeren String gesetzt und die Attribute title und alt auf ihre ursprünglichen Werte gesetzt.

Schließlich beobachtet die Methode .mousemove() die Mausbewegungen, nachdem der Zeiger die Grenzen eines Elements mit class="tooltip" überschritten hat. Der Tooltip wird relativ zur Mausposition platziert und erscheint rechts vom Cursor, sofern er damit nicht zu nah am Rand angezeigt würde. In diesem Fall würde ein horizontaler Scrollbar erscheinen, den wir nicht haben wollen. Um dieses Problem zu umgehen, lassen wir den Tooltip dann auf der linken Seite des Cursors anzeigen. Das gleiche gilt auch vertikal.

Befindet sich der Tooltip zu nah am unteren Rand einer Seite, wird er über dem Mauscursor angezeigt.

13.2 In einem Baum navigieren

Problem

Auf Seiten mit sehr umfangreichen Inhalten und diversen Ebenen der Informations-Organisation muss man gelegentlich verschachtelte Daten anzeigen können. Wenn man die gesamten Informationen auf einmal zeigen würde, wären diese zu umfangreich und würden zu viel Platz auf der Seite in Anspruch nehmen. Also nutzen wir einen aufklappbaren Baum. Dessen Funktionalität, die man vor allem im Windows Explorer kennt (nicht zu verwechseln mit dem Internet Explorer), ermöglicht es einem Anwender, die einzelnen »Verzeichnisebenen« auf- und zuzuklappen.

Lösung

Durch Verwenden der jQuery-Selektoren für Kind-Elemente auf verschachtelten, ungeordneten Listen können wir zusätzliche Abschnitte einer Baumstruktur nach Bedarf anzeigen oder verbergen. Dazu fügen wir dem obersten Element der ungeordneten Liste das Attribut `class="tree"` hinzu und verwenden eine Kombination aus CSS und JavaScript, um die darunter liegenden Ebenen »aufzudecken«. Dadurch entsteht ein Baum wie in Abbildung 13-2. Zusätzlich greifen wir auf die Event Delegation zurück, um beliebig tiefe Schachtelungen zu unterstützen, ohne allzu vielen Elementen Event Listener hinzufügen zu müssen. Stattdessen wird das Event auf der obersten Ebene von `<ul class="tree">` über die jQuery-Methode `.live()` abgefangen.

Abbildung 13-2: Anzeigen mehrerer Daten-Ebenen über einen Baum

Baum – HTML-Code

```
<!DOCTYPE html PUBLIC "-//W3C//DTD XHTML 1.0 Transitional//EN"
"http://www.w3.org/TR/xhtml1/DTD/xhtml1-transitional.dtd">
<html xmlns="http://www.w3.org/1999/xhtml" xml:lang="en-us" lang="en-us">
<head>
<meta http-equiv="content-type" content="text/html; charset=utf-8" />
<meta http-equiv="imagetoolbar" content="false" />
<title>jQuery-Kochbuch - Kapitel 13 - Navigieren im Baum</title>
<link rel="stylesheet" type="text/css" href="../_common/basic.css" />
<link rel="stylesheet" type="text/css" href="tree.css" />
<script type="text/javascript">
/* <![CDATA[ */
document.write('<link rel="stylesheet" type="text/css" href="preload.css" />');
/* ]]> */
</script>
<script type="text/javascript" src="../_common/jquery.js"></script>
<script type="text/javascript" src="tree.js"></script>
</head>
<body>
<div id="container">
  <p class="tree_controls">
    <a href="#" class="expand_all">Alle anzeigen</a> ~
    <a href="#" class="collapse_all">Alle verbergen</a>
  </p>
  <ul class="tree">
    <li>
      <a href="#" class="tree_trigger"> </a> Erste
      <ul class="tree_expanded">
        <li>
          <a href="#" class="tree_trigger"> </a> Zweite
          <ul class="tree_expanded">
            <li>
              <a href="#" class="tree_trigger"> </a> Dritte
              <ul>
                <li>
                  <span class="tree_slug"> </span> Vierte
                </li>
                <li>
                  <span class="tree_slug"> </span> Vierte
                </li>
                <li>
                  <span class="tree_slug"> </span> Vierte
                </li>
                <li>
                  <span class="tree_slug"> </span> Vierte
                </li>
                <li>
                  <span class="tree_slug"> </span> Vierte
                </li>
              </ul>
              ...
            </li>
            ...
          </ul>
          ...
        </li>
```

```
        ...
      </ul>
      ...
    </li>
    ...
  </ul>
</div>
...
</body>
</html>
```

Baum – jQuery-Code

```
// Initialisieren
function init_tree() {

  // Ist das Element vorhanden
  if (!$('ul.tree').length) {

    // Wenn nicht, beenden
    return;
  }

  // Ausklappen und einklappen
  $('p.tree_controls a.expand_all, p.tree_controls a.collapse_all').click(function() {

    // Welche Klasse?
    if ($(this).hasClass('expand_all')) {
        $(this).parent('p').next('ul').find('a.tree_trigger')
              .addClass('trigger_expanded')
              .end().find('ul').addClass('tree_expanded');
        return false;
    } else {
        $(this).parent('p').next('ul').find('a.tree_trigger')
              .removeClass('trigger_expanded')
              .end().find('ul').removeClass('tree_expanded');
    }

    // Nicht folgen
    this.blur();
    return false;
  });

  // Auf Klicks im Baum lauschen
  $('ul.tree a.tree_trigger').live('click', function() {

    // Ist die nächste <ul> verborgen?
    if ($(this).next('ul').is(':hidden')) {
      $(this).addClass('trigger_expanded').next('ul')
            .addClass('tree_expanded');
    } else {
      $(this).removeClass('trigger_expanded').next('ul')
            .removeClass('tree_expanded');
    }

    // Nicht folgen
```

```
      this.blur();
      return false;
    });

    // Klasse für letztes <li>.
    $('ul.tree li:last-child').addClass('last');

    // Status des Triggers ändern
    $('ul.tree_expanded').prev('a').addClass('trigger_expanded');
  }

  // Los geht's
  $(document).ready(function() {
    init_tree();
  });
```

Diskussion

Der Code für den Baum fügt den Links mit den Klassennamen expand_all und col-lapse_all erst einmal Eventhandler hinzu. Wird einer dieser Links angeklickt, durchlaufen wir das DOM bis zum übergeordneten <p>, dann zum nächsten <ul> und gelangen schließlich in dessen Kind-Elemente. Jedes Kind-Element mit class="tree_trigger" erhält die Klasse trigger_expanded und jedes folgende <ul> erhält die Klasse tree_expanded. Diese Klassennamen entsprechen den CSS-Regeln, die für das Erscheinungsbild zuständig sind. Bei Trigger-Links führt das zu einem Symbol für einen ausgeklappten Unterbaum. Wie die Liste selbst erhalten sie nun display: block anstatt display: none.

Der »Live«-Event Listener lauscht auf Klicks irgendwo im Baum. Dabei wird auf den gesamten Bereich von <ul class="tree"> geachtet. Wurde geklickt, wird ermittelt, ob dies auf einem Link mit class="trigger" geschehen ist. Dann wird der entsprechende Code ausgeführt. Der Vorteil von .live() gegenüber dem Hinzufügen eines Click-Handlers an jeden Link ist der, dass der Code mit allen bestehenden und zukünftigen Elementen verbunden ist, die den Kriterien entsprechen. Dadurch verschwenden Sie keine Zeit mit dem massenhaften Hinzufügen von Event Listenern und dynamisch über Ajax eingefügte Inhalte werden auch gleich mit behandelt.

Nun fügen wir per JavaScript jedem <li> ein Attribut class="last" hinzu, dass das :last-child seines Eltern-Elements ist. Damit können wir ein Hintergrundbild platzieren, das die Verbindungen im Baum über eine dünne graue Linie simuliert. Schließlich durchlaufen wir noch das DOM, falls ein abhängiges <ul> von Anfang an durch class="tree_-expanded" sichtbar sein soll, und fügen dem vorigen Trigger-Link ein class="tree_-trigger_expanded" hinzu.

13.3 Ein Akkordeon aufziehen

Problem

Die Situation, in der ein Akkordeon nützlich sein kann, ähnelt durchaus der von Bäumen. Die Muster sind gleich – bei beiden werden Informationen zunächst verborgen und sind erst dann sichtbar, wenn ein Anwender tätig wird. Allerdings enthält ein Akkordeon im Allgemeinen keine umfangreiche Informationsstruktur, sondern es wird meist dafür genutzt, die verschiedenen Facetten einer Site oder eines Produkts in neuartiger Form zu präsentieren. Solch ein Beispiel finden Sie unter *http://www.apple.com/iphone*. Dabei können Informations-Panels auf Wunsch des Anwenders aufgezogen werden, ohne dass der gesamte vertikale Raum eingenommen wird. Das Verhalten ähnelt durchaus den verschiebbaren Regalen in einer Bibliothek, bei denen immer nur ein Gang zur Verfügung steht und man nicht gleichzeitig an alle Regale herankommt.

Es gibt durchaus ein Akkordeon-Widget von jQuery UI, das sich umfassend konfigurieren lässt und dem man ein Theme oder einen Skin verpassen kann, damit es den anderen UI-Widgets ähnelt. Sie finden es unter *http://jqueryui.com/demos/accordion* im Einsatz. Der Vorteil des offiziellen Widgets ist der, dass es von der jQuery UI-Community unterstützt wird und auch noch weiter wachsen und robuster werden wird. Der Nachteil ist eventuell der zusätzliche Code, den man braucht, wenn Sie eigentlich nur ein einfaches Akkordeon benötigen. Es kann also auch sein, dass Sie eine eigene Akkordeon-Komponente bauen, weil Sie weniger Code einsetzen wollen. Allerdings ist die Animation dann nicht bis auf den letzten Pixel exakt. Schauen Sie sich beide Optionen an und entscheiden Sie, was für Ihr Projekt das Beste ist.

Lösung

Mit den ausgezeichneten Fähigkeiten von jQuery zum Durchlaufen des DOM, insbesondere den Selektoren für Geschwister-Elemente, ist es möglich, ein Skript zu schreiben, das allgemein genug ist, um mehrere Akkordeon-Elemente zu verwalten. Zudem kann dieses Skript auch mit Elementen umgehen, die eventuell erst später zum Akkordeon hinzugefügt wurden. Abbildung 13-3 zeigt ein Akkordeon, das noch nicht aufgezogen wurde, während in Abbildung 13-4 der Inhalt zu sehen ist.

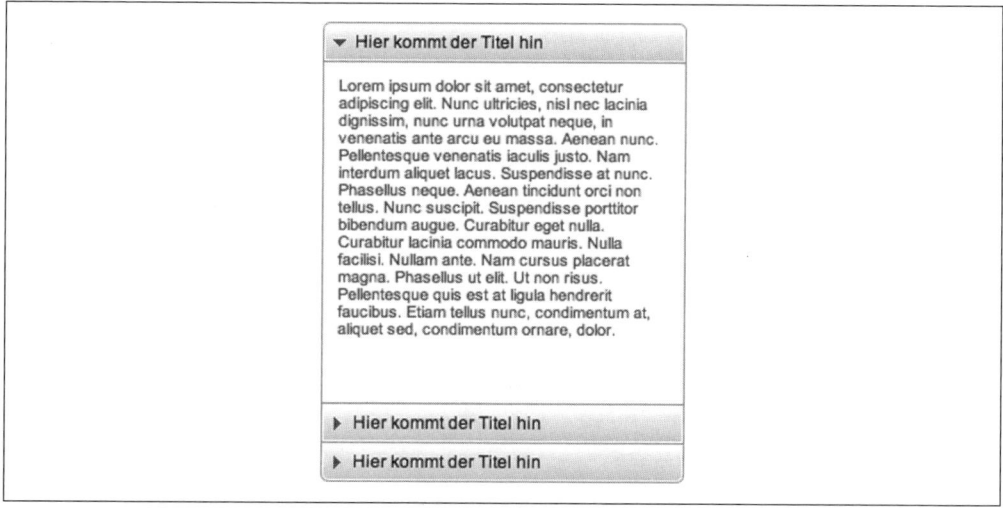

Abbildung 13-3: Akkordeon, das noch nicht aufgezogen wurde

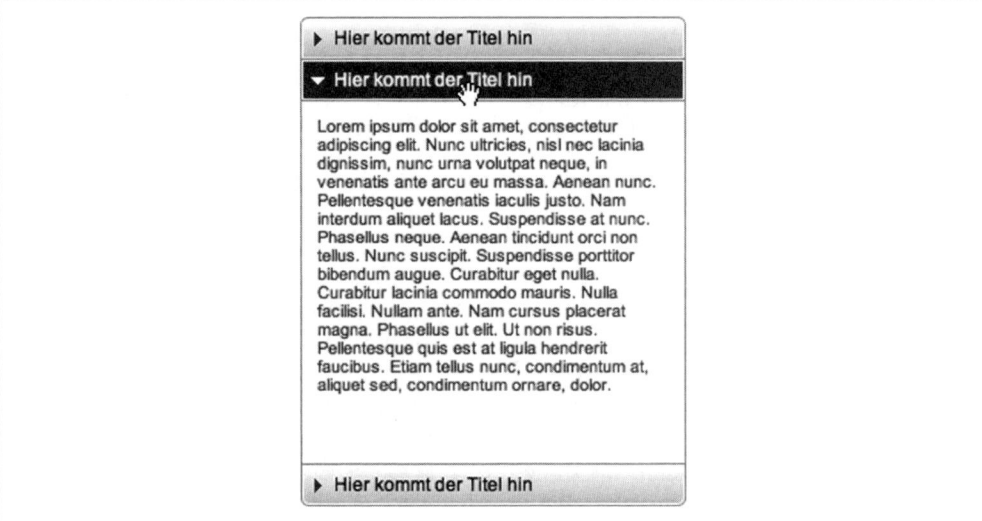

Abbildung 13-4: Das aufgezogene Akkordeon

Akkordeon – HTML-Code

```
<!DOCTYPE html PUBLIC "-//W3C//DTD XHTML 1.0 Transitional//EN"
"http://www.w3.org/TR/xhtml1/DTD/xhtml1-transitional.dtd">
<html xmlns="http://www.w3.org/1999/xhtml" xml:lang="en-us" lang="en-us">
<head>
<meta http-equiv="content-type" content="text/html; charset=utf-8" />
<meta http-equiv="imagetoolbar" content="false" />
<title>jQuery-Kochbuch - Kapitel 13 - Ein Akkordeon aufziehen</title>
<link rel="stylesheet" type="text/css" href="../_common/basic.css" />
<link rel="stylesheet" type="text/css" href="accordion.css" />
<script type="text/javascript">
/* <![CDATA[ */
document.write('<link rel="stylesheet" type="text/css" href="preload.css" />');
/* ]]> */
</script>
<script type="text/javascript" src="../_common/jquery.js"></script>
<script type="text/javascript" src="accordion.js"></script>
</head>
<body>
<div id="container">
  <dl class="accordion">
    <dt>
      <a href="#"><span></span> Hier kommt der Titel hin</a>
    </dt>
    <dd>
      <p>
        Lorem ipsum...
      </p>
    </dd>
    <dt>
      <a href="#"><span></span> Hier kommt der Titel hin</a>
```

```
      </dt>
      <dd>
        <p>
          Lorem ipsum...
        </p>
      </dd>
      <dt>
        <a href="#"><span></span> Hier kommt der Titel hin</a>
      </dt>
      <dd>
        <p>
          Lorem ipsum...
        </p>
      </dd>
    </dl>
    ...
  </div>
</body>
</html>
```

Akkordeon – jQuery-Code

```
// Initialisieren
function init_accordion() {

  // Ist das Element vorhanden?
  if (!$('dl.accordion').length) {

    // Wenn nicht, beenden
    return;
  }

  // Alle Akkordeons selektieren
  $('dl.accordion').each(function() {

    // Erstes Akkordeon-Element anzeigen
    $(this).find('dt:first a').addClass('accordion_expanded')
         .end().find('dd:first').show();

    // Für runde Ecken per CSS
    $(this).find('dt:last').addClass('last');
  });

  // Event Listener für Click
  $('dl.accordion dt a').click(function() {

    // Eltern-<dl> holen
    var $dl = $(this).parents('dl:first');

    // Nächstes <dd> holen
    var $dd = $(this).parent('dt').next('dd');

    // Letztes <dt>
    function findLast() {
      if ($dl.find('dd:last').is(':hidden')) {
        $dl.find('dt:last').addClass('last');
```

```
      }
    }

    // Ist es sichtbar?
    if ($dd.is(':hidden')) {

      // <dd> erweitern, andere verbergen
      $dd.slideDown('fast').siblings('dd:visible').slideUp('fast', findLast);

      // Pfeil-Status ändern, class="last" für <dt> entfernen.
      $(this).addClass('accordion_expanded').parent('dt')
              .removeClass('last').siblings('dt').find('a')
              .removeClass('accordion_expanded');
    }

    // Nicht folgen
    this.blur();
    return false;
  });
}

// Los geht's
$(document).ready(function() {
  init_accordion();
});
```

Diskussion

Diese Funktion selektiert zunächst alle Definitions-Listen mit der Klasse accordion und wendet dann die jQuery-Methode .each() auf sie an. Innerhalb jeder Definitions-Liste erhält der erste <dt>-Eintrag die Klasse accordion_expanded und das erste <dd>-Tag wird angezeigt (der Rest bleibt verborgen, weil wir im CSS display: none definiert haben). Zusätzlich erhält das letzte <dt>-Element das Attribut class="last", wodurch wir es mit runden Ecken versehen können (sofern der Browser es unterstützt). Das ist ein Unterschied zum Baum-Beispiel, in dem wir die Browser speziell behandelt haben, die kein :last-child kennen. Beim Akkordeon wird class="last" abhängig von den Benutzer-Aktionen entfernt beziehungsweise wieder zugewiesen.

Der zweite Teil des Codes kümmert sich um das entscheidende Verhalten des Akkordeons. Alle Links innerhalb der Akkordeon-<dt>s erhalten einen Click-Event Listener. Wenn einer dieser Links angeklickt wird, arbeiten wir uns im DOM zum übergeordneten <dt>-Element nach oben und wechseln dann zum nächsten <dd>. Wenn dieses <dd> verborgen ist, bringen wir es als Animation mit Hilfe der jQuery-Methode .slideDown() zur Anzeige, während wir gleichzeitig für alle anderen Geschwister-<dd> die Methode .slideUp() aufrufen. Danach wird die Callback-Funktion findLast aufgerufen, die ermittelt, ob wir dem letzten sichtbaren <dt> das Attribut class="last" zuweisen, falls das dazugehörige <dd> verborgen ist.

Ist dieses letzte <dd> sichtbar, geschieht nichts, da das <dd> selbst schon per CSS abgerundet ist (über :last-child). Auch hier wundert sich der aufmerksame Leser vielleicht: »Warum patchen wir nicht die Internet Explorer 6 und 7, da diese :last-child nicht verstehen?« IE 6 und 7 kennen zwar :last-child nicht, aber sie unterstützen auch keine abgerundeten Ecken per CSS, daher müssen wir uns darum sowieso nicht kümmern.

Schließlich wird dem angeklickten <dt>-Link noch die Klasse accordion_expanded zugewiesen und von allen anderen <dt>-Links entfernt. Dadurch zeigen alle Pfeile in den <dt>-Elementen nach rechts (sie sind also eingeklappt), abgesehen vom gerade angeklickten <dt>-Link.

13.4 Registerkarten in einem Dokument

Problem

Sie haben eine Seite mit einer Menge Daten, die zusammengehören. Es ist nicht sinnvoll, sie auf unterschiedliche Seiten zu verteilen. In solch einem Fall müssen Sie nicht unbedingt ein langes Dokument mit Überschriften und Absätzen erstellen. Stattdessen kann eine Benutzeroberfläche mit Registerkarten eine bessere Idee sein. Hier verhalten sich die Reiter wie man es von Desktop-Anwendungen erwarten würde. Statt die Seite zu verlassen, auf der Sie sich befinden, werden die relevanten Informationen, die mit einem Reiter verbunden sind, nach vorne gebracht (siehe Abbildung 13-5). Ein Beispiel für solch eine Funktionalität ist die Homepage von Yahoo!.

Lösung

Indem wir uns das Attribut href="..." eines Links holen, der auf der Seite bleibt, können wir jQuery nutzen, um die ID des Ziels zu ermitteln, die Geschwisterelemente zu verbergen und das Ziel-Element nach vorne zu bringen. Dies ist eine sehr einfache Anwendung von jQuery, aber sie kann für tolle Effekte genutzt werden.

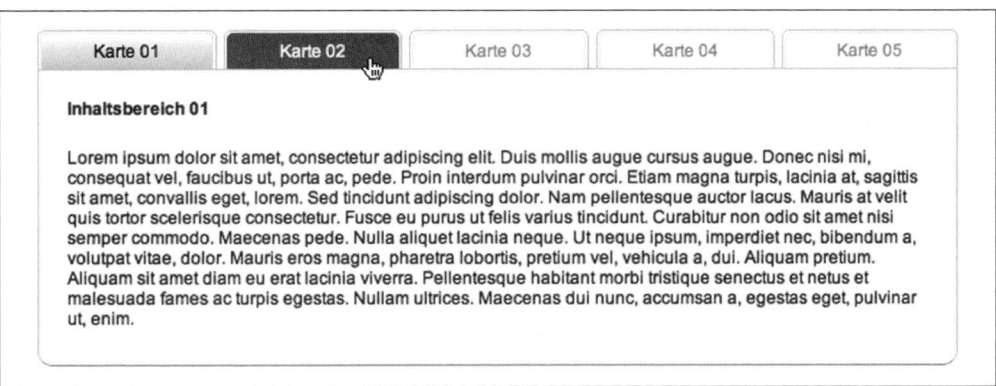

Abbildung 13-5: Registerkarten für die Navigation durch Informationen

Registerkarten – HTML-Code

```
<!DOCTYPE html PUBLIC "-//W3C//DTD XHTML 1.0 Transitional//EN"
"http://www.w3.org/TR/xhtml1/DTD/xhtml1-transitional.dtd">
<html xmlns="http://www.w3.org/1999/xhtml" xml:lang="en-us" lang="en-us">
<head>
<meta http-equiv="content-type" content="text/html; charset=utf-8" />
<meta http-equiv="imagetoolbar" content="false" />
<title>jQuery-Kochbuch - Kapitel 13 - Registerkarten in einem Dokument</title>
<link rel="stylesheet" type="text/css" href="../_common/basic.css" />
<link rel="stylesheet" type="text/css" href="tabs.css" />
<script type="text/javascript">
/* <![CDATA[ */
document.write('<link rel="stylesheet" type="text/css" href="preload.css" />');
/* ]]> */
</script>
<script type="text/javascript" src="../_common/jquery.js"></script>
<script type="text/javascript" src="tabs.js"></script>
</head>
<body>
<div id="container">
  <ul class="tabs">
    <li>
      <a href="#tab_content_primary_01" class="current">Karte 01</a>
    </li>
    <li>
      <a href="#tab_content_primary_02">Karte 02</a>
    </li>
    <li>
      <a href="#tab_content_primary_03">Karte 03</a>
    </li>
    <li>
      <a href="#tab_content_primary_04">Karte 04</a>
    </li>
    <li>
      <a href="#tab_content_primary_05">Karte 05</a>
    </li>
  </ul>
  <div class="tab_content_wrap">
    <div id="tab_content_primary_01" class="tab_content">
      <p>
        <strong>Inhaltsbereich 01</strong>
      </p>
      <p>
        Lorem ipsum...
      </p>
    </div>
    <div id="tab_content_primary_02" class="tab_content">
      <p>
        <strong>Inhaltsbereich 02</strong>
      </p>
      <p>
        Duis ultricies ante...
      </p>
    </div>
    <div id="tab_content_primary_03" class="tab_content">
      <p>
```

```
        <strong>Inhaltsbereich 03</strong>
      </p>
      <p>
        Morbi fringilla...
      </p>
    </div>
    <div id="tab_content_primary_04" class="tab_content">
      <p>
        <strong>Inhaltsbereich 04</strong>
      </p>
      <p>
        Sed tempor...
      </p>
    </div>
    <div id="tab_content_primary_05" class="tab_content">
      <p>
        <strong>Inhaltsbereich 05</strong>
      </p>
      <p>
        Nulla facilisi...
      </p>
    </div>
  </div>
  ...
</div>
</body>
</html>
```

Registerkarten – jQuery-Code

```
// Initialisieren
function init_tabs() {

  // Ist das Element vorhanden
  if (!$('ul.tabs').length) {

    // Wenn nicht, beenden
    return;
  }

  // Ersten Inhaltsbereich anzeigen
  $('div.tab_content_wrap').each(function() {
    $(this).find('div.tab_content:first').show();
  });

  // Auf Tab-Klicks lauschen
  $('ul.tabs a').click(function() {

    // Wenn nicht der aktuelle Tab
    if (!$(this).hasClass('current')) {

      // aktuellen Tab hervorheben
      $(this).addClass('current').parent('li').siblings('li')
             .find('a.current').removeClass('current');
```

```
        // Ziel anzeigen, andere verbergen
        $($(this).attr('href')).show().siblings('div.tab_content').hide();
    }

    // Nicht folgen
    this.blur();
    return false;
  });
}

// Los geht's
$(document).ready(function() {
  init_tabs();
});
```

Diskussion

Wenn die Funktion ausgeführt wird, zeigt sie den ersten Inhaltsbereich an, während der Rest verborgen bleibt. Das liegt an der Regel `display: none` in unserer Datei `preload.css`.

Darüber hinaus müssen wir nur noch darauf achten, ob ein Link innerhalb von `<ul class="tabs">` angeklickt wurde. Wenn dieser noch nicht über das Attribut `class="current"` verfügt, wissen wir, dass dessen Inhalt verborgen ist. Daher fügen wir dem Link dann `class="current"` hinzu und entfernen diese Klasse von allen anderen Geschwister-Tabs. Als nächstes holen wir uns das Attribut `href="..."` für den angeklickten Link, das auf eine ID auf der gleichen Seite verweist, und zeigen dieses Element über die jQuery-Methode `.show()` an, während wir gleichzeitig alle anderen Geschwister-Bereiche verbergen.

Wenn Sie die Funktionalität erweitern möchten – zum Beispiel eigene Events feuern, wenn sich der Status der Registerkarten ändert, oder Remote-Inhalte per Ajax laden – sollten Sie sich eher das offizielle Tab-Widget von jQuery UI anschauen.

13.5   Ein einfaches modales Fenster anzeigen

Problem

Dadurch, dass Popup-Blocker in den Browsern immer mehr Verbreitung finden, kann man sich nicht mehr darauf verlassen, mit `window.open()` ein Dialogfenster erzeugen zu können. Stattdessen ist es sinnvoller, einen modalen Overlay für die aktuelle Seite zu erstellen, mit dem der Anwender interagieren oder den er schließen kann.

Es gibt durchaus ein Dialog-Widget bei jQuery UI, das umfangreich konfiguriert und mit einem Theme/Skin versehen werden kann, damit es zu den anderen UI-Widgets passt. Ein Einsatzbeispiel finden Sie unter *http://jqueryui.com/demos/dialog*. Der Vorteil des offiziellen Widgets ist die ebenfalls offizielle Unterstützung durch die jQuery UI-Community und die Weiterentwicklung und schon jetzt vorhandene Robustheit. Ein potenzieller Nachteil ist die Menge an zusätzlichem Code, die erforderlich ist, wenn Sie eigentlich nur ein einfaches modales Fenster benötigen. Schauen Sie sich beide Varianten an und entscheiden Sie dann in Abhängigkeit von den Erfordernisse Ihres Projekts.

 Wenn Sie eine noch robustere Lösung benötigrn, die mit ganz unterschied-
lichen Inhalten zurechtkommt und sogar für Bildergalerien gut einsetzbar
ist, schauen Sie sich ThickBox an. Dabei handelt es sich um ein beliebtes
jQuery-Addon, das von Cody Lindley geschrieben wurde (einem der
Koautoren dieses Buches). Beispiele für seinen Einsatz finden Sie unter
http://jquery.com/demo/thickbox/.

Lösung

Mit jQuery können wir leicht die Höhe und Breite der verfügbaren Fläche im Browser
ermitteln (den Viewport) und eine Ebene über die gesamte Seite legen, die sie »abdun-
kelt«. Per CSS-Positionierung können wir dann unser modales »Fenster« (bei dem es sich
eigentlich nur um einen <div>-Layer handelt) über diese abdunkelnde Ebene in die Mitte
legen, um den Benutzer darauf aufmerksam zu machen (siehe Abbildung 13-6). Man kann
unterschiedlichste Arten von Inhalten anzeigen, auch Bilder, per Ajax geladene HTML-
Fragmente und Markup aus der Seite.

Abbildung 13-6: Ein modales Fenster, erstellt mit jQuery

Modales Fenster – HTML-Code

```html
<!DOCTYPE html PUBLIC "-//W3C//DTD XHTML 1.0 Transitional//EN"
"http://www.w3.org/TR/xhtml1/DTD/xhtml1-transitional.dtd">
<html xmlns="http://www.w3.org/1999/xhtml" xml:lang="en-us" lang="en-us">
<head>
<meta http-equiv="content-type" content="text/html; charset=utf-8" />
<meta http-equiv="imagetoolbar" content="false" />
<title>jQuery-Kochbuch - Kapitel 13 - Ein einfaches modales Fenster anzeigen</title>
<link rel="stylesheet" type="text/css" href="../_common/basic.css" />
<link rel="stylesheet" type="text/css" href="modal.css" />
<script type="text/javascript" src="../_common/jquery.js"></script>
<script type="text/javascript" src="modal.js"></script>
</head>
<body>
<div id="container">
  <a href="#modal_anchor" class="modal">Von der Seite</a>
  | <a href="modal_markup.html#load_me" class="modal">Remote Markup</a>
  | <a href="modal_text.txt" class="modal">Remote Text</a>
  | <a href="../_common/photo_1.jpg" class="modal" title="Ostsee - Estland">Bild</a>.
  <br />
  <br />
  <select><option>-- SOLLTE IM IE6 ÜBERDECKT SEIN --</option></select>
  <br />
  <br />
  <div id="modal_anchor">
    <p>
      Dieser Inhalt wird in das modale Fenster kopiert werden,
      wenn sein Anker das Ziel ist.
    </p>
  </div>
  Viele Zeilenumbrüche, um scrollende Inhalte zu simulieren ...
  <br />
  It's the end of the world, as we know it, and I feel fine.
</div>
</body>
</html>
```

Modales Fenster – jQuery-Code

```javascript
// Initialisieren
function init_modal() {

  // Ist das Element vorhanden?
  if (!$('a.modal').length) {

    // Wenn nicht, beenden
    return;
  }

  // IE6 erkennen (Boolean).
  var $IE6 = typeof document.addEventListener !== 'function' && !window.XMLHttpRequest;

  // Ein bisschen rechnen
  function sizeModal() {
```

```
  // Dimensionen des Fensters
  var $modal = $('#modal_window');
  var $modal_width = $modal.outerWidth();
  var $modal_height = $modal.outerHeight();
  var $modal_top = '-' + Math.floor($modal_height / 2) + 'px';
  var $modal_left = '-' + Math.floor($modal_width / 2) + 'px';

  // Modales Fenster anzeigen
  $('#modal_window').css('margin-top', $modal_top)
                    .css('margin-left', $modal_left);
}

/* Für den IE6 */
function positionModal() {
  // Position erzwingen
  $('#modal_wrapper').css('top', $(document).scrollTop() + 'px');
}

// Fenster anzeigen
function showModal() {
  if ($IE6) {
    positionModal();
  }

  // Wrapper anzeigen
  $('#modal_wrapper').show();

  // Größe anpassen
  sizeModal();

  // Modales Fenster anzeigen
  $('#modal_window').css('visibility', 'visible').show();

  // Größe nach dem Laden des Bildes anpassen
  $('#modal_content img').each(function() {
    $(this).load(function() {
      $(this).removeClass('modal_placeholder').show();
      sizeModal();
    });
  });
}

// Modales Fenster vor </body> einfügen
$('body').append('
                  <div id="modal_wrapper">
                    <!--[if IE 6]>
                      <iframe id="modal_iframe"></iframe>
                    <![endif]-->
                    <div id="modal_overlay"></div>
                    <div id="modal_window">
                      <div id="modal_bar">
                        <strong>Modales Fenster</strong>
                        <a href="#" id="modal_close">Schließen</a>
                      </div>
                      <div id="modal_content"></div>
                    </div>
                  </div>
');
```

```
// Modale Links selektieren
$('a.modal').click(function() {

  // href="..." auswerten
  var $the_link = $(this).attr('href');

  // Link-Target bestimmen
  if ($the_link.match(/^#./)) {

    // #Anker-Inhalt
    $('#modal_content').html($($(this).attr('href')).html());
    showModal();

  } else if ($the_link.match(/.jpg$/) ||
             $the_link.match(/.png$/) ||
             $the_link.match(/.gif$/)) {

    // Bild
    $('#modal_content').html('
      <p id="modal_image_wrapper">
        <img src="' + $the_link + '" class="modal_placeholder" />
      </p>
    ');
    showModal();

  } else {

    // externer Ajax-Inhalt
    $('#modal_content').load($(this).attr('href')
                    .replace('#', ' #'), '', showModal);
  }

  // Modalen Titel bestimmen
  if ($(this).attr('title')) {

    // Titel einfügen
    $('#modal_bar strong').html($(this).attr('title'));

  } else if ($(this).html() !== '') {

    // Link-Text einfügen
    $('#modal_bar strong').html($(this).html());
  }

  // Nicht folgen
  this.blur();
  return false;
});

// Modale Elemente verbergen
$('#modal_overlay, #modal_close').click(function() {

  // Modales Fenster verbergen
  $('#modal_wrapper').hide();
```

```
   // Verbergen, weil Bilder später geladen werden können
   $('#modal_window').css('visibility', 'hidden');

   // Bild-Listener lösen
   $('#modal_content img').each(function() {
     $(this).unbind();
   });

   // Modale Inhalte zerstören
   $('#modal_content').html('');

   // Modalen Titel zurücksetzen
   $('#modal_bar strong').html('Modal window');

   // Nicht folgen
   this.blur();
   return false;
 });

 // Auf Scrollen im IE6 lauschen
 if ($IE6) {
   $(window).scroll(function() {
     if ($('#modal_wrapper').is(':visible')) {
       positionModal();
     }
   });
 }
}

// Los geht's
$(document).ready(function() {
 init_modal();
});
```

Diskussion

Unsere Lösung für ein modales Fenster startet mit der Definition einer Variablen, die als Boolescher Wert dient und angibt, ob es sich beim Browser um den Internet Explorer 6 handelt. Um das herauszufinden, führen wir zwei schnelle Tests durch. Nachdem wir wissen, dass wir es mit dem IE 6 zu tun haben, können wir damit die Funktionalität entsprechend anpassen. Und auch in dem dynamisch hinzugefügten Markup-Fragment haben wir einen Bedingungs-Kommentar eingefügt:

```
<!--[if IE 6]><iframe id="modal_iframe"></iframe><![endif]-->
```

Auf den ersten Blick mag das verwirrend erscheinen, denn wenn es sich beim Browser um den Internet Explorer 6 handelt, fügen wir so nur einen leeren `iframe` ein, der keinerlei Inhalt enthält. Der Grund dafür liegt darin, dass wir den IE 6 austricksen und jegliche `<select>`-Formelemente auf der Seite überdecken wollen. Ohne diesen Workaround würden alle `<select>`-Elemente auf der Seite »durchscheinen« und damit den Benuter außerordentlich verwirren.

Als nächstes erstellen wir eine Funktion, die all die Berechnungen durchführt, die nötig sind, um das modale Fenster innerhalb des Anzeigebereichs zu zentrieren. Das ließe sich zwar alles per CSS mit fest angegebener Höhe und Breite erzielen, aber bei der hier dargelegten Vorgehensweise sind wir flexibler. Der Entwickler, der diesen JavaScript-Code implementiert, muss nur die Breite des modalen Fensters per CSS setzen und unsere Funktion kümmert sich um den Rest, wodurch sogar Inhalte mit variabler Höhe möglich sind.

Die nächste Funktion ist nur für den Internet Explorer 6 gedacht und wird auch nur für ihn aufgerufen. Durch ihren Einsatz wird die fehlende CSS-Unterstützung für `position: fixed` umgangen. Bei allen anderen Browsern wird unser modales Fenster auch beim Scrollen eines langen Dokuments vertikal und horizontal zentriert bleiben. Im IE 6 allerdings müssen wir das Fenster explizit anweisen, seine Position beim Scrollen beizubehalten. Dazu rufen wir diese Funktion weiter hinten in der Datei auf.

Das eigentliche Anzeigen des modalen Fensters ist dann einfach. Wir haben den dafür erforderlichen Code in `showModal()` zusammengefasst. Er enthält einen Aufruf von `positionModal()`, wenn es sich beim Browser um den IE 6 handelt. Das Wrapper-`<div>` wird angezeigt und `sizeModal()` aufgerufen, um das Fenster zu zentrieren und die Größe an die Höhe des Inhalts anzupassen. Wenn die Größe korrekt festgelegt wurde, wird das Fenster selbst angezeigt. Zudem binden wir noch eine `onload`-Funktion an alle dynamisch eingefügten Bilder. Dies dient Browsern, die die Dimensionen eines Bildes nicht kennen, solange es nicht vollständig geladen wurde. Die Funktion `showModal()` wird allerdings erst später aufgerufen.

Beim Laden des Dokuments fügen wir noch direkt vor dem schließenden `</body>`-Tag das Markup für das modale Fenster ein.

Alle Links mit `class="modal"` erhalten noch einen Click-Listener. Wenn ein modaler Link angeklickt wird, dann werden einige Tests durchgeführt, um herauszufinden, was für Inhalte geladen werden sollen. Beginnt der Link mit einem Hash-Zeichen (#), gefolgt von einem oder mehreren Zeichen, wissen wir, dass der einzubindende Inhalt direkt auf der Seite vorhanden ist. In solchen Fällen wird der HTML-Inhalt aus der ID in das modale Fenster kopiert. Der zweite Tests prüft auf Bilder. Endet `href` mit `.jpg`, `.png`, or `.gif`, dann wird ein `<img>`-Tag erzeugt und der Wert von `href` nach `src` kopiert. Wenn keines dieser Kriterien erfüllt ist, handelt es sich sehr wahrscheinlich um eine externe Seite. In diesem Fall wird die jQuery-Methode `.load()` aufgerufen, der HTML-Inhalt von dieser Seite übernommen (und von einer bestimmten ID, falls ein Hash vorhanden ist) und in das modale Fenster eingefügt.

Dann fügen wir Click-Event-Listener zum modalen Overlay (dem grauen Hintergrund) und zum Schließen-Button hinzu. Wird eines davon angeklickt, wird das modale Fenster verborgen, alle modalen Bilder von ihren Event-Listenern befreit, der Inhalt des Fensters auf einen leeren String gesetzt und der Text der Titelzeile des Fenster zurückgesetzt.

Als letztes folgt noch ein Event-Listener speziell für den IE 6, der darauf achtet, ob das Fenster gescrollt wird. Ist der Wrapper für das modale Fenster sichtbar (und damit auch alles, was damit verbunden ist), wird `positionModal()` aufgerufen, wenn der Anwender die Seite scrollt. Damit ist sichergestellt, dass das modale Fenster dort bleibt, wo es mit `position: fixed` stehen würde.

13.6 Dropdown-Menüs erstellen

Problem

Irgendwann werden Sie immer auf einen Kunden oder Chef treffen, der in einer Navigationsstruktur einer Site alles »nur einen Klick entfernt« haben will. Das ist zwar kein völlig abwegiger Wunsch, aber wenn man einer Seite die Links für jeden einzelnen Bereich einer Site mitgeben möchte, sorgt das für deutlich umfangreicheren HTML-Code. Damit kommen wir zu den Dropdown-Menüs.

Lösung

Bei Desktop-Programmen und Betriebssystemen werden diese Menüs häufig dadurch aktiviert, dass man einen Begriff anklickt. Dann erhält man eine Liste von Unterbegriffen und Kategorien. Im Web aber scheint eher das Paradigma vorzuherrschen, dass Dropdown-Menüs schon erscheinen, wenn der Anwender die Maus über einen Link auf oberster Ebene bewegt (siehe Abbildungen 13-7 und 13-8). Durch eine Kombination aus CSS-:hover-Regeln und Positionierungstechniken lässt sich ein Großteil schon ohne JavaScript erzielen. jQuery bietet dabei noch kleine Verbesserungen für den IE 6.

Eine kleine Warnung an Entwickler: Bedenken Sie die Auswirkungen auf die Barrierefreiheit für Anwender, die nicht mit der Maus arbeiten können. Es ist wie das alte Sprichwort: »Wenn Sie nur einen Hammer haben, sieht alles wie ein Nagel aus.« Bevor Sie einfach auf Dropdown-Menüs als fertige Lösung zurückgreifen, sollten Sie sichergehen, dass die Informations-Architektur des Projekts wohldurchdacht wurde und die Dropdown-Menüs auch wirklich die beste Wahl sind. So war Microsoft Word zum Beispiel lange für seine tief verschachtelten Dropdown-Menüs und umschaltbaren Optionen berüchtigt (von denen der durchschnittliche Anwender die meisten nie genutzt hat). Nach dem Redesign in Office 2007 mit den als »Ribbons« dargestellten Registerkarten wurden manche unbedeutenden Optionen plötzlich regelmäßig genutzt, weil man besser auf sie zugreifen konnte.

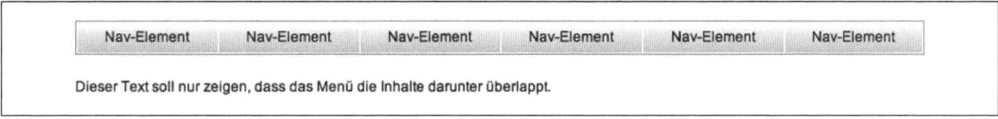

Abbildung 13-7: Dropdown-Menü bereit zum Zugriff

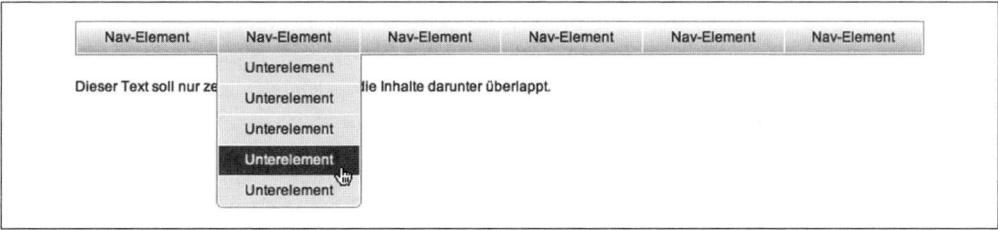

Abbildung 13-8: Dropdown-Menü in Aktion

Dropdown-Menü – HTML-Code

```
<!DOCTYPE html PUBLIC "-//W3C//DTD XHTML 1.0 Transitional//EN"
"http://www.w3.org/TR/xhtml1/DTD/xhtml1-transitional.dtd">
<html xmlns="http://www.w3.org/1999/xhtml" xml:lang="en-us" lang="en-us">
<head>
<meta http-equiv="content-type" content="text/html; charset=utf-8" />
<meta http-equiv="imagetoolbar" content="false" />
<title>jQuery-Kochbuch - Kapitel 13 - Dropdown-Menüs</title>
<link rel="stylesheet" type="text/css" href="../_common/basic.css" />
<link rel="stylesheet" type="text/css" href="dropdown.css" />
<!--[if IE 6]>
<script type="text/javascript" src="../_common/jquery.js"></script>
<script type="text/javascript" src="dropdown.js"></script>
<![endif]-->
</head>
<body>
<div id="container">
  <ul class="dropdown">
    <li class="dropdown_trigger">
      <a href="#">Nav-Element</a>
      <ul>
        <li>
          <a href="#">Unterelement</a>
        </li>
        <li>
          <a href="#">Unterelement</a>
        </li>
        <li>
          <a href="#">Unterelement</a>
        </li>
        <li>
          <a href="#">Unterelement</a>
        </li>
        <li>
          <a href="#">Unterelement</a>
        </li>
      </ul>
    </li>
    ...
  </ul>
  <p>
    Dieser Text soll nur zeigen, dass das Menü die Inhalte darunter überlappt.
  </p>
  ...
</div>
</body>
</html>
```

Dropdown-Menü – jQuery-Code

```
// Initialisieren
function init_dropdown() {

    // Ist das Element vorhanden?
    if (!$('ul.dropdown').length) {
```

```
    // Wenn nicht, beenden
    return;
  }

  // Listener für Hover hinzufügen
  $('ul.dropdown li.dropdown_trigger').hover(function() {

    // Folgende <ul> anzeigen
    $(this).find('ul').fadeIn(1);
  },
  function() {

    // Folgende <ul> verbergen
    $(this).find('ul').hide();
  });
}

// Los geht's
$(document).ready(function() {
  init_dropdown();
});
```

Diskussion

In diesem Beispiel ist jQuery nur im Einsatz, wenn es sich beim Browser um den IE 6 handelt. Sie fragen sich vielleicht: »Warum wird `fadeIn` mit einer Animation aufgerufen, die nur eine Millisekunde dauert?« Damit wird ein Fehler im IE 6 behoben, der Probleme mit dem Rendern vertikaler CSS-Rahmen hat. Visuell ist es das gleiche wie `.show()`, aber ohne Probleme mit den Rahmen. Abgesehen davon ist alles ziemlich einfach. Wenn man über ein Listen-Element mit `class="dropdown_trigger"` mit dem Mauscursor fährt, wird das folgende `<ul>` angezeigt. Verlässt die Maus den Bereich, wird das `<ul>` verborgen. Das ist alles! Beachten Sie, dass wir die jQuery-Bibliothek nur beim IE 6 einbinden. Wenn Sie dieses Buch lesen, kann es gut sein, dass Sie jQuery für mehr als nur für dieses Beispiel nutzen möchten. Dann sollten Sie jQuery natürlich *außerhalb* des bedingten Kommentars einbinden

13.7 Bilder zyklisch einblenden

Problem

Auf Seiten mit einem großen »Titelbild« – oft bei E-Commerce-Sites – wetteifern viele Produkte und/oder Abteilungen um diesen Bereich. Als Kompromiss wird dabei meist eine ganze Serie von Bildern zyklisch ein- und ausgeblendet. Das ist keine schlechte Idee, allerdings ist die Umsetzung häufig frustrierend, da viel zu viele Sites nicht die Möglichkeit bieten, die »Bilderschau« zu stoppen, um die Informationen auf einem der Bilder genauer in Augenschein zu nehmen.

Man sollte sich Gedanken darüber machen, was eine fortlaufende Animation für Folgen hat. Die meisten Anwender haben gelernt, nervige Werbungen zu ignorieren, die viel Bewegung enthalten. Die Designer und Entwickler müssen auch Anwender berücksichtigen, die kein Interesse an der Animation haben, den Rest der Seite aber durchaus lesen wollen. Schlimmert noch ist eine Situation, in der ein Anwender eines der Bilder tatsächlich anschauen möchte, dieses sich aber nicht stoppen lässt. Daher finden Sie in diesem Rezept eine Play/Pause-Funktionalität, damit die Benutzer nicht in einer endlosen animierten Schleife gefangen sind.

Lösung

Mit den jQuery-Methoden `.fadeIn()` und `.fadeOut()` können wir eine hübsche, zyklisch rotierende Animation erstellen, die über ein Array iteriert und die Opazität jedes Bildes abhängig von einem Timer verändert. Greifen wir auf das Wissen zurück, das wir uns beim Implementieren der Registerkarten-Lösung angeeignet haben, dann können wir Links auf jedes Bild erzeugen, durch die nicht nur das Ziel-Bild in den Vordergrund geholt, sondern auch noch eine Boolesche Variable pause gesetzt wird, um die Animation anzuhalten oder weiterlaufen zu lassen. Dies führt zu einem wirklich praktischen Bild-Rotierer, anstatt nur einen visuellen Genuss zu haben.

Rotator – HTML-Code

```
<!DOCTYPE html PUBLIC "-//W3C//DTD XHTML 1.0 Transitional//EN"
"http://www.w3.org/TR/xhtml1/DTD/xhtml1-transitional.dtd">
<html xmlns="http://www.w3.org/1999/xhtml" xml:lang="en" lang="en">
<head>
<meta http-equiv="content-type" content="text/html; charset=utf-8" />
<meta http-equiv="imagetoolbar" content="false" />
<title>jQuery-Kochbuch - Kapitel 13 - Bilder zyklisch einblenden</title>
<link rel="stylesheet" type="text/css" href="../_common/basic.css" />
<link rel="stylesheet" type="text/css" href="rotator.css" />
<script type="text/javascript">
/* <![CDATA[ */
document.write('<link rel="stylesheet" type="text/css" href="preload.css" />');
/* ]]> */
</script>
<script type="text/javascript" src="../_common/jquery.js"></script>
<script type="text/javascript" src="rotator.js"></script>
</head>
<body>
<div id="container">
  <div id="rotator_wrapper">
    <ul id="rotator">
      <li id="photo_1">
        <img src="../_common/photo_1.jpg" alt="Foto" />
      </li>
      <li id="photo_2">
        <img src="../_common/photo_2.jpg" alt="Foto" />
      </li>
```

```
    <li id="photo_3">
      <img src="../_common/photo_3.jpg" alt="Foto" />
    </li>
    <li id="photo_4">
      <img src="../_common/photo_4.jpg" alt="Foto" />
    </li>
    <li id="photo_5">
      <img src="../_common/photo_5.jpg" alt="Foto" />
    </li>
  </ul>
  <ul id="rotator_controls">
    <li>
      <a href="#photo_1" class="current">1</a>
    </li>
    <li>
      <a href="#photo_2">2</a>
    </li>
    <li>
      <a href="#photo_3">3</a>
    </li>
    <li>
      <a href="#photo_4">4</a>
    </li>
    <li>
      <a href="#photo_5">5</a>
    </li>
  </ul>
  <a href="#" id="rotator_play_pause">PAUSE</a>
</div>
</div>
</body>
</html>
```

Rotator – jQuery-Code

```
// Initialisieren
function init_rotator() {

  // Ist das Element vorhanden?
  if (!$('#rotator').length) {

    // Wenn nicht, beenden
    return;
  }

  // Rotations-Geschwindigkeit
  var speed = 2000;

  // Pause-Status
  var pause = false;

  // Rotator-Funktion
  function rotate(element) {
```

```
  // Stoppen, wenn der Anwender das wünscht
  if (pause) {
    return;
  }

  // Nächstes oder erstes <li>
  var $next_li = $(element).next('li').length ?
               $(element).next('li') :
               $('#rotator li:first');

  // Nächster oder erster Steuer-Link
  var $next_a = $('#rotator_controls a.current').parent('li').next('li').length ?
               $('#rotator_controls a.current').parent('li').next('li').find('a') :
               $('#rotator_controls a:first');

  // Animieren
  $('#rotator_controls a.current').removeClass('current');
  $next_a.addClass('current');

  // Fortsetzen
  function doIt() {
    rotate($next_li);
  }

  // <li> ausblenden
  $(element).fadeOut(speed);

  // Nächstes <li> anzeigen
  $($next_li).fadeIn(speed, function() {

    // kurze Verzögerung
    setTimeout(doIt, speed);
  });
}

// Click-Listener für Steuerelemente
$('#rotator_controls a').click(function() {

  // Button-Text ändern
  $('#rotator_play_pause').html('PLAY');

  // Ziel anzeigen, andere <li> verbergen
  $($(this).attr('href')).show().siblings('li').hide();

  // class="current" hinzufügen und bei allen anderen entfernen
  $(this).addClass('current').parent('li').siblings('li')
        .find('a').removeClass('current');;

  // Animation pausieren
  pause = true;

  // Nicht folgen
  this.blur();
  return false;
});
```

```
    // Pause / Play für Animation
    $('#rotator_play_pause').click(function() {

      // Was steht auf dem Button?
      if ($(this).html() === 'PAUSE') {

        // Rotation anhalten
        pause = true;

        // Text ändern
        $(this).html('PLAY');

      } else {

        // class="pause" entfernen
        pause = false;

        // Rotation fortfahren
        rotate('#rotator li:visible:first');

        // Text ändern
        $(this).html('PAUSE');
      }

      // Nicht folgen
      this.blur();
      return false;
    });

    // Alles bis auf erstes <li> verbergen
    $('#rotator li:first').siblings('li').hide();

    // Auf Laden der Seite warten
    $(window).load(function() {

      // Rotation beginnen
      rotate($('#rotator li:visible:first'));
    });
  }

  // Los geht's
  $(document).ready(function() {
    init_rotator();
  });
```

Diskussion

Dieses Rezept definiert zunächst zwei wichtige Variablen: speed (ein numerischer Wert in Millisekunden) und pause (ein Boolescher Wert, der festlegt, ob die Rotation laufen soll oder nicht). Die Geschwindigkeit wird hier in speed auf zwei Sekunden gesetzt und pause auf false, wodurch der Rotator beim Laden der Seite automatisch losläuft.

Innerhalb der Funktion rotate() gibt es eine Variable $next_li, die auf das nächste <li> nach dem aktuell animierten Eintrag zeigt. Ist dieser der letzte im Array, wird auf das erste <li> im Array verwiesen. Genauso wird bei den Links innerhalb von <ul id="rotator_

controls"> vorgegangen, um einen visuellen Hinweis darauf zu geben, welches Bild gerade aktiv ist. Nach einer kurzen Verzögerung von zwei Sekunden wird die gesamte Abfolge wieder gestartet.

Wenn die Demo damit enden würde, könnte es ziemlich nervig sein, sich die Bilder anzuschauen – man kann den Ablauf nämlich nicht stoppen. Zum Glück können wir die Link-Technik für Verweise innerhalb der Seite nutzen, die wir bei der Registerkarten-Lösung kennengelernt haben. Dabei weisen wir einfach jedem der Links in <ul id="rotator_controls"> Click-Listener zu und zeigen dann das Ziel-Bild an, während wir den Rest verbergen. Zudem fügen wir einen Play/Pause-Button hinzu, der den Rotator startet oder wieder stoppt.

Schließlich haben wir noch den Code, der alles startet. Bis auf das erste <li> in <ul id="rotator"> werden alle verborgen, und wenn das Fenster fertig geladen ist, wird die Animation gestartet. Beachten Sie, dass $(window).load() etwas anderes ist als $(document).ready(), da bei der erstgenannten Funktion gewartet wird, bis alle Elemente der Seite vollständig geladen sind – auch die Bilder, was für einen Bild-Betrachter ziemlich wichtig ist. Die zweite hingegen wartet nur, bis die HTML-Struktur vollständig vorhanden ist, was für neue Funktionalität wichtig ist, die schon ablaufen kann, während die Bilder noch geladen werden. Beide Funktionen sind wichtig und jede hat ihre Berechtigung.

13.8 Sliding Panels

Problem

Gelegentlich müssen Sie eine horizontale Auswahl von Werten mit einer gewissen Eleganz präsentieren, haben aber mehr Auswahlwerte als die Breite des Bereichs erlaubt. Oder vielleicht soll es auch irgendeine geniale Benutzer-Interaktion geben. Wie auch immer, das Sliding Panel (manchmal auch als *horizontales Akkordeon* bezeichnet) ist ein möglicher Weg, solche Informationen darzustellen. Abbildung 13-9 zeigt ein »geschlossenes« Panel, während Sie in Abbildung 13-10 ein Panel sehen, das gerade hervorgehoben ist.

Lösung

In diesem Rezept nutzen wir ein paar der Konzepte, die wir im Akkordeon-Rezept verwendet haben, aber anstatt die Inhalts-Panel vertikal auf- und zuzuziehen, gestalten wir die Animation horizontal. Zudem nutzen wir einen CSS-Positionierungstrick, um die kleinen Rechenfehler bei gleichzeitig animierten Panels zu umgehen. Statt uns um die Synchronisierung zwischen jedem Panel Sorgen zu machen und darauf zu achten, eine pixelgenaue Präzision zu jedem Sekundenbruchteil zu erhalten, nehmen wir einfach das letzte <li> in <ul class="panels"> und positionieren es absolut zur oberen rechten Ecke des <ul>. Die Summe der Breiten aller Panels ist dann zwar beim Animieren gelegentlich größer als 100% des <ul>, aber das letzte <li> bleibt immer da, wo es hingehört.

Abbildung 13-9: Horizontales Panel, noch geschlossen

Abbildung 13-10: Horizontales Panel, geöffnet

Panel – HTML-Code

```
<!DOCTYPE html PUBLIC "-//W3C//DTD XHTML 1.0 Transitional//EN"
"http://www.w3.org/TR/xhtml1/DTD/xhtml1-transitional.dtd">
<html xmlns="http://www.w3.org/1999/xhtml" xml:lang="en" lang="en">
<head>
<meta http-equiv="content-type" content="text/html; charset=utf-8" />
<meta http-equiv="imagetoolbar" content="false" />
<title>jQuery-Kochbuch - Kapitel 13 - Sliding Panels</title>
<link rel="stylesheet" type="text/css" href="../_common/basic.css" />
<link rel="stylesheet" type="text/css" href="panels.css" />
<script type="text/javascript" src="../_common/jquery.js"></script>
<script type="text/javascript" src="panels.js"></script>
</head>
<body>
<div id="container">
  <ul class="panels">
    <li>
      <a href="#">1</a>
    </li>
    <li>
      <a href="#">2</a>
    </li>
    <li>
      <a href="#">3</a>
    </li>
    <li>
      <a href="#">4</a>
    </li>
```

```
        <li>
          <a href="#">5</a>
        </li>
      </ul>
      <ul class="panels">
        <li>
          <a href="#">A</a>
        </li>
        <li>
          <a href="#">B</a>
        </li>
        <li>
          <a href="#">C</a>
        </li>
        <li>
          <a href="#">D</a>
        </li>
        <li>
          <a href="#">E</a>
        </li>
      </ul>
    </div>
  </body>
</html>
```

Panel – jQuery-Code

```
// Initialisieren
function init_panels() {

  // Ist das Element vorhanden?
  if (!$('ul.panels').length) {

    // Wenn nicht, beenden
    return;
  }

  // Animationsgeschwindigkeit
  var speed = 200;

  // Klasse für letztes <li> hinzufügen
  $('ul.panels li:last-child').addClass('last');

  // Mouseover
  $('ul.panels li').hover(function() {

    // Ziel-<li> ändern
    $(this).stop().animate({
      width: '360px',
      fontSize: '150px'

    // Geschwindigkeit
    }, speed)

    // Geschwister-<li> verändern
    .siblings('li').stop().animate({
```

```
      width: '135px',
      fontSize: '50px'

    // Geschwindigkeit
    }, speed);
  },

  // Mouseout
  function() {

    // Ziel-<li> zurücksetzen
    $(this).stop().animate({
      width: '180px',
      fontSize: '100px'

    // Geschwindigkeit
    }, speed)

    // Geschwister-<li> zurücksetzen
    .siblings('li').stop().animate({
      width: '180px',
      fontSize: '100px'

    // Geschwindigkeit
    }, speed);
  });
}

// Los geht's
$(document).ready(function() {
  init_panels();
});
```

Diskussion

Das Rezept beginnt mit der Definition einer Variablen speed. Hier setzen wir sie auf 200 Millisekunden. Dann fügen wir an jedes letzte <li> das Attribut class="last" an. Danach binden wir einen Hover-Event-Listener (das ist eigentlich sowohl ein Mouseover- als auch ein Mouseout-Event, aber wir wollen hier nicht zu technisch werden). Wenn man den Mauscursor über ein <li>-Element bewegt, wird es auf 40% und eine Schriftgröße von 150px animiert, während die anderen <li>-Elemente auf 15% und eine Schriftgröße von 50px animiert werden. Verlässt der Mauscursor das <li>, dann werden umgekehrt alle <li>-Elemente auf 20% und die Schriftgröße auf 100px gesetzt.

KAPITEL 14

Benutzerschnittstellen mit jQuery UI

Richard D. Worth

14.0 Einleitung

Vor ein paar Jahren wurden ein paar sehr beliebter jQuery-Plugins zu einem Paket namens Interface zusammengefasst, um das sich Stefan Petre gekümmert hat. In diesem Paket gab es tolle Interaktionsmöglichkeiten, zum Beispiel Drap-and-Drop, Auswählen, Sortieren, Anpassen der Größe, und erstklassige Widgets, zum Beispiel für Tooltips, ein Autovervollständigen und ein Akkordeon. Mit dem Release 1.2 von jQuery gab es ein paar API-Änderungen, die auch Anpassungen an Interface erforderlich gemacht hätten. Das ist aber nie geschehen.

jQuery UI (*http://jqueryui.com/*), initiiert von Paul Bakaus, hat da angefangen, wo Interface aufgehört hat. jQuery UI ist eine Sammlung von Plugins mit einer konsistenten API und vollständiger Dokumentation. Die Plugins wurden in allen wichtigen Browsern getestet. Mit dieser Sammlung können Sie anspruchsvolle Web-Benutzeroberflächen und Rich Internet Applications (RIAs) schaffen. Oh, und die Plugins arbeiten auch noch zusammen und sind leicht zu verwenden, sie sind barrierefrei, erweiterbar und mit Themes zu gestalten.

jQuery UI ist ein Schwesterprojekt von jQuery. Die Version 1.0 von jQuery UI wurde im September 2007 veröffentlicht, Version 1.5 im Juni 2008. Nachdem man mit der Entwicklung von 1.6 schon halb fertig war, hat das Team die Richtung geändert und brachte ins Release 1.7 einige entscheidende Veränderungen ein, vor allem mit der Einführung des jQuery UI CSS Framework (*http://jqueryui.com/docs/Theming/API*). jQuery UI 1.6 wurde später aus Kompatibilitätsgründen noch veröffentlicht. Das neueste stabile Release ist 1.7.2 und es enthält die folgenden Interaktionen, Widgets und Effekte.

Interaktionen

- Draggable (Drag)
- Droppable (and Drop)
- Resizable (Anpassen der Größe)

- Selectable (Auswählbar)
- Sortable (Sortierbar)

Widgets

- Accordion
- Datepicker
- Dialog
- Progressbar
- Slider
- Tabs

Effekte

- Blind, Bounce, Clip, Drop Down/Up/Left/Right, Explode, Fold, Highlight, Pulsate, Puff, Scale, Shake, Slide Down/Up/Left/Right, Transfer
- Farbanimationen
- Klassenanimationen (`addClass`/`removeClass`/`toggleClass` mit Intervall)

Grundlegende Verwendung

Dieses Kapitel wird sich nicht um die üblichen Wege kümmern, wie diese Interaktionen, Widgets und Effekte genutzt werden können, denn dies wird schon sehr gut anhand der Demos auf der jQuery UI-Website (*http://jqueryui.com/demos*) vorgestellt. Diese gleichen Demos finden sich mit dem vollständigen Quellcode und mit Beschreibungen in jeder herunterladbaren Version von jQuery UI – zusammen mit der kompletten Dokumentation.

Wie dieses Kapitel aufgebaut ist

Die ersten beiden Rezepte zeigen Ihnen, wie Sie jQuery UI herunterladen oder es über ein Content Delivery Network (CDN) ansprechen und auf Ihrer Webseite einbinden können.

Die nächsten sieben Rezepte behandelt die API von jQuery UI. Diese API baut auf das jQuery-Plugin-Muster auf, enthält aber auch alles, was von den jQuery UI-Widgets benötigt wird. Diese Widgets sind eine spezielle Form von jQuery-Plugins. Insbesondere besitzen sie einen Zustand und sie verfügen über Methodenaufrufe. Neben der Angabe von Optionen beim Aufruf von `init` können Sie also auch danach noch Veränderungen vornehmen. Zudem können Sie Methoden für jQuery UI-Plugins aufrufen, um den Zustand zu ändern und per Code eigene Events auszulösen.

Der Rest des Kapitels konzentriert sich auf ein Projekt, bei dem mehrere jQuery UI-Widgets kombiniert werden, um eine Benutzeroberfläche zu schaffen, die flexible und mit einem Theme versehbare Steuerelemente für einen Musikplayer enthält.

14.1 Die komplette jQuery UI-Suite einbinden

Problem

Sie wollen die komplette jQuery UI-Suite einbinden. Vielleicht wissen Sie noch nicht, welche Teile Sie benötigen und welche nicht. Oder Sie nutzen so viele Elemente der Suite, dass es einfacher oder effizienter ist, sie vollständig einzubinden, anstatt jedes Stückchen einzeln anzusprechen.

Lösung

Verlinken Sie auf ein jQuery UI Theme, dann auf eine kompatible Version von jQuery Core und dann auf das Skript mit jQuery UI:

```
<link rel="stylesheet" type="text/css" href="themename/jquery-ui.css" />
<script type="text/javascript" src="jquery.js"></script>
<script type="text/javascript" src="jquery-ui.js"></script>
```

Diskussion

Dieses Kapitel geht von der neuesten stabilen Version von jQuery UI aus: 1.7.2. Diese benötigt mindestens jQuery 1.3. Wenn Sie jQuery UI herunterladen, finden Sie im ZIP-Paket auch die neueste kompatible, stabile Version von jQuery.

Statt ihre eigene Version von jQuery und jQuery UI zu hosten, können Sie die AJAX Libraries API von Google nutzen. Ändern Sie einfach die URLs auf die Skripten, zum Beispiel wie folgt:

```
<script type="text/javascript"
  src="http://ajax.googleapis.com/ajax/libs/jquery/1.3.2/jquery.min.js"></script>
<script type="text/javascript"
  src="http://ajax.googleapis.com/ajax/libs/jqueryui/1.7.2/jquery-ui.min.js"></script>
```

Google hostet auch um die 20 Themes, die sich in der jQuery UI ThemeRoller-Galerie befinden.

```
<link rel="stylesheet" type="text/css" href="http://ajax.googleapis.com/ajax/libs/
jqueryui/1.7.2/themes/{themename}/jquery-ui.css" />
```

Dazu gehören die 13 Bilder pro Theme, die im Theme-CSS-Code durch relative URLs angesprochen werden.

Sie können {themename} durch base, black-tie, blitzer, cupertino, dark-hive, dot-luv, eggplant, excite-bike, flick, hot-sneaks, humanity, le-frog, mint-choc, overcast, pepper-grinder, redmond, smoothness, south-street, start, sunny, swanky-purse, trontastic, ui--darkness, ui-lightness oder vader ersetzen. Eine Vorschau auf diese Themes finden Sie in der jQuery UI ThemeRoller-Galerie (*http://jqueryui.com/themeroller/#themeGallery*).

Das Theming mit jQuery UI wird ausführlich im nächsten Kapitel behandelt. Für unsere Zwecke müssen wir nur sicherstellen, dass wir eines davon einbinden, denn ein Theme ist Pflicht.

14.2   Ein oder zwei einzelne jQuery UI-Plugins einbinden

Problem

Sie wollen nur ein oder zwei jQuery UI-Widgets nutzen. Daher wollen Sie nicht die gesamte Bibliothek und das vollständige CSS für ein Theme einbinden, sondern nur soviel übernehmen, wie notwendig ist.

Lösung

Sie brauchen nur Sortable und Tabs. Es gibt zwei Optionen, mit denen die einzelnen jQuery UI-Komponenten eingebunden werden können:

- Nutzen Sie den jQuery UI Download Builder (*http://jqueryui.com/download*), um eine eigene Version von jQuery UI zu bauen, die nur die Plugins enthält, an denen Sie interessiert sind. In diesem Beispiel wählen Sie Sortable und Tabs. Der Download Builder selektiert dann automatisch alle Abhängkeiten – in diesem Fall UI Core. Die ZIP-Datei, die Sie herunterladen, enthält eine einzelne *.js*-Datei mit UI Core, Sortable und Tabs:

  ```
  js/jquery-ui-1.7.2.custom.min.js
  ```

  Binden Sie diese Datei auf Ihrer Seite nach dem jQuery-Skript ein, die Sie im gleichen Ordner finden:

  ```
  <script type="text/javascript" src="js/jquery-1.3.2.min.js"></script>
  <script type="text/javascript" src="js/jquery-ui-1.7.2.custom.min.js"></script>
  ```

- Laden Sie das jQuery UI Development Bundle herunter, greifen Sie auf den Ordner *development-bundle* in einer eigenen ZIP-Datei aus dem Download Builder zurück oder nutzen Sie SVN (*http://jqueryui.com/docs/Subversion*). Sie finden im Unterordner *ui* die einzelnen Plugin-Dateien, auf die Sie einzeln verweisen können:

  ```
  <script type="text/javascript" src="jquery-1.3.2.js"></script>
  <script type="text/javascript" src="ui/ui.core.js"></script>
  <script type="text/javascript" src="ui/ui.sortable.js"></script>
  <script type="text/javascript" src="ui/ui.tabs.js"></script>
  ```

Der CSS-Code für die einzelnen Plugins steht ebenfalls in eigenen Dateien zur Verfügung, wenn Sie die zweite Variante wählen (*development-bundle*). Sie müssen das Core-CSS, alle Plugin-spezifischen CSS-Dateien und das Theme-CSS einbinden:

```
<link rel="stylesheet" type="text/css" href="themes/base/ui.core.css" />
<link rel="stylesheet" type="text/css" href="themes/base/ui.tabs.css" />
<link rel="stylesheet" type="text/css" href="themes/base/ui.theme.css" />
```

In unserem Fall hat eines der von uns gewählten Plugins – Sortable – keinen eigenen CSS-Code.

Diskussion

Egal ob Sie JavaScript oder CSS nutzen – es gibt immer Kompromisse zwischen einer einzelnen, großen Datei und vielen kleineren Includes. Es gibt nicht immer eine eindeutige

Entscheidung wie: »Nutzen Sie einzelne Plugin-Dateien bei der Entwicklung und eine große Datei in der produktiven Umgebung.« So kann es zum Beispiel in der Entwicklung einfacher sein, auf die gesamte Suite zu verweisen, weil die Performance kein großes Thema ist. In der produktiven Umgebung sollten aber möglicherweise nur die notwendigen Dateien eingebunden werden, damit der Umfang der zu ladenden Daten möglichst klein ist.

Zu Debugging-Zwecken kann es andererseits von Vorteil sein, während der Entwicklung eine Skript- und CSS-Referenz auf jede Plugin-Datei zu haben, während in der produktiven Umgebung die AJAX Libraries API von Google und der Cache des Anwender-Computers genutzt werden, um die zu übertragenden Datenmengen zu reduzieren, selbst wenn die Datei Funktionen enthält, die niemals verwendet werden. Das ideale Setup hängt von Ihrer Architektur, der Anzahl und Art der verwendeten Plugins und den spezifischen Anforderungen Ihrer Entwicklungs- und produktiven Umgebungen ab.

14.3 Ein jQuery UI-Plugin mit den Standard-Optionen initialisieren

Problem

Sie wollen ein jQuery UI-Plugin so schnell und einfach wie möglich einsetzen und dabei auch die vorgegebenen Standard-Optionen nutzen.

Lösung

Alle jQuery UI-Plugins werden wie klassische jQuery-Plugins aufgerufen. Wenn Sie also ein Set mit Elementen selektiert haben, rufen Sie einfach den Plugin-Namen als Funktion des jQuery-Objekts auf:

```
<script type="text/javascript">
$(function() {
    $('#topnav').tabs();
});
</script>
```

Diskussion

Da es bei JavaScript auf Groß- und Kleinschreibung ankommt, müssen Sie bei den Namen der jQuery UI-Plugins aufpassen. Alle jQuery UI-Plugins beginnen mit einem Kleinbuchstaben und bestehen – wie die jQuery API – meist nur aus einem Wort. Wird mehr als ein Wort benötigt, dann beginnt jedes folgende mit einem Großbuchstaben. Es gibt momentan keine jQuery UI-Plugins mit mehr als einem Wort, daher hier ein ausgedachtes Beispiel:

```
$('p.long').succinct();

$('.short').longerPluginName();
```

Das initialisierte Element erhält die Klasse ui-pluginname. So sieht zum Beispiel der HTML-Inhalt vor und nach dem Aufruf von $('div').draggable(); aus:

```
<div>Ein einfaches DIV</div>
```

```
<div class="ui-draggable">Ein einfaches DIV</div>
```

Es gibt ein paar Ausnahmen zu dieser Regel. Das Element, für das Sie .dialog() aufrufen, erhält die Klasse ui-dialog-content und wird in ein generiertes Element mit der Klasse ui-dialog eingebettet. Eine weitere Ausnahme sehen Sie beim Aufruf von .datepicker() für ein Texteingabefeld. Nicht das Formfeld erhält die Klasse ui-datepicker, sondern das <div>, das angezeigt wird, wenn das Eingabefeld den Fokus erhält.

Hier ein paar Dinge, die Sie beim Initialisieren eines jQuery UI-Plugins beachten sollten:

- Wenn Sie die Methode init eines jQuery UI-Plugins für ein Set mit mehr als einem Element aufrufen, wird sie für jedes Element einzeln aufgerufen. Die folgende Codezeile

  ```
  $('img').draggable();
  ```

  entspricht also:

  ```
  $('img').each(function() {
      $(this).draggable();
  });
  ```

- Jedes DOMElement kann von jedem jQuery UI-Plugin nur einmal initialisiert werden. Alle weiteren Aufrufe von init – egal ob mit angegebenen Optionen oder nicht – werden ignoriert. Weiter hinten in diesem Kapitel finden Sie Rezepte, wie Sie Optionen nach dem Aufruf von init noch ändern können, aber auch, wie Sie ein Plugin zerstören, wodurch ein init »zurückgerollt« wird. Wenn Sie wirklich wollen, können Sie danach auch wieder init aufrufen.

- Alle Optionen sind optional. Sie können ein jQuery UI-Plugin immer problemlos initialisieren, indem Sie einfach die Methode mit dem Plugin-Namen aufrufen. Das ist nicht nur gefahrlos möglich, es sollte auch noch ausgesprochen nützlich sein, denn jedes Plugin enthält die am häufigsten genutzten Optionen als Standard-Vorgaben. Sind Sie damit nicht glücklich, dann sollten Sie einen Blick auf die nächsten beiden Rezepte werfen.

14.4 Ein jQuery UI-Plugin mit eigenen Optionen initialisieren

Problem

Sie wollen ein jQuery UI-Plugin nutzen, aber andere Optionen verwenden, als die vom Plugin-Autor vorgegebenen Standardwerte.

Lösung

Geben Sie eigene Optionen in einem Options-Hash als erstes Argument der Plugin-Methode init an:

```
$('#myDiv').dialog({
    height: 100,        // überschreibt Standardwert: 'auto'
    width: 350          // überschreibt Standardwert: 300
});
```

Diskussion

Alle Options-Werte, die Sie bei init angeben, überschreiben die Standardwerte. Für alle nicht angegebenen Options-Werte werden die Standardwerte verwendet.

Der Options-Hash – egal ob nur aus Standard-Optionen bestehend oder mit ein paar eigenen Optionen versehen – ist die Grundlage für den initialen Status des Plugins. Dieser Status ist spezifisch für die Kombination aus DOMElement und jQuery UI-Plugin. So können Sie zum Beispiel ein einzelnes Element mit zwei unterschiedlichen jQuery UI-Plugins initialisieren, die beide eine Color-Option besitzen:

```
$('#myDiv').foo({ color: 'black' });
$('#myDiv').bar({ color: 'green' });
```

Was ist jetzt die foo-Farbe für #myDiv? Schwarz. Und für bar? Grün. Beide sind unabhängig von den CSS-Farben. Wir werden uns in einigen Rezepten in diesem Kapitel darum kümmern, wie man Elemente nach ihren Plugin-Werten befragen oder neue Werte zuweisen kann.

Genauso wichtig ist, dass #myDiv jetzt als foo und als bar initialisiert ist und nicht länger durch diese Plugin-Standardwerte beeinflusst wird. Die Standardwerte werden nur für init als Vorlage für den initialen Status des Plugins genutzt.

14.5   Eigene jQuery UI-Plugin-Standardwerte erstellen

Problem

Wenn Sie einen jQuery UI-Dialog erstellen, geben Sie neben individuellen Optionen immer die gleichen Optionen an:

```
$('#msg').dialog({
    height: 300,
    width: 400,
    draggable: false,
    modal: true,
    buttons: {
        'OK': function(event, ui) {
            $(this).dialog('close');
        }
    }
    ...
});
```

Sie wünschen sich, dass Ihr Code wieder so knapp und bündig wird, wie er früher einmal war. Was ist aus der schlichten Eleganz von $('#msg').dialog(); geworden?

Lösung

Überschreiben Sie die Standardwerte des Plugins vor dem Aufruf von init, indem Sie $.ui.pluginname.defaults erweitern:

```
$.extend($.ui.dialog.defaults, {
    height: 300,
    width: 400,
    draggable: false,
    modal: true,
    buttons: {
        'OK': function(event, ui) {
            $(this).dialog('close');
        }
    }
});
...
$('#msg').dialog();
...
$('#note').dialog();
```

Diskussion

Wenn Sie nur die Lesbarkeit ein bisschen verbessern wollen, können Sie die Optionen auch einfach in eine Variable stecken und diese an die Plugin-Methode init übergeben:

```
var options = {
    height: 300,
    width: 400,
    draggable: false,
    modal: true,
    buttons: {
        'OK': function(event, ui) {
            $(this).dialog('close');
        }
    }
};

$('#msg').dialog(options);
```

Aber bei diesem Rezept geht es um mehr als nur um Lesbarkeit und schönen Code. Es geht darum, das Standardverhalten eines Plugins zu verändern, das Sie nicht selbst geschrieben haben. Zudem können Sie so zum einfachen init ohne Optionen zurückkehren:

```
$('#msg').dialog();
```

Wie Dave Methvin schon sagte: »Kürzer ginge es nur noch, wenn es Ihre Gedanken lesen würde.«

Natürlich können Sie immer noch selbst diese eigenen Standardwerte überschreiben, indem Sie beim Aufruf von `init` eigene Optionen übergeben (wie im vorigen Rezept).

Vergessen Sie nicht, dass Plugin-Optionen beim Aufruf von `init` aus den Standard-Optionen geklont und erweitert werden. Wenn Sie also `$.ui.dialog.defaults` erweitern, nachdem ein `<div>` schon als Dialog initialisiert wurde, hat das keine Auswirkungen auf den Dialog, selbst wenn diesem `init` keine eigenen Optionen übergeben wurden. Der Effekt wirkt sich nur auf Dialoge aus, die nach dem Überschreiben der Standardwerte initialisiert wurden.

14.6 Optionen für jQuery UI-Plugins lesen und setzen

Problem

Sie müssen den Wert einer Option für ein jQuery UI-Plugin prüfen oder verändern, nachdem das Plugin initialisiert wurde.

Lösung 1: Den Wert lesen

Rufen Sie die Plugin-Methode `option` auf und übergeben Sie den Namen der Option:

```
var active = $('#myDiv').accordion('option', 'active');
```

Gibt man nur den Namen einer Option an, dann liefert die Methode `option` den Wert zurück, daher ist sie nicht verkettbar.

Lösung 2: Den Wert setzen

Rufen Sie die Plugin-Methode `option` auf und übergeben Sie den Namen der Option und den neuen Wert:

```
$('#myDiv').accordion('option', 'active', 3);
```

Wenn man die Methode mit einem Optionsnamen und einem Wert aufruft, setzt sie den Wert und gibt das jQuery-Objekt zurück, daher ist sie verkettbar.

Diskussion

Die Getter-/Setter-Methode `option` folgt dem gleichen Muster wie die jQuery-Getter und -Setter, z. B. `.css()` und `.attr()`. Wenn Sie einen Wert angeben, handelt es sich um einen Setter, lassen Sie ihn weg, dann ist es ein Getter.

Wie bei anderen jQuery-Settern auch können Sie mehrere Optionen auf einmal setzen, indem Sie einen Hash übergeben:

```
$('#myDiv').accordion('option', {
    active: 2,
    collapsible: true
});
```

14.7 Plugin-Methoden von jQuery UI aufrufen

Problem

Sie müssen dafür sorgen, dass ein jQuery UI-Plugin etwas per Code ausführt.

Lösung

Rufen Sie die Methode mit dem Namen des jQuery UI-Plugins auf und übergeben Sie den Namen der Plugin-Methode als erstes Argument. Um zum Beispiel einen Dialog zu schließen, nutzen Sie folgende Anweisung:

```
$('#msg').dialog('close');
```

Erwartet die Methode Argumente, dann übergeben Sie diese nach dem Namen der Methode. Um zum Beispiel die dritte Registerkarte auszuwählen, nutzen Sie folgende Anweisung:

```
$('#nav').tabs('select', 2); // Methode tabs erwartet Index bei 0 beginnend
```

Diskussion

Jedes jQuery UI-Plugin stellt mindestens die folgenden vier Methoden bereit:

- option
- enable
- disable
- destroy

Die Methode option wurde schon im vorigen Rezept behandelt. Die Methode destroy wird in einem späteren Rezept beschrieben. Die Methoden enable und disable sind eigentlich ziemlich selbsterklärend. Sie setzen die Option disabled für dieses Plugin, die standardmäßig auf false steht:

```
$('img').draggable('disable');
```

```
$('#mySlider').slider('enable');
```

Ein Aufruf dieser Methoden fügt auch die Klasse ui-pluginname-disabled für dieses Element hinzu beziehungsweise entfernt sie wieder. Dies lässt sich für Styling-Zwecke oder zur Selektion nutzen.

Um herauszufinden, ob ein Plugin aktuell deaktiviert ist, verwenden Sie die Methode option, um den Wert der Option disabled zu erhalten:

```
var isDisabled = $('#tempature').slider('option', 'disabled');
```

14.8 Mit Events von jQuery UI-Plugins umgehen

Problem

Sie müssen auf ein Event reagieren oder über seinen Aufruf informiert werden, das bzw. der für ein jQuery UI-Plugin geworfen wurde. Dabei kann es sich um das Öffnen eines Dialogs handeln, das Schließen eines Akkordeon-Panels oder eine Registerkarte, die selektiert wurde.

In diesem Rezept werden wir uns mit einem Draggable beschäftigen, das auf ein Droppable gezogen wird. Dadurch wird das Event drop für das Droppable ausgelöst.

Lösung 1: Eine Callback-Funktion für die Option mit dem Event-Namen übergeben

Beim Aufruf von init oder später mit der Methode option können Sie eine Callback-Funktion deklarieren, die beim Auslösen des Events aufgerufen werden soll.

```
// Eine Event-Callback-Option bei init deklarieren
$('#shopping-cart').droppable({
    drop: function(event, ui) {
        addProduct(ui.draggable);
    }
});

// Einen Event-Callback nach init über die option-Methode deklarieren
$('#shopping-cart').droppable();
...
$('#shopping-cart').droppable('option', 'drop', function(event, ui) {
    addProduct(ui.draggable);
});
```

Beachten Sie, dass Sie bei dieser Lösung nur eine Funktion angeben können, die beim Auslösen des Events aufgerufen wird. Ein Aufruf mehrerer Funktionen lässt sich über eine Proxy-Methode oder durch die im Folgenden gezeigte Bind-Lösung erzielen.

Lösung 2: Über den Event-Typ an das Event binden

Nutzen Sie die jQuery-Methode .bind() und binden Sie die Funktion an den Typ des Events:

```
// Eine Event-Callback-Option bei init deklarieren
$('#shopping-cart').bind('drop', function(event, ui) {
    addProduct(ui.draggable);
});
```

Dieses Binden kann für das Plugin-Element selbst geschehen oder für einen Container. Bei letzterem können Sie das Event Bubbling und die Event-Delegation nutzen.

Diskussion

Jedes jQuery UI-Event erhält zwei Argumente: `event` und `ui`. Das event-Argument entspricht dem event-Argument, das auch alle Browser-Events erhalten, wie zum Beispiel `click` und `keypress`. Der Unterschied liegt nur darin, dass dies kein Standard-Eventobjekt ist. Wie bei Browser-Events finden Sie den Typ in `event.type`.

Viele Events von jQuery UI-Plugins haben zugehörige Browser-Events, die sie üblicherweise auslösen. So wird zum Beispiel die Drag-and-Drop-Abfolge `dragstart`, `drag`, `dragstop` durch die Browser-Events `mousedown`, `mousemove` und `mouseup` ausgelöst. Wurde das Plugin-Event durch ein Browser-Event ausgelöst, dann finden Sie dieses ursprüngliche Event in der Eigenschaft `event.originalEvent`. Das kann sehr nützlich sein, wenn Sie herausfinden müssen, ob etwas über die Tastatur, die Maus oder durch einen JavaScript-Aufruf ausgelöst wurde. Oder es hilft Ihnen dabei, zu ermitteln, ob eine zusätzliche Taste gedrückt war, während mit der Maus geklickt oder sie bewegt wurde.

Das Argument `ui` ist ein Hash mit allen Werten, die für dieses Event nützlich sein könnten oder die sich nicht unbedingt über einen Aufruf von `option` oder eine andere Plugin-Methode ermitteln lassen. Wird zum Beispiel ein Draggable auf ein Droppable gezogen, dann wird das Draggable-Element in `ui.draggable` an das drop-Event übergeben. Der Inhalt dieses `ui`-Hashs ist für jedes Plugin-Event verschieden.

Beachten Sie, dass sich der Event-Name meistens von Event-Typ unterscheidet. So haben zum Beispiel sowohl Draggable als auch Slider ein Event `start`. Das ist der Event-Name. Die Typen des Events sind aber `dragstart` und `slidestart`. Da jedes Plugin seinen eigenen Namensraum besitzt, kann auch jedes den gleichen Options-Namen benutzen, hier also `start`:

```
$('img').draggable({
    start: function(event, ui) {
        //event.type == 'dragstart'
    }
});
$('#mySlider').slider({
    start: function(event, ui) {
        //event.type == 'slidestart'
    }
});
```

Da aber Events im gleichen Namensraum gebunden und ausgelöst werden, wird ein Präfix erforderlich, um die Event-Typen eindeutig zu machen:

```
$('img').bind('dragstart', function(event, ui) {
    //event.type == 'dragstart'
    }
});
$('#mySlider').bind('slidestart', function(event, ui) {
    //event.type == 'slidestart'
    }
});
```

Dieses Präfix ist meist der Name des Plugins, wie bei den Event-Typen `dialogfocus`, `tabsadd` und `progressbarchange`. In manchen Fällen wird stattdessen ein Verb als Präfix genommen, wenn dies besser passt. So verwenden Sie `dragstart` anstatt `draggablestart` und `slidestart` anstatt `sliderstart`.

Wenn der Name des Typ-Präfixes der gleiche ist wie der des Events, wird er weggelassen, um Verdopplungen wie `dragdrag` oder `slideslide` zu vermeiden. In diesen Fällen entspricht der Event-Typ dem Event-Namen, also `drag` und `slide`.

14.9 Ein jQuery UI-Plugin zerstören

Problem

Sie brauchen ein bestimmtes Plugin nicht mehr und wollen das Element so zurückhaben, wie es vorher aussah. Dies ist mehr als `disable` – es ist ein De-`init`.

Lösung

Rufen Sie die Methode `destroy` auf:

```
$('#queue').sortable('destroy');
```

Diskussion

Ein Aufruf der Methode `destroy` setzt das Element für dieses Plugin komplett zurück. Es entfernt alle Klassen, die durch `init` oder andere Methodenaufrufe oder Events hinzugefügt wurden. Wenn das Element durch `init` in ein anderes Element verpackt wurde, wird es wieder ausgepackt. Es ist wie ein großes Undo.

Das Zerstören eines jQuery UI-Plugins entfernt das Element nicht aus dem DOM. Es entfernt nur den Plugin-Status für dieses Element und versetzt es so gut wie möglich wieder in seinen ursprünglichen Zustand. Nachdem ein jQuery UI-Plugin zerstört wurde, kann es erneut initialisiert werden.

Wollen Sie ein Plugin-Element gleichzeitig zerstören und entfernen, dann rufen Sie einfach `.remove()` auf. Die Methode `destroy` wird von jQuery UI automatisch aufgerufen, wenn das Element entfernt wird. Das gilt selbst dann, wenn das Element für mehr als ein jQuery UI-Plugin initialisiert wurde.

14.10 Einen Musikplayer mit jQuery UI erstellen

Problem

Sie benötigen einen Musikplayer, der eine Benutzeroberfläche mit den üblichen Steuerelementen bietet, egal ob die Musik über einen Flash Player, HTML 5 Audio oder eine andere Schnittstelle des Browsers abgespielt wird. Die Steuerelemente müssen barrierefrei, flexibel und mit einem Theme ausstaffierbar sein können. Dabei reichen aber ein paar grundlegende Features:

- Abspielen
- Pause
- Ein Slider, um die aktuelle Abspielposition anzuzeigen und steuern zu können
- Ein Fortschrittsbalken, um zu zeigen, wie weit das Lied schon gepuffert wurde
- Lautstärkeregler

Neben diesen grundlegenden Features wollen Sie aber noch mehr Möglichkeiten anbieten können. Dieser Musikplayer muss skalierbar sein. Die gleiche Benutzerschnittstelle soll in jeder Größe funktionieren, egal ob der Player vom Browser, vom Anwender oder von der Anwendung in seiner Größe angepasst wurde – durchaus auch bis zur vollen Bildschirmgröße.

Lösung

Lassen Sie uns mit jQuery UI einen Musikplayer bauen. Wir werden die Buttons zum Abspielen und Pausieren mit Hilfe von Symbolen aus dem jQuery UI CSS Framework erstellen und für die Anzeige der aktuellen Position das jQuery UI-Plugin Slider nutzen. Der Fortschrittsbalken wird ein jQuery UI Progressbar sein. Für den Lautstärkeregler schließlich werden wir einen weiteren jQuery UI Slider nutzen. Diese Elemente stecken wir dann in einen normalen Container, so dass wir nicht nur die Widgets mit einem netten Theme versehen, sondern auch für den gesamten Player ein Theme vergeben können.

 Wir werden diesen Musikplayer nicht als wiederverwendbares Plugin erstellen, sondern einfach ein paar jQuery UI-Widgets so zusammenschrauben, dass sie für den Anwender wie eine Komponente erscheinen. Bei dem Musikplayer selbst wird es sich aber nicht um ein jQuery-Plugin oder jQuery UI-Plugin handeln. Für dieses Rezept ist er nur eine Zusammenstellung aus HTML-, JavaScript- und CSS-Code. So können wir uns darauf konzentrieren, wie wir die zugrundeliegenden jQuery UI-Plugins nutzen können, ohne uns um die zusätzliche Komplexität durch das Bauen eines neuen Plugins aus bestehenden Plugins kümmern zu müssen.

HTML5 Audio

Um das Ganze nicht zu kompliziert zu machen, werden wir eine minimale Untermenge der HTML5 Media Element API (*http://dev.w3.org/html5/spec/Overview.html#htmlmediaelement*) nutzen. Diese gibt es in einer Reihe aktueller Browser, wie zum Beispiel dem Firefox 3.5. Wir werden die API in einer Kompatibilitätsschicht implementieren, so dass auch andere Abspielmechanismen, wie der Flash Player, einfach eingesetzt werden können. Für dieses Rezept benötigen wir von unserer Audio-API die folgenden Funktionen:

- Abspielen starten oder fortsetzen (play)
- Abspielen pausieren (pause)
- Länge des Liedes ermitteln (duration)
- Aktuelle Position im Lied ermitteln (timeupdate)

- An eine bestimmte Position im Lied springen (`currentTime`)
- Die Lautstärke des Liedes bestimmen, mit der es gespielt wird (`volumechange`)
- Die Lautstärke ermitteln (`volume`)

Wenn ein HTML5-audio-Element (*http://dev.w3.org/html5/spec/Overview.html#audio*) im Dokument vorhanden ist, ist dies der Code für die Kompatibilitätsschicht:

```
var $audio = $('audio'), audioEl = $audio[0];
var audio = {
        currentTime: 0,
        duration: secondsTotal,
        volume: 0.5,
        set: function(key, value) {
                this[key] = value;
                try { audioEl[key] = value; } catch(e) {}
                if (key == 'currentTime') {
                        $audio.trigger('timeupdate');
                }
                if (key == 'volume') {
                        $audio.trigger('volumechange');
                }
        },
        play: function() {
                audioEl.play && audioEl.play();
        },
        pause: function() {
                audioEl.pause && audioEl.pause();
        }
};
$audio.bind('timeupdate', function() {
        audio.currentTime = audioEl.currentTime;
});
audio.set('currentTime', 0);
audio.set('volume', 0.5);
```

Der Musikplayer

Lassen Sie uns die CSS-Klasse `mplayer` für unseren Musikplayer nutzen. Diese Klasse werden wir unserem Haupt-`<div>` zuweisen und sie wird als Präfix für all unsere CSS-Regeln und jQuery-Selektoren dienen. Hier der CSS- und HTML-Code für unser Player-Grundgerüst:

```
.mplayer { position: relative; width: 40%; height: 2.5em; margin: 50px 0 100px 0; }

<div class="mplayer ui-widget"></div>
```

Ich habe die Breite auf 40% gesetzt, so dass wir sehen können, dass wir einen flexiblen Player besitzen. Verändern Sie einfach die Größe des Browsers und beobachten Sie, wie sich der Player anpasst. Dies wird noch leichter zu erkennen sein, wenn der Player nicht mehr leer ist.

Neben der Klasse `mplayer` erhält unser Haupt-`<div>` eine Klasse `ui-widget`. Damit stellen wir sicher, dass die Elemente innerhalb des `<div>` einen passenden Style erhalten. Im nächsten Kapitel gehen wir detaillierter auf die Verwendung von Themes mit den Klassen des jQuery UI CSS Framework ein.

Ein leeres <div> und fehlendes JavaScript sorgen noch für einen ziemlich unsichtbaren und stillen Musikplayer. Lassen Sie uns einen Button zum Abspielen hinzufügen, um auch Musik zu hören.

Buttons zum Abspielen und Pausieren

Es gibt in jQuery UI noch kein Button-Plugin. Aber wir können ein a-Element und ein paar semantisch passende Symbol-Klassen aus dem jQuery UI CSS Framework nutzen:

Hier der CSS-Code:

```
.mplayer .buttons-container { position: absolute; top: 10px; left: 10px; }
.mplayer .buttons-container .playpause { height: 1.2em; width: 1.2em; display: block;
        position: relative; top: -2px; left: -2px; }
.mplayer .buttons-container .playpause .ui-icon { margin: -1px 0 0 -1px; }
.mplayer .playpause .ui-icon-play, .paused .playpause .ui-icon-pause { display: none; }
.paused .playpause .ui-icon-play { display: block; }
```

Und hier der HTML-Code:

```
<div class="mplayer ui-widget">
        <div class="buttons-container">
                <a class="playpause ui-state-default ui-corner-all" href="#">
                        <span class="ui-icon ui-icon-play"></span>
                        <span class="ui-icon ui-icon-pause"></span>
                </a>
        </div>
</div>
```

Mit ein paar CSS-Regeln bekommen wir einen Button, der sowohl zum Pausieren als auch zum Abspielen dient. Durch den eben angeführten CSS-Code wird immer nur ein Symbol – Abspielen oder Pause – gleichzeitig sichtbar sein, und zwar abhängig davon, ob unser div.mplayer die Klasse paused besitzt. Der HTML-Code ermöglicht es einem Designer aber auch, beide Symbole gleichzeitig anzuzeigen – vielleicht abhängig davon, ob ein Lied abgespielt wird, mit verschiedenen Farbe oder unterschiedlicher Opazität.

Hier der JavaScript-Code:

```
$('.mplayer .playpause').click(function() {
        var player = $(this).parents('.mplayer');
        if (player.is('.paused')) {
                $('.mplayer').removeClass('paused');
                audio.play();
        } else {
                $('.mplayer').addClass('paused');
                audio.pause();
        }
        return false;
})
```

```
.hover(function() { $(this).addClass('ui-state-hover'); },
       function() { $(this).removeClass('ui-state-hover'); })
.focus(function() { $(this).addClass('ui-state-focus'); })
.blur(function() { $(this).removeClass('ui-state-focus'); });
$('.mplayer').addClass('paused');
```

Unser Button benötigt JavaScript für folgende Aktionen:

- Aufruf der Funktion audio.play() oder audio.pause() – je nachdem, ob die Klasse paused beim Klicken für den div.mplayer vorhanden ist.

- Umschalten der Klasse paused für den .mplayer.

- Reagieren auf die Maus- und Tastatur-Events focus, hover und blur. Hier wäre ein Button-Plugin praktisch (aktuell wird gerade eines gebaut), aber für einen einfachen Button mit einem Symbol brauchen wir zum Glück nicht zuviel Code.

Vergessen Sie nicht das return false;, da es sich bei unserm Button um ein <a> mit einer href # handelt.

Mit dem geladenen jQuery, jQuery UI und dem UI Lightness Theme zeigt Abbildung 14-1, wie unser Musik-Player nur mit dem Play/Pause-Button aussieht.

Abbildung 14-1: Play- und Pause-Button

Wenn Sie auf den Play-Button klicken, sollte er zu einem Pause-Button werden. Klicken Sie ihn erneut an, dann sollte er zurückwechseln. Achten Sie auch auf den Hover-Effekt und einen visuellen Hinweis, wenn Sie per Tab-Taste zum Button (und auch wieder weg) springen. In einem Browser, der das audio-Element unterstützt, dessen Attribut src auch noch auf eine Musikdatei verweist, sollten Sie beim Klick auf Play sogar etwas hören.

Label für die aktuelle Position und die Länge des Liedes

Im nächsten Schritt fügen wir zwei Label hinzu, die die aktuelle Position im Lied und die gesamte Laufzeit des Liedes anzeigen. Beides ist einfach umzusetzen.

Hier der CSS-Code:

```
.mplayer .currenttime { position: absolute; top: 0.6em; left: 2.2em;
      width: 3em; text-align: center; background: none; border: none; }
.mplayer .duration { position: absolute; top: 0.6em; right: 2.2em;
      width: 3em; text-align: center; background: none; border: none; }
```

Hier der HTML-Code:

```
<div class="mplayer ui-widget">
      <div class="buttons-container">
            <a class="playpause ui-state-default ui-corner-all" href="#">
                  <span class="ui-icon ui-icon-play"></span>
                  <span class="ui-icon ui-icon-pause"></span>
            </a>
      </div>
</div>
```

```
        <span class="currenttime ui-state-default"></span>
        <span class="duration ui-state-default"></span>
</div>
```

Und hier der JavaScript-Code:

```
function minAndSec(sec) {
        sec = parseInt(sec);
        return Math.floor(sec / 60) + ":" + (sec % 60 < 10 ? '0' : '') +
Math.floor(sec % 60);
}
$('.mplayer .currenttime').text(minAndSec(audio.currentTime));
$('.mplayer .duration').text(minAndSec(secondsTotal));

$audio
        .bind('timeupdate', function(event) {
                $('.mplayer .currenttime').text(minAndSec(audio.currentTime));
        });
```

Wir haben die aktuelle Position nach links und die Gesamtzeit nach rechts gesetzt. Damit haben wir im Raum dazwischen Platz für den Fortschrittsbalken (siehe Abbildung 14-2). Wir wollen, dass die aktuelle Position immer anzeigt, wo wir uns gerade im Lied befinden, daher binden wir sie an das Event timeupdate des Audio-Elements. Das Event selbst gibt uns die currentTime nicht. Dafür holen wir uns die Eigenschaft audio.currentTime, die wir mit einer kleinen Funktion formatieren, um aus den vom Audio-Player angegebenen Sekunden auf Minuten:Sekunden zu kommen.

Abbildung 14-2: Aktuelle Position und Gesamtzeit

Slider für die Position im Lied

Jetzt kommen wir langsam voran. Als nächstes ist nun der Slider für die aktuelle Position dran. Er besteht aus einem einfachen <div>, aber wir werden ihn mit einer Möglichkeit versehen, ihn an einem Handle »anzufassen« und diesen zu verschieben, indem wir für ihn .slider() aufrufen. Dabei nutzen wir die Slider-Option range: 'min', so dass der Bereich zwischen 0:00 und der aktuellen Position andersfarbig dargestellt wird. Und natürlich setzen wir max auf die Laufzeit des Liedes in Sekunden. Handelt es sich also um ein Lied, das 3,5 Minuten läuft, setzen wir max auf 210. Wir brauchen da gar nicht rechnen, da uns audio.duration schon die Anzahl der Sekunden im Lied gibt. Die anderen Standardwerte für Slider sind hier schon genau richtig: min: 0, step: 1.

Der CSS-Code:

```
.mplayer .track { top: 11px; margin: 0 5.2em; margin-top: -2px;
        border-style: none; }
.mplayer .track .ui-slider-handle { border-left-width: 0; height: 1.1em;
        top: -0.24em; width: 2px; margin-left: -3px; }
```

Der HTML-Code:

```
<div class="mplayer ui-widget">
        <div class="buttons-container">
                <a class="playpause ui-state-default ui-corner-all" href="#">
                        <span class="ui-icon ui-icon-play"></span>
                        <span class="ui-icon ui-icon-pause"></span>
                </a>
        </div>
        <span class="currenttime ui-state-default"></span>
        <div class="track"></div>
        <span class="duration ui-state-default"></span>
</div>
```

Der JavaScript-Code:

```
$('.mplayer .track')
        .slider({
                range: 'min',
                max: audio.duration,
                slide: function(event, ui) {
                        $('.ui-slider-handle', this).css('margin-left',
                                (ui.value < 3) ? (1 - ui.value) + 'px' : '');
                        if (ui.value >= 0 && ui.value <= audio.duration) {
                                audio.set('currentTime', ui.value);
                        }
                },
                change: function(event, ui) {
                        $('.ui-slider-handle', this).css('margin-left',
                                (ui.value < 3) ? (1 - ui.value) + 'px' : '');
                }
        })
        .find('.ui-slider-handle').css('margin-left', '0').end()
        .find('.ui-slider-range').addClass('ui-corner-left').end();

$audio
        .bind('timeupdate', function(event) {
                $('.mplayer .track').each(function() {
                        if ($(this).slider('value') != audio.currentTime) {
                                $(this).slider('value', audio.currentTime);
                        }
                });
                $('.mplayer .currenttime').text(minAndSec(audio.currentTime));
        });
```

Slider Handles sind mittig ausgerichtet – beim min-Wert befindet sich die linke Hälfte des Handle links vom Slider, beim max-Wert befindet sich die rechte Hälfte des Handle rechts vom Slider. Wir haben den Handle schon verschlankt und den linken Rahmen entfernt, so dass er ein bisschen besser in den Bereich passt. Aber wir müssen trotzdem noch ein paar Anpassungen vornehmen, wenn wir nahe an min sind. Dazu dienen diese Zeilen:

```
slide: function(event, ui) {
        $('.ui-slider-handle', this).css('margin-left',
                (ui.value < 3) ? (1 - ui.value) + 'px' : '');
        if (ui.value >= 0 && ui.value <= audio.duration) {
                audio.set('currentTime', ui.value);
        }
}
```

```
    },
    change: function(event, ui) {
        $('.ui-slider-handle', this).css('margin-left',
            (ui.value < 3) ? (1 - ui.value) + 'px' : '');
    }
```

Im Callback `slide` prüfen wir zudem, ob der Wert gültig ist, bevor wir das Audio-Element anweisen, an diesen Punkt zu springen. Das ist dann der Fall, wenn der Anwender den Slider verschiebt und wir die Abspielposition im Lied verändern müssen. So können wir ein »Scrubbing« zulassen. Berücksichtigten wir das nur im Callback für `change`, dann würde sich die Audio-Position erst ändern, wenn der Anwender die Maus loslässt, nachdem er den Handle verschoben hat. Abbildung 14-3 zeigt den Slider, den wir eben erstellt haben.

Abbildung 14-3: Slider für die Position im Lied

Fortschrittsbalken, um den Pufferstatus anzuzeigen

Jetzt werden wir ein bisschen Spaß haben. Würden Sie mir glauben, dass wir zwei verschiedene jQuery UI-Plugins auf das gleiche Element loslassen können? Das funktioniert in diesem Fall sehr gut. Wir haben schon einen Slider, den wir als `<div>` erstellt und mit einem Aufruf von `.slider()` »aktiviert« haben. Neben dem Hinzufügen der Klasse `ui-slider` zu unserem `.track`-Element hat das Slider-Plugin von jQuery UI auch noch eine ganze Reihe weiterer Elemente erzeugt und an unseren Track gehängt – unter anderem ein Slider Handle (`.ui-slider-handle`) und einen Slider Range (`.ui-slider-range`), da wir `range: 'min'` definiert haben. Glücklicherweise ist das schon so gut wie alles. Das fragliche Element ist immer noch ein `<div>` und es ist immer noch unser `<div>`. Also wollen wir es doppelt nutzen und zudem `.progressbar()` aufrufen. Damit wird die Anzeige des Puffer-Status hinter der Bereichs-Anzeige dargestellt. Probieren Sie es einmal aus.

Dies ist der CSS-Code:

```
.mplayer .ui-progressbar .ui-progressbar-value { border-style: none; }
```

Dies ist der JavaScript-Code:

```
var secondsCached = 0, cacheInterval;
$('.mplayer .track')
    .progressbar({
        value: secondsCached / secondsTotal * 100
    })
    .find('.ui-progressbar-value').css('opacity', 0.2).end();

cacheInterval = setInterval(function() {
    secondsCached += 2;
    if (secondsCached > secondsTotal) clearInterval(cacheInterval);
    $('.mplayer .track.ui-progressbar')
        .progressbar('value', secondsCached / secondsTotal * 100);
}, 30);
```

Es gibt keinen HTML-Code, da wir das Element .track aus dem vorigen Abschnitt erneut verwenden. Und falls Sie es noch nicht bemerkt haben: Der Code, der sich um das Puffern kümmert, ist ein einziger Schwindel. Nicht, dass er nicht funktioniert, aber er zeigt nicht an, inwieweit ein Lied schon gepuffert ist, sondern er simuliert das nur. Aber das macht er toll! Hätten Sie wirklich eine Musik-Ressource, die geladen und gepuffert würde, und könnten Sie Ihre Audio-API darüber benachrichtigen, dann würden Sie das Event binden und den Fortschrittsbalken dementsprechend zwischen 0 und 100 setzen. Anders als beim Slider können Sie keinen eigenen max-Wert definieren. Aber das ist durchaus sinnvoll, denn der Fortschritt geht immer von 0 bis 100%, oder?

Okay, wir haben jetzt also einen Prototypen. Wenn die Seite geladen ist, wird der Puffer-Status zunehmen, so als ob die Datei schnell geladen wird, aber nicht so schnell wie bei einer lokalen Datei. Es macht Spaß, dabei zuzusehen. Abbildung 14-4 zeigt den von uns erzeugten Fortschrittsbalken. Aber was ist mit der »gefälschten« Anzeige? Da es sich nicht um einen echten Puffer-Status handelt, kann man auch darüber hinausspringen. Was passiert dann? Das hängt von Ihrer Audio-API und dem Backend ab. Haben Sie also keine Möglichkeit, den Puffer-Status zu ermitteln, oder ist es für Sie uninteressant, dann überspringen Sie das einfach. Oder aber lassen Sie es, damit es schicker aussieht.

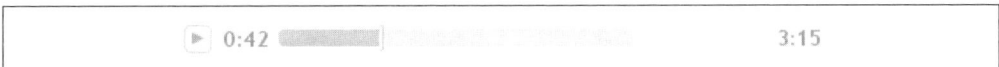

Abbildung 14-4: Fortschrittsbalken, um den Puffer-Status anzuzeigen

Lautstärkeregler

Jetzt brauchen wir ein Steuerelement für die Lautstärke. Ein Slider ist da genau das richtige. Lassen Sie ihn von volume: 0 bis volume: 1 laufen und setzen Sie step auf 0.01:

```
$('.mplayer .volume').slider({
        max: 1,
        step: 0.01,
        value: audio.volume,
        slide: fnSlide,
        change: fnChange
});
```

Bumm! Warum nicht? Nun, natürlich würde es so funktionieren. Aber der Code würde einiges an Platz verbrauchen. Und die Ausrichtung kann auch ein Problem sein. Lassen wir den Slider horizontal anzeigen (was der Standard ist), dann rangeln wir mit der Anzeige für die Position um den Platz. Zudem würde unser Player »schief« aussehen. Sollten wir dann also dem Slider die Option orientation: 'vertical' hinzufügen? Nun, das würde zwar auch funktionieren, aber unser Player wäre dann 100 Pixel hoch – und das nur, um den Lautstärkeregler anzuzeigen. Die restlichen Steuerelemente brauchen nur um die 30 Pixel. Es muss einen besseren Weg geben.

Und den gibt es. Verbergen Sie den Slider für die Lautstärke, wenn Sie ihn nicht brauchen. Wir zeigen nur den Slider-Handle dauerhaft an und fügen ein kleines Lautsprecher-Symbol hinzu. Dann verbergen wir den Rest, indem wir die Höhe des Steuerelements auf 0 setzen. Bewegt der Anwender den Mauscursor über den Handle, setzen wir die Höhe auf 100 Pixel. Beim Verlassen entfernen wir das, so dass die Höhe wieder auf 0 zurückgesetzt wird. Dadurch, dass wir den Container absolut in einem relativen Wrapper positionieren, wird auch nicht die Gesamthöhe des Players beeinflusst, wenn alle Elemente sichtbar sind.

Es gibt nur ein Problem. Gehen wir einmal davon aus, dass die Lautstärke bei 0,1 ist, also 10%. Das würde bedeuten, dass der Handle sich nahe am unteren Rand befindet. Sollte der Handle herunterspringen? Oder der Balken nach oben? Und was passiert, wenn der Anwender ihn verschiebt? Zum Beispiel von 10% auf 90%? Dann würde er zurückspringen, wenn der Balken wieder verborgen wird. Das ist dumm.

Daher machen wir es so: Wir halten den Handle die ganze Zeit am selben Platz. Der Anwender zieht ihn hoch, um die Lautstärke zu erhöhen, und herunter, um sie zu verringern. Der Balken wird sich einschließlich des durch range: "min" schattierten Bereichs unter dem Handle entsprechend bewegen.

Dies ist der CSS-Code:

```
.mplayer .volume-container { position: absolute; top: 12px; right: 12px; }
.mplayer .volume { height: 0; margin-top: 5px; }
```

Und dies der HTML-Code:

```
<div class="mplayer ui-widget">
    <div class="buttons-container">
        <a class="playpause ui-state-default ui-corner-all" href="#">
            <span class="ui-icon ui-icon-play"></span>
            <span class="ui-icon ui-icon-pause"></span>
        </a>
    </div>
    <span class="currenttime ui-state-default"></span>
    <div class="track"></div>
    <span class="duration ui-state-default"></span>
    <div class="volume-container">
        <div class="volume">
            <a href="#" class="ui-state-default ui-corner-all
            ui-slider-handle">
                <span class="ui-icon ui-icon-volume-on"></span>
            </a>
        </div>
    </div>
</div>
```

Hier der JavaScript-Code:

```
$('.mplayer .volume')
    .slider({
        max: 1,
        orientation: 'vertical',
        range: 'min',
        step: 0.01,
        value: audio.volume,
        start: function(event, ui) {
            $(this).addClass('ui-slider-sliding');
            $(this).parents('.ui-slider').css({
```

```
                                  'margin-top': (((1 - audio.volume) * -100) + 5) + 'px',
                                  'height': '100px'
                             }).find('.ui-slider-range').show();
                    },
                    slide: function(event, ui) {
                             if (ui.value >= 0 && ui.value <= 1) {
                                  audio.set('volume', ui.value);
                             }
                             $(this).css({
                                  'margin-top': (((1 - audio.volume) * -100) + 5) + 'px',
                                  'height': '100px'
                             }).find('.ui-slider-range').show();
                    },
                    stop: function(event, ui) {
                             $(this).removeClass('ui-slider-sliding');
                             var overHandle = $(event.originalEvent.target)
                                  .closest('.ui-slider-handle').length > 0;
                             if (!overHandle) {
                                  $(this).css({
                                       'margin-top': '',
                                       'height': ''
                                  }).find('.ui-slider-range').hide();
                             }
                    },
                    change: function(event, ui) {
                             if (ui.value >= 0 && ui.value <= 1) {
                                  if (ui.value != audio.volume) {
                                       audio.set('volume', ui.value);
                                  }
                             }
                    }
               })
          .mouseenter(function(event) {
                    if ($('.ui-slider-handle.ui-state-active').length) {
                             return;
                    }
                    $(this).css({
                             'margin-top': (((1 - audio.volume) * -100) + 5) + 'px',
                             'height': '100px'
                    }).find('.ui-slider-range').show();
          })
          .mouseleave(function() {
                    $(this).not('.ui-slider-sliding').css({
                             'margin-top': '',
                             'height': ''
                    }).find('.ui-slider-range').hide();
          })
          .find('.ui-slider-range').addClass('ui-corner-bottom').hide().end();
```

Während des Ziehens passen wir den negativen margin-top des Balken umgekehrt zum aktuellen Wert an, um den Handle an einer Stelle zu halten. Das geschieht durch diesen Code:

```
$(this).parents('.ui-slider').css({
          'margin-top': (((1 - audio.volume) * -100) + 5) + 'px',
          'height': '100px'
})
```

Abbildung 14-5 zeigt den Lautstärke-Slider in unserem Player.

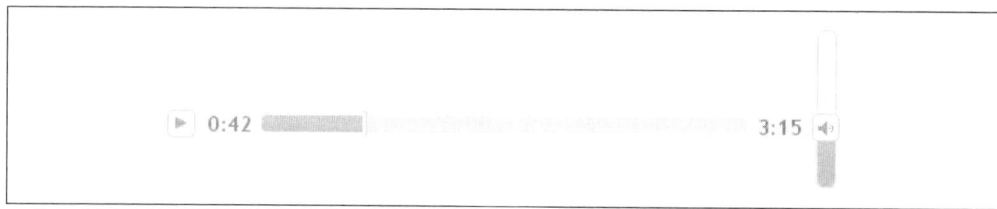

Abbildung 14-5: Lautstärke-Slider

Bei dieser Interaktion müssen Sie erkennen, dass Sie nicht den Balken in die umgekehrte Richtung wie die Maus ziehen. Aber gleichzeitig bewegen sich Ihr Mauscursor, die Größe des schattierten Bereichs und die Lautstärke in die richtige Richtung. Weniger/Unten für weniger, mehr/oben für mehr. Wenn Sie möchten, können Sie den Mauscursor auch über das Symbol bewegen, so dass der Balken erscheint, Ihren Mauscursor an die gewünschte Position auf dem Balken bewegen und klicken.

Hintergrund des Widgets und letzte Feinarbeiten

Lassen Sie uns jetzt noch ein paar Elemente mit Klassen aus dem jQuery UI CSS Framework hinzufügen, um den Player so anzupassen, dass er zu den Steuerelementen darin passt:

Hier der CSS-Code:

```
.mplayer .bg { position: absolute; width: 100%; height: 100%; top: 0;
      bottom: 0; left: 0; right: 0; border: none; }
.mplayer .rod { position: absolute; top: -2px; left: -0.4%; right: -0.4%;
      width: 100.8%; height: 3px; overflow: hidden; border: none; }
.mplayer .hl { position: absolute; top: 2px; left: 1%; right: 1%; width: 98%;
      height: 1px; overflow: hidden; border: none; }
.mplayer .hl2 { position: absolute; top: 2px; left: 2%; right: 2%; width: 96%;
      height: 3px; overflow: hidden; border: none; }
```

Hier der JavaScript-Code:

```
$('.mplayer').each(function() {
      $('.bg:first', this).css('opacity', 0.7);
      $('.bg:last', this).css('opacity', 0.3);
})
$('.mplayer .rod').css('opacity', 0.4);
$('.mplayer .hl').css('opacity', 0.25);
$('.mplayer .hl2').css('opacity', 0.15);
```

Und der HTML-Code:

```
<div class="mplayer ui-widget">
      <div class="bg ui-widget-header ui-corner-bottom"></div>
      <div class="bg ui-widget-content ui-corner-bottom"></div>
      <div class="rod ui-widget-header"></div>
      <div class="hl ui-widget-content"></div>
      <div class="hl2 ui-widget-content"></div>
      <div class="buttons-container">
            <a class="playpause ui-state-default ui-corner-all" href="#">
```

```
                    <span class="ui-icon ui-icon-play"></span>
                    <span class="ui-icon ui-icon-pause"></span>
            </a>
    </div>
    <span class="currenttime ui-state-default"></span>
    <div class="track"></div>
    <span class="duration ui-state-default"></span>
    <div class="volume-container">
            <div class="volume">
                    <a href="#" class="ui-state-default ui-corner-all
                     ui-slider-handle">
                            <span class="ui-icon ui-icon-volume-on"></span>
                    </a>
            </div>
    </div>
</div>
```

Wir nutzen hier Opazität und Layering, um aus den jQuery UI-Themes noch ein paar mehr Schattierungen herauszuholen. In Abbildung 14-6 sehen Sie das fertige Produkt:

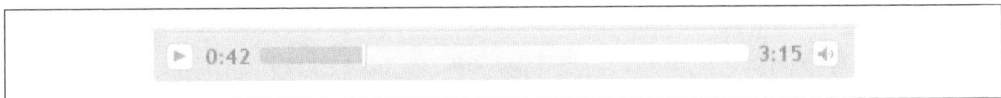

Abbildung 14-6: Widget-Hintergrund und Feinarbeiten

In Abbildung 14-7 sind schließlich noch Beispiele für den jQuery UI Musikplayer mit vorgefertigten jQuery UI-Themes zu sehen.

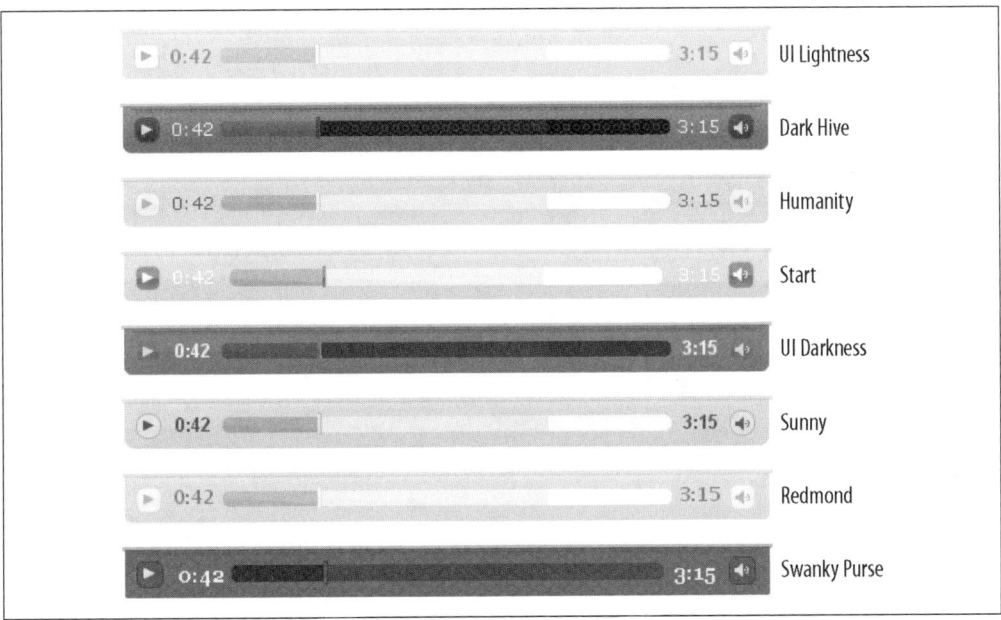

Abbildung 14-7: jQuery UI Musikplayer mit verschiedenen ThemeRoller-Themes

KAPITEL 15

Themes in jQuery UI

Maggie Wachs, Scott Jeh, Todd Parker und Patty Toland
(Filament Group, Inc.)

15.0   Einleitung

Einer der Vorteile von jQuery UI besteht in der einfachen Integration in viele verschiedene Arten von Websites und Anwendungen. Dazu gehört vor allem die Möglichkeit, den jQuery UI-Widgets ein »Look and Feel« zu verpassen, das zu dem der gesamten Site oder dem System passt.

jQuery UI ist mit Bedacht so entworfen, dass das Erstellen eigener Themes einfach ist. Sie können für Ihre Widgets selbst entworfene Styles erstellen – wozu nicht nur Farben und Texturen, sondern alle möglichen Interaktions-Formen gehören, indem Sie folgende Elemente nutzen:

- jQuery UI CSS Framework, eine umfassende Sammlung von CSS-Klassen, mit denen konsistent Styles und Verhaltensweise für alle Widgets zugewiesen werden können
- ThemeRoller, das jQuery UI-Tool zum Erstellen von Themes

Zusammen bieten sie die Möglichkeit, das Look and Feel von offiziellen jQuery UI-Widgets und selbst gebauten Komponenten einfach und konsistent zu ändern, so dass sie zu Ihrer Site oder Anwendung passen.

Dieses Kapitel konzentriert sich darauf, Ihnen zu zeigen, wie Sie diese Tools sinnvoll nutzen können – egal ob Sie damit ein offizielles jQuery UI-Widget konfigurieren oder Ihre eigenen Entwicklungen beeinflussen wollen. Wir beginnen mit einem Überblick über das jQuery UI CSS und die Arbeit mit ThemeRoller, dann stellen wir vier Rezepte zum Thema Theming vor:

1. Anpassen des Styles von jQuery UI-Widgets mit ThemeRoller
2. Überschreiben des Layouts und der Theme Styles von jQuery UI
3. Anwenden eines ThemeRoller-Themes auf eigene Komponenten
4. Mehrere Themes auf einer Seite verwenden

Jedes Rezept beginnt mit einem einfachen Beispiel-Designproblem, auf das nach und nach verschiedene Techniken angewendet werden, um das Theme anzupassen. Aus diesem Grund werden Sie in diesem Kapitel immer wieder Verweise auf andere Rezepte finden.

Bevor wir uns mit dem Anpassen der Widget-Styles befassen, ist es wichtig, ein Verständnis dafür zu bekommen, wie die jQuery UI-Klassen strukturiert sind und wie sie mit ThemeRoller zusammenarbeiten.

Die Komponenten von jQuery UI CSS verstehen

Unser wichtigstes Ziel beim Erstellen des jQuery UI CSS war das Vereinfachen des Setup-Prozesses, so dass Entwickler Widgets schnell und problemlos in ihrem Code veröffentlichen können, ohne sich mit komplexem Markup oder CSS herumschlagen zu müssen.

Beim Integrieren von fremden JavaScript-Widgets in unseren eigenen Projekten erforderte das Anpassen des Erscheinungsbildes der Fremd-Widgets einen größeren Aufwand als das korrekte Aufsetzen des Codes, um alles richtig auszuführen. Anders als die Skripten, die durchaus dazu gedacht waren, angepasst zu werden – Skripten für die Kernbestandteile der Bibliothek und die Widgets kümmern sich im Hintergrund um sehr komplexe Aufgaben und lassen sich oft schnell konfigurierbar gestalten – fanden sich die Styles der Widgets im Allgemeinen in einer einzelnen Klasse oder sie waren gar mit dem Markup verwoben. Wir mussten Klassen im Markup erkennen und deren Style-Regeln »zurückrechnen«, bevor wir sie anpassen konnten. Das kostete oft viele Stunden Suchen im Code und in den CSS-Definitionen mit Hilfe von Firebug, um die genutzten Klassen zu erkennen oder um Inline-Styles zu finden, um Hintergrundbilder herauszusuchen und dann die Style-Regeln zu ersetzen oder die Klassen im Markup so anzupassen, dass sie ungefähr dem Design unseres Projekts entsprachen. (Und das ging überhaupt nur dann, wenn Code und CSS halbwegs organisiert und konsistent waren.)

Wir fanden das rückständig. Es wäre doch viel einfacher, einem größtenteils Style-freien Widget ein eigenes Look and Feel hinzuzufügen, anstatt den CSS-Code für ein fertig designtes Widget auseinanderzupflücken und herauszufinden, welche Regeln problemlos ersetzt werden können. Wir entschieden uns, eine bessere Möglichkeit zum konsistenten Anwenden von Styles zu entwickeln, so dass diese auf eine ganze Gruppe von Widgets und auf einer größeren Site oder in einem System angewendet werden können.

Um dieses Problem für jQuery UI zu entwickeln, teilten wir jQuery UI CSS in logische Komponenten auf – ähnlich der Strukturierung der Skripten – und trennten die Style-Bestandteile, die für die korrekte Funktion eines Widgets notwendig sind (Positionierung, Gleit-Status und Abstände) von den konfigurierbaren Theme-Styles (Farben und Hintergrundbilder). So sind die Klassen, die Entwickler verändern können, um die Widgets an ihr Projekt anzupassen, in zwei grundlegende Kategorien unterteilt:

- Widget-spezifische Klassen enthalten alle Styles, die für das Format einer bestimmten Widget-Struktur und des Layouts notwendig sind. Dazu gehören unter anderem die Positionierung, Abstände und Dimensionen sowie andere Layout-bezogene Styles, die für eine korrekte Funktionalität wichtig sind. So enthalten zum Beispiel Widget-Klassen für die Registerkarten Styles, die die Tabs so arrangieren, dass sie in einer horizontalen Zeile aufeinanderfolgen und die Inhaltsbereiche entsprechend ausblenden.

Widget-spezifische Klassen finden sich im CSS-Code, den Sie beim Herunterladen eines oder mehrerer jQuery UI-Widgets erhalten (in Rezept 15.1 erfahren Sie, wie Sie jQuery UI CSS herunterladen und referenzieren können). Klassen sind nach dem entsprechenden Widget benannt und die Namen beginnen immer mit dem Präfix `ui-[widgetname]`, zum Beispiel also `ui-tabs`.

- Framework-Klassen sorgen für ein angepasstes Look and Feel mit Hilfe eines Themes. Dazu gehören eine grundlegende Schriftart, Hintergrundfarben und -texturen, Schrift- und Symbolfarben, Form-Parameter (zum Beispiel der Radius der abgerundeten Ecken) und die Status-Rückmeldungen – für alle Widgets. Framework-Klassen sind nach ihrem Anwendungszweck benannt – zum Beispiel sind manche für die Status-Rückmeldung gedacht (`ui-state-default`, `ui-state-hover`), andere für abgerundete Ecken (`ui-corner-all`, `ui-corner-top`) – und sie sollen auf einer ganzen Website oder in einer Anwendung genutzt werden. Tatsächlich können sie auf jedes beliebige Widgets angewendet werden – auf solche, die von jQuery UI, von einer anderen JavaScript-Bibliothek oder von Ihnen selbst erzeugt wurden.

In der Praxis versehen wir jQuery UI-Widgets mit Styles, indem wir ihnen eine Kombination dieser Klassen zuweisen – eine oder mehrere Widget-spezifische Klassen und eine Reihe von generischen Framework-Klassen – die gemeinsam für das Erscheinungsbild sorgen. Schauen Sie sich zum Beispiel das Markup für den Akkordeon-Header an:

```
<h3 class="ui-accordion-header ui-state-active ui-corner-top">code</h3>
```

Es werden drei Klassen zugewiesen, die jeweils bestimmte Styles mitbringen:

- `ui-accordion-header` ist eine Widget-spezifische Klasse, die nur für diese Komponente genutzt wird. Sie legt strukturelle Style-Regeln fest (Position, Dimensionen, Ränder, Abstände), enthält aber keine Farben oder Bilder.
- `ui-state-active` ist eine Framework-Klasse, die die Theme-Farbe und die Hintergrundbilder enthält, welche den Status anzeigen.
- `ui-corner-top` ist eine weitere Framework-Klasse, die festlegt, dass der Header abgerundete obere Ecken haben soll.

Auch wenn durch dieses Vorgehen einigen Elementen mehrere Klassen zugewiesen werden, ist es doch ein machtvolles System, durch das sich sehr einfach schlanke Themes auf beliebig viele Widgets und sogar auf Ihre eigenen Komponenten anwenden lassen. Die sorgfältige Trennung der Struktur-Styles vom Theme sorgt auch dafür, dass Sie jederzeit ein neues Theme nutzen können, ohne sich Sorgen machen zu müssen, dass Ihre bestehenden Widgets nicht mehr funktionieren.

Wir wollten es auch einfach machen, ein neues Look and Feel zu erstellen oder ein bestehendes Design genau abbilden zu können, ohne umfassende Kenntnisse in CSS oder in Bildbearbeitungstools wie Adobe Photoshop haben zu müssen. ThemeRoller ermöglicht es Entwicklern, Style-Regeln zu bearbeiten, die von den Framework-Klassen definiert werden, ohne dass sie den CSS-Code anfassen oder selbst Bilder erzeugen müssen.

ThemeRoller ist eine Web-Anwendung mit einer intuitiven und unkomplizierten Oberfläche, um eigene Themes für jQuery UI zu entwerfen und herunterzuladen. Mit ThemeRoller können Sie die folgenden Theme-Styles anpassen:

- *Basis-Schriftart für alle Widgets*: Die Basis-Schriftart gibt einen Schriftschnitt, eine Größe und einen Style vor (normal oder fett), der in allen Widgets im Theme genutzt wird. Standardmäßig wird die Schriftgröße in »em«-Einheiten angegeben. Wir empfehlen, ems anstatt Pixel zu nutzen, damit der Text zusammen mit den Widget-Containern wachsen kann, wenn der Anwender die Schriftgröße im Browser verändert. Sie können aber auch Pixel nutzen. Wie bei Standard-CSS ist es sinnvoll, mehrere Schriftarten anzugeben, falls Ihre erste Wahl nicht auf dem Rechner eines Anwenders installiert ist. Die letzte Schriftart sollte eine generische sein, wie zum Beispiel »serif« oder »sans-serif«.

- *Eckradius*: Ein Eckradius kann konsistent auf alle Widgets im Theme angewendet werden, um ihnen ein abgerundetes Erscheinungsbild zu verpassen. Jeder Radiuswert muss eine Einheit enthalten: Pixel für einen festen Radius, ems für einen Radius, der auf die Änderung der Textgröße reagieren soll, oder Null für »richtig« eckige Ecken. Kleinere Werte lassen die Ecken eckiger sein, größere Werte sorgen für runde Ecken.

 Während dieses Buch entsteht, werden Angaben für Ecken in CSS3, wie wir sie im Framework vornehmen, in einigen aktuellen Browsern nicht unterstützt, unter anderem im Internet Explorer. Im Kasten in Rezept 15.1 erfahren Sie, wie auch in diesen Browsern abgerundete Ecken genutzt werden können.

- *Header, Toolbars und Content-Bereiche*: Jeder dieser drei Bereiche setzt eine Hintergrundfarbe mit einer semitransparenten Textur und Farben für Rahmen, Text und Symbole. So wird zum Beispiel der Header-Style für die Titelzeile eines Dialogs oder eines Datepickers und den selektierten Bereich eines Sliders oder Fortschrittsbalkens genutzt, während der Content-Style für den Content-Bereich eines selektierten Akkordeons oder einer Registerkarte verwendet wird.

- *Standard-, aktive und Hover-Styles für anklickbare Elemente*: Es gibt drei Styles, die die verschiedenen Zustände bei der Benutzer-Interaktion repräsentieren: default ist der Standard-Status für anklickbare Elemente, hover wird genutzt, um deutlich zu machen, dass der Mauscursor über das Element bewegt wird, und active wird verwendet, wenn das Element gerade selektiert ist. Jeder Status eines anklickbaren Elements wird durch eine Hintergrundfarbe mit einer semitransparenten Textur und durch Farben für Rahmen, Text und Symbole definiert. Denken Sie daran, dass sich jeder Status ausreichend von den anderen unterscheiden sollte, um dem Anwender eine deutliche Rückmeldung geben zu können.

- *Styles zum Hervorheben und für Fehler*: Dies sind spezielle Styles für die Kommunikation von Zuständen in einem System. Der Highlight-Style wird für Textmeldungen genutzt, die ein Anwender lesen sollte, und für das aktuelle Datum im Kalender-Widget. Zudem ist es nützlich, damit deutlich zu machen, dass der Bildschirm durch Ajax aktualisiert wurde. Der Fehler-Style kann genutzt werden, um darauf hinzuweisen, dass es ein Problem gibt, auf das der Anwender reagieren sollte – zum Beispiel ein Problem beim Überprüfen einer Form oder bei der Benachrichtigung des Anwenders über einen Systemfehler. Beide Styles definieren eine Hintergrundfarbe mit einer semitransparenten Textur und Farben für Rahmen, Text und Symbole. Diese Styles sollten einen deutlichen Kontrast zum normalen Text und zu den Hintergrundfarben bilden, die Sie in Ihrem Theme nutzen. Zudem sollten sie sich auch voeinander unterscheiden, so dass klar ist, welche nur auf sich aufmerksam machen sollen und welche für Fehler und System-Meldungen stehen.

- *Modaler Screen für Overlays*: Der modale Screen ist ein Layer, der zwischen einem modalen Dialog und dem Seiteninhalt darunter liegt. Er wird normalerweise dafür verwendet, den Seiteninhalt zwischenzeitlich als deaktiviert erscheinen zu lassen, während das modale Fenster angezeigt wird. Dieser Style beeinflusst die normale Hintergrundfarbe und die Opazität. Wenn Sie für ein bestimmtes Widget keinen modalen Overlay haben möchten, können Sie das durch die Option modal des Widgets beeinflussen.

- *Schlagschatten-Styles*: Wie bei den Styles zum Hervorheben und für Fehler kann ein Schlagschatten-Style optional auf Overlays angewendet werden. Schlagschatten haben eine Hintergrundfarbe, Textur und Opazität (wie Header und anklickbare Elemente) sowie eine Schatten-Dicke, die angibt, wie weit der Schatten von der oberen linken Ecke der Komponente reichen soll, und einen Eck-Radius. Damit der Schatten gleichmäßig um alle Seiten der Komponente herum erscheint, sollten der obere und linke Offset-Wert negativ, aber gleich der Schatten-Breite sein. Wie beim normalen Eck-Radius können Sie einen Radius in Pixeln oder ems setzen oder Null angeben, um eckige Ecken zu erhalten.

Mit ThemeRoller können Sie direkt alle Styles der Framework-Klassen bearbeiten und sich anzeigen lassen, wie das Ergebnis in jQuery UI-Widgets aussieht. Wenn Sie ein Theme erstellt haben, generiert ThemeRoller automatisch den notwendigen CSS-Code und die Hintergrundbilder und packt sie zusammen. Sie laden dann einfach das Theme-Stylesheet herunter und referenzieren es in Ihrem Projekt. (Sie finden ThemeRoller im Themes-Bereich der jQuery UI-Site oder unter *http://themeroller.com*.)

Nachdem wir jQuery UI CSS und ThemeRoller näher erläutert haben, wollen wir uns in vier Rezepten mit dem Anpassen von Themes befassen. Als erstes beginnen wir mit dem einfachen Schritt, ein Theme zu erstellen und Widgets mit Hilfe von ThemeRoller mit Styles zu versehen (Rezept 15.1). Dann befassen wir uns mit dem etwas komplexeren Überschreiben von Framework-Klassen, um Themes noch mehr anzupassen (Rezept 15.2), mit der Verwendung von Framework-Klassen in Ihrem Projekt (Rezept 15.3) und schließlich mit der Nutzung mehrerer Themes auf einer einzelnen Seite für komplexe Oberflächen (Rezept 15.4).

 Für Designer und Entwickler, die daran interessiert sind, Themes für jQuery UI und eigene, mit ThemeRoller nutzbare Komponenten direkt in der Website oder Anwendung zu bearbeiten und eine Vorschau zu erhalten, haben wir ein herunterladbares ThemeRoller-Bookmarklet-Tool entwickelt. Sie finden das Tool und weitere Erläuterungen dazu unter ui.jquery.com/themeroller (*http://ui.jquery.com/themeroller*).

15.1 Themes für jQuery UI-Widgets mit ThemeRoller erstellen

Problem

jQuery UI-Widgets, die Sie auf Ihrer Website oder in Ihrer Anwendung nutzen, müssen zu einem vorgegebenen Design passen.

Lösung

Nutzen Sie ThemeRoller, eine einfache Web-Anwendung, mit der Sie jQuery UI CSS Framework-Klassen bearbeiten können, um das Look and Feel der jQuery UI-Widgets anzupassen.

Dieses Rezept geht von folgenden Annahmen aus:

- Sie haben Grundlagenwissen zur Funktionsweise von CSS und insbesondere zum Kaskadieren von Styles, zu Vorrangeinstellungen und zum Einschränken von Selektionen mit Klassen, IDs oder Elementen. (Lesevorschläge finden Sie im Anhang am Ende dieses Kapitels.)
- Sie sind schon mit jQuery UI CSS-Klassen vertraut. (Wenn nicht, schauen Sie sich nochmal Rezept 15.1 an.)

Lassen Sie uns ein Beispiel durchspielen.

Wir arbeiten an einer neuen Website, um Reisebuchungen vorzunehmen. Dort geht es gerade um die Oberfläche zum Buchen eines Flugs. Das Design besteht aus einer Reihe von Registerkarten, um die Art der Reservierung auszuwählen (Flug, Mietwagen oder ein Pauschalangebot), und die Registerkarte zur Flugbuchung enthält eine Form zur Eingabe der Anzahl der Passagiere, Auswahlfelder für Abflug- und Zielflughafen, Kalender zur Selektion des Datums für Hin- und Rückflug und einen Button zum Abschicken (siehe Abbildung 15-1).

In diesem Rezept werden wir die jQuery UI-Widgets für die Registerkarte und die Datepicker verwenden und sie mit einem eigenen Theme versehen, das wir in Theme-Roller erstellt haben. (Sie können das Theme-Stylesheet auch über das hinaus bearbeiten, was ThemeRoller ermöglicht, um dem Ziel-Design noch näher zu kommen – wie das geht, erfahren Sie in den Rezepten 15.2 – 15.4).

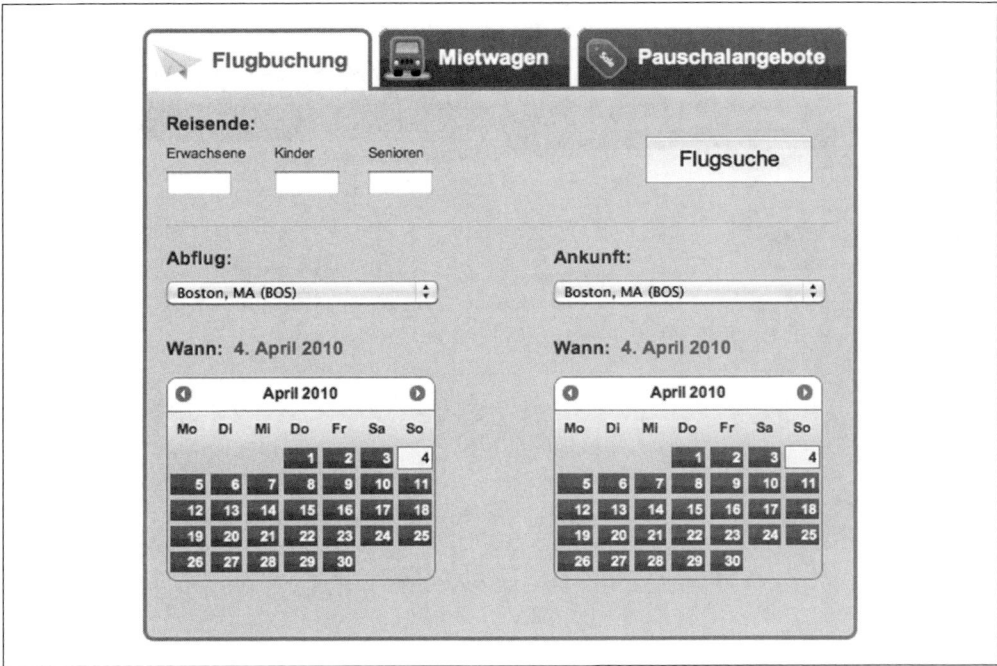

Abbildung 15-1: Gewünschtes Design für die Reise-Anwendung

Schritt 1. ThemeRoller öffnen

Öffnen Sie die jQuery UI-Website unter *http://jqueryui.com* und wählen Sie aus der Haupt-Navigationsleise »Themes« aus oder gehen Sie direkt zu *http://themeroller.com*.

Die Oberfläche von ThemeRoller ist in zwei Hauptbereiche unterteilt (siehe Abbildung 15-2):

- *ThemeRoller-Toolbar in der linken Spalte*: Dort stehen Tools zum Setzen und Bearbeiten aller Style-Einstellungen in einem Theme bereit.
- *Vorschau mit Beispiel-Widgets auf der rechten Seite*: Dort sehen Sie, wie sich der aktuelle Style auswirkt – jedes Widget ist interaktiv, um wirklich alle Styles zeigen zu können (nutzen Sie Ihre Maus, um auch die Hover-Styles und die Styles für aktive Elemente zu sehen), und es wird direkt aktualisiert, wenn Sie die Styles mit der Toolbar anpassen.

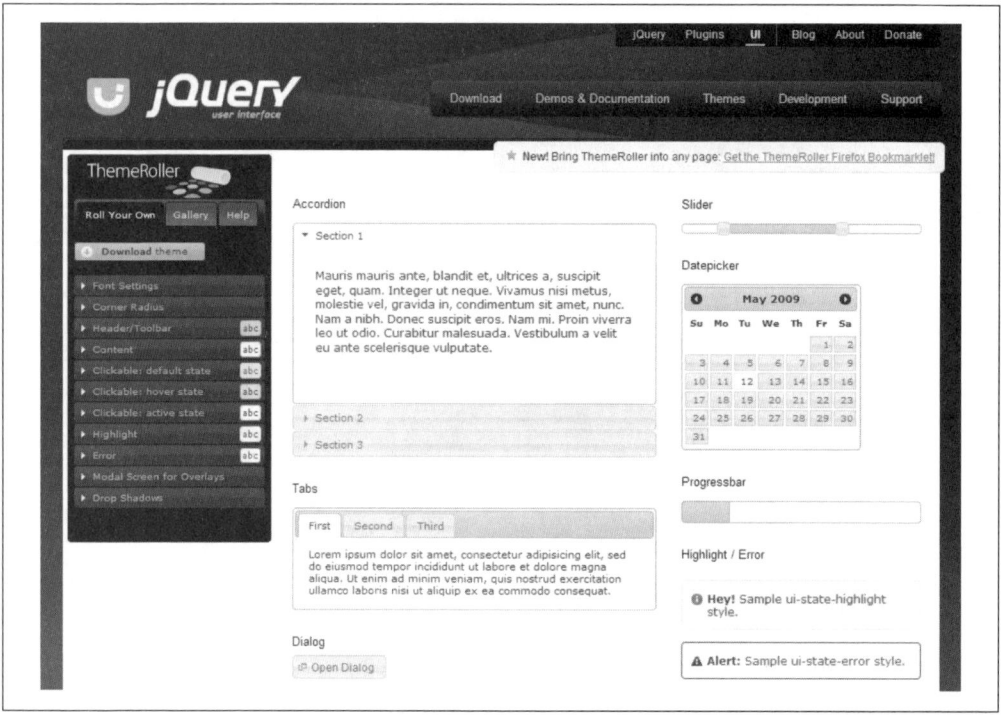

Abbildung 15-2: Normale Ansicht von ThemeRoller. Links die Toolbar und rechts die Widget-Vorschau

Die ThemeRoller-Toolbar bietet zwei verschiedene Möglichkeiten an, Themes anzupassen. Sie erreichen diese über die Registerkarten oben in der Toolbar-Spalte:

- *Die Registerkarte »Roll Your Own«* (Abbildung 15-3) ist der Arbeitsbereich, in dem Sie eigene Styles für Ihre Themes erstellen. Die verschiedenen Einstellungen sind in Abschnitten zusammengefasst und es gibt Eingabefelder und Tools, um die Styles festzulegen. Dazu gehört auch die Angabe der Schriftart und der Eck-Radien für alle Widgets sowie das Setzen der Hintergrundfarben und Texturen, der Textfarbe und der Symbolfarbe.

  Jeder Abschnitt ist standardmäßig eingeklappt, zeigt aber in einem kleinen Symbol rechts vom Label den aktuellen Style an. Öffnen und schließen Sie die Abschnitte nach Bedarf und schauen Sie sich die Vorschau auf der rechten Seite an, die immer direkt auf Ihre Änderungen reagiert.

   Für ThemeRoller muss JavaScript nicht aktiviert sein. Ist es abgeschaltet, dann gibt es einen Preview-Button, den Sie anklicken können, um die Änderungen zu sehen.

- *Die Registerkarte »Gallery«* (Abbildung 15-3) stellt eine ganze Reihe vorgefertigter Themes bereit, die Sie direkt herunterladen oder als Ausgangsbasis für eigene Anpassungen verwenden können.

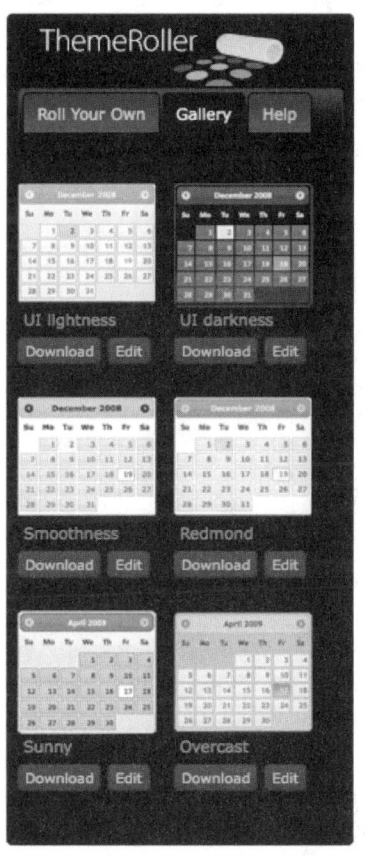

Abbildung 15-3: Die ThemeRoller-Registerkarte »Roll Your Own« (A) bietet die Möglichkeit, die Schriftart, den Eck-Radius und die Farben für die Styles anzupassen; die Registerkarte »Gallery« (B) liefert Zugriff auf vorgefertigte Themes

Schritt 2. Ein Theme erstellen und in der Vorschau betrachten

Bei unserer Anwendung zum Buchen von Reisen werden wir ein Gallery-Theme namens Sunny auswählen, das unserem gewünschten Design (siehe Abbildung 15-4) schon sehr nahe kommt.

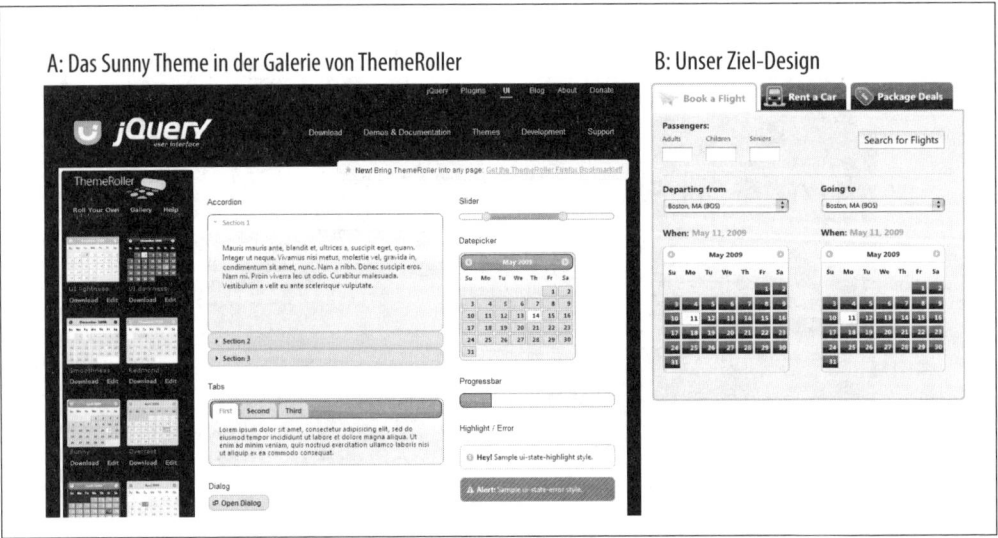

Abbildung 15-4: Die Gallery-Themes von ThemeRoller bieten oft eine gute Ausgangsbasis für das Erstellen eigener Designs an; Sunny (A) hat schon viele Styles, die zu unserem gewünschten Design (B) passen

Sunny legt schon einen passenden Hintergrund, einen Schriftstil und Schriftfarben für unser Ziel-Design fest, aber eine Reihe von Styles müssen gegebenenfalls noch angepasst werden, um alles passend zu haben – zum Beispiel sind die Registerkarten von Sunny gelb mit einem grauen Hintergrund, während unsere Registerkarten dunkelgrau mit einem weißen Hintergrund sind.

Wir können diese Einstellungen leicht ändern, indem wir entweder auf den Button »Edit« unterhalb des Sunny-Bildes in der Galerie klicken (wodurch Sie zu »Roll Your Own« gelangen), oder indem Sie auf das Sunny-Bild in der Galerie klicken, um es zu aktivieren, und dann zur Registerkarte »Roll Your Own« wechseln.

Wenn Sie die Voreinstellungen von Sunny in der Registerkarte »Roll Your Onw« haben, können Sie mit dem Bearbeiten beginnen. Lassen Sie uns die folgenden Einstellungen anpassen, damit das Sunny-Theme zu unserem Design passt:

- *Die Basis-Schrift für alle Widgets setzen*: Die Standard-Schriftart sieht im Sunny-Theme und in unserem Ziel-Design sehr ähnlich aus, aber wir können auch einfach den Abschnitt »Font Settings« öffnen (siehe Abbildung 15-5) und entweder bestätigt vorfinden, dass die Einstellungen korrekt sind, oder andere Werte für die Schriftfamilie, das Gewicht und die Größe angeben. Die Schriftfamilie kann mehrere, durch Komma getrennte Namen aufnehmen (wie in der Standard-CSS-Notation). Hier ein paar Hinweise und Tipps:

  – Standardmäßig wird die Schriftgröße in »em«-Einheiten angegeben. Wir raten auch dazu, ems anstatt Pixel für die Schriftgröße zu nehmen, denn so wachsen Widget-Text und Widget-Container, wenn der Anwender die Schriftgröße im Browser anpasst.

– Geben Sie mehrere Schriftarten an, falls die eigentlich gewünschte Schrift nicht auf dem Computer eines Anwenders installiert ist. Im Allgemeinen sollte man die Liste der Schriftarten mit einer generischen Schriftart wie »serif« oder »sans-serif« enden lassen.

Abbildung 15-5: Abschnitte für Font Settings und Corner Radius

• *Zuweisen eines Eck-Radius*: Zu unserem Design gehören abgerundete Ecken für den Datepicker und die Registerkarten. Sie können für die jQuery UI-Widgets in Theme-Roller einen Eck-Radius setzen, indem Sie den Abschnitt »Corner Radius« öffnen (siehe Abbildung 15-5) und einen Wert zusammen mit einer Einheit eingeben: Pixel für einen festen Radius oder ems für einen Radius, der auf die Textgröße reagiert. Kleinere Pixel-Werte sorgen dafür, dass die Ecken von Widgets »eckiger« aussehen, während größere Werte zu runderen Ecken führen. Möchte man »richtige« Ecken haben, dann setzt man der Wert auf Null.

 Während dieses Buch entsteht, können einige moderne Browser, vor allem der Internet Explorer, nicht mit der CSS3-Eigenschaft border-radius umgehen. Dadurch rendern sie nicht die Styles mit abgerundeten Ecken, die von den Framework-Klassen zugewiesen werden, sondern sie zeigen »normale« Ecken an. Gehören zu Ihrem Design abgerundete Ecken, die auch konsistent in allen Browsern angezeigt werden sollen, dann brauchen Sie eventuell eine JavaScript-Bibliothek wie ddRoundies, die für abgerundete Ecken sorgt.

Wir haben in unserem Filament Group Lab ein einführendes Tutorial geschrieben, in dem erklärt wird, wie man ddRoundies in sein Projekt einbinden kann: »Achieving Rounded Corners in Internet Explorer for jQuery UI with DD_roundies« (*http://www.filamentgroup.com/lab/achieving_rounded_corners_in_internet_explorer_for_jquery_ui_with_dd_roundi*).

- *Die Standard-Registerkarte und Buttons grau anzeigen.* Nicht selektierte Registerkarten, aber auch die Abschnittsüberschriften im Akkordeon oder die Buttons im Datepicker, sind anklickbare Elemente, denen jeweils eine Klasse zugewiesen wird, um den aktuellen Status darzustellen: »default«, »hover« oder »active«. In diesem Fall werden wir die Standard-Hintergrundfarbe von grau auf gelb ändern und die Text- und die Rahmenfarbe so anpassen, dass sie unserem Design entspricht (Abbildung 15-6):

  1. Öffnen Sie den Abschnitt »Clickable: default state«.
  2. Bringen Sie den Cursor in das Feld für die Hintergrundfarbe (es enthält einen hexadezimalen Wert, vor dem ein # steht) und wählen Sie als neue Farbe ein dunkles Grau aus oder geben Sie direkt einen hexadezimalen Wert ein. Hier werden wir den Wert #333333 nutzen.
  3. Die Textfarbe ist dunkelgrau, was vor der neuen Hintergrundfarbe kaum zu lesen ist. Daher werden wir auch die Standard-Textfarbe so anpassen, dass sie ausreichend Kontrast zum Hintergrund besitzt. Wir werden hier die Textfarbe auf #FFFFFF setzen.
  4. Wie beim Text sind auch die Symbole im Header grau und müssen angepasst werden, damit sie vor dem grauen Hintergrund nicht verschwinden. Lassen Sie uns den Wert #EEEEEE zuweisen – eine Farbe, die die Symbole sichtbar macht, aber keinen höheren Kontrast als der Text bietet.
  5. Schließlich wollen wir die Rahmenfarbe von Gelb in ein helles Grau ändern. Geben Sie den Wert #D2D2D2 ein.
  6. Drücken Sie die Tab- oder die Eingabetaste oder klicken Sie irgendwo auf die Seite, um entsprechende Änderungen in Widgets auf der rechten Seite angezeigt zu bekommen.

- *Den Hover-Status an die neue Farbe der Registerkarten anpassen*: Der Hover-Style für anklickbare Elemente soll dann erscheinen, wenn sich Ihr Mauscursor über einer anklickbaren Komponente befindet, wie zum Beispiel einer Registerkarte, einem Akkordeon-Abschnitt oder dem Button eines Datepickers. Der Standard-Style ist schon grau, so dass wir die Hintergrund- und Textfarben des Hover-Styles anpassen werden – für den Hintergrund ein dunkleres Grau, für Text und Symbole weiß:

  1. Öffnen Sie den Abschnitt »Clickable: hover state«.
  2. Geben Sie im Feld für die Hintergrundfarbe den Wert #111111 ein.
  3. Geben Sie für die Text- und Symbolfarbe jeweils #FFFFFF ein.
  4. Lassen Sie uns auch die Rahmenfarbe an unser Design anpassen. Wir nehmen ein etwas dunkleres Grau als beim Standard-Rahmen, hier #888888.

Abbildung 15-6: ThemeRoller-Abschnitt für »Clickable: default state«

- *Die Hintergrundfarbe für Registerkarten und den Datepicker auf weiß setzen*: Der Header-Style wird in einer ganzen Reihe von jQuery UI-Widgets genutzt – bei Registerkarten, für den Auswahlbereich für Monat und Jahr im Datepicker und für die Navigations-Buttons, als Slider-Bereich und beim Fortschrittsbalken für den schon erledigten Abschnitt. In unserem Design soll der Header einfach einen weißen Hintergrund haben, während der Text grau ist und die Symbole ein dunkles Gelb bekommen:

  1. Öffnen Sie den Abschnitt »Header/Toolbar«.
  2. Geben Sie als Hintergrundfarbe den hexadezimalen Wert #FFFFFF ein.
  3. Klicken Sie auf das Texture-Symbol neben dem Feld für die Hintergrundfarbe und wählen Sie die erste Option »flat«. (Wenn Sie die Maus über die Textur-Bilder bewegen, werden die Namen angezeigt.) Dadurch wird das Hintergrundbild entfernt, so dass der Style nur für einen schlichten weißen Hintergrund sorgt.
  4. Setzen Sie die Opazität für den Hintergrund auf 100%, damit der Header komplett »blickdicht« ist.
  5. Die Textfarbe ist noch weiß, was sich auf einem weißen Hintergrund nicht so gut macht. Ändern wir sie also in ein dunklen Grau, das dem des anklickbaren Status entspricht: #333333.
  6. Ändern Sie schließlich noch die Farben für den Rahmen und die Symbole in #EDAA12 und die Textfarbe in weiß (#FFFFFF).

- *Die Rahmenfarbe des Containers auf gelb setzen*: Die Rahmen von Inhaltsbereichen werden um Akkordeon-Abschnitte gezeichnet und sie definieren die Container von Registerkarten, Dialogen, Slidern, Datepickern und Fortschrittsbalken. In unserem Design soll der Rahmen das gleiche Hellgelb erhalten, das wir für den Rahmen des Headers genutzt haben:

  1. Öffnen Sie den Abschnitt »Content«.
  2. Wechseln Sie in das Feld für die Rahmenfarbe und geben Sie den Wert #EDAA12 ein.

- *Die Rahmenfarbe für »aktive« Bereiche mit der des Containers abstimmen*: Nach dem Aktualisieren der Rahmenfarbe des Containers wird Ihnen auffallen, dass der ausgewählte Abschnitt im Akkordeon und die gewählte Registerkarte immer noch einen grauen Rahmen haben. Diese Farbe wird durch die Klasse für den aktiven anklickbaren Style gesetzt:

    1. Öffnen Sie den Abschnitt »Clickable: active state«.

    2. Wechseln Sie in das Feld für die Rahmenfarbe und geben Sie den Wert #EDAA12 ein.

Sie können ein Theme jederzeit »speichern«, indem Sie einfach ein Lesezeichen auf die Seite einrichten. ThemeRoller aktualisiert die URL immer dann mit allen relevanten Style-Daten, wenn der Vorschau-Abschnitt aktualisiert wird. Legen Sie Lesezeichen für Ihr eigenes Theme an – legen Sie sogar Lesezeichen für eine Reihe von Themes an, um sie vergleichen zu können – und laden Sie das Theme dann über das Lesezeichen, um es anzupassen und zu verbessern, bevor Sie es herunterladen.

Für jedes Theme, das Sie von ThemeRoller herunterladen, enthält das Stylesheet die vollständige URL darauf. Öffnen Sie das Stylesheet (zum Beispiel jquery-ui-1.7.1.custom.css) und suchen Sie nach dem Kommentar, der mit den Worten »To view and modify this theme, visit http://jqueryui.com/themeroller/...« beginnt.

Jetzt haben wir dafür gesorgt, dass unser ThemeRoller-Theme mit dem Design unserer Reisebuchungs-Anwendung so gut wie möglich übereinstimmt (siehe Abbildung 15-7). Nun können wir es herunterladen.

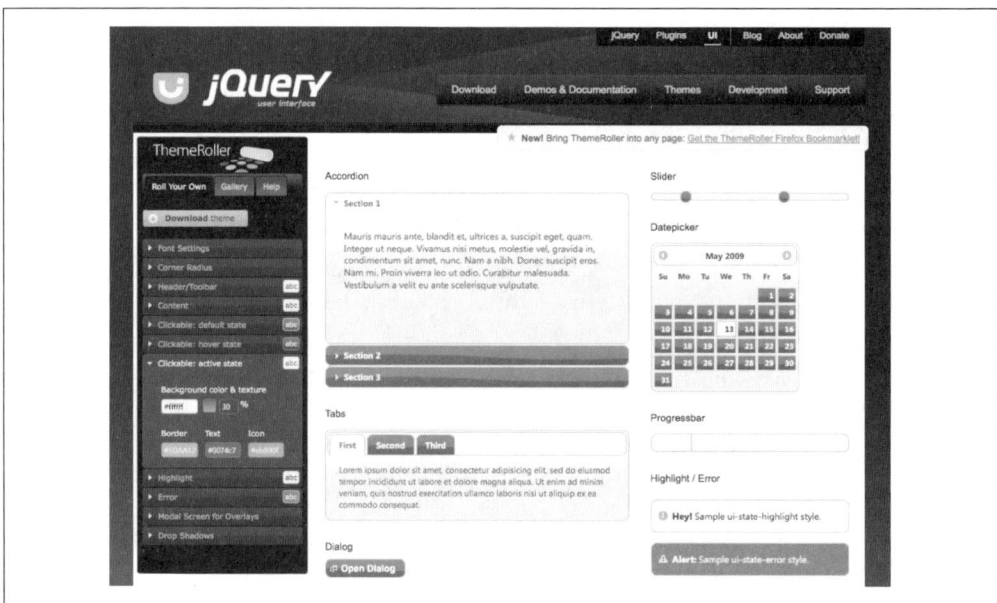

Abbildung 15-7: Unser angepasstes ThemeRoller-Theme, das sehr nahe an unserem Design liegt

Schritt 3. Die jQuery UI-Widgets und das Theme herunterladen

Klicken Sie auf den Button »Download theme« direkt unterhalb der Registerkarte »Roll Your Own«. So gelangen Sie zum jQuery UI Download Builder (siehe Abbildung 15-8).

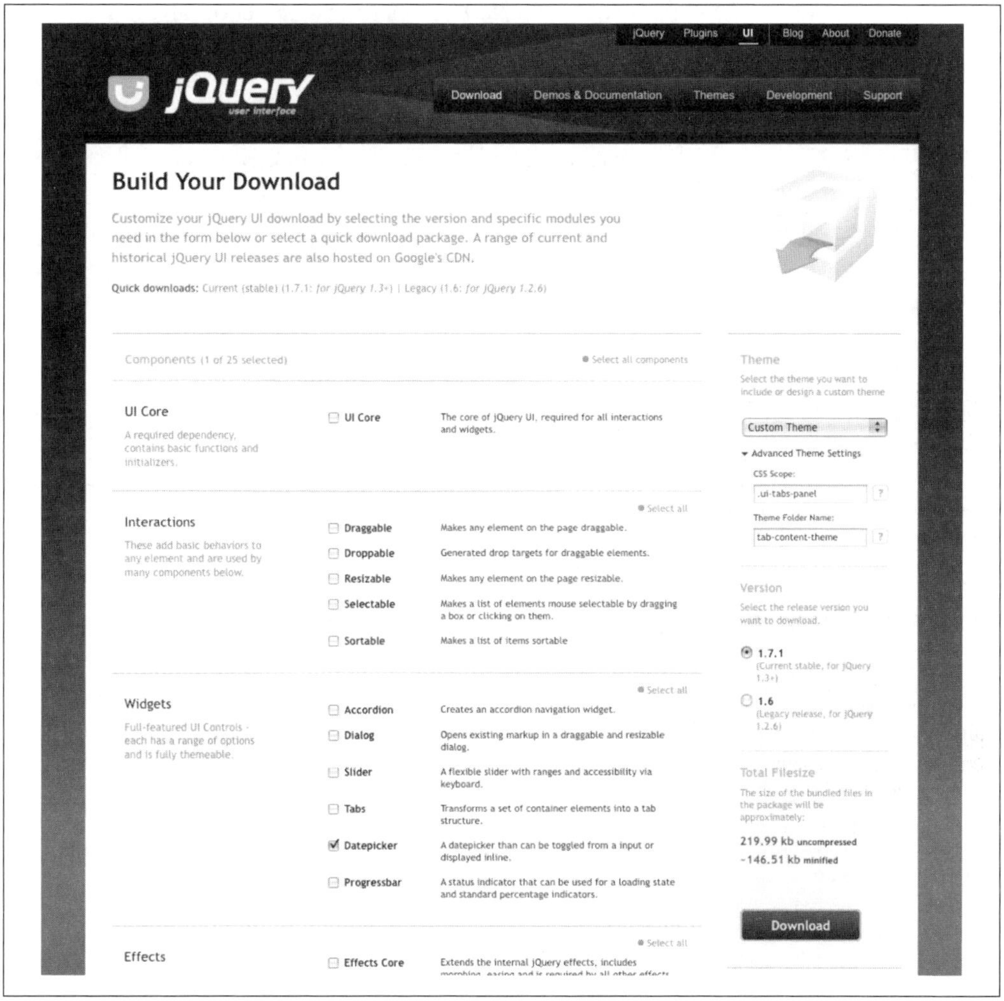

Abbildung 15-8: Der jQuery Downloader fasst UI Core, alle gewählten Interaktionen und Widgets sowie Ihr Theme in einer einzelnen gezippten Datei zusammen

In der rechten Spalte ist unter »Theme« der Eintrag »Custom Theme« schon vorausgewählt.

 Entscheiden Sie sich für eines der Standard-Themes aus der Galerie, das Sie ohne Änderungen übernehmen wollen, dann finden Sie hier auch die Namen der Themes, zum Beispiel »Smoothness«.

Als nächstes wählen wir aus, welche Komponenten des jQuery UI wir zusammen mit unserem Theme herunterladen wollen. Standardmäßig sind alle selektiert, aber Sie können einfach die abwählen, die Sie nicht mit herunterladen wollen, oder auf »Deselect all components« am Anfang des Components-Abschnitts klicken, um nur das Theme-Stylesheet herunterzuladen. Bei unserer Reise-Reservierungs-Anwendung brauchen wir die Skripten für jQuery UI Core und die für die Registerkarten und den Datepicker.

Schließlich wählen Sie aus, welche Version von jQuery UI Sie nutzen wollen – standardmäßig ist die letzte stabile Version selektiert. Klicken Sie auf »Download« und speichern Sie die ZIP-Datei lokal ab. Die heruntergeladene ZIP-Datei hat den Namen *jquery-ui-1.7.1.custom.zip* (oder ähnlich).

(Der Abschnitt »Advanced Theme Settings« im Theme-Abschnitt ermöglicht es Ihnen, das Theme beim Herunterladen mit einem Scope zu versehen – wir werden das noch genauer in Rezept 15.4 behandeln.)

 jQuery UI CSS wird mit jeder neuen Version von jQuery UI aktualisiert – so enthalten zum Beispiel neue Releases nicht nur angepasste Skripten, sondern eventuell auch Änderungen am CSS-Code selbst.

Während dieses Buch entsteht, weist jQuery UI die Version 1.7 auf und die Rezepte und Techniken in diesem Kapitel lassen sich nur auf Theme-Features in dieser Version anwenden.

Schritt 4. Dateien in Ihrem Projektverzeichnis zusammenführen

Als nächstes werden wir die im vorigen Schritt heruntergeladene ZIP-Datei öffnen und einen Blick auf ihren Inhalt werfen. Die Dateien von jQuery UI sind in folgender Verzeichnisstruktur angeordnet, die Reihenfolge der Ordner und Dateien kann abhängig von Ihrem Betriebssystem anders sein (Abbildung 15-9 zeigt den Ordner geöffnet im Mac OS X).

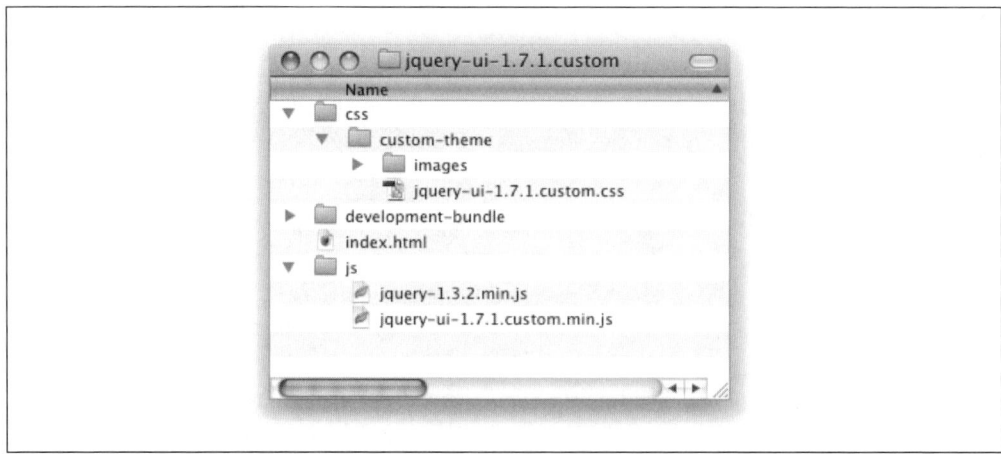

Abbildung 15-9: Ordnerstruktur der heruntergeladenen jQuery-Datei

index.html

Beispiel-Markupcode für die von Ihnen gewählten UI-Komponenten.

 Haben Sie sich dazu entschieden, keine Komponenten herunterzuladen, dann ist diese Datei im Download nicht enthalten.

/css

Enthält einen Theme-Ordner (zum Beispiel *custom-theme*) mit den folgenden Dateien:

– Ein Bilder-Verzeichnis mit Framework-Symbolen und Hintergrund-Texturen.

– Ihr Theme-Stylesheet, zum Beispiel `jquery-ui-1.7.1.custom.css`, das die von Ihnen gerade bearbeiteten Styles enthält und, falls Sie es mit angegeben haben, auch die Widget-spezifischen Styles für die ausgewählten Widgets.

/js

Zusammengefasste jQuery UI JavaScript-Dateien.

/development-bundle

Einzelne Komponenten-Skripten und CSS-Dateien, die genutzt wurden, um die zusammengefassten Dateien aus den Verzeichnissen *css* und *js* zu erstellen, der Text zur Open-Source-Lizenz und andere Ressourcen, die für die weitergehende Entwicklung mit jQuery UI benötigt werden.

Wenn Sie mit Ihrem eigenen Projekt arbeiten, sollten Sie einen Blick auf den Markup-Code in *index.html* werfen und diesen zusammen mit den Demos & Dokumentationen unter *http://jqueryui.com* als Anleitung für die Integration des Komponenten-Markups und der Skripten in Ihrem Projekt nutzen.

Bei unserer Reise-Anwendung kopieren wir den Theme-Ordner im *css*-Verzeichnis in das Style-Verzeichnis unseres Projekts. Um das ganze nicht zu kompliziert zu machen, haben wir den Style-Ordner auch *css* genannt.

 Achten Sie darauf, die vorgegebene Verzeichnisstruktur im Theme-Folder beizubehalten, damit die Symbol-Bilder von den Theme-Klassen korrekt angesprochen werden können. Falls Sie diese Struktur ändern, werden Sie diese Änderungen später wiederholen müssen, wenn Sie sich dazu entschließen, auf eine neuere Version der jQuery UI-Skripten und des CSS-Codes umzusteigen.

Schritt 5. Auf die Theme-Stylesheets in Ihrem Projekt verweisen

Schließlich nehmen wir noch eine Referenz auf das Theme-Stylesheet im `<head>` unserer Seite auf.

Denken Sie daran, dass *die Stylesheet-Referenz immer vor allen anderen Referenzen auf jQuery UI-Skripten* vorgenommen werden muss, damit die CSS-Daten zuerst geladen werden. Dies ist notwendig, da es für manche Widgets wichtig ist, dass der CSS-Code schon geladen ist.

Wir verweisen auf das Theme-Stylesheet (fettgedruckt) vor allen anderen Skripten in unserer Reise-Anwendung:

```
<!doctype html>
<html>
<head>
    <meta charset="UTF-8">
    <title>reise-anwendung | Flugbuchung, Mietwagen, Pauschalangebote</title>
    <!-- jQuery UI styles -->
    <link rel="stylesheet" type="text/css" href="css/custom-theme/jquery-ui-
        1.7.1.custom.css" />

    <!-- jQuery core & UI scripts -->
    <script type="text/javascript" src="js/jquery-1.3.2.min.js"></script>
    <script type="text/javascript" src="js/jquery-ui-1.7.1.custom.min.js"></script>

    <script type="text/javascript">
    $(function(){
        $('#travel').tabs();
        $("#departure-date-picker").datepicker({altField: '#departure-date',
                                altFormat: 'MM d, yy'});
        $("#arrival-date-picker").datepicker({altField: '#arrival-date',
                                altFormat: 'MM d, yy'});
    });
    </script>
</head>
```

Wenn Sie das Markup und die Styles für die jQuery UI-Widgets eingefügt haben, lassen Sie sich Ihre Seite in einem Browser anzeigen, um zu überprüfen, ob die Styles korrekt angewendet werden. Bei unserer Reise-Anwendung sehen Sie, dass das Theme korrekt angewendet wurde. Wie in Abbildung 15-10 zu sehen, sind unsere Registerkarten normalerweise grau, der Kopfbereich ist weiß und die Text- und Symbol-Farben entsprechen unseren Wünschen.

Aber wir müssen in unsere Oberfläche defintiv noch mehr Arbeit stecken, damit sie dem gewünschten Design noch näher kommt (Abbildung 15-10): Die Registerkarten sind zu klein und es fehlen die von uns gewünschten Symbole. Zudem ist der Header des Datepickers im Datepicker-Widgets mit eingeschlossen, wo er doch oberhalb zu finden sein sollte. In Rezept 15.2 werden wir uns anschauen, wie wir ein paar kleine Anpassungen an den Theme-Styles vornehmen können, um unserem Design noch näher zu kommen.

 Wenn die jQuery UI-Widgets auf Ihrer Seite keine Rücksicht auf das Theme-Stylesheet nehmen, prüfen Sie nochmals den Verzeichnispfad auf das Theme-Stylesheet und korrigieren Sie eventuell vorhandene Tippfehler. Hilft das nicht, deaktivieren Sie temporär alle Styles oder Skripten, die nichts mit jQuery zu tun haben, um herauszufinden, ob sie dem Laden oder Rendern des Theme-Stylesheets in die Quere kommen. Versuchen Sie dann, diese Fehler zu beheben.

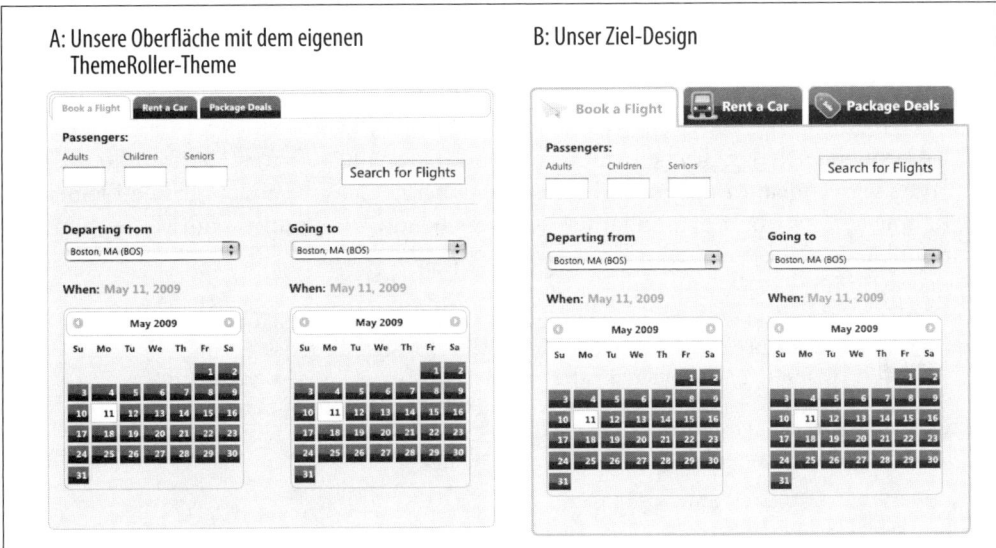

Abbildung 15-10: Unsere Benutzeroberfläche mit dem angepassten ThemeRoller-Theme (A) und mit dem eigentlichen Ziel-Design (B)

Diskussion

Da die ThemeRoller-Themes einem ganzheitlichen Ansatz folgen und sich auf mehrere Widgets anwenden lassen, ist es recht hilfreich, sich Gedanken darüber zu machen, wie die verschiedenen Framework-Klassen miteinander zusammenspielen. Entscheiden Sie sich dafür, ein eigenes Theme von Grund auf selbst zu entwerfen, oder ein bestehendes Theme sehr stark abzuwandeln, dann sollten Sie ein paar Dinge berücksichtigen:

Erstellen Sie einheitliche Hintergründe für Header-Bereiche, Toolbars und Inhalts-Bereiche, so dass sich die »aktuelle« Registerkarte ohne Bruch mit dem Inhalts-Bereich verbindet. Denken Sie auch an die Rahmen, die die gleiche Farbe haben sollten.

Bei anklickbaren Elementen sollten sich die Styles deutlich voneinander unterscheiden, damit der Anwender auch den Unterschied erkennt. Im Folgenden sind ein paar Möglichkeiten beschrieben, wie man dafür sorgen kann, dass die Styles genug Differenz aufweisen:

- Nutzen Sie gespiegelte Bild-Texturen für die aktiven und Standard-Styles bei anklickbaren Elementen, um ein dreidimensionales Aussehen zu erhalten. So kann zum Beispiel eine »Highlight«-Textur für den Standard-Button-Style sehr gut mit einer »eingelassenen« Textur für den aktiven Button-Style kombiniert werden. Der Button sieht dann so aus, als ob er beim Anklicken wirklich eingedrückt wird.

- Wenn Sie die gleiche Textur für anklickbare Elemente und für Hover nutzen, sollten Sie sicherstellen, dass sich die Hintergrundfarbe und die Bild-Opazität ausreichend unterscheiden (im Allgemeinen mindestens um 10%), um eine deutliche sichtbare Änderung aufzuzeigen.

Optimieren Sie Ihre Themes im Hinblick auf Geschwindigkeit, indem Sie das gleiche Bild für mehrere Styles nutzen. Zum Beispiel:

- Nutzen Sie die gleiche Symbolfarbe für mehrere Styles, dann benötigt das Stylesheet weniger HTTP-Anfragen, wodurch die Seitenperformance verbessert wird.
- Sie können auch das gleiche Hintergrundbild (Farbe plus Textur-Opazität) für mehrere Styles verwenden. In diesem Fall ist es aber wichtig, dass die anderen Style-Elemente – Rahmen-, Text- und Symbolfarben – ausreichende Unterschiede aufweisen, um klar trennbar zu sein.

Um Änderungen an Ihrem eigenen Theme vorzunehmen, ohne wieder von vorne beginnen zu müssen, öffnen Sie das Stylesheet des Themes, suchen nach dem Kommentar, der mit den Worten »To view and modify this theme, visit http://jqueryui.com/themeroller/...« beginnt und kopieren die Theme-URL in die Adresszeile eines Browsers. Damit öffnen Sie Theme-Roller mit den Einstellungen des Themes.

15.2 Layout und Theme-Styles von jQuery UI überschreiben

Problem

Das angepasste Theme (oder eines aus der Standard-Galerie), das Sie in ThemeRoller erstellt und heruntergeladen und dann in Ihrem Projekt referenziert haben, entspricht zwar schon größtenteils Ihrem Ziel-Design, aber es passt noch nicht ganz. Sie müssen die Styles anpassen, gleichzeitig wollen Sie aber sicherstellen, dass Änderungen an diesen Styles kein Hindernis beim Upgrade auf neuere Version von jQuery UI-Skripten oder CSS-Code sind.

Lösung

Erstellen Sie eigene überschreibende Styles, die auf die Komponenten eingeschränkt sind, die zusätzliche Anpassungen benötigen. Strukturieren Sie sie so, dass es keine Konflikte mit Standard-CSS-Dateien von jQuery UI gibt.

Dieses Rezept geht von folgenden Annahmen aus:

- Sie haben Grundlagenwissen über die Funktionsweise von CSS und insbesondere das Kaskadieren von Styles, die Vorrangeinstellungen und das Einschränken von Selektionen mit Klassen, IDs oder Elementen. (Lesevorschläge finden Sie im Anhang am Ende dieses Kapitels.)
- Sie wissen schon, wie Sie ein Theme mit ThemeRoller erstellen und bearbeiten. (Wenn nicht, schauen Sie sich nochmal Rezept 15.1 an, in dem genauer beschrieben wird, wie Sie solch ein Theme erstellen und auf Ihren Seiten verwenden.)

Jedes jQuery UI-Widget ist so entworfen, dass es beim Herunterladen der jQuery UI-Skripten und eines Themes direkt funktioniert. Sie müssen keine Änderungen am CSS-Code vornehmen, um die Widgets oder Styles auf Ihrer Seite einsetzen zu können. Aber es kann sein, dass die Styles nicht genau den Design-Konventionen in Ihrem Projekt entsprechen. So wollen Sie vielleicht die Abstände verringern oder für einen Header ein eigenes Hintergrundbild verwenden.

Lassen Sie uns dort fortfahren, wo wir mit dem letzten Rezept aufgehört haben, und mit unserer Reise-Buchungs-Anwendung weitermachen. Wir haben das Theme-Stylesheet korrekt erzeugt, heruntergeladen und angewendet, aber die Standard-Styles von jQuery UI für die Registerkarten und den Datepicker passen nicht ganz zum Design unseres Projekts (siehe Abbildung 15-11).

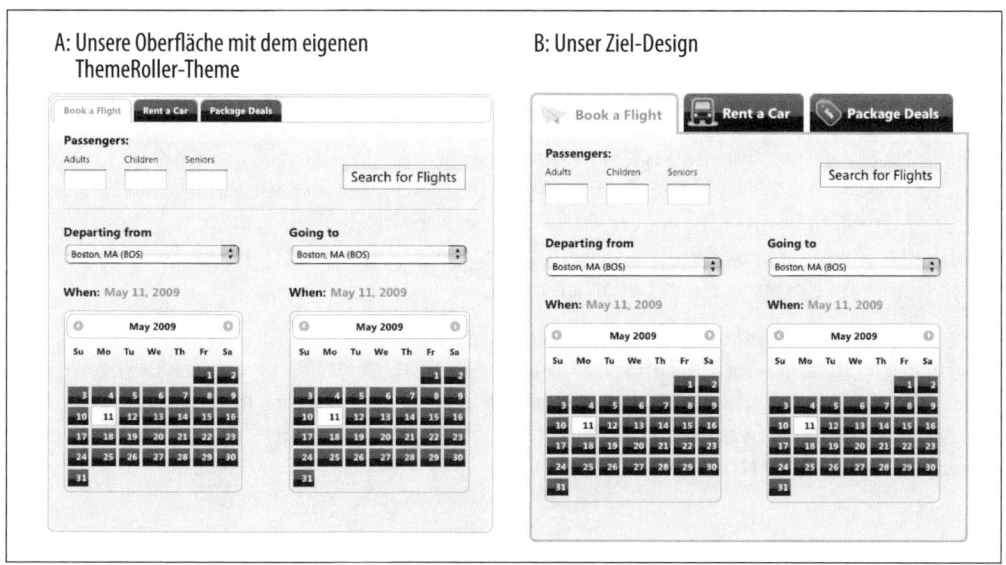

Abbildung 15-11: Unsere Oberfläche mit dem angepassten ThemeRoller-Theme (A) und das Ziel-Design vom Designer (B)

Schritt 1. Markup und Styles des Widgets des jQuery UI-Plugins untersuchen

Als erstes werden wir uns anschauen, wie die Klassen im Markup-Code des jQuery UI-Widget genutzt werden, um besser zu verstehen, wie sie angewendet (und daher überschrieben) werden können.

Lassen Sie uns mit dem Markup der Registerkarten beginnen. Wenn das Tabs-Widget von jQuery UI auf der Seite initialisiert wird, weist das Plugin-Skript dem Widget-Markup eine ganze Reihe von Klassen zu, wie wir gleich sehen werden. (Beachten Sie, dass dies das Markup ist, das vom Plugin-Skript umgewandelt oder eingefügt wurde. Es handelt sich um das fertige Produkt, nicht um das Markup, das vor der Ausführung des JavaScript-Codes im DOM vorhanden ist.)

Achten Sie insbesondere auf die Klassen, die mit dem Präfix ui-tabs beginnen – die Widget-spezifischen Klassen für die Registerkarten – die wir im Fettdruck zeigen:

```
<div class="ui-tabs ui-widget ui-widget-content ui-corner-all" id="travel">
    <ul class="ui-tabs-nav ui-helper-reset ui-helper-clearfix ui-widget-header
    ui-corner-all">
        <li class="ui-state-default ui-corner-top ui-tabs-selected ui-state-active">
<a href="#travel-flight" id="tab-flight">Flugbuchung</a></li>
        <li class="ui-state-default ui-corner-top"><a href="#travel-car"
id="tab-car">Mietwagen</a></li>
        <li class="ui-state-default ui-corner-top"><a href="#travel-package"
id="tab-package">Pauschalangebote</a></li>
    </ul>
    <div id="travel-flight" class="ui-helper-clearfix ui-tabs-panel
ui-widget-content ui-corner-bottom"></div><!-- /flight -->
    <div id="travel-car" class="ui-tabs-panel ui-widget-content ui-corner-bottom
ui-tabs-hide"></div><!-- /car -->
    <div id="travel-package" class="ui-tabs-panel ui-widget-content ui-corner-bottom
ui-tabs-hide"></div><!-- /package -->
</div><!-- /travel -->
```

Diese Klassen definieren die Styles, die das Layout des Widgets kontrollieren und dafür sorgen, dass es bezüglich des Designs korrekt arbeitet. In diesem Fall wandeln sie eine ungeordnete Liste mit Links und <div>-Elementen in Registerkarten mit zugehörigen Inhalts-Bereichen um. (Widget-spezifische Klassen werden detailliert in Rezept 15.1 weiter vorne in diesem Kapitel besprochen.)

Zudem lassen sich damit die für ein Widget spezifischen Klassen erkennen – wie zum Beispiel der Header oder die Inhalts-Bereiche – womit sie ideal für Override-Regeln sind, durch die sich Layout-Features anpassen oder eigene Ergänzungen hinzufügen lassen, wie zum Beispiel eigene Symbole. Die Widget-Klassen für die Registerkarten enthalten die folgenden Komponenten:

ui-tabs
Äußerer Container, der die Registerkarten-Navigation und die Inhalte umschließt.

ui-tabs-nav
Container für die Navigations-Optionen. Die Listen-Elemente und die Links werden über abhängige Selektoren mit einem Style versehen, zum Beispiel über ui-tabs--nav li.

ui-tabs-selected
Selektierte Registerkarte. Diese Klasse wird dynamisch vom Skript zugewiesen und wird immer nur für eine Registerkarte gleichzeitig genutzt.

ui-tabs-panel
Inhalts-Bereiche, die zu den Registerkarten gehören.

ui-tabs-hide
Standard-Style für die Inhalts-Bereiche. Sie sind verborgen, bis sie vom Anwender ausgewählt werden.

Um die Style-Regeln zu finden, die mit diesen Klassen verbunden sind, öffnen Sie das Theme-Stylesheet und suchen nach dem Block, der mit `ui-tabs` beginnt (per Strg/Cmd-F oder einfach per Scrollen). Beachten Sie, dass die Regeln nur die Layout-Eigenschaften betreffen, wie zum Beispiel die Positionierung, die Abstände oder die Rahmenbreite. Es fehlen Theme-Styles, wie zum Beispiel die Hintergrund- oder Rahmen-Farbe:

```
.ui-tabs { padding: .2em; zoom: 1; }
.ui-tabs .ui-tabs-nav { list-style: none; position: relative;
padding: .2em .2em 0; }
.ui-tabs .ui-tabs-nav li { position: relative; float: left;
border-bottom-width: 0 !important; margin: 0 .2em -1px 0; padding: 0; }
.ui-tabs .ui-tabs-nav li a { float: left; text-decoration: none;
padding: .5em 1em; }
.ui-tabs .ui-tabs-nav li.ui-tabs-selected { padding-bottom: 1px;
border-bottom-width: 0; }
.ui-tabs .ui-tabs-nav li.ui-tabs-selected a, .ui-tabs .ui-tabs-nav
li.ui-state-disabled a, .ui-tabs .ui-tabs-nav li.ui-state-processing
a { cursor: text; }
.ui-tabs .ui-tabs-nav li a, .ui-tabs.ui-tabs-collapsible .ui-tabs-nav
li.ui-tabs-selected a { cursor: pointer; } /* first selector in group seems
obsolete, but required to overcome bug in Opera applying cursor: text overall
if defined elsewhere... */
.ui-tabs .ui-tabs-panel { padding: 1em 1.4em; display: block; border-width: 0;
background: none; }
.ui-tabs .ui-tabs-hide { display: none !important; }
```

 Ihr Theme-Stylesheet wird die Style-Regeln für `ui-tabs` nur enthalten, wenn Sie auch das Tabs-Plugin heruntergeladen haben.

Schritt 2. Erstellen eines Override-Stylesheets

Wir haben festgestellt, dass sich das Erscheinungsbild eines Widgets am besten im Detail anpassen lässt, indem man neue Style-Regeln schreibt, die die Theme-Styles von jQuery UI überschreiben, und diese »Override-Regeln« in einem eigenen Stylesheet zusammenfasst. Override-Regeln werden für jQuery UI CSS-Klassennamen geschrieben und *müssen daher auf Ihrer Seite nach dem Theme-Stylesheet eingebunden werden*. Da Styles in der angegebenen Reihenfolge eingelesen werden, »gewinnt« immer die letzte Style-Regel.

Die jQuery UI-Bibliothek entwickelt sich immer weiter und sie enthält immer mehr Features mit immer saubererem Code. Indem Sie die Override-Styles in einer eigenen Datei verwalten, können Sie die Widget-Styles wie gewünscht anpassen, aber trotzdem die jQuery UI-Dateien nach Bedarf aktualisieren, ohne die eigenen Regeln zu verlieren. Die Override-Regeln lassen sich in einem eigenen Stylesheet zusammenfassen, mit denen die Standard-Theme-Styles überschrieben werden, oder sie werden an das Haupt-Stylesheet für Ihr gesamtes Projekt gehängt, um die Anzahl der Dateien (und damit auch die Anzahl der Anfragen an den Server) zu begrenzen, die von Ihren Seiten eingebunden werden.

In diesem Rezept werden wir die Override-Styles an das Haupt-Stylesheet `travel.css` für unser Projekt anhängen – direkt unter den eigenen Styles, die wir für unsere Anwendung entwickelt haben:

```
/* ----- EIGENE STYLES für die Reise-Anwendung */
body { font-size: 62.5%; }
fieldset { padding: 0 0 1.5em; margin: 0 0 1.5em; border: 0; }
p, label { padding: 0 0 .5em; margin: 0; line-height: 1.3; }
p label { display: block; }
...
/* ----- OVERRIDE-REGELN für die jQuery UI-Widgets */
/* tabs background styles go here */
...
```

Außerdem werden wir `travel.css` nach dem Theme-Stylesheet auf unserer Seite referenzieren:

```
<!doctype html>
<html>
<head>
    <meta charset="UTF-8">
    <title>reise-anwendung | Flugbuchung, Mietwagen oder Pauschalpakete
</title>

    <!-- jQuery UI styles -->
    <link rel="stylesheet" type="text/css" href="css/custom-theme/jquery-ui-
1.7.1.custom.css" />

    <!-- Eigene und Override-Styles für die Reise-Anwendung -->
    <link rel="stylesheet" type="text/css" href="css/travel.css" />
....
```

Schritt 3. Die Style-Regeln im Override-Stylesheet bearbeiten

Nachdem wir uns angeschaut haben, wie die Widget-Klassen benannt und zugewiesen werden, und nachdem wir auch wissen, wie wir in unserem Projekt Override-Styles referenzieren, wollen wir unsere Reise-Reservierungs-Anwendung mit unserer eigenen Navigation Bar für die Registerkarten und dem Header-Style für die Datepicker anpassen. Zunächst beschäftigen wir uns mit den Registerkarten.

Eingeschränktes Überschreiben

Das Design, das wir für die Registerkarten entworfen haben, soll speziell für die Reise-Anwendung genutzt werden. Wir wollen vielleicht gar nicht die gleichen Anpassungen – Symbole, Schriftgröße und so weiter – auf jedes Tab-Widget in unserer gesamten Anwendung nutzen. Um sicherzustellen, dass diese Styles nur auf die Reise-Anwendung wirken, schränken wir die Override-Regeln auf die eindeutige ID unserer Reise-Anwendung ein.

Jede neue Regel beginnt mit der Widget-spezifischen Klasse, die der zu ändernden Komponente zugewiesen ist. Wenn wir zum Beispiel die Styles für die Navigation Bar der Registerkarten ändern, schreiben wir eine Regel für die Klasse `.ui-tabs-nav`:

```
.ui-tabs-nav { /* unsere Override-Style-Regel */ }
```

Nun grenzen wir sie auf unsere Reise-Anwendung ein, indem wir deren ID davorstellen (travel):

```
#travel .ui-tabs-nav { /* unsere Override-Style-Regel */ }
```

Override-Regeln schreiben

Nach dem Anwenden des Theme-Stylesheets sieht der Navigationsbereich unserer Registerkarten wie in Abbildung 15-12 aus: Die einzelnen Reiter sind klein und durch einen Rahmen umschlossen, der sie vom äußeren Container durch ein paar Pixel trennt.

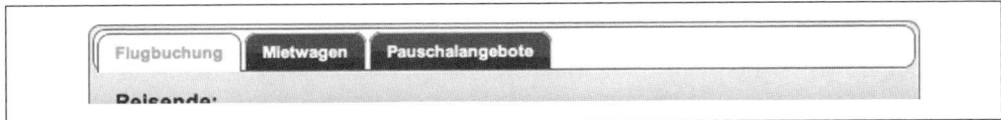

Abbildung 15-12: Unsere Registerkarten mit dem ThemeRoller-Theme vor dem Überschreiben

Unser Design (Abbildung 15-13) sieht aber große Reiter mit Symbolen und ohne Hintergrund vor – sie scheinen über dem Inhalt der Registerkarten zu liegen.

Abbildung 15-13: Unser Ziel-Design

Um die Standard-Tab-Styles zu überschreiben, nehmen wir ein paar Änderungen vor:

1. Zunächst entfernen wir den äußersten Rahmen. Das gesamte Tabs-Widget ist von einem 1 Pixel breiten Rahmen umschlossen, dazu kommen noch ein paar Pixel Abstand. Damit die Reiter über dem Inhaltsbereich erscheinen, entfernen wir beide:

   ```
   #travel.ui-tabs { padding: 0; border-width: 0; }
   ```

    Zwischen unserer einschränkenden ID #travel und der Klasse .ui-tabs befindet sich absichtlich kein Leerzeichen, weil beide auf das gleiche Element im Markup angewendet werden:

   ```
   <div id="travel" class="ui-tabs ui-widget ui-widget-content ui-corner-all">
   ```

2. Als nächstes flachen wir den Zusatzrahmen des Navigations-Bereichs ab (wir setzen den unteren Eck-Radius auf Null) und entfernen die oberen und seitlichen Rahmen. Zudem entfernen wir die zusätzlichen Abstände, damit die Reiter direkt an der linken Seite des Widgets beginnen, und wir verstärken die Rahmenbreite auf 3 Pixel, damit sie unserem Design entspricht:

   ```
   #travel .ui-tabs-nav {
       border-width: 3px;
       border-top-width: 0;
       border-left-width: 0;
   ```

```
    border-right-width: 0;
    -moz-border-radius-bottomleft: 0;
    -webkit-border-bottom-left-radius: 0;
    -moz-border-radius-bottomright: 0;
    -webkit-border-bottom-right-radius: 0;
    padding: 0;
}
```

3. Die Reiter stehen ein bisschen zu dicht beieinander, also fügen wir mehr rechten Rand hinzu:

```
#travel .ui-tabs-nav li {
    margin-right: .5em;
}
```

4. Und wir passen den selektierten Reiter .ui-tabs-selected an, damit er mit dem Inhalts-Bereich verbunden erscheint. Wir verbreitern den Rahmen auf 3 Pixel und entfernen dann den Abstand zwischen Reiter und Inhalt. Dieser Abstand steht direkt mit der Dicke des Rahmens der Navigation Bar im Zusammenhang, also können wir den Abstand entfernen, indem wir einen negativen 3-Pixel-Rand zuweisen:

```
#travel .ui-tabs-nav li.ui-tabs-selected {
    border-width: 3px;
    margin-bottom: -3px;
}
```

5. Jetzt greifen wir auf unsere eigenen Symbole zu. Da jedes Symbol auf seinem Reiter einmalig ist, können wir es als Hintergrundbild über die eindeutige ID des Reiters zuweisen. (Technisch gesehen sind das keine Override-Styles, aber wir müssen auf diese Regeln verweisen, wenn wir das Symbol der gewählten Registerkarte gleich mit einem Style versehen.)

```
#tab-flight {
    background: url(../images/icon-tab-flight.png) no-repeat .3em center;
        padding-left: 50px;
}

#tab-car {
        background: url(../images/icon-tab-car.png) no-repeat .1em center;
        padding-left: 45px;
}

#tab-package {
        background: url(../images/icon-tab-package.png) no-repeat .1em center;
        padding-left: 45px;
}
```

6. Die selektierte Registerkarte nutzt ein etwas anderes Symbol auf einem weißen anstatt auf einem grauen Hintergrund. So fügen wir für jede Registerkarte eine Regel hinzu, die die Widget-spezifische Klasse für das selektierte Element nutzt (.ui-tabs-selected):

```
#travel .ui-tabs-nav li.ui-tabs-selected #tab-flight {
        background-image: url(../images/icon-tab-flight-on.png);
}
```

```
#travel .ui-tabs-nav li.ui-tabs-selected #tab-car {
        background-image: url(../images/icon-tab-car-on.png);
}

#travel .ui-tabs-nav li.ui-tabs-selected #tab-package {
        background-image: url(../images/icon-tab-package-on.png);
}
```

7. Unsere Reiter sollten auch noch mehr Abstand und eine größere Schriftart nutzen:

```
#travel .ui-tabs-nav a {
    font-size: 1.5em;
    padding-top: .7em;
    padding-bottom: .7em;
}
```

8. Um mit den Registerkarten abzuschließen, passen wir den Rahmen um den Inhalts-bereich so an, dass er ebenfalls 3 Pixel breit ist:

```
#travel .ui-tabs-panel {
    border-width: 3px;
    border-top-width: 0;
    padding-top: 1.5em;
}
```

Nachdem unsere Registerkarten nun das gewünschte Design besitzen, wollen wir uns dem Header des Datepickers zuwenden. Wie in Abbildung 15-14 zu sehen, können wir die Header-Komponente – der Bereich über dem Kalender, der die Navigations-Pfeile und die Angabe von Monat und Jahr enthält – so anzeigen, dass er über dem Datepicker und nicht »in« ihm erscheint.

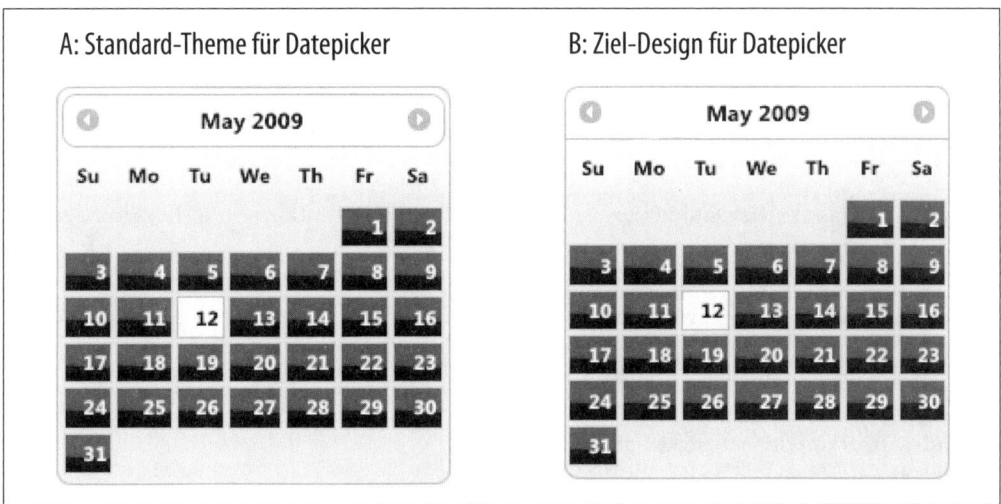

Abbildung 15-14: Unser Datepicker mit dem ThemeRoller-Theme (A) und in unserem Ziel-Design (B)

Wie bei den Registerkarten schreibt das Skript beim Initialisieren des Datepicker-Plugins auf der Seite zusätzlichen Widget-Markup-Code mit Widget-spezifischen und Frame-work-Klassen, um die Struktur und das Theme korrekt darzustellen. In einer vereinfachten Version des Datepicker-Markups sehen Sie, dass die Widget-spezifischen Klassen den üblichen Namenskonventionen folgen, mit `ui-datepicker` beginnen und jede Komponente kenntlich machen:

```html
<div id="ui-datepicker-div" class="ui-datepicker ui-widget ui-widget-content
ui-helper-clearfix ui-corner-all ui-helper-hidden-accessible">
    <div class="ui-datepicker-header ui-widget-header ui-helper-clearfix
    ui-corner-all">
        <a class="ui-datepicker-prev ui-corner-all">title="Prev"><span class="ui-icon
ui-icon-circle-triangle-w">Prev</span></a>
        <a class="ui-datepicker-next ui-corner-all" title="Next"><span class="ui-icon
ui-icon-circle-triangle-e">Next</span></a>
        <div class="ui-datepicker-title">
            <span class="ui-datepicker-month">Januara</span><span class="ui-datepicker-
year">2009</span>
        </div>
    </div>
    <table class="ui-datepicker-calendar">
    <thead>
    <tr>
        <th class="ui-datepicker-week-end"><span title="Sonntag">So</span></th>
        ...
    </tr>
    </thead>
    <tbody><tr>
        <td class="ui-datepicker-week-end ui-datepicker-other-month"> 1 </td>
        ...
    </tr>
    </tbody>
    </table>
    <div class="ui-datepicker-buttonpane ui-widget-content">
        <button type="button" class="ui-datepicker-current ui-state-default
        ui-priority-secondary ui-corner-all">Heute</button>
        <button type="button" class="ui-datepicker-close ui-state-default
        ui-priority-primary ui-corner-all">Fertig</button>
    </div>
</div>
```

Die Widget-Klassen für Datepicker werden mit folgenden Standard-Style-Regeln zugewiesen:

```css
.ui-datepicker { width: 17em; padding: .2em .2em 0; }
.ui-datepicker .ui-datepicker-header { position:relative; padding:.2em 0; }
.ui-datepicker .ui-datepicker-prev, .ui-datepicker .ui-datepicker-next {
position:absolute; top: 2px; width: 1.8em; height: 1.8em; }
.ui-datepicker .ui-datepicker-prev-hover, .ui-datepicker .ui-datepicker-next-hover {
top: 1px; }
.ui-datepicker .ui-datepicker-prev { left:2px; }
.ui-datepicker .ui-datepicker-next { right:2px; }
.ui-datepicker .ui-datepicker-prev-hover { left:1px; }
.ui-datepicker .ui-datepicker-next-hover { right:1px; }
.ui-datepicker .ui-datepicker-prev span, .ui-datepicker .ui-datepicker-next span {
display: block; position: absolute; left: 50%; margin-left: -8px; top: 50%;
margin-top: -8px;   }
.ui-datepicker .ui-datepicker-title { margin: 0 2.3em; line-height: 1.8em;
text-align: center; }
```

```
.ui-datepicker .ui-datepicker-title select { float:left; font-size:1em;
margin:1px 0; }
.ui-datepicker select.ui-datepicker-month-year {width: 100%;}
.ui-datepicker select.ui-datepicker-month,
.ui-datepicker select.ui-datepicker-year { width: 49%;}
.ui-datepicker .ui-datepicker-title select.ui-datepicker-year { float: right; }
.ui-datepicker table {width: 100%; font-size: .9em; border-collapse: collapse;
margin:0 0 .4em; }
.ui-datepicker th { padding: .7em .3em; text-align: center; font-weight: bold;
border: 0;   }
.ui-datepicker td { border: 0; padding: 1px; }
.ui-datepicker td span, .ui-datepicker td a { display: block; padding: .2em;
text-align: right; text-decoration: none; }
.ui-datepicker .ui-datepicker-buttonpane { background-image: none; margin: .7em
0 0 0; padding:0 .2em; border-left: 0; border-right: 0; border-bottom: 0; }
.ui-datepicker .ui-datepicker-buttonpane button { float: right; margin: .5em .2em
.4em; cursor: pointer; padding: .2em .6em .3em .6em; width:auto; overflow:visible; }
.ui-datepicker .ui-datepicker-buttonpane button.ui-datepicker-current { float:left; }
...
```

Das ist nur eine Untermenge der Style-Regeln für den Datepicker. Wenn Sie alle sehen
wollen, müssen Sie im Theme-Stylesheet nach dem Block suchen, der mit ui-datepicker
beginnt.

Für unsere Reise-Anwendung wollen wir ein paar Override-Regeln schreiben, damit der
Header des Datepickers unserem Design entspricht:

1. Als erstes entfernen wir den Abstand, der den Header vom äußeren Container des
   Datepickers trennt:

   ```
   #travel .ui-datepicker { padding: 0; }
   ```

2. Wie bei der Navigation Bar für die Registerkarten wollen wir den unteren Rand
   abflachen und die oberen und seitlichen Rahmen entfernen:

   ```
   #travel .ui-datepicker-header {
       border-top-width: 0;
       border-left-width: 0;
       border-right-width: 0;
       -moz-border-radius-bottomleft: 0;
       -webkit-border-bottom-left-radius: 0;
       -moz-border-radius-bottomright: 0;
       -webkit-border-bottom-right-radius: 0;
   }
   ```

3. Schließlich entfernen wir den Rahmen und das Hintergrundbild für die Navigations-
   pfeile beim Darüberfahren mit dem Mauscursor:

   ```
   #travel .ui-datepicker-prev-hover,
   #travel .ui-datepicker-next-hover {
       border-width: 0;
       background-image: none;
   }
   ```

Wenden wir die Override-Styles an, dann sieht unsere Reise-Anwendung nun genau so
aus, wie es das Ziel-Design vorgibt (Abbildung 15-15).

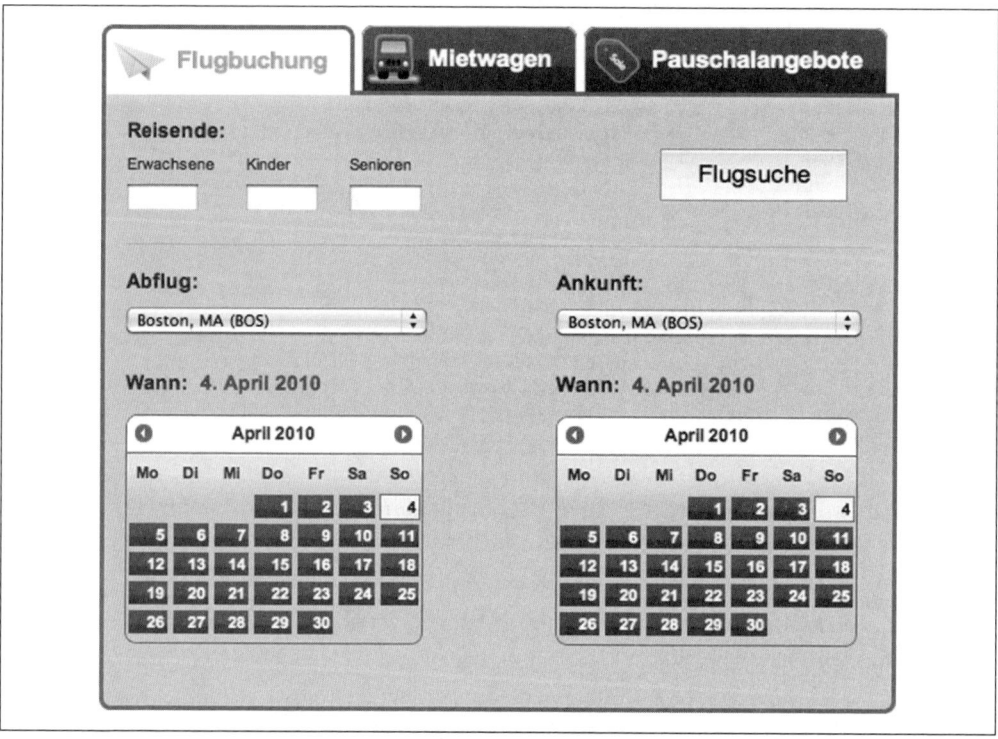

Abbildung 15-15: Unser Ziel-Design, zusammengestellt aus ThemeRoller- und Override-Styles

Diskussion

Überlegen Sie sich, ob Sie Override-Regeln auf alle Widgets in Ihrem Projekt anwenden oder ob Sie nur Theme-Styles für eine Untermenge überschreiben wollen. Wenn es auch nur eine kleine Chance gibt, dass Sie das Widget unterschiedlich anzeigen wollen, nutzen Sie Override-Styles mit einer Einschränkung auf die Klasse oder ID des Container-Elements, damit Sie nicht die Standard-Formatierung des Widgets verändern.

Hier ein paar Tipps zum Bearbeiten:

* Wollen Sie den unteren Rahmen eines Widget-Headers entfernen, dann nutzen Sie `border-bottom-width: 0;` anstatt `border-bottom:0;`. Die erste Version behält die Art und Farbe bei, falls Sie sie später nochmals nutzen müssen.

* Um übereinanderliegende Elemente mit der gleichen Klasse unterschiedlich zu gestalten, können Sie das Hintergrundbild in einem der Elemente deaktivieren, so dass die Unterschiede in der Hintergrundfarbe deutlich werden.

* Müssen Sie die Farbe eines bestimmten Teil eines Widgets ändern, dann entwerfen Sie das Theme so, dass es diese Änderung festlegt, anstatt eine Farbe hartkodiert im Stylesheet anzugeben.

- Müssen Sie einen Rahmen ausblenden, wollen ihn aber aus strukturellen Gründen nicht ganz entfernen, dann können Sie ihn auf transparent setzen. Um auch den IE mitspielen zu lassen, setzen Sie den Rahmen-Style auf dashed.

- Nutzen Sie wann immer möglich bei struturellen Dimensionen em-Einheiten – z. B. bei Abständen und Rändern und vor allem bei Schriftgrößen. Schreiben Sie Styles so, dass sie von einer Standard-Widgetgröße von 1em ausgehen, und versuchen Sie, nicht unter 8em zu kommen, um Texte noch lesbar zu halten.

15.3 Ein Theme auf Komponenten anwenden, die nicht zum jQuery UI gehören

Problem

Andere Komponenten der Seite – wie zum Beispiel Inhalts-Bereiche, Buttons und Toolbars – befinden sich neben den jQuery UI-Widgets und haben ähnliche Interaktions- und Verhaltensweisen, aber die Designs passen nicht zusammen.

Lösung

Sie können Framework-Klassen auf Elemente anwenden, die nicht zum jQuery UI gehören, um das Theme auch dort zu nutzen. (Als Extra werden diese Elemente automatisch angepasst, wenn Sie ein aktualisiertes ThemeRoller-Theme anwenden.)

Dieses Rezept geht von folgenden Annahmen aus:

- Sie haben Grundlagenwissen über die Funktionsweise von CSS und insbesondere das Kaskadieren von Styles, die Vorrangeinstellungen und das Einschränken von Selektionen mit Klassen, IDs oder Elementen. (Lesevorschläge finden Sie im Anhang am Ende dieses Kapitels.)

- Sie wissen schon, wie Sie ein Theme mit ThemeRoller erstellen und bearbeiten. (Wenn nicht, schauen Sie sich nochmal Rezept 15.1 an, in dem genauer beschrieben wird, wie Sie solch ein Theme erstellen und auf Ihren Seiten verwenden.)

In den vorigen beiden Rezepten haben wir ein Theme mit ThemeRoller erstellt und heruntergeladen, um dann mit ein paar CSS-Regeln die Standard-Theme-Styles zu überschreiben und sie unserem Ziel-Design näher zu bringen. Jetzt gehen wir noch einen Schritt weiter und wenden Framework-Klassen auf andere Elemente in unserem Projekt an, um diese mit den jQuery UI-Widgets und dem Theme in Einklang zu bringen.

Schritt 1: Die verfügbaren Framework-Klassen untersuchen, um diejenigen zu ermitteln, die Sie auf Ihre Komponenten anwenden können

Framework-Klassen sind Teil des jQuery UI Theme-Stylesheets, das Sie herunterladen, wenn Sie in ThemeRoller ein Theme erstellen. Sie sind nach ihrem Zweck benannt und sorgen für die Theme-Styles, wie zum Beispiel Hintergrund-Farben und -Texturen, Rahmen- und Schrift-Farben, abgerundete Ecken und Symbole. Framework-Klassen sind in die jQuery UI-Widgets eingebaut, aber sie lassen sich auch auf beliebige andere Elemente anwenden – wie zum Beispiel eigene Widgets, die Sie selbst entwickelt oder von einem dritten übernommen und erweitert haben – um ein konsistentes Look and Feel für Ihre gesamte Site oder Anwendung zu erzielen.

Im Folgenden finden Sie einen Überblick über die Klassen, die das Framework bilden, die Styles, die durch sie angewendet werden, und allgemeine Regeln, wie Sie sie in Ihrem eigenen Code referenzieren.

 Sofern nicht anders erwähnt, werden alle Styles, die durch Framework-Klassen gesetzt werden, von Kind-Elementen geerbt. Dazu gehören auch alle Text-, Link- und Symbol-Styles.

Layout-Hilfsklassen verbergen Inhalte oder beheben häufiger vorkommende strukturelle Probleme – zum Beispiel das vollständige Umhüllen eines Containers um gleitende Kind-Elemente:

.ui-helper-hidden
> Weist display: none zu. Inhalte, die auf diesem Weg verborgen werden, sind dadurch für Screenreader eventuell nicht mehr lesbar.

.ui-helper-hidden-accessible
> Positioniert ein Element außerhalb der Seite, so dass es nicht sichtbar, für Screenreader aber immer noch erreichbar ist.

.ui-helper-reset
> Entfernt geerbte Abstände, Ränder, Rahmen, Outline, Textauszeichnungen und list-style; setzt line-height auf 1.3 und font-size auf 100%.

.ui-helper-clearfix
> Zwingt Container-Elemente, die nicht gleiten, gleitende Kind-Elemente vollständig zum umschließen.

Widget-Containerklassen sollten nur auf die Elemente angewendet werden, für die sie gedacht sind, da ihre untergeordneten Verweise die Styles von ihnen erben:

.ui-widget
> Wendet die Schriftart und Größe des Themes auf das gesamte Widget an und setzt explizit die gleiche Familie und eine Schriftgröße von 1em auf die untergeordneten Form-Elemente, um die Vererbung zu erzwingen.

.ui-widget-header
> Wendet fette Schriftarten an.

`.ui-widget-content`

    Wendet die Rahmenfarbe, die Hintergrundfarbe und das Hintergrundbild sowie die Textfarbe an.

Interaktions-Status-Styles versehen anklickbare Elemente – wie Buttons, Akkordeon-Header und Registerkarten – mit einem Style, um dem Anwender die richtige Rückmeldung über den Status zu geben. Jede Klasse sorgt für eine Rahmenfarbe, für Hintergrundfarbe und Hintergrundbild sowie für eine Textfarbe. Die Klassen, die auf `-hover`, `-focus` und `-active` enden, sind dazu gedacht, ihre CSS-Pseudoklassen (`:hover`, `:active`, `:focus`) als Gegenstücke zu ersetzen. Sie müssen einem Element per Client-Skript zugewiesen werden. Status-Klassen sind so entworfen, dass Style-Konflikte und eine gesteigerte Komplexität der Selektionskriterien vermieden werden, die bei der Verwendung von Pseudoklassen im CSS zwangsläufig entstehen. (Wenn Sie in Ihrem Projekt Pseudoklassen benötigen, können Sie sie den Override-Stylesheets hinzufügen. Siehe dazu auch Rezept 15.2.)

- `.ui-state-default`
- `.ui-state-hover`
- `.ui-state-focus`
- `.ui-state-active`

Interaktions-Styles geben dem Anwender Rückmeldung. Das geschieht durch Hervorheben, bei Fehlermeldungen, deaktivierten Form-Elementen oder Hierarchien. Alle weisen die Rahmenfarbe, Hintergrundfarbe und Hintergrundbild sowie die Textfarbe zu:

`.ui-state-highlight`

    Weisen Sie diese Klasse zu, um eine Komponente temporär hervorzuheben.

`.ui-state-error`

    Weisen Sie diese Klasse einer beliebigen Komponente zu, die eine Fehlermeldung enthält.

`.ui-state-error-text`

    Weist nur die Farben für den Fehler-Text und die Symbole zu, ohne den Hintergrund zu verändern.

`.ui-state-disabled`

    Verpasst einem Form-Element einen Style, der es deaktiviert erscheinen lässt. Dazu wird eine niedrige Opazität genutzt, wodurch der Style auch zusammen mit anderen Klassen funktioniert, die das Element verändern. Beim Anwenden dieser Klasse ist das Element immer noch nutzbar – um die Funktionalität auch zu deaktivieren, müssen Sie das Attribut `disabled` für das Form-Element verwenden.

`.ui-priority-primary`

    Weisen Sie diese Klasse einem Button zu, wenn seine ausgelöste Aktion gegenüber anderen Aktionen zu priorisieren ist (zum Beispiel Speichern gegenüber Abbrechen). Zeigt fettgedruckten Text an.

`.ui-priority-secondary`

Weisen Sie diese Klasse einem Button zu, wenn seine ausgelöste Aktion gegenüber anderen Aktionen nicht oberste Prioriät hat (zum Beispiel Abbrechen). Zeigt einen normalen Text und verringerte Opazität an.

Icon-Klassen sorgen für zusätzliche Rückmeldung in Form von Pfeilen und informativen Symbolen, wie zum Beispiel ein *x* oder ein Mülleimer, um einen Button zum Löschen zu verdeutlichen. Ein Symbol wird einem Element mit zwei Klassen zugewiesen:

`.ui-icon`

Basisklasse, die die Dimensionen des Elements auf ein Quadrat mit 16 Pixeln Höhe und Breite setzt. Zusätzlich wird der Text verborgen und das von ThemeRoller erzeugte kleine Bild als Hintergrund genutzt.

`.ui-icon-[type]`

»type« ist eine Kennung für das grafische Symbol, das angezeigt wird. Dabei kann es sich um ein einzelnes Wort (`ui-icon-document`, `ui-icon-print`) oder eine Kombination aus Wörtern, Ziffern und Abkürzungen handeln. So zeigt zum Beispiel `.ui-icon-carat-1-n` eine einzelne Pfeilspitze an, die nach Norden weist, während `.ui-icon-arrow-2-e-w` eine doppelte Pfeilspitze nach Osten und Westen darstellt.

Da die Basisklasse `ui-icon` die Dimensionen eines Elements beeinflusst und den gesamten inneren Text ausblendet, ist es sinnvoll, für Symbole eigene Elemente zu nutzen (zum Beispiel `<span>`-Tags), so dass die Styles andere untergeordnete Inhalte oder Elemente nicht negativ beeinflussen. Zur Barrierefreiheit sollten Sie eine kurze Beschreibung im `<span>`-Tag mit aufnehmen. Der Anwender bekommt diese nicht zu Gesicht, aber Screenreader können sie nutzen.

Zudem wird jedem Element mit der Klasse `.ui-icon` abhängig vom Status des übergeordneten Containers ein Sprite-Hintergrundbild zugewiesen. So wird zum Beispiel ein Symbol-Element innerhalb eines Containers mit der Klasse `.ui-state-default` Symbole in der durch `ui-state-default` definierten Farbe anzeigen, die Sie in ThemeRoller festgelegt haben.

jQuery UI stellt eine große Sammlung von Framework-Symbolen bereit (Abbildung 15-16). In ThemeRoller können Sie deren Standard- und Hover-Styles anzeigen, indem Sie mit dem Mauscursor über ein Symbol in der Widget-Beispielspalte fahren. Zudem erhalten Sie so den Klassennamen eines Symbols.

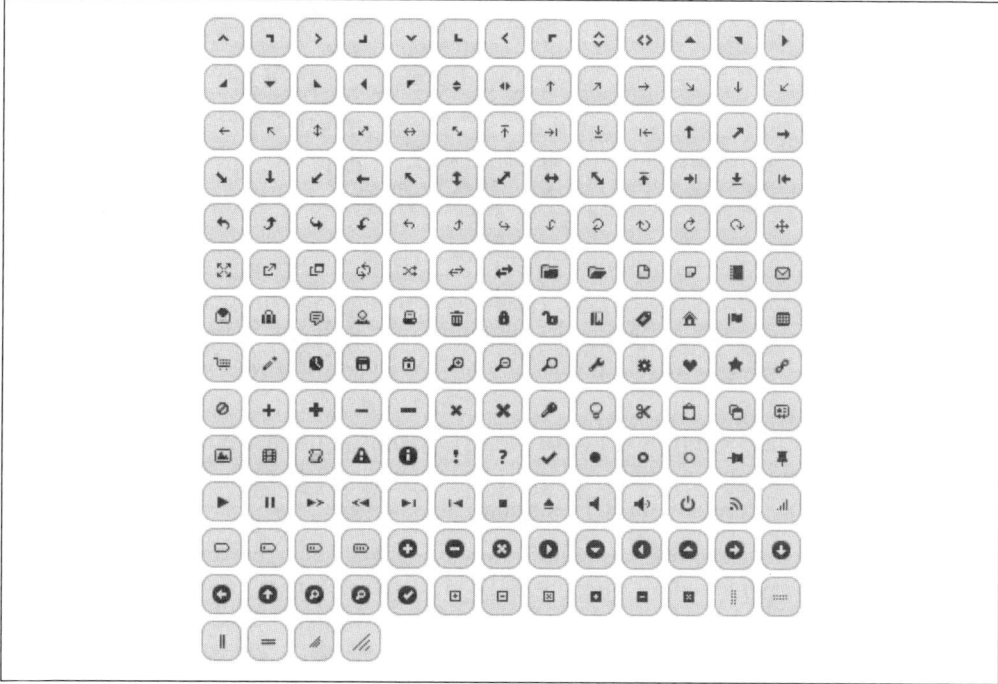

Abbildung 15-16: jQuery UI enthält eine große Sammlung von Symbolen in einem einzelnen Bild. Die Symbole lassen sich in ThemeRoller anzeigen

Die Hilfsklassen für Eck-Radien weisen einer Auswahl von Ecken oder allen Ecken eines Containers Rundungen zu. Der letzte Teil des Klassennamens gibt dabei an, welche Ecken betroffen sind:

`.ui-corner-tl`
  oben links

`.ui-corner-tr`
  oben rechts

`.ui-corner-bl`
  unten links

`.ui-corner-br`
  unten rechts

`.ui-corner-top`
  beide oberen Ecken

`.ui-corner-bottom`
  beide unteren Ecken

`.ui-corner-right`
  beide rechten Ecken

`.ui-corner-left`
> beide linken Ecken

`.ui-corner-all`
> alle vier Ecken

Overlay- und Shadow-Klassen können genutzt werden, um einer Site oder Anwendung eine gewissen »Tiefe« zu verleihen:

`.ui-widget-overlay`
> Weist dem Modal Screen 100% Breite und Höhe, einen Hintergrund und eine Opazität zu. Der Modal Screen ist ein Layer, der sich zwischen einem modalen Dialog und dem eigentlichen Seiteninhalt befindet. Damit kann man den Seiteninhalt zwischenzeitlich deaktivieren, bis das modale Fenster wieder geschlossen wird.

`.ui-widget-shadow`
> Weist einen Hintergrund, Eck-Radien, eine Opazität und Offsets oben und links zu, um den Schatten hinter einem Widget anzuzeigen, zudem sorgt die Klasse für eine »Schattenbreite« (ähnlich der Rahmenbreite).

Da diese Framework-Klassen Theme-Styles auf jQuery UI-Widgets anwenden, sie aber auch beliebige Komponenten auf Ihrer Seite beeinflussen können, verwenden wir sie für eine einheitliche Benutzeroberfläche. In diesem Rezept werden wir zeigen, wie man drei Arten von Framework-Klassen nutzt:

- Klassen für anklickbare Elemente, unter anderem `.ui-state-default`, `.ui-state-hover` und `.ui-state-active`
- Eine Eck-Klasse (`.ui-corner-all`)
- Eine Interaktions-Klasse, um ein Form-Element zu deaktivieren (`.ui-state-disabled`)

Schritt 2: Framework-Klassen für anklickbare Elemente anwenden

Lassen Sie uns mit der Verbesserung der Oberfläche für unsere Reise-Buchungs-Anwendung fortfahren.

Nachdem wir ein in ThemeRoller erstelltes Theme, angepasst durch Override-Regeln, zugewiesen haben, ist die Oberfläche unserer Reise-App fast fertig. Die anklickbaren Elemente in unseren jQuery UI-Widgets besitzen ein konsistentes Erscheinungsbild – standardmäßig sind die Reiter und die Buttons der Datepicker dunkelgrau mit einer glasartigen Textur.

Aber unser Button zum Starten der Flugsuche passt nicht zu diesem Design und sieht aus wie ein normaler, ungestylter Browser-Button (Abbildung 15-17). Wir wollen, dass er mehr wie unser aufgehübschtes Theme-Style aussieht.

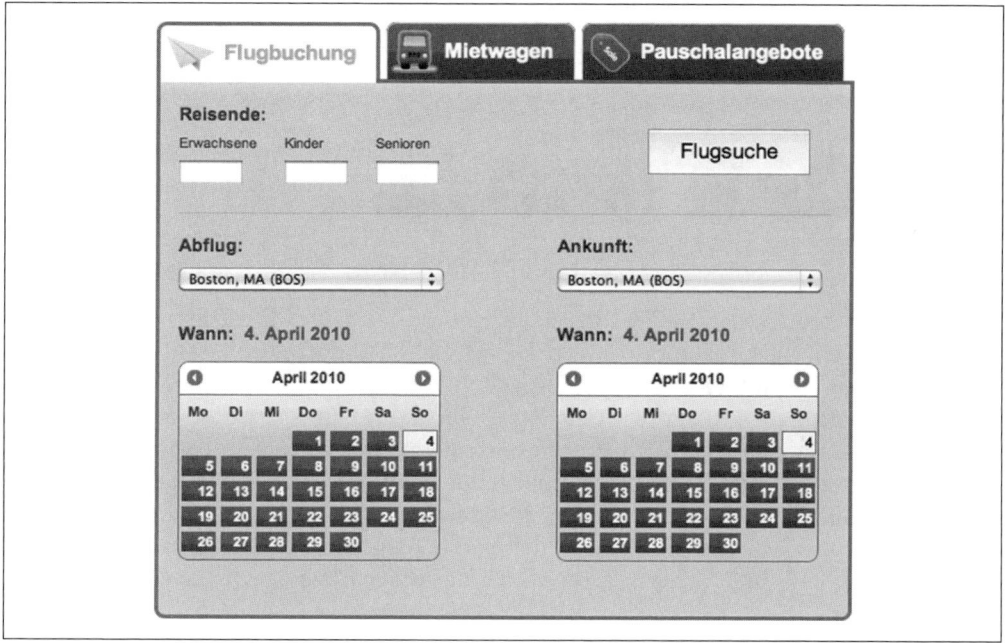

Abbildung 15-17: Unsere Oberfläche ist fast perfekt, nur der Button »Flugsuche« passt nicht dazu

Damit der Button zur Flugsuche genauso aussieht wie die anderen anklickbaren Elemente in unserer Reise-Anwendung, werden wir die Framework-Klassen für die anklickbaren Styles – `.ui-state-default`, `.ui-state-hover` und `.ui-state-active` – dem Button-Markup hinzufügen und dann ein kurzes jQuery-Skript schreiben, das die Styles entsprechend zuweist, wenn der Anwender mit dem Button interagiert. Wir werden zudem für abgerundete Ecken sorgen, die den gleichen Radius wie die Tabs- und Datepicker-Widgets haben.

Zuerst weisen wir dem Button die Klasse für den Standard-Status zu, damit er zu den anderen anklickbaren Elementen passt. Dazu schreiben wir einfach `ui-default-state` in das `class`-Attribute (oder kopieren es aus dem Theme-Stylesheet):

```
<button id="search-flights" class="ui-state-default">Flugsuche</button>
```

Andere anklickbare Elemente, wie unsere Registerkarten, haben abgerundete Ecken, daher wollen wir diese auch für alle Seiten des Button nutzen und dem `class`-Attribute den Wert `ui-corner-all` hinzufügen:

```
<button id="search-flights" class="ui-state-default ui-corner-all">Flugsuche</button>
```

Mit diesen wenigen Ergänzungen des Markups haben wir dem Such-Button unseren Standard-Themestyle für anklickbare Elemente zugewiesen und ihn damit auch »themeable« gemacht. Entscheiden wir uns später dazu, ein neues Theme für unsere Reise-Anwendung zu erstellen und anzuwenden, wird der Suchbutton die Standard-Styles für anklickbare Elemente und die Definition für abgerundete Ecken automatisch übernehmen.

Schließlich wollen wir noch die Hover- und aktiven Styles anwenden, um dem Benutzer Rückmeldung über den Status des Buttons zu geben (Abbildung 15-18).

Abbildung 15-18: Drei Framework-Klassen können anklickbaren Elementen zugewiesen werden

Um das Erscheinungsbild des Buttons beim Hover und beim Mousedown anzupassen, schreiben wir ein kleines jQuery-Skript. Da wir schon die neueste Version der jQuery Core-Bibliothek heruntergeladen und eingebunden und auch die Widget-Plugins im DOM initialisiert haben, fügen wir dem Ready-Block im DOM eine Funktion hinzu, die die Style-Klassen für unseren Such-Button umschaltet. Wie im folgenden Skript-Block zu sehen, gehören zum hover-Event zwei Funktionen – die erste entfernt die Standard-Statusklasse und fügt den Hover-Style beim Mouseover hinzu, während die zweite diese Klassenzuweisung beim Mouseout wieder rückgängig macht –, das mousedown-Event ersetzt die Standard- und Hover-Klassen durch die aktive Klasse:

```
$(function(){
    // Tabs und Datepicker initialisieren
        $('#travel').tabs();
        $('#departure-date-picker').datepicker({altField: '#departure-date', altFormat:
            'MM d, yy'});
        $('#arrival-date-picker').datepicker({altField: '#arrival-date', altFormat: 'MM
            d, yy'});

    // Hover- und aktive Styles für Suchbutton
        $('#search-flights')
            .hover(
                function(){ $(this).removeClass('ui-state-default').addClass('ui-state-
                        hover'); },
                function(){ $(this).removeClass('ui-state-hover').addClass('ui-state-
                        default'); }
            )
            .mousedown(
                function(){ $(this).removeClass('ui-state-default, ui-state-
                        hover').addClass('ui-state-active'); }
            );
});
```

Warum sollte man ein Skript schreiben, um den Button-Style anzupassen, wenn doch die CSS-Pseudoklassen (:hover, :active, :focus) das Gleiche ermöglichen? Beim Design des jQuery UI CSS haben wir uns darum viele Gedanken gemacht und uns dann gegen Pseudoklassen entschieden. Dafür gibt es ein paar wichtige Gründe:

- Die Stylesheets werden dadurch so komplex, dass man keine Chance mehr hat, sie irgendwie schlank zu halten. Zudem müsste man dann alle möglichen Szenarien durchdenken, in denen diese Styles in Konflikt miteinander geraten könnten.

- Der CSS-Code bläht sich dadurch auf, was das Stylesheet deutlich vergrößern würde.

- Manche Browser, zum Beispiel ältere, aber immer noch sehr verbreitete Versionen des Internet Explorers, unterstützen Pseudoklassen nur für Link-Elemente (Anker-Tags), daher hätten wir für alle anderen anklickbaren Elemente trotzdem Klassen erstellen müssen.

Schließlich sieht unser Button jetzt wie in Abbildung 15-19 aus.

Abbildung 15-19: Unser abschließendes Design mit einer Anwendung der Theme-Klassen auch für den Such-Button

Nachdem der Button nun so eingerichtet ist, dass sein Style dem Rest der Anwendung entspricht, können wir noch bei Bedarf die Klasse `ui-state-disabled` anwenden, um dem Benutzer zu zeigen, dass der Button deaktiviert ist (siehe Abbildung 15-20). Stellen Sie sich zum Beispiel vor, alle Felder in unserer Form zur Flug-Buchung seien Pflichtfelder. Dann sollte der Such-Button solange deaktiviert bleiben, bis der Anwender für jedes Feld einen gültigen Wert eingegeben hat. Ist die Form vollständig ausgefüllt, aktivieren wir auch wieder den Button zum Abschicken.

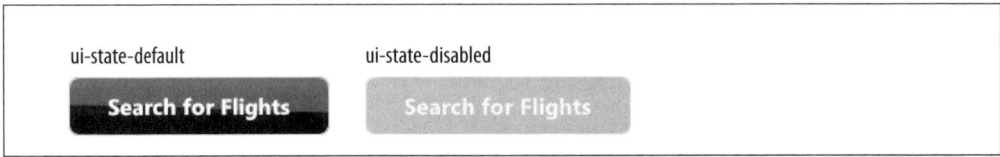

ui-state-default   ui-state-disabled

Abbildung 15-20: Durch Hinzufügen der Klasse ui-state-disabled erscheint ein Form-Element deaktiviert

Um unserem Such-Button den Deaktivierungs-Status zu verpassen, fügen wir die Framework-Klasse `ui-state-disabled` hinzu. (Wir brauchen beide Klassen für das korrekte Erscheinungsbild, da der Style für den deaktivierten Status nur die Opazität des Buttons reduziert.)

```
<button id="search-flights" class="ui-state-default ui-state-disabled ui-corner-all">Flugsuche</button>
```

Durch das Hinzufügen der Deaktivierungs-Klasse wird nur das Aussehen des Button geändert, nicht aber die Funktionalität. Er kann immer noch zum Abschicken der Form genutzt werden. Um sicherzustellen, dass der Button tatsächlich deaktiviert ist, müssen Sie ihm auch noch das Attribut `disabled` mit dem entsprechenden Wert zuweisen:

```
<button id="search-flights" class="ui-state-default ui-state-disabled ui-corner-all" disabled="disabled">Flugsuche</button>
```

Diskussion

Framework-Klassen sind so entworfen, dass sie sich in einer Anwendung wiederverwenden lassen. Damit wird dem Entwickler eine ganze Sammlung von Klassen angeboten, mit denen er auch seine eigenen Elemente in einer Applikation beeinflussen kann – so wie der Such-Button in unserer Reise-Anwendung, aber auch Ihre eigenen Widgets. Da Framework-Klassen nach ihrem Zweck benannt sind, geschieht das Zuweisen zu eigenen Komponenten ziemlich intuitiv:

- Klassen für anklickbare Elemente lassen sich Buttons, Links oder anderen Elementen zuweisen, die einen Hover- oder aktiven Style benötigen.
- Klassen für die Eck-Definition lassen sich allen Elementen mit Block-Eigenschaften zuweisen.
- Layout-Hilfsklassen können in der gesamten Layout-Struktur verwendet werden, um gleitende Container zu bearbeiten oder um die Sichtbarkeit von Inhalten zu beeinflussen.
- Hinweis-Klassen können Elementen zugewiesen werden, die besonders hervorzuheben sind oder Fehlermeldungen enthalten.

Fügen Sie Framework-Klassen Elementen hinzu, die nicht zum jQuery UI gehören, dann werden diese dadurch auch »themable«. Wenn Sie sich dazu entschließen, ein Theme mit ThemeRoller zu bearbeiten und neu herunterzuladen, werden die Styles des neuen Themes auch automatisch auf Ihre Elemente angewendet.

15.4 Mehrere Themes auf einer einzelnen Seite verwenden

Problem

Sie müssen mehr als ein Theme für Ihre Anwendung auf einer einzelnen Seite nutzen. So müssen zum Beispiel Ihre Registerkarten aus jQuery UI den Style eines Haupt-Themes übernehmen, während die Widgets im Inhaltsbereich der Registerkarte einem anderen Theme folgen sollten.

Lösung

Erstellen Sie ein zweites Theme mit ThemeRoller und wenden Sie es auf ausgewählte Widgets oder Komponenten in Ihrer Anwendung an, indem Sie das neue Theme beim Herunterladen mit einer Klasse, einer ID oder einem anderen einschränkenden Selektor verbinden.

Dieses Rezept geht von folgenden Annahmen aus:

- Sie haben Grundlagenwissen über die Funktionsweise von CSS und insbesondere das Kaskadieren von Styles, die Vorrangeinstellungen und das Einschränken von Selektionen mit Klassen, IDs oder Elementen. (Lesevorschläge finden Sie im Anhang am Ende dieses Kapitels.)

- Sie wissen schon, wie Sie ein Theme mit ThemeRoller erstellen und bearbeiten. (Wenn nicht, schauen Sie sich nochmal Rezept 15.1 an, in dem genauer beschrieben wird, wie Sie solch ein Theme erstellen und auf Ihren Seiten verwenden.)

jQuery UI-Themes sind dazu gedacht, in jQuery UI-Widgets und in anderen Oberflächen-Komponenten in einer Anwendung für ein konsistentes Look and Feel zu sorgen. Manchmal aber ist das Design komplexer und bestimmte Widgets müssen anders gestaltet werden – je nachdem, wo sie in der Anwendung erscheinen.

Bei unserer Reise-Anwendung wollen wir annehmen, dass sich der Designer unser abschließendes Design angesehen hat. Nun ist er der Meinung, das Dunkelgrau aller anklickbaren Elemente erschwert die Unterscheidung zwischen den Reitern und den Form-Feldern auf den Registerkarten. Er entscheidet, dass die Reiter der Registerkarten ihren aktuellen Style beibehalten sollen, während alle interaktiven Komponenten innerhalb der Inhalts-Bereiche – einschließlich Datepicker und Such-Button – einen anderen Style erhalten und standardmäßig gelb aussehen sollen. Abbildung 15-21 zeigt unser aktuelles und unser neues Design.

Abbildung 15-21: Unser ursprüngliches Theme (A) setzt den Standard-Style für alle anklickbare Element auf grau. Das neue Design (B) lässt die Reiter in grau, ändert aber alle interaktiven Komponenten auf den Registerkarten in gelb.

Es gibt ein paar Möglichkeiten, für den Inhalt der Registerkarten Styling-Ausnahmen zu definieren. Wie in Rezept 15.2 beschrieben, könnten wir Override-Regeln nutzen, um die normalen Theme-Styles für den Datepicker und den Button zu verändern. Dazu bräuchten wir ein Design-Tool wie Adobe Photoshop, um all die neuen hexadezimalen Farbwerte zu ermitteln und dann die neuen, gelben Hintergrundbilder zu erzeugen.

Oder wir könnten einfach ein neues Theme in ThemeRoller erstellen, das unserem zweiten Theme entspricht (hier den gelben anklickbaren Elementen), es auf die Inhalts-Bereiche der Registerkarten einschränken und es dann nach unserem ursprünglichen Theme-Stylesheet einbinden. Der jQuery UI Download Builder stellt eine einfache Möglichkeit für das Einschränken der Gültigkeit eines Themes bereit: Im Bereich »Advanced Theme Settings« auf der Download-Seite kann man einen Scope-Selektor angeben – eine Klasse, eine ID oder einen anderen hierarchischen CSS-Selektor – der es Ihnen erlaubt, genau festzulegen, welche Komponenten durch das zusätzliche Theme beeinflusst werden.

Bei unserer Anwendung zur Reise-Buchung haben wir schon die in den Rezepten 15.1 bis 15.3 beschriebenen Schritte durchgeführt:

- Erstellen und Herunterladen eines Themes, das im Projekt referenziert wird (Rezept 15.1)
- Schreiben von zusätzlichen Override-Regeln, um ein paar der Standard-Styles des Themes anzupassen (Rezept 15.2)
- Nutzen einiger Framework-Klassen bei unserem Such-Button, damit er sich an unseren Theme-Styles orientiert (Rezept 15.3)

Jetzt werden wir uns damit befassen, wie man den Gültigkeitsbereich eines zweiten Themes einschränkt und wie man dieses auf unser Projekt anwendet.

Schritt 1. Ein weiteres Theme mit ThemeRoller erstellen

Öffnen Sie die Website von jQuery UI (*http://jqueryui.com*) und wählen Sie aus der oberen Navigation Bar den Eintrag »Themes« oder rufen Sie direkt *http://themeroller.com* auf.

Wir haben das ursprüngliche Theme so erstellt, dass es alle Widgets in unserem Design beeinflusst. Aber in diesem Fall wollen wir nur die Widgets im Inhaltsbereich der Registerkarten ansprechen – die Reiter sollen ignoriert werden.

Wie schon in Rezept 15.1 beginnen wir mit dem Theme »Sunny«, da es dem Gelb der anklickbaren Elemente und den Header-Styles unseres neuen Designs am nächsten kommt (Abbildung 15-22).

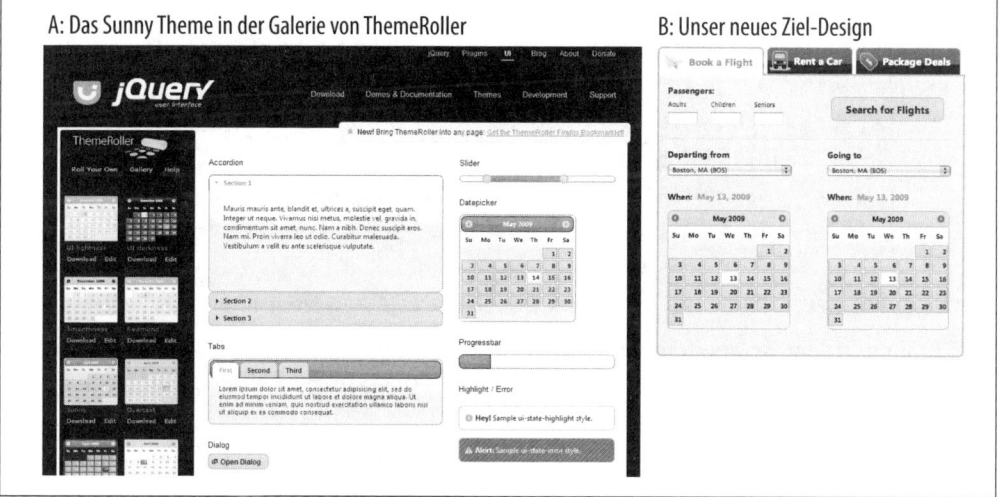

Abbildung 15-22: Das neue Ziel-Design mit den gelben anklickbaren Elementen und den Headern für die Registerkarten lässt sich am besten über das Sunny-Theme erreichen

 Sie können auch ein bestehendes eigenes Theme als Ausgangspunkt nutzen, um nicht alles nochmals einstellen zu müssen. Dazu öffnen Sie das Theme-Stylesheet, suchen nach dem Kommentar, der mit »To view and modify this theme, visit http://jqueryui.com/themeroller/...« beginnt, und kopieren die URL in einen Browser, um ThemeRoller mit den Einstellungen des Themes aufzurufen.

Das Theme »Sunny« entspricht schon weitgehend unserem neuen Design, mit folgenden Ausnahmen: Der Header über dem Datepicker ist grau und nicht gelb, der Inhaltsbereich und die Rahmenfarbe des aktiven Bereichs ist ein dunkleres Braun als in unserem Design festgelegt. Wir werden also im Bereich »Roll Your Own« ein paar Einstellungen verändern:

- *Den Hintergrund des Headers von grau in gelb ändern*: Die Rahmen- und Hintergrundfarbe unseres zusätzlichen Themes soll zu »Clickable: default state« passen.

  1. Öffnen Sie den Abschnitt »Header/Toolbar«.

  2. Geben Sie im Feld für die Hintergrundfarbe den Wert #FECE2F ein – an der Opazität oder der Textur müssen wir nichts ändern.

  3. Der weiße Text ist jetzt vor dem gelben Hintergrund kaum noch sichtbar, daher werden wir ihn soweit abdunkeln, dass er zum grauen Text im Rest unserer Anwendung passt. Geben Sie daher für die Textfarbe den Wert #333333 ein.

  4. Genauso müssen die Symbole für den Datepicker-Header mit einem größeren Kontrast versehen werden. Wir nutzen ein mittleres Braun, geben Sie daher den Wert #A27406 ein.

  5. Schließlich ändern wir die Rahmenfarbe zu #D19405.

- *Die Farbe des Rahmens für den Inhalt und den aktiven Status in hellbraun ändern*: Der Rahmen des Inhalts-Bereichs ist rund um Akkordeon-Abschnitte zu sehen, zudem definiert er die äußeren Container von Tabs, Dialogen, Slidern, Datepickern und Fortschrittsbalken.

  1. Öffnen Sie den Abschnitt »Content«.

  2. Geben Sie für die Rahmenfarbe die des Header-Rahmens, also #D19405 ein.

  3. Nutzen Sie die Tabulator- oder Eingabetaste oder klicken Sie irgendwo auf die Seite, um eine aktualisierte Vorschau der Widgets auf der rechten Seite zu erhalten.

Schritt 2. Das neue Theme mit einem Gültigkeitsbereich versehen und es herunterladen

Wenn Sie mit dem Bearbeiten des Sunny-Themes fertig sind, klicken Sie auf den Button »Download Theme« auf der Registerkarte »Roll Your Own«. Damit gelangen Sie zum jQuery UI Download Builder.

Bevor wir die Einstellungen des Download Builder bearbeiten, müssen wir festlegen, welchen Selektor zum Einschränken der Gültigkeit wir nutzen werden, um unser neues Theme nur auf die Inhalts-Bereiche der Reise-Anwendung anzuwenden. Wir wollen sicherstellen, dass wir nur die Tab-Inhalte beeinflussen und nicht das ursprüngliche Theme verändern, das wir auf die Reiter zur Navigation angewendet haben.

Beim Selektor handelt es sich um eine Klasse, eine ID oder ein HTML-Tag, das den Eltern-Container des Elements festlegt, dem wir den Style verpassen wollen. Am besten wählen Sie den Selektor so stark einschränkend aus, dass Sie nicht unabsichtlich andere Elemente mit einem Style versehen, die eigentlich den Standard-Style erhalten sollen. Bei unserer Anwendung zur Reisebuchung sollte der Selektor den Container auswählen, der die Inhalte der Registerkarten umschließt, aber keinen Bezug zum Navigations-Bereich hat.

Schauen wir uns das erzeugte Markup in unserer Anwendung an, dann sehen wir, dass jedem Inhalts-Bereich die Klasse ui-tabs-panel zugewiesen wurde:

```
<div class="ui-tabs ui-widget ui-widget-content ui-corner-all" id="travel">
    <ul class="ui-tabs-nav ui-helper-reset ui-helper-clearfix ui-widget-header ui-
```

```
corner-all">
        <li class="ui-state-default ui-corner-top ui-tabs-selected ui-state-active">
<a href="#travel-flight" id="tab-flight">Flug buchen</a></li>
        <li class="ui-state-default ui-corner-top"><a href="#travel-car" id="tab-
car">Mietwagen</a></li>
        <li class="ui-state-default ui-corner-top"><a href="#travel-package"
id="tab-package">Pauschalangebote</a></li>
    </ul>
    <div id="travel-flight" class="ui-helper-clearfix ui-tabs-panel
ui-widget-content ui-corner-bottom"></div><!-- /flight -->
    <div id="travel-car" class="ui-tabs-panel ui-widget-content ui-corner-bottom
ui-tabs-hide"></div><!-- /car -->
    <div id="travel-package" class="ui-tabs-panel ui-widget-content
ui-corner-bottom ui-tabs-hide"></div><!-- /package -->
</div><!-- /travel -->
```

Da das Markup des Inhalts-Bereichs nach dem für den Navigationsbereich steht und auch unabhängig davon ist, können wir unsere neuen Styles sicher auf die Klasse ui-tabs-panel beschränken, ohne die auf die oberen Reiter angewandten Styles zu beeinflussen.

Wir haben nun also unseren Selektor zum Einschränken gefunden und können zum jQuery UI Download Builder zurückkehren. In der rechten Spalte unter »Theme« geben wir an, wie dieses neue Theme innerhalb unserer Anwendung eingeschränkt werden soll. Klicken Sie auf »Advanced Theme Settings«, um diesen Bereich auszuklappen. Sie erhalten dann zwei Eingabefelder (Abbildung 15-23):

- In »CSS Scope« geben Sie den Selektor für den Gültigkeitsbereich an (eine Klasse, ID oder ein HTML-Tag). Wenn das Theme-Stylesheet erstellt wird, setzt der Download Builder vor jede Style-Regel diesen Wert, womit alle Style-Regeln nur auf Elemente innerhalb dieses speziellen Containers angewendet werden.

- Für unsere Reise-Anwendung geben wir die Klasse .ui-tabs-panel ein, die wir als Selektor ermittelt haben. Achten Sie darauf, den führenden Punkt (.) mit anzugeben oder – bei der Angabe einer ID – das Hash-Zeichen (#). Dies ist notwendig, damit das Stylesheet korrekt zusammengestellt werden kann.

 Wenn Sie dieses Feld leer lassen, wird das Theme nicht auf einen bestimmten Container, sondern global auf alle Widgets in Ihrer Applikation angewendet.

- »Theme Folder Name« erwartet einen Ordnernamen für das neue Theme, das sie herunterladen wollen. In diesem Ordner finden sich das Theme-Stylesheet und die Bild-Dateien. Standardmäßig entspricht dieser Wert dem Namen des ausgewählten Themes. Bei einem selbst erstellen Theme ist dies »custom-theme«.

Geben Sie im ersten Feld eine Einschränkung für den CSS-Code an, dann schlägt der Download Builder einen Ordnernamen basierend auf diesem Wert vor. Das soll Ihnen entgegenkommen, aber sie können den Vorschlag auch durch einen für die Verzeichnis-Struktur Ihres Projekts sinnvolleren Begriff ersetzen. Bei der Reise-Anwendung werden wir unseren eigenen Ordnernamen verwenden. Mit »tab-content-theme« ist der Ordnerinhalt besser beschrieben.

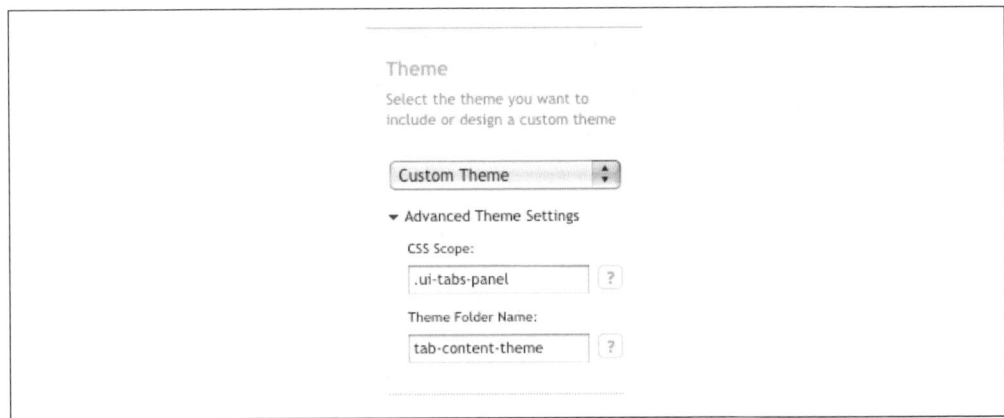

Abbildung 15-23: Der aufgeklappte Bereich »Advanced Theme Settings« des jQuery UI Download Builders mit Feldern für den CSS-Gültigkeitsbereich und den Ordnernamen für das Theme

Nachdem wir die beiden Felder ausgefüllt haben, werden wir alle jQuery UI-Widgets markieren, für die wir das neue, eingeschränkte Theme nutzen wollen (Abbildung 15-24).

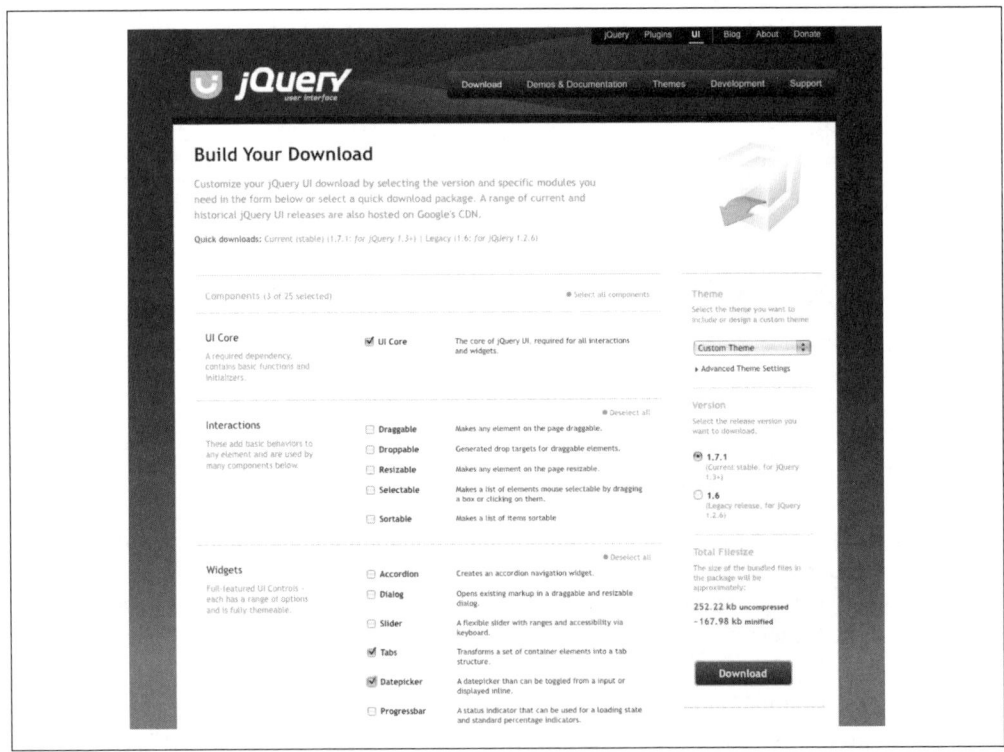

Abbildung 15-24: Herunterladen eines eingeschränkten Themes durch Ausfüllen der Felder in den Advanced Theme Settings und Selektieren aller Widgets, die dieses Theme nutzen werden

Neue Widgets

Sie müsse alle Widgets herunterladen, die das eingeschränkte Theme nutzen sollen, damit die entsprechenden Styles im CSS-Code enthalten sind. Der JavaScript-Code für diese Widgets ist beim Herunterladen schon enthalten. Wenn Sie nur das eingeschränkte Theme benötigen, können Sie den JavaScript-Code ignorieren, da es sich sehr wahrscheinlich um ein Duplikat dessen handelt, was Sie schon haben.

Haben Sie all diese Schritte durchgeführt und erst jetzt fällt Ihnen auf, dass Sie für Ihr Projekt zusätzliche Widgets benötigen, die Sie im ursprünglichen Download nicht mit heruntergeladen hatten (zum Beispiel ein Fortschrittsbalken), dann raten wir dringend, die neuen Widgets nicht zusammen mit einem eingeschränkten Theme herunterzuladen. Das Verschmelzen der JS-Dateien ist einfach zu kompliziert.

Stattdessen empfehlen wir, den Download-Prozess komplett zu wiederholen: Öffnen Sie das ursprüngliche Theme erneut in ThemeRoller und laden Sie alle jQuery UI-Komponenten herunter, die Sie in Ihrem Projekt verwenden. So können Sie einfach das ursprüngliche Theme-Stylesheet und Ihren jQuery UI-JavaScript-Code mit Dateien überschreiben, die alle Widgets in Ihrer Anwendung enthalten. Dazu öffnen Sie das ursprüngliche Theme-Stylesheet, suchen nach dem Kommentar, der mit »To view and modify this theme, visit http://jqueryui.com/themeroller/...« beginnt, kopieren die URL in einen Browser und öffnen ThemeRoller mit den Einstellungen dieses Themes. Nun klicken Sie auf »Download Theme«, um auch die zusätzlichen Widgets auszuwählen.

Wenn Sie sich für die gewünschte Version von jQuery UI (standardmäßig ist die letzte stabile Version markiert) entscheiden, klicken Sie auf Download und speichern Sie die ZIP-Datei lokal ab (die Datei wird einen Namen wie *jquery-ui-1.7.1.custom.zip* besitzen).

Schritt 3. Vereinigen der Dateien in Ihrem Projektverzeichnis

Der heruntergeladene Ordner enthält das CSS-Verzeichnis (*css*) mit einem Ordner, der Ihr eingeschränktes Theme, den JavaScript-Code für das Widget (*js*), bei dem es sich um ein Duplikat dessen handeln kann, den Sie schon nutzen (prüfen Sie das aber lieber nochmals nach, bevor Sie irgendwelche Dateien überschreiben), und das Development Bundle (*development-bundle*), das die einzelnen CSS-Dateien umfasst, die zum Erstellen der zusammengefassten Version im *css*-Ordner genutzt wurden, enthält. Außerdem finden Sie hier den Text zur Open Source-Lizenz und die weiteren Ressourcen, die für eine weitergehende Entwicklung notwendig sind. Die Reihenfolge der Ordner und Dateien kann von Ihrem Betriebssystem abhängen (Abbildung 15-25 zeigt den geöffneten Ordner in Mac OS X).

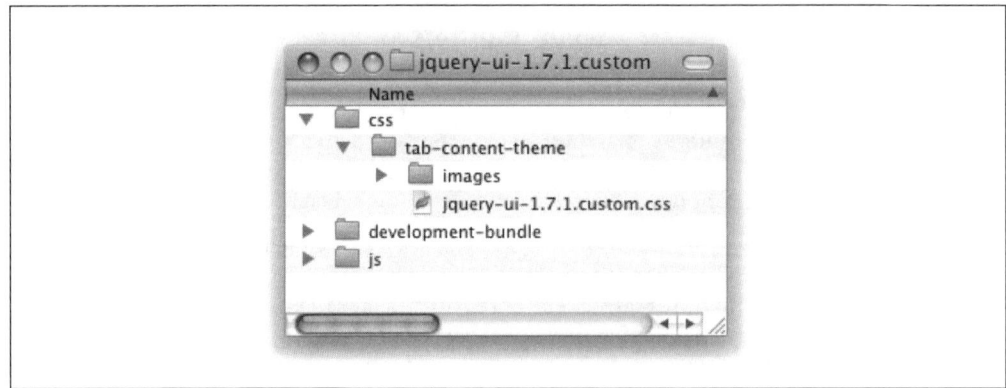

Abbildung 15-25: Die Struktur des heruntergeladenen Ordners mit einem eingeschränkten Theme

Jetzt werden wir den Ordner *tab-content-theme* in das Styles-Verzeichnis unseres Reise-Projekts kopieren.

 Achten Sie darauf, die vorgegebene Verzeichnisstruktur im Theme-Ordner beizubehalten, damit die Symbol-Bilder von den Theme-Klassen korrekt angesprochen werden können. Ändern Sie die Verzeichnisstruktur des Themes, dann werden Sie diese Änderungen später wiederholen müssen, wenn Sie auf eine neuere Version der jQuery UI-Skript- und -CSS-Dateien umsteigen wollen.

Der neue Theme-Ordner befindet sich nun »neben« dem Ordner mit dem ursprünglichen Theme im Styles-Verzeichnis (siehe Abbildung 15-26).

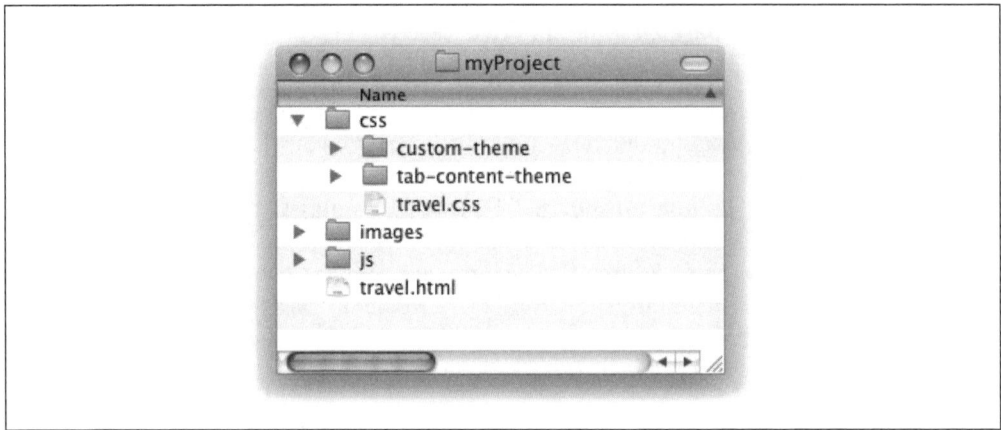

Abbildung 15-26: Zusätzlicher Ordner mit dem eingeschränkten Theme im Styles-Verzeichnis

Schritt 4. Das Stylesheet des eingeschränkten Themes in Ihrem Projekt referenzieren

Wir werden unser eingeschränktes Stylesheet nach dem ursprünglichen Stylesheet, aber noch vor allen jQuery UI-Skripten einbinden. Die Reihenfolge der Theme-Stylesheets auf der Seite ist nicht wichtig:

```
<!doctype html>
<html>
<head>
    <meta charset="UTF-8">
    <title>reise-anwendung | Flugbuchung, Mietwagen, Pauschalangebote</title>

    <!-- jQuery UI-Styles -->
    <link rel="stylesheet" type="text/css" href="css/custom-theme/jquery-ui-.7.1.custom.css" />
    <link rel="stylesheet" type="text/css" href="css/tab-content-theme/jquery-ui-1.7.1.custom.css" />

    <!-- jQuery Core & UI-Skripten -->
    <script type="text/javascript" src="js/jquery-1.3.2.min.js"></script>
    <script type="text/javascript" src="js/jquery-ui-1.7.1.custom.min.js"></script>

    <script type="text/javascript">
    $(function(){
        $('#travel').tabs();
        $("#departure-date-picker").datepicker({altField: '#departure-date',
altFormat: 'MM d, yy'});
        $("#arrival-date-picker").datepicker({altField: '#arrival-date', altFormat:
'MM d, yy'});
    });
    </script>
</head>
...
```

Wenn die Verweise auf die Theme-Stylesheets eingefügt sind, können wir uns die Seite in einem Browser anzeigen lassen, um zu prüfen, ob die Styles korrekt angewendet werden. Da wir das neue Theme auf die Inhalts-Bereiche der Registerkarten eingeschränkt haben, wirken sich die Styles auch nur auf die dort genutzten Widgets aus, nicht aber auf die Reiter der Registerkarten (siehe Abbildung 15-27).

 Ein weiteres Beispiel für diese Technik finden Sie in einem Artikel unter *http://www.filamentgroup.com/lab/using_multiple_jquery_ui_themes_on_ a_single_page/*.

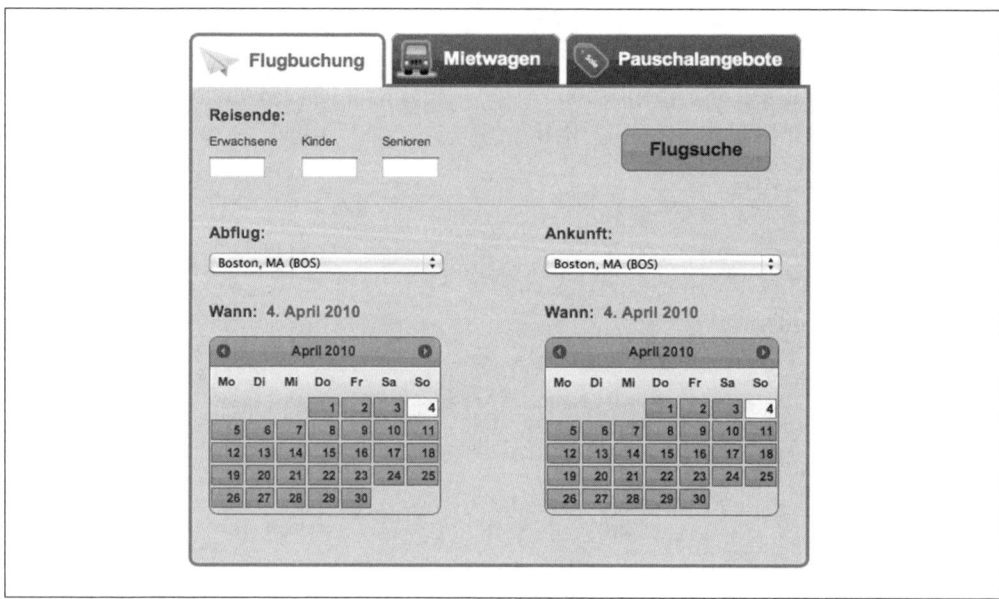

Abbildung 15-27: Anwendung im abschließenden Design zusammen mit dem eingeschränkten Theme

15.5 Anhang: Weitere Informationen zu CSS

Um noch mehr aus dem jQuery UI CSS-Framework und ThemeRoller herauszuholen, ist es sehr hilfreich, grundlegende Kenntnisse über die Funktionsweise von CSS zu haben, insbesondere zum Kaskadieren von Styles, zum Priorisieren und zum Einschränken mit Hilfe von Selektor-Klassen, -IDs und -Elementen.

Wir empfehlen Ihnen die folgenden Bücher und Online-Ressourcen, um einen Überblick über diese Konzepte zu erhalten:

CSS Basics Tutorial
   http://www.cssbasics.com/

CSS Cheat Sheet
   http://lesliefranke.com/files/reference/csscheatsheet.html

Designing with Web Standards (Jeffrey Zeldman, New Riders Press)
   http://www.zeldman.com/dwws/ (auch auf deutsch erhältlich: »Webdesign mit Webstandards«, Addison-Wesley)

Web Standards Solutions (Dan Cederholm, Friends of ED)
   http://www.friendsofed.com/book.html?isbn=1590593812

Eric Meyer on CSS (Eric Meyer, New Riders Press)
   http://www.ericmeyeroncss.com/ (Das Nachfolgebuch »More Eric Meyer on CSS« gibt es auch auf deutsch: »Eric Meyer's CSS«, Addison-Wesley)

---

jQuery, Ajax, Datenformate: HTML, XML, JSON, JSONP

Jonathan Sharp

16.0 Einleitung

Web-Entwickler arbeiten mit einer ganzen Reihe von Datenformaten und Protokollen, um Informationen zwischen dem Browser und dem Server zu transportieren. Dieses Kapitel stellt Rezepte vor, in denen es um den Umgang mit einigen der verbreitetsten Datenformate und Ajax-Techniken im Zusammenhang mit jQuery geht.

16.1 jQuery und Ajax

Problem

Sie wollen für zusätzliche Daten eine Anfrage an den Server stellen, ohne die Seite verlassen zu müssen, auf der sich der Anwender gerade befindet.

Lösung

Hier eine einfache Ajax-Anfrage:

```
(function($) {
    $(document).ready(function() {
        $('#update').click(function() {
            $.ajax({
                type: 'GET',
                url: 'hello-ajax.html',
                dataType: 'html',
                success: function(html, textStatus) {
                    $('body').append(html);
                },
                error: function(xhr, textStatus, errorThrown) {
                    alert('Es ist ein Fehler aufgetreten! ' + ( errorThrown ?
                    errorThrown : xhr.status );
```

```
                }
            });
        });
    });
})(jQuery);
```

Diskussion

Das Herz der Ajax-Architektur von jQuery ist die Methode `jQuery.ajax()`. Diese kann in allen Browsern für das Senden von Anfragen zum und das Empfangen von Antworten vom Server genutzt werden. Lassen Sie uns diese Methode daher ein wenig genauer betrachten. Um erstmals eine Anfrage an den Server zu senden, wird ein Settings-Objekt mit den Parametern für die Anfrage an die Methode `$.ajax` übergeben. Dabei stehen eine ganze Reihe von Optionen zur Verfügung, die gebräuchlichsten dürften `type`, `url`, `complete`, `dataType`, `error` und `success` sein:

```
var options = {
    type: 'GET'
};
```

Die erste Option, die man beim Aufsetzen einer Ajax-Anfrage benötigt, ist die Art der HTTP-Anfrage, die Sie an den Server schicken wollen. Im Großteil der Fälle wird das entweder ein GET oder ein POST sein:

```
var options = {
    type: 'GET',
    url: 'hello-ajax.html',
    dataType: 'html'
};
```

Als nächstes schauen wir uns die Optionen `URL` und `dataType` an. `URL` ist recht selbsterklärend, wobei es eine Spezialität gibt: Setzt man die Option `cache` auf `false`, dann fügt jQuery eine GET-Variable `_=<Zufallszahl>` (zum Beispiel `/server-ajax-gateway?_=-6273551235126`) an die URL an, um Browser, Proxies und Server davon abzuhalten, eine zwischengespeicherte Antwort zurückzuschicken. Schließlich legt die Option `dataType` das Datenformat fest, das vom Server erwartet wird. Gehen Sie zum Beispiel davon aus, dass der Server XML zurückliefert, wäre der passende Wert für diese Option `xml`:

```
var options = {
    type: 'GET',
    url: 'hello-ajax.html',
    dataType: 'html',
    error: function(xhr, textStatus, errorThrown) {
        alert('Es ist ein Fehler aufgetreten! ' + errorThrown);
    },
    success: function(data, textStatus) {
        $('body').append( data );
    }
};
```

Bei den nächsten beiden Optionen handelt es sich um zwei Callback-Methoden mit den Namen `error` und `success` . Sie sind durch ihre Namen schon gut beschrieben – `error` wird aufgerufen, wenn es bei der Anfrage zu einem Fehler gekommen ist, `success` wird genutzt, wenn die Antwort erfolgreich war (der Server also einen Response Type 200 zurückgegeben hat). Die andere, häufiger genutzte Option, ist complete, die eine Callback-Methode definiert, welche zum Schluss aufgerufen werden soll – egal, ob es einen Fehler gab oder nicht:

```
var options = {
    type: 'GET',
    url: 'hello-ajax.html',
    dataType: 'html',
    complete: function(xhr, textStatus) {
        // Verarbeiten der Antwort
    }
};
```

Nachdem die Optionen festgelegt wurde, können wir unsere Anfrage ausführen:

```
var options = {
    type: 'GET',
    url: 'hello-ajax.html',
    dataType: 'html',
    complete: function(xhr, textStatus) {
        // Verarbeiten der Antwort
    }
};
$.ajax( options );
```

Wir können unsere Optionen auch direkt beim Aufruf der Methode angeben:

```
$.ajax({
    type: 'GET',
    url: 'hello-ajax.html',
    dataType: 'html',
    complete: function(xhr, textStatus) {
        // Verarbeiten der Antwort
    }
});
```

Unsere vollständige Lösung fragt nach der Datei hello-ajax.html und fügt den Inhalt (html) bei einer erfolgreichen Antwort an das <body>-Element an. Gab es einen Fehler, dann wird stattdessen die Methode error aufgerufen und der Anwender mit einer Nachricht informiert:

```
(function($) {
    $(document).ready(function() {
        $('#update').click(function() {
            $.ajax({
                type: 'GET',
                url: 'hello-ajax.html',
                dataType: 'html',
                success: function(html, textStatus) {
                    $('body').append(html);
                },
                error: function(xhr, textStatus, errorThrown) {
                    alert('Es ist ein Fehler aufgetreten! ' + errorThrown);
                }
            });
        });
    });
})(jQuery);
```

16.2 Ajax auf der gesamten Site verwenden

Problem

Sie haben eine große Web-Anwendung mit Ajax-Aufrufen überall im Code und müssen Standard-Einstellungen für alle Anfragen innerhalb der Anwendung setzen.

Lösung

```
(function($) {
    $(document).ready(function() {
        $('#loadingIndicator')
            .bind('ajaxStart', function() {
                $(this).show();
            })
            .bind('ajaxComplete', function() {
                $(this).hide();
            });
        $.ajaxSetup({
            cache: true,
            dataType: 'json',
            error: function(xhr, status, error) {
                alert('Es ist ein Fehler aufgetreten: ' + error);
            },
            timeout: 60000, // Timeout von 60 Sekunden
            type: 'POST',
            url: 'ajax-gateway.php'
        }); // Ende von $.ajaxSetup()
    }); // Ende von .ready()
})(jQuery);
```

Diskussion

Wenn man mit größeren Anwendungen arbeitet, gibt es häufig ein allgemein genutztes Ajax-Gateway, durch das alle Anfragen laufen. Mit der Methode `$.ajaxSetup()` können wir Standard-Einstellungen für Ajax-Anfragen vorgeben, so dass die Ajax-Anfragen in der Anwendung einfacher zu nutzen sind:

```
$.ajax({
    data: {
        // Meine Anfrage-Daten für den Server
    },
    success: function(data) {
        // Anpassen der Benutzeroberfläche
    }
});
```

Ein nicht unwichtiger Punkt ist die Timeout-Option, deren Wert in Millisekunden (Sekunden 1.000) angegeben wird – ein Timeout von 6000 würde also für sechs Sekunden stehen. Beim Setzen dieses Wertes sollten Sie bedenken, wie weit das Internet global schon gewachsen ist. Manche Ihrer Besucher nutzen vielleicht Verbindungen mit einer höheren Latenz als die in Ihrer Region. Setzen Sie diesen Wert also nicht zu niedrig (zum Beispiel fünf Sekunden). Ein höherer Wert wie 30 oder 60 Sekunden ermöglichst es auch bei Verbindungen mit einer sehr hohen Latenz (zum Beispiel bei Satelliten-Verbindungen), Ihre Anwendung nutzen zu können.

Im vorigen Beispiel wird die Anfrage ein POST an `ajax-gateway.php` sein. Wenn ein Fehler auftritt, wird er von der error-Funktion abgehandelt, die in `$.ajaxSetup()` definiert ist. Es ist immer noch möglich, die Einstellungen für eine bestimmte Anfrage zu überschreiben:

```
$.ajax({
    url: 'another-url.php',
        data: {
            // Meine Anfrage-Daten für den Server
        },
        success: function(data) {
            // Anpassen der Benutzeroberfläche
    }
});
```

Die vorige Anfrage würde an another-url.php anstatt an ajax-gateway.php geschickt werden. Ein Vorteil der Ajax-Architektur von jQuery ist, dass globale Events wie ajax-Complete, ajaxError, ajaxSend, ajaxStart, ajaxStop und ajaxSuccess zur Verfügung stehen. Diese Events lassen sich über die Methode `.bind('event', callback)` oder die Kurzform `.event(callback)` nutzen. Das folgende Beispiel zeigt die beiden Methoden zum Binden des Callback an das Event ajaxError:

```
(function($) {
    $(document).ready(function() {
        $('#loadingIndicator')
            .ajaxError(function() {
                // Ihr Code
            });
        // oder über bind()
        $('#loadingIndicator')
            .bind('ajaxError', function() {
                // Ihr Code
            });
    });
})(jQuery);
```

Hier eine kure Auflistung der Events, die zur Verfügung stehen. Sie sind in der Reihenfolge ihres Auftretens angegeben:

ajaxStart
> Wird beim Start einer Ajax-Anfrage ausgelöst, wenn keine anderen Anfragen »unterwegs« sind

ajaxSend
> Wird vor dem Abschicken jeder einzelnen Anfrage ausgelöst

ajaxSuccess *oder* ajaxError
> Wird bei einer erfolgreichen oder erfolglosen Anfrage ausgelöst

ajaxComplete
> Wird zum Abschluss einer Anfrage ausgelöst (unabhängig von ihrem Erfolg)

`ajaxStop`

Wird ausgelöst, wenn keine weiteren Ajax-Anfragen mehr unterwegs sind

Im nächsten Rezept werden wir diese Events auch einsetzen.

16.3 Einfache Ajax-Anwendung mit Rückmeldungen an den Benutzer

Problem

Sie müssen für den Anwender einen Status-Indikator präsentieren, wenn Ajax-Anfragen in Bearbeitung sind. Nach Vervollständigung der Anfragen soll er wieder verborgen werden.

Lösung

```
(function($) {
    $(document).ready(function() {
        $('#ajaxStatus')
            .ajaxStart(function() {
                $(this).show();
            })
            .ajaxStop(function() {
                $(this).hide();
            });

        // Start der Ajax-Anfrage, wenn der Button doAjaxButton angeklickt wird
        $('#doAjaxButton').click(function() {
            $.ajax({
                url: 'ajax-gateway.php',
                data: { val: "Hello world" },
                dataType: 'json',
                success: function(json) {
                    // Code zur Verarbeitung der Daten
                    $('body').append( 'Rückgabewert: ' + json.val );
                }
            });
        });
    });
})(jQuery);
```

Diskussion

Einer der großen Vorteile der Ajax-Implementierung von jQuery ist die Verfügbarkeit von globalen Ajax-Events, die mit jeder Ajax-Anfrage für alle Elemente ausgelöst werden. In der folgenden Lösung binden wir zwei der Events, `ajaxStart` und `ajaxStop`, mit den Methoden (in Kurzform) an das XHTML-Element mit der ID `ajaxStatus`. Wird die Ajax-Anfrage durch einen Klick auf `#doAjaxButton` ausgelöst, wird das Event `ajaxStart` angetriggert. Dadurch wird für das Element `#ajaxStatus` die Methode `show()` ausführt. Beachten Sie, dass diese Events automatisch ausgelöst werden und ein Nebenprodukt der

Verwendung von $.ajax() (oder anderen Kurzform-Methoden wie $.get()) sind. Damit haben wir eine sauber entkoppelte Lösung für die Anzeige eines anwendungsweiten Status beim Abschicken von Ajax-Anfragen:

```
(function($) {
    $(document).ready(function() {
        $('#ajaxStatus')
            .ajaxStart(function() {
                $(this).show();
            })
            .ajaxStop(function() {
                $(this).hide();
            });

        // Start der Ajax-Anfrage, wenn der Button doAjaxButton angeklickt wird
        $('#doAjaxButton').click(function() {
            $.ajax({
                url: 'ajax-gateway.php',
                data: { val : 'Hello world' },
                dataType: 'json',
                success: function(json) {
                    // Code zur Verarbeitung der Daten
                    $('body').append( 'Rückgabewert: ' + json.val );
                }
            });
        });
    });
})(jQuery);
```

Lassen Sie uns ein paar der weiteren Events anschauen und uns mit dem Unterschied zwischen lokalen und globalen Ajax-Events beschäftigen. Lokale Ajax-Events (durch die Verwendung von $.ajaxSetup() oder beim Aufruf von $.ajax() definiert) sind beforeSend, success, error und complete. Diese Events sind inline definiert und direkt mit einer einzelnen Ajax-Anfrage verbunden. Globale Ajax-Events sind mit den lokalen Events verbunden, werden aber für jedes Element ausgelöst, das sie bindet, und nutzen die jQuery-eigene Architektur zum Event Handling. Der folgende Code zeigt, wie Sie lokale Ajax-Events nutzen können (zum Beispiel complete):

```
$.ajax({
    type: 'GET',
    url: 'ajax-gateway.php',
    dataType: 'html',
    complete: function(xhr, textStatus) {
        // Code zur Verarbeitung der Daten
    }
});
```

Hier in der Reihenfolge des Aufrufs die Events für eine erfolgreiche Ajax-Anfrage (zusammen mit dem Gültigkeitsbereich):

- ajaxStart (global)
- beforeSend (lokal)
- ajaxSend (global)

- success (lokal)
- ajaxSuccess (global)
- complete (lokal)
- ajaxComplete (global)
- ajaxStop (global)

Bei einer fehlerhaften Ajax-Anfrage sieht die Reihenfolge wie folgt aus, wobei success und ajaxSuccess durch error und ajaxError ausgetauscht sind:

- ajaxStart (global)
- beforeSend (lokal)
- ajaxSend (global)
- error (lokal)
- ajaxError (global)
- complete (lokal)
- ajaxComplete (global)
- ajaxStop (global)

ajaxStart und ajaxStop sind zwei spezielle Events im globalen Gültigkeitsbereich. Sie unterscheiden sich dadurch von den anderen Events, dass sie abhängig vom Einsatz mehrerer paralleler Ajax-Anfragen ausgelöst werden. ajaxStart wird gerufen, wenn eine erste Anfrage gestartet wird (und keine andere schon »unterwegs« ist). ajaxStop wird ausgelöst, wenn keinerlei andere Ajax-Anfragen mehr abzuwarten sind. Diese beiden Events werden daher auch bei mehreren gleichzeitigen Anfragen nur einmal ausgelöst:

```
(function($) {
    $(document).ready(function() {
        $('#ajaxStatus')
            .ajaxStart(function() {
                $(this).show();
            })
            .ajaxStop(function() {
                $(this).hide();
            });

        // Start der Ajax-Anfrage, wenn der Button doAjaxButton angeklickt wird
        $('#doAjaxButton').click(function() {
            $.ajax({
                url: 'ajax-gateway.php',
                complete: function() {
                    // Code zur Verarbeitung der Daten
                }
            });
            $.ajax({
                url: 'ajax-data.php',
                complete: function() {
                    // Code zur Verarbeitung der Daten
                }
            });
```

```
        });
    });
})(jQuery);
```

Die Methode $.ajax() besitzt die Option global, die die Werte true oder false annehmen kann. Setzt man global auf false, dann lassen sich die globalen Events unterdrücken.

Wenn Sie in Ihrer Anwendung Performance-Probleme bemerken, kann das an dem Aufwand für die Event Propagation liegen, wenn es viele Elemente gibt. In diesem Fall erhalten Sie durch das Setzen von global auf false eventuell eine Performance-Verbesserung.

Der Callback beforeSend ist ein lokales Event, das die Veränderung des XMLHttpRequest-Objekts (welches als Argument übergeben wird) erlaubt, bevor die Anfrage abgeschickt wird. Im folgenden Beispiel legen wir für die Anfrage eigene HTTP-Header fest. Es ist möglich, die Anfrage abzubrechen, indem wir den Callback false zurückgeben lassen:

```
(function($) {
    $(document).ready(function() {
        // Start der Ajax-Anfrage, wenn der Button doAjaxButton angeklickt wird
        $('#doAjaxButton').click(function() {
            $.ajax({
                url: 'ajax-gateway.php',
                beforeSend: function(xmlHttpRequest) {
                    xmlHttpRequest.setRequestHeader('X-SampleHeader',
                                                    'Hallo Welt');
                },
                complete: function() {
                    // Code zur Verarbeitung der Daten
                }
            });
        });
    });
})(jQuery);
```

Nutzen wir alle diese Events für unsere Lösung, erhalten wir folgenden Code:

```
(function($) {
    $(document).ready(function() {
        $('#ajaxError')
            .ajaxError(function(evt, xhr, ajaxOptions, error) {
                $(this)
                    .html( 'Fehler: ' + ( xhr ? xhr.status : '' )
                            + ' ' + ( error ? error :'Unknown' ) )
                    .show();
            })
            .ajaxSuccess(function() {
                $(this).hide();
            });

        $('#ajaxStatus')
            .ajaxStart(function() {
                $(this).show();
            })
```

```
        .ajaxSend(function() {
            $(this).html('Anfrage abschicken ...');
        })
        .ajaxStop(function() {
            $(this).html('Anfrage abgeschlossen ...');
            var t = this;
            setTimeout(function() {
                $(t).hide();
            }, 1500);
        });

    // Start der Ajax-Anfrage, wenn der Button doAjaxButton angeklickt wird
    $('#doAjaxButton').click(function() {
        $.ajax({
            url: 'ajax-gateway.php',
            complete: function() {
                // Code zur Verarbeitung der Daten
            }
        });
    });
    });
});
})(jQuery);
```

16.4 Ajax-Hilfsfunktionen und Datentypen

Problem

Sie müssen eine Ajax-GET-Anfrage an den Server stellen und den Inhalt des zurückgegebenen HTML-Codes in einem <div> mit der ID contents einfügen.

Lösung

```
(function($) {
  $(document).ready(function() {
        $('#contents').load('hello-world.html');
  });
})(jQuery);
```

Diskussion

Dieses Rezept unterscheidet sich von den anderen, weil wir hier eine Reihe von Funktionen und Hilfsmethoden vorstellen, die jQuery anbietet.

jQuery bietet viele Hilfsmethoden für Ajax-Anforderungen. Basierend auf den vorigen
Rezepten wollen wir folgende Methoden angehen: .load(), $.get(), $.getJSON(), $.get-
Script() und $.post(). Aber zuerst wollen wir uns unsere Lösung näher anschauen:

```
$('#contents').load('hello-world.html');
```

Die Methode .load(url) sorgt für eine Ajax-Anfrage per GET an hello-world.html,
danach trägt sie das Ergebnis dieser Anfrage in das Element #contents ein. Es gibt zwei

optionale Parameter data und callback. Der Parameter data kann entweder eine Map (oder ein JavaScript-Objekt) oder ab jQuery 1.3 ein String sein. Das folgende Beispiel übergibt die Variable hello mit dem Wert world. (Das entspricht dem Aufruf der URL hello-world.html?hello=world.)

```
$('#contents').load('hello-world.html', { hello: 'world' });
```

Der dritte optionale Parameter ist eine Callback-Funktion, die aufgerufen wird, wenn die Anfrage vollständig ausgeführt wurde (entweder mit success oder error). Im folgenden Beispiel wird eine Alert-Nachricht ausgegeben, wenn die Anfrage beendet ist:

```
$('#contents').load('hello-world.html', { hello: 'world' }, function() {
    alert('Anfrage abgeschlossen!');
});
```

Die nächsten beiden Methoden, die wir uns anschauen wollen, sind $.get() und $.post(). Beide Methoden erwarten die gleichen Argumente, wobei $.get() eine GET-HTTP-Anfrage und $.post() eine POST-HTTP-Anfrage abschickt. Wir werden uns ein Beispiel mit $.get() vornehmen. Der Methode können die Parameter url, data, callback und type übergeben werden. Die ersten drei Parameter funktionieren genauso wie bei der vorigen Methode load(), daher werden wir nur den letzten Paramter type besprechen:

```
$.get(
    'hello-world.html',
    { hello: 'world' },
    function(data) {
        alert('Anfrage abgeschlossen!');
    },
    'html'
);
```

Der Parameter type kann einen der folgenden Werte enthalten: xml, html, script, json, jsonp oder text. Diese Werte bestimmen, wie die Antwort auf die Ajax-Anfrage verarbeitet wird, bevor jQuery sie an die Callback-Funktion weiterreicht. Im vorigen Beispiel haben wir als type den Wert html genutzt, daher wird das Argument data ein DOM-Objekt sein. Gibt man xml als type an, dann erhält man ein xml-DOM-Objekt. Wenn Sie script nutzen, werden die vom Server zurückgegebenen Daten ausgeführt, bevor die per callback angegebene Methode angestoßen wird. json und jsonp liefern ein JavaScript-Objekt, das an Ihre callback-Methode übergeben wird. Bei jsonp übergibt jQuery einen Methoden-Namen. Diese Callback-Methode wird dann auf die anonyme Funktion abgebildet, die mit der Anfrage definiert wird. Damit lassen sich auch Anfragen über die Domain hinaus ausführen. Das Format text ist schließlich genau das, was der Name schon sagt: Ihrer callback-Methode wird einfach der Rückgabewert als Text übergeben.

Jetzt schauen wir uns die beiden letzten Hilfsmethoden $.getJSON() und $.getScript() an. Der Methode $.getJSON() übergibt man url, data und callback als Argumente. $.getJSON() entspricht im Prinzip einer Kombination der Methode $.get() mit den entsprechenden Parametern für JSON oder JSONP. Das folgende Beispiel stellt eine JSONP-Anfrage an Flickr und fragt nach Bildern aus der öffentlichen Timeline:

```
$.getJSON(
    'http://www.flickr.com/services/feeds/photos_public.gne?
format=json&jsoncallback=?\9,
    function(json) {
    }
);
```

Da diese Anfrage Domain-übergreifend ist, behandelt jQuery sie automatisch als JSONP und übergibt den callback-Funktionsnamen. Das bedeutet auch, dass jQuery die Anfrage startet, indem es ein <script>-Tag in das Dokument einfügt, anstatt das XMLHttpRequest-Objekt zu verwenden. Die API von Flickr erlaubt es, dass der Funktionsname für callback durch Angabe der GET-Variablen jsoncallback definiert wird. Ihnen ist vielleicht der Text jsoncallback=? in der URL aufgefallen. jQuery ersetzt dabei das ? selbständig durch den entsprechenden Funktionsnamen. Standardmäßig fügt jQuery eine Variable callback= an, was sich aber wie gezeigt auch leicht anpassen lässt. Das Ersetzen von callback funktioniert sowohl für GET- als auch für POST-Anfragen, aber nicht mit Parametern, die im Datenobjekt übergeben werden. In den Rezepten 16.7 und 16.8 ist der Umgang mit JSON beschrieben, in Rezept 16.9 finden Sie eine vollständige JSONP-Implementierung für unser Flickr-Beispiel.

$.getScript() führt eine Anfrage entweder über Ajax oder durch ein dynamisches Einfügen eines <script>-Tags für einen Domain-übergreifenden Zugriff aus. Dann werden die zurückgegebenen Daten ausgewertet und schließlich der angegebene Callback aufgerufen. Im folgenden Beispiel fügen wir dem Dokument ein Skript hinzu und rufen dann eine der Funktionen im Callback auf:

```
// hello-world.js
function helloWorld(msg) {
    alert('Hallo Welt! Ich habe eine Nachricht für dich:  ' + msg);
}

// hello-world.html
(function($) {
    $(function() {
        $.getScript('hello-world.js', function() {
            helloWorld('Es ist ein schöner Tag!');
        });
    });
})(jQuery);
```

16.5 HTML-Fragmente mit jQuery einsetzen

Problem

Sie wollen einen HTML-String in eine Reihe von DOM-Knoten umwandeln und diese dann in das Dokument einfügen.

Lösung

```
(function($) {
    $(document).ready(function() {
        $('<div>Hallo Welt</div>')
            .append('<a href="http://jquery.com">Ein Link</a>')
            .appendTo('body');
    });
})(jQuery);
```

Diskussion

Das Bearbeiten von HTML-Strings ist eine der häufigsten Aufgaben, für die jQuery eingesetzt wird. Im Kern von jQuery gibt es eine elegante Schnittstelle, um einen Markup-String in seine DOM-Darstellung zu konvertieren. Statt einen Selektor zu übergeben, können wir auch einfach einen HTML-String nutzen. (Der folgende Code funktioniert nicht für XML, aber in Rezept 16.6 ist beschrieben, wie man einen XML-String in ein DOM umwandelt.)

```
$('<div>Hallo Welt</div>');
```

Damit wurde unser HTML-Code schon in eine DOM-Repräsentation umgewandelt, die sich durch jQuery bearbeiten lässt. Wir können dieses Fragment mit den üblichen jQuery-Methoden behandeln:

```
$('<div>Hallo Welt</div>')
    .append('<a href="http://jquery.com">Ein Link</a>')
    .appendTo('body');
```

 Es kann allerdings sein, dass einige visuelle Attribute, wie zum Beispiel width und height, erst zur Verfügung stehen, wenn dieser »kleine« Baum in das Dokument eingefügt wurde. Im folgenden Beispiel führt daher der Aufruf von .width() zu einem Wert von 0.

```
$('<div>Hallo Welt</div>').width();
// Gibt '0' zurück
```

16.6   XML-Code in ein DOM konvertieren

Problem

Sie müssen einen XML-String in ein DOM-Objekt konvertieren, um es mit jQuery verwenden zu können.

Lösung

```
<h1 id="title"></h1>

(function($) {
    $(document).ready(function() {
```

```
        var xml = '<myxml><title>Hallo Welt!</title></myxml>';
        var title = $.xmlDOM( xml ).find('myxml > title').text();
        $('#title').html( title );
    });
})(jQuery);
```

Diskussion

Auf der jQuery-Mailingliste wird häufig gefragt, wie man einen XML-String in die entsprechende DOM-Repräsentation umwandelt, mit der jQuery etwas anfangen kann. Schickt man eine Ajax-Anfrage mit dem Antwort-Typ xml ab, dann parst der Browser den zurückgegebenen XML-Text in ein DOM-Objekt.

Was sollten Sie also tun, wenn Sie einen XML-String haben, der mit jQuery zu bearbeiten ist? Das Plugin xmlDOM bietet eine Browser-übergreifende Möglichkeit, einen XML-String zu parsen und in ein mit jQuery umhülltes DOM-Objekt zu verwandeln. Damit können Sie den XML-Code in einem Schritt umwandeln und gleich darauf zugreifen:

```
(function($) {
    $(document).ready(function() {
        var xml = '<myxml><title>Hallo Welt!</title></myxml>';
        var title = $.xmlDOM( xml ).find('myxml > title').text();
        $('#title').html( title );
    });
})(jQuery);
```

Eine andere, häufige Vorgehensweise ist die Übergabe des DOM-Objekts als zweites Argument an jQuery (also als Kontext):

```
(function($) {
    $(document).ready(function() {
        var $xml = $.xmlDOM( '<myxml><title>Hallo Welt!</title></myxml>' );
        var title = $('myxml > title', $xml).text();
        $('#title').html( title );
    });
})(jQuery);
```

Damit können Sie Ihre jQuery-Selektion auf das übergebene Kontext-Objekt loslassen, denn sonst würde jQuery mit dem Dokument-Objekt arbeiten.

Das Plugin xmlDOM vom Autor lässt sich unter *http://jquery-cookbook.com/go/plugin-xmldom* herunterladen.

16.7 JSON erzeugen

Problem

Sie haben ein JavaScript-Objekt mit Daten, die serialisiert werden sollen, um sie leichter speichern und wieder auslesen zu können.

Lösung

```
(function($) {
    $(document).ready(function() {
        var messageObject = { title: 'Hallo Welt!', body: 'It\'s great to be
alive!' };
        var serializedJSON = JSON.stringify( messageObject );
    });
})(jQuery);
```

Diskussion

Die JavaScript Object Notation (JSON) ist ein verbreitetes Datenformat, das genutzt wird, um Daten zwischen dem Browser und dem Server auszutauschen. Es ist ein leichtgewichtiges Format, einfach zu nutzen und lässt sich bequem in JavaScript parsen. Lassen Sie uns zunächst ein einfaches Objekt anschauen:

```
var messageObject = { title: 'Hallo Welt!', body: 'It\'s great to be alive!' };
```

In diesem Beispiel haben wir ein einfaches Objekt mit den beiden Attributen `title` und `body`. Es ist ziemlich einfach, eine serialisierte Version des Objekts zu erzeugen:

```
var serializedJSON = '{"title":"Hallo Welt!","body":"It\'s great to be alive!"}';
```

Die beiden häufigsten Aufgaben bei der Arbeit mit JSON sind die Serialisierung (Umwandeln eines Objekts in eine String-Darstellung) und die Deserialisierung (Umwandeln einer String-Darstellung in ein Objekt-Literal). Momentan bieten nur wenige Browser direkten Zugriff auf JSON-Funktionen (wie zum Beispiel Firefox 3.1+ und der Internet Explorer 8). Andere Browser planen dies, da JSON mittlerweile Teil der Spezifikation von ECMA 3.1 ist. Bis dahin gibt es zwei übliche Vorgehensweisen bei der Arbeit mit JSON-Daten. Douglas Crockford hat eine JavaScript-Implementierung für das Kodieren und Dekodieren von JSON geschrieben, die Sie unter *http://jquery-cookbook.com/go/json* finden. Lassen Sie uns das eben angeführte Objekt mit Hilfe der JSON-Bibliothek serialisieren:

```
var serializedJSON = JSON.stringify( messageObject );
```

Jetzt haben wir eine String-Darstellung, die wir an unseren Server schicken können – zum Beispiel mit einer Ajax-Anfrage oder durch das Abschicken einer Form.

16.8 JSON parsen

Problem

Sie übergeben einen String mit JSON-Daten und müssen ihn in ein Objekt umwandeln.

Lösung

```
(function($) {
    $(document).ready(function() {
        var serializedJSON = '{"title":"Hallo Welt!","body":"It\'s great to be
```

```
alive!"}';
        var message = JSON.parse( serializedJSON );
    });
})(jQuery);
```

Diskussion

Wie im vorigen Rezept besprochen kümmern wir uns jetzt um das Parsen oder Dekodieren eines JSON-Strings.

 Manche der hier vorgestellten Vorgehensweisen sind unsicher und können zu potenziellen Sicherheitslücken führen. Verwenden Sie daher nur Daten aus vertrauenswürdigen Quellen.

Der einfachste Ansatz beim Einlesen von JSON-Daten ist der Aufruf von eval() mit dem String. Beachten Sie, dass hier ernsthafte Sicherheitsprobleme auftreten können, da eval() die gesamte JavaScript-Funktionalität verarbeiten kann und sich nicht nur auf JSON beschränkt. Dies bedeutet, eine böswillige Person könnte Code ausführen lassen, der im JSON-String eingebettet ist. Wir empfehlen dieses Vorgehen daher nicht. Stattdessen wollen wir die JSON-Bibliothek von Douglas Crockford nutzen, die im vorigen Rezept erwähnt wurde. (Diese Bibliothek nutzt zwar auch eval(), aber sie führt eine Vorverarbeitung der Daten durch und sorgt so dafür, dass sie sicher sind.)

```
var serializedJSON = '{"title":"Hallo Welt!","body":"It\'s great to be alive!"}';
var message = JSON.parse( serializedJSON );
```

Wir können jetzt mit unserem Message-Objekt wie mit jedem anderen JavaScript-Objekt arbeiten:

```
alert( "Neue Nachricht!\nTitle: " + message.title + "\nBody: " + message.body);
```

Die JSON-Bibliothek sowie weitere Ressourcen zu JSON lassen sich unter *http://jquery-cookbook.com/go/json* herunterladen.

16.9 jQuery und JSONP verwenden

Problem

Sie wollen eine Liste von Bildern aus Flickrs öffentlichem Photo Stream übernehmen und die ersten drei Bilder anzeigen.

Lösung

```
(function($) {
    $(document).ready(function() {
        var url     = 'http://www.flickr.com/services/feeds/photos_public.gne?
                      jsoncallback=?';
        var params = { format: 'json' };
        $.getJSON(url, params, function(json) {
```

```
        if ( json.items ) {
            $.each( json.items, function(i, n) {
                var item = json.items[i];
                $('<a href="' + item.link + '"></a>')
                    .append('<img src="' + item.media.m + '" />')
                    .appendTo('#photos');
                // Anzeigen der ersten 3 Bilder (Rückgabe von false
                // beendet die Schleife)
                return i < 2;
            });
        }
    });
});
})(jQuery);
```

Diskussion

Die Frage der Sicherheit ist ein kritisches Thema, wenn man eine Website oder eine Anwendung erstellt – insbesondere seit dem Aufkommen von Ajax. Web-Browser nutzen eine Same Origin Policy für Anfragen, es können also nur Anfragen an die gleiche Domain der Seite oder an eine Subdomain gestellt werden. Eine Seite, die man unter *http://www.example.com* anspricht, darf Ajax-Anfragen also an *http://www.example.com* und *http://x.www.example.com* stellen, aber nicht an *http://example.com* oder *http://y.example.com*. Seit dem Wachsen des semantischen Web und seit Websites wie Flickr eine API und Services für andere Anwender bereitstellen, haben sich die Sicherheitsrichtlinien der Browser zu einem Hindernis entwickelt. Ein Bereich, der nie die Same Origin Policy umgesetzt hat, war die Verwendung von Skript-Elementen mit einem src-Attribut. Es ist zwar für *http://www.example.com* möglich, ein Skript von *http://static.example2.com* einzubinden, aber es ist schwierig, dies dynamisch im Programmablauf durchzuführen. Auf Basis dessen hat sich JSONP als Standard entwickelt, um die Same Origin-Begrenzung zu umgehen.

> Seien Sie sich bewusst, dass einige der Vorgehensweisen nicht sicher sind und zu potenziellen Sicherheitslücken führen können. Stellen Sie also sicher, dass Sie der Quelle für Ihre Daten vertrauen können. Und wenn Sie ein Skript-Element auf einer Seite einbinden, hat das gesamte Skript Zugriff auf den gesamten HTML-DOM und jegliche privaten oder sensiblen Daten, die dort enthalten sind. Ein böswilliges Skript könnte diese Daten an eine nicht vertrauenswürdige Site senden. Treffen Sie also zusätzliche Vorsichtsmaßnahmen, indem Sie zum Beispiel das Skript in einer Sandbox unterbringen. Diese zusätzlichen Sicherheitsmaßnahmen sind nicht Bestandteil dieses Rezepts, aber wir wollten Sie zumindest darauf aufmerksam machen.

JSONP fordert Daten über ein <script>-Tag mit einem src-Attribut an und kümmert sich für den Entwickler um den Programmablauf, indem es die Daten in einer Callback-Funktion verpackt, die der Entwickler implementieren kann. Lassen Sie uns zunächst eine Beispiel-Mitteilung im JSON-Format anschauen.

```
{"title":"Hallo Welt!","body":"It's great to be alive!"}
```

Hier die gleiche Nachricht, verpackt in einem Callback:

```
myCallback({"title":"Hallo Welt!","body":"It's great to be alive!"})
```

Wenn die Ressource beim Laden durch den Browser angefordert wird, kann die Funktion myCallback aufgerufen werden. Das JSON-Objekt wird dann als erstes Argument übergeben. Der Entwickler kann die Funktion myCallback wie folgt implementieren, um die Daten zu verarbeiten:

```
function myCallback(json) {
    alert( json.title );
}
```

Jetzt wollen wir unsere Flickr-Lösung genauer anschauen. Als erstes definieren wir die URL des Web-Services von Flickr, gefolgt von der Deklaration eines params-Objekts für die GET-Variablen. Der Parameter jsoncallback ist ein spezieller Parameter, definiert durch den Flickr-Service, der es uns ermöglicht, einen Funktionsnamen zu übergeben. Da wir diesen Parameter auf ein ? setzen, erzeugt jQuery automatisch einen Funktionsnamen und bindet ihn an unsere Callback-Methode.

 jQuery erkennt anhand des =? in der URL, dass es sich hier um einen (Domain-übergreifenden) JSONP-Aufruf handelt. Es ist nicht möglich, dies im params-Array zu übergeben.

```
var url     = 'http://www.flickr.com/services/feeds/photos_public.gne?
jsoncallback=?';
var params  = { format: 'json' };
```

Als nächstes rufen wir die jQuery-Methode $.getJSON() auf und übergeben url, params und unsere Callback-Funktion, die ein JSON-Objekt erwartet. In unserer Callback-Methode schauen wir, ob es ein Array mit Elementen gibt, dann nutzen wir $.each(), um über die ersten drei Elemente zu iterieren, einen Link zu erzeugen, ein Bild anzufügen und dann den Link an ein Element mit der ID photos anzuhängen. Schließlich gibt unsere Callback-Funktion bei der dritten Iteration false zurück (bei i = 2), um die Schleife abzubrechen.

```
$.getJSON(url, params, function(json) {
    if ( json.items ) {
        $.each( json.items, function(i, n) {
            var item = json.items[i];
            $('<a href="' + item.link + '"></a>')
                .append('<img src="' + item.media.m + '" />')
                .appendTo('#photos');
            return i < 2;
        });
    }
});
```

Mit der Kombination des JSON-Datenformats und den Domain-übergreifenden Zugriffsmöglichkeiten von JSONP können Web-Entwickler neue Anwendungen erzeugen, die Daten auf neue und innovative Art und Weise zusammenführen und umwandeln und so das semantische Web noch weiter wachsen lassen.

---

jQuery in großen Projekten verwenden

Rob Burns

17.0 Einleitung

jQuery wird häufig genutzt, um auf einer Website kleine Verbesserungen der Benutz-eroberfläche zu ermöglichen. Aber bei größeren, komplexeren Web-Anwendungen ist jQuery auch sehr nützlich. Die Beispiel-Rezepte in diesem Kapitel zeigen, wie jQuery genutzt werden kann, um die Bedürfnisse grundlegenderer und interaktiverer Web-Inhalte zu erfüllen. Die ersten drei Rezepte behandeln die verschiedenen Methoden, mit denen Daten in einem Web-Browser bewahrt werden. Danach folgen Rezepte, die den Umgang mit Ajax und JavaScript vereinfachen sollen, wenn die Menge an Code und Daten in Ihrer Anwendung wächst.

17.1 Auf dem Client speichern

Problem

Sie schreiben eine Rich Internet Application, die größere Mengen an Benutzerdaten im Web-Browser verarbeitet. Die Daten sollen aus Performance-Gründen oder zur Offline-Arbeit auf dem Rechner des Anwenders zwischengespeichert werden.

Lösung

Eine einfache Todo-Liste soll als Beispiel für das Speichern auf dem Client dienen. Wie bei vielen Rezepten in diesem Kapitel wird ein jQuery-Plugin genutzt werden, um die Unterschiede zwischen den Browsern auszubügeln:

```
<!DOCTYPE html>
<html><head>
    <title>17.1 - Auf dem Client speichern</title>
    <script type="text/javascript" src="../../jquery-1.3.2.min.js"></script>
    <script type="text/javascript" src="jquery.jstore-all.js"></script>
</head>
```

```
<body>
    <h1>17.1 - Auf dem Client speichern</h1>
    <p>Storage-Engine: <span id="storage-engine"></span></p>
    <input id="task-input"></input>
    <input id="task-add" type="submit" value="Aufgabe hinzufügen"></input>
    <input id="list-clear" type="submit" value="Alle Aufgaben entfernen"></input>
    <ul id="task-list"></ul>
</body></html>
```

Der HTML-Code besteht aus Form-Elementen, mit denen die Todo-Liste bearbeitet werden kann: Ein Textfeld, um eine Aufgabe einzugeben, sowie Buttons, um eine Aufgabe hinzuzufügen und alle Aufgaben zu löschen. Die eingegebenen Aufgaben werden als ungeordnete Liste ausgegeben:

```
(function($) {
    $.jStore.ready(function(ev,engine) {
        engine.ready(function(ev,engine) {
            $('#storage-engine').html($.jStore.CurrentEngine.type);
            $('#task-list').append($.store('task-list'));
        });
    });
```

Das Plugin jStore bietet zwei Callbacks an: jStore.ready() und engine.ready(). So wie die jQuery-Funktion ready() erlauben es uns diese Funktionen, eigene Schritte durchzuführen, sobald jStore bereit und die gewählte Storage Engine mit ihren Initialisierungs-schritten fertig ist. Diese Einsprungpunkte werden genutzt, um die aktuelle Storage Engine und alle abgespeicherten Elemente auf der Seite anzuzeigen:

```
$('document').ready(function() {
    $('#task-add').click(function() {
        var task = $('#task-input').val();
        var taskHtml = '<li><a href="#">erledigt</a> ' + task + '</li>';
        $.store('task-list',$('#task-list').append(taskHtml).html());
        return false;
    });
```

Ist das Dokument fertig, dann werden Click-Events an die entsprechenden Steuerelemente gebunden. Wird der Button »Aufgabe hinzufügen« angeklickt, bauen wir ein List-Item-Element mit dem Inhalt des Aufgaben-Textfeldes und einem Link, um die Aufgabe als erledigt zu markieren. Das List-Item wird dann an den Inhalt der Aufgabenliste angehängt und diese Liste im lokalen Speicherbereich mit dem Schlüssel task-list abgelegt. Später kann die Liste dann mit diesem Schlüssel wieder ausgelesen werden, so wie es auch im Callback engine.ready() geschieht:

```
$('#list-clear').click(function() {
    $('#task-list').empty();
    $.remove('task-list');
    return false;
});
```

Wird der Button »Alle Aufgaben entfernen« angeklickt, dann wird das Element mit der Todo-Liste geleert. Der Schlüssel task-list und der dazugehörige Wert werden dann aus dem lokalen Storage entfernt:

```
$('#task-list a').live('click',function() {
    $(this).parent().remove();
    var taskList = $('#task-list').html();
    if( taskList ) { $.store('task-list',taskList); }
    else { $.remove('task-list'); }
    return false;
});
});
})(jQuery);
```

Schließlich wird ein live-Event an die done-Links jedes einzelnen Elements in der Todo-Liste gebunden. Durch Verwenden der Funktion live() anstatt bind() oder einer Kurzform wie click() wird an alle Elemente, die zu #task-list a passen, das Click-Event gebunden, selbst an Elemente, die beim Aufruf von live() noch gar nicht vorhanden sind. Dadurch können wir »erledigt«-Links für jedes neue Element einfügen, ohne das Click-Event bei jedem Einfügen neu zuzuweisen.

Wenn ein Element als erledigt markiert wird, entfernen wir es aus der Liste und speichern die aktualisierte Liste im lokalen Storage mit dem Schlüssel task-list. Man muss allerdings ein bisschen aufpassen, wenn man die aktualisierte Liste speichert:

```
if( taskList ) { $.store('task-list',taskList); }
else { $.remove('task-list'); }
```

Falls das letzte Element der Liste entfernt wird, ist die Variable taskList leer. Dies führt dazu, dass die Funktion store() so ausgeführt würde, als ob man ihr nur einen Parameter anstatt zwei übergeben hätte. Übergibt man store() aber nur einen Parameter, wird der gespeicherte Wert für den Schlüssel ausgelesen und die gespeicherte Liste wird nicht geändert. Das Ziel ist aber, eine leere Liste zu speichern. Die Funktion remove() in der else-Klausel entfernt den Schlüssel task-list und seinen zugehörigen Wert. Damit kann man tatsächlich den gespeicherten Wert wie eine leere Liste behandeln.

Diskussion

Klassischerweise ließen sich Daten auf dem Client nur als Cookies speichern. Die Menge an Daten, die sich so speichern lassen, ist aber sehr begrenzt. Mittlerweile existieren aber bessere Alternativen. Die folgende Tabelle enthält die momentan verfügbaren Speichermechanismen und die entsprechende Verfügbarkeit in den Browsern.

	Firefox	Safari	Internet Explorer
DOM Storage	2.0+	nein	8.0+
Gears	ja	ja	ja
Flash	ja	ja	ja
SQL Storage API	nein	3.1+	nein
userData Behaviour	nein	nein	5.0+

DOM Storage und die SQL Storage API sind Teil der noch in Entwicklung befindlichen HTML-Standards. Daher können sie nicht mit einem so umfassenden Browser-Support dienen. Google Gears und Flash sind Browser-Plugins, die für das Speichern auf Client-Seite genutzt werden können. Der Internet Explorer hat schon seit einer ganzen Weile das userData Behaviour für das Speichern auf Client-Seite implementiert. Wenn man einen einzelnen Mechanismus für alle wichtigen Browser benötigt, bietet ein auf Flash oder Google Gears basierender Ansatz optimale Möglichkeiten. Allerdings müssen die Anwender dafür ein Browser-Plugin installieren.

 Das Release 1.0.3 des jStore-Plugins enthält einen Fehler. Es muss ein Tippfehler korrigiert werden. Die Zeile 403 von jquery.jstore-all.js sollte wie folgt lauten:

```
return !!(jQuery.hasFlash('8.0.0'));
```

Glücklicherweise bietet jStore (verfügbar unter *http://plugins.jquery.com/project/jStore*) eine Abstraktionsschicht, die einen Browser-übergreifenden Speichermechanismus auf Client-Seite ermöglicht und in den meisten Fällen keine Browser-Plugins benötigt. jStore stellt eine einheitliche Schnittstelle für die eben aufgeführten Speichermechanismen bereit. Man kann zwar auch manuell einen Mechanismus auswählen, aber dieses Beispiel nutzt das jStore-Feature, um automatisch den passenden Speichermechanismus für den aktuell genutzten Browser auszuwählen. Testet man das Beispiel in verschiedenen Browsern, dann zeigt dieses Rezept die jeweils gewählten Speichermechanismen an.

17.2 Den Anwendungs-Status für eine einzelne Session speichern

Problem

Sie wollen Daten auf dem Client nur solange speichern, bis die aktuelle Session endet, also zum Beispiel das Fenster oder die Registerkarte geschlossen wird.

Lösung

In diesem Beispiel gibt es zwei HTML-Seiten. Jede Seite enthält eine Reihe von auswählbaren Elementen. Werden Elemente markiert oder wieder abgewählt, dann wird der Status der Seite gespeichert. Wenn Sie zwischen den beiden Seiten navigieren, sehen Sie, wie der Status einer Seite auf der gesamten Website beibehalten werden kann. Das Objekt sessionStorage wird für Daten verwendet, die nicht über den aktuellen Besuch der Site hinaus persistiert sein sollen:

```
<!DOCTYPE html>
<html><head>
    <title>17.2 Den Anwendungs-Status für eine einzelne Session speichern</title>
    <style>
        .square {
            width: 100px; height: 100px; margin: 15px;
            background-color: gray; border: 3px solid white; }
        .selected {
```

```
            border: 3px solid orange; }
        </style>
        <script src="../../jquery-1.3.2.min.js"></script>
    </head>

    <body>
        <h1>17.2 Den Anwendungs-Status für eine einzelne Session speichern</h1>
        <a href="one.html">Seite eins</a>
        <a href="two.html">Seite zwei</a>
        <div id="one" class="square"></div>
        <div id="two" class="square"></div>
        <div id="three" class="square"></div>
    </body></html>
```

Beide HTML-Seiten (`one.html` und `two.html`) besitzen den gleichen Inhalt. Der folgenden JavaScript-Code kümmert sich darum, den Status jeder Seite zu verwalten, so dass man auf beiden Seiten immer den aktuellen Status sieht:

```
jQuery(document).ready(function() {
    $('.square').each(function(){
        if( sessionStorage[window.location + this.id] == 'true' ) {
            $(this).addClass('selected');
        }
    });

    $('.square').click(function() {
        $(this).toggleClass('selected');
        sessionStorage[window.location + this.id] = $(this).hasClass('selected');
        return false;
    });
});
```

Beim Laden des Dokuments wird das Objekt `sessionStorage` auf Schlüssel abgefragt, die aus der aktuellen URL und der `id` jedes der auswählbaren Quadrate bestehen. Jedes Quadrat besitzt eine CSS-Klasse, die entsprechend angewendet wird. Klickt man ein Quadrat an, wird seine Anzeige durch das Umschalten einer CSS-Klasse geändert und der Status entsprechend persistent. Dabei wird als Schlüssel eben die aktuelle URL und die `id` des aktuellen Elements genutzt.

Diskussion

Nutzt man das jStore-Plugin aus dem vorigen Rezept, kann man ähnliche Speichermechanismen auf Client-Seite für eine Session erhalten. Mit jStore haben Sie den Vorteil der Browser-übergreifenden Kompatibilität. Dieses Rezept funktioniert nur im Internet Explorer 8.0 und in Firefox 2.0 (und höher). Safari 3.1 unterstützt dieses Feature nicht, allerdings kann es sein, dass zukünftige Versionen eine entsprechende Unterstützung anbieten werden.

Die DOM Storage API ist dann sehr nützlich, wenn eine breite Browser-Unterstützung nicht notwendig ist. Das kann bei Anwendungen der Fall sein, die für Firmen-Intranets entwickelt werden. Zudem ist die API Teil der kommenden HTML5-Spezifikation. In Zukunft wird die Verfügbarkeit also sehr wahrscheinlich höher sein. Das Verwenden einer schon eingebauten Storage API hat den Vorteil, dass man sich nicht mit zusätzlichem JavaScript-Code herumschlagen muss. Das minifizierte jStore-Plugin und die Flash-Komponente jStore.swf sind 20 KB groß.

17.3 Den Anwendungs-Status über eine Session hinaus speichern

Problem

Sie wollen Daten auch zwischen Sessions auf dem Client speichern. In Rezept 17.1 wird der Status der Todo-Liste zwischen zwei Sessions persistiert. Dieses Rezept zeigt, wie man eine ähnliche Funktionalität ohne das jStore-Plugin erzielen kann.

Lösung

Der HTML-Teil der Lösung entspricht dem aus Rezept 17.1. Der JavaScript-Code sieht wie folgt aus:

```
(function($) {
    $('document').ready(function() {
        if( window.localStorage ) { appStorage = window.localStorage; }
        else { appStorage = globalStorage[location.hostname]; }

        var listHtml = appStorage['task-list'];
        $('#task-list').append(listHtml.value ? listHtml.value : listHtml);
```

Das erstmalige Einrichten ist etwas umfangreicher als die auf jStore basierende Lösung. Firefox bietet eine nicht-standardkonforme Implementierung des Storage-Bereichs für langfristiges Speichern der DOM Storage API. Es verwendet das Array globalStorage zum Speichern von Daten zwischen Sessions – im Gegensatz zum Objekt localStorage. Jedes Storage-Objekt im Array globalStorage wird mit einem Schlüssel versehen, der der Domain des aktuellen Dokuments entspricht. Dieser Code wird localStorage nutzen, wenn es zur Verfügung steht. Ansonsten greift er doch auf globalStorage zurück.

Im nächsten Codeabschnitt wird die ungeordnete Liste mit allen bestehenden Aufgaben gefüllt. Im auf jStore basierenden Beispiel war das gerade eine Zeile Code. Die zusätzliche Komplexität in dieser Lösung entsteht durch das Verhalten von Firefox. localStorage gibt einen String zurück. Aber greift man auf globalStorage zu, wird ein Objekt mit den zwei Attributen value und secure zurückgegeben. Falls vorhanden, wird das Attribut value genutzt. Ansonsten geht der Code davon aus, dass localStorage einen String zurückgeliefert hat.

```
$('#task-add').click(function() {
    var task = $('#task-input').val();
    var taskHtml = '<li><a href="#">erledigt</a> ' + task + '</li>';
    appStorage['task-list'] = $('#task-list').append(taskHtml).html();
    return false;
});

$('#list-clear').click(function() {
```

```
        $('#task-list').empty();
        appStorage['task-list'] = '';
        return false;
    });

    $('#task-list a').live('click',function() {
        $(this).parent().remove();
        appStorage['task-list'] = $('#task-list').html();
        return false;
    });
  });
})(jQuery);
```

Mit dem Rest des Codes werden neue Aufgaben hinzugefügt, mit »erledigt« markierte Aufgaben entfernt und die Aufgabenliste gelöscht, indem die entsprechenden Events wie im vorigen auf jStore basierenden Rezept an die DOM-Elemente gebunden werden. Aber anstatt die jStore-Funktionen zum Verändern der persistierten Daten zu nutzen, können die Werte im weiter vorne erzeugten appStorage-Objekt direkt angesprochen werden. Damit kann der Code zum Entfernen einer Aufgabe vereinfacht werden.

Diskussion

Die DOM Storage API besteht aus zwei Schnittstellen: sessionStorage und localStorage. Firefox besitzt dieses Feature seit Version 2.0, als der Standard noch in der Entwicklung war. Seitdem gab es einige Überarbeitungen des Standards. Der Internet Explorer 8.0 enthält eine Implementierung der aktuellen API. Kommende Versionen von Safari und Firefox werden sich ebenfalls nach der aktuellen Spezifikation richten. Aber auch Firefox-Browser der Versionen 2.0 bis 3.0 werden den Speicher einige Zeit halten. Programmiert man eine Anwendung so, dass sie globalStorage unterstützt, dann kann man auch auf diese älteren Browser Rücksicht nehmen.

17.4   Eine JavaScript Template Engine nutzen

Problem

Sie wollen eine JavaScript Template Engine nutzen, um JSON-Daten anzuzeigen.

Lösung

Dieses Rezept ist eine Bücherliste. Sie holt sich Informationen über ein Buch von einem Skript auf Server-Seite und fügt es einer Liste von Büchern im Browser hinzu. Die Details zum Buch werden vom Server als JSON-String zurückgegeben. Dabei wird die Pure Templating Engine (verfügbar unter *http://plugins.jquery.com/project/pure*) genutzt, um die Daten zu formatieren und in die Website einzufügen:

```
<!DOCTYPE html>
<html><head>
    <title>jQuery-Kochbuch - 17.4 Eine Javascript Template Engine nutzen</title>
    <style>.hidden { display: none }</style>
```

```
                <script type="text/javascript" src="../../jquery-1.3.2.min.js"></script>
                <script type="text/javascript" src="pure.js"></script>
        </head>

        <body>
            <h1>17.4 - Eine JavaScript Template Engine nutzen</h1>
            <input type="button" id="add-book" value="Buch hinzufügen"></input>
            <input type="button" id="clear-list" value="Buchliste löschen"></input>
            <div id="book-list"></div>
```

Es gibt zwei Buttons. Einer holt sich die Buch-Details vom Server. Der andere löscht die lokal angezeigte Bücherliste. Diese Liste wird innerhalb eines <div>-Elements mit der id mit dem Wert book-list angezeigt. Diese Elemente sind sichtbar, wenn die Seite geladen wird:

```
            <div id="book-template" class="hidden book">
                <ul class="author-list"><li class="author"><span class="name"></span>
                </li></ul>
                <p class="title"></p>
                <p class="year"></p>
                <div class='book-footer'>
                    <div class="rating-div">Bewertung: <span class="rating"></span></div>
                    <div>Position: <span class="location"></span></div>
                </div>
            </div>
        </body></html>
```

Das <div> mit der id mit dem Wert book-template besitzt die Klasse hidden. Dieses <div> wird nicht angezeigt. Es wird als Template für die Daten genutzt, die vom Server empfangen werden. Die Pure Templating Engine verbindet die Attribute in einer Datenstruktur mit HTML-Elementen, die die gleichen Klassen besitzen. Daher entspricht der Inhalt des Absatzelements mit der Klasse year dem Wert des Attributs year unserer Datenstruktur:

```
{
    "title": "Democracy and the Post-Totalitarian Experience",
    "author": [
        {
            "name": "Leszek Koczanowicz"
        },
        {
            "name": "Beth J. Singer"
        }
    ],
    "year": "2005",
    "rating": "3",
    "location": "Mandalay"
}
```

Dieser Code ist ein Beispiel für die JSON-Daten, die vom Server zurückgegeben werden. Die Attribute title, year, rating und location besitzen einzelne Werte und lassen sich direkt auf einzelne Elemente im HTML-Template abbilden. Um einen dieser Werte mehr als einmal anzuzeigen, muss man nur die entsprechende Klasse den zusätzlichen Elementen im Template zuweisen.

Das Attribut author enthält ein Array mit Objekten. Jedes Objekt besitzt ein einzelnes Attribut name. So lassen sich mehrere Autoren darstellen, mittels derer auch die Iterationsfähigkeiten der Template Engine gezeigt werden sollen. Das Template enthält ein einzelnes List-Element mit der Klasse author. Das List-Element enthält wiederum ein <span>-Element mit der Klasse name. Für Attribute innerhalb der Datenstruktur, die einen Array-Wert besitzen, wird für jedes Element im Array eine Instanz des entsprechenden HTML-Elements erzeugt. So lassen sich beliebig viele List-Elemente erzeugen:

```
(function($) {
    $('document').ready(function() {
        $('#add-book').data('id',1);
```

Ist das Dokument bereit, dann wird die jQuery-Funktion data() genutzt, um die aktuelle id des Buches zu speichern, das wir abfragen wollen. Diese id wird jedes Mal erhöht, wenn man die Informationen zu einem Buch abfragen will. Die Funktion data() erlaubt das Speichern beliebiger Daten in DOM-Elementen:

```
$('#add-book').click(function() {
    var curId = $(this).data('id');
    $.getJSON('server.php', {id: +curId}, function(data) {
        if( data.none ) { return false; }
        var divId = 'book-' + curId;
        $('#book-list').append($('#book-template').clone().attr('id',divId));
        $('#'+divId).autoRender(data).removeClass('hidden');
        $('#add-book').data('id', curId + 1);
    });
    return false;
});
```

Wird der Button »Buch hinzufügen« angeklickt, dann erzeugt der Code mit Hilfe der jQuery-Funktion getJSON() eine Anfrage an den Server. Der Template-Prozess beginnt mit dem Erzeugen einer Kopie des verborgenen <div> in unserem HTML-Code. Die id dieser Kopie muss geändert werden, bevor sie an die Bücherliste angefügt wird. Wenn man sie nicht ändert, wird ein DOM-Element mit einer nicht-eindeutigen id erzeugt. Dann wird die Funktion autoRender() aus dem Pure-Plugin mit den JSON-Daten als Argument aufgerufen. Damit wird das Template mit den angegebenen Daten gefüllt. Zum Schluss wird die Klasse hidden entfernt und die Buch-Details damit sichtbar gemacht:

```
$('#clear-list').click(function() {
    $('#add-book').data('id',1);
    $('#book-list').empty();
    return false;
});
    });
})(jQuery);
```

Die Funktion zum Löschen der Bücherliste ist ziemlich einfach. Das entsprechende <div>-Element wird geleert und der Buchzähler id auf 1 zurückgesetzt.

Diskussion

Es gibt zwei Vorteile durch die Verwendung einer JavaScript-basierten Templating Engine. Der eine ist die Möglichkeit, eine JSON-Datenstruktur in formatierten und strukturierten HTML-Code umzuwandeln, ohne selbst jedes Element der Datenstruktur anfassen zu müssen. Dazu wendet man eine Templating Engine auf die verschiedenen Datenelemente an, die man im Allgemeinen über Ajax-Aufrufe erhält – wie dieses Beispiel schön zeigt.

Der zweite Vorteil einer auf JavaScript basierenden Templating Engine ist das Erzeugen reiner HTML-Templates. Diese enthalten keine Bestandteile der Skriptsprache, die normalerweise genutzt werden, um die zu verarbeitenden Daten zu markieren und zum Beispiel Iterationen zu ermöglichen. Es ist schwer, diesen Vorteil nutzen zu können, wenn man die Templating Engine im Browser verwendet. Die negativen Auswirkungen auf die Attraktivität der Site für Suchmaschinen hält die meisten Entwickler von diesem Vorgehen ab. Aber jQuery und die Pure Templating Engine können auch in JavaScript-Umgebungen auf Server-Seite genutzt werden. Jaxer (*http://www.aptana.com/jaxer*), Rhino (*http://www.mozilla.org/rhino/*) und SpiderMonkey (*http://www.mozilla.org/js/spidermonkey/*) sind ebenfalls bekannt Beispiele.

17.5 Ajax-Anfragen queuen

Problem

Sie brauchen eine bessere Kontrolle über die Reihenfolge der vielen unterschiedlichen Ajax-Anfragen.

Lösung

Dieses Rezept stellt zwei verschiedene Wege vor, wie man Ajax-Anfragen queuen kann. Der erste füllt eine Queue mit Anfragen, die dann nacheinander abgesendet werden. Dabei wird die nächste Anfrage immer erst abgeschickt, wenn die Antwort der ersten Anfrage zurückgekommen ist. Der zweite schickt immer eine Gruppe von Anfragen parallel ab. Aber die Callback-Funktionen für jede Anfrage werden immer erst dann ausgeführt, wenn alle Antworten zurückgekommen sind. Zum Vergleich hier ein Beispiel für normale, nicht gequeuete Anfragen:

```html
<!DOCTYPE html>
<html><head>
    <title>jQuery-Kochbuch - 17.5 - Ajax-Anfragen queuen</title>
    <script type="text/javascript" src="../../jquery-1.3.2.min.js"></script>
    <script type="text/javascript" src="jquery-ajax-queue_1.0.js"></script>
</head>

<body>
    <h1>17.5 - Ajax-Anfragen queuen</h1>
    <input type="button" id="unqueued-requests" value="Nicht gequeuete Anfragen"></input>
    <input type="button" id="queued-requests" value="Gequeuete Anfragen"></input>
    <input type="button" id="synced-requests" value="Synchronisierte Anfragen"></input>
    <p id="response"></p>
</body></html>
```

Das jQuery-Plugin ajaxqueue (verfügbar unter *http://plugins.jquery.com/project/ajax-queue/*) wird genutzt, um das Queueing zu ermöglichen. Drei verschiedene Buttons lösen jeweils eine Gruppe von Ajax-Anfragen aus. In einem Absatz-Element zeigen wir ein Protokoll mit den Antworten an:

```
(function($) {
    $('document').ready(function() {
        $('#unqueued-requests').click(function() {
            $('#response').empty();
            $.each([1,2,3,4,5,6,7,8,9,10], function() {
                $.get('server.php',{ data: this }, function(data) {
                    $('#response').append(data);
                });
            });
            return false;
        });
```

Der erste Button löst ganz normale Ajax-Anfragen aus. Es werden zehn Anfragen abgeschickt, wobei jede die Position in der Liste mitschickt. Das Skript server.php simuliert einen Server unter Last, indem er eine zufällige Zeitspanne abwartet, bevor er eine Antwort zurücksendet. Kommt diese an, wird die Anwort an den Inhalt des Absatzes #response angehängt.

```
        $('#queued-requests').click(function() {
            $('#response').empty();
            $.each([1,2,3,4,5,6,7,8,9,10], function() {
                $.ajaxQueue({url: 'server.php',
                    data: { data: this },
                    success: function(data) { $('#response').append(data); }
                });
            });
            $.dequeue( $.ajaxQueue, "ajax" );
            return false;
        });
```

Der Button »Gequeuete Anfragen« trägt jede Anfrage in eine Queue ein, indem er die Funktion ajaxQueue() aufruft. Intern wird die Funktion ajax() mit den angegebenen Optionen aufgerufen, wenn eine Anfrage aus der Queue geholt wird. Nachdem alle Anfragen eingetragen wurden, löst ein Aufruf von dequeue() mit der Funktion ajaxQueue als Parameter die erste Anfrage aus. Alle folgenden Anfragen werden anschließend abgearbeitet.

```
        $('#synced-requests').click(function() {
            $('#response').empty();
            $.each([1,2,3,4,5,6,7,8,9,10], function() {
                $.ajaxSync({url: 'server.php',
                    data: { data: this },
                    success: function(data) { $('#response').append(data); }
                });
            });
            return false;
        });
    });
})(jQuery);
```

Die letzte Gruppe von Anfragen nutzt die Funktion `ajaxSync()`, um die Anfragen parallel abzuschicken. Die angegebenen Callbacks werden aber synchronisiert, wenn die Antworten wieder eintreffen.

Diskussion

Antworten von den nicht gequeueten Anfragen kommen in einer nicht vorhersagbaren Reihenfolge zurück. Dieses Verhalten muss nicht unbedingt unerwünscht sein – in vielen Fällen ist es sogar zu bevorzugen. Aber es gibt Szenarien, in denen man mehr Kontrolle über die Ajax-Anfragen und -Antworten haben möchte. Die von `ajaxQueue()` bereitgestellte Funktionalität ist dann sinnvoll, wenn jede Anfrage von der Antwort der vorherigen Anfrage abhängt, während `ajaxSync()` dafür genutzt werden kann, Daten zu verändern, die von verschiedenen Servern geholt werden müssen. Dabei kann mit der Verarbeitung erst begonnen werden, wenn alle Server eine Antwort geliefert haben und alle Daten vorhanden sind.

17.6 Ajax und der Zurück-Button

Problem

Belebt man Webseiten mit Hilfe von Ajax, erlebt der Anwender eine praktische und interaktive Oberfläche, die sich durch klassische HTTP-Anfragen nicht erzielen lässt. Änderungen am Inhalt des Browser-Fensters mit Ajax führen aber leider auch dazu, dass die Zurück- und Vorwärts-Buttons in Ihrem Browser nicht mehr sinnvoll zu gebrauchen sind. Zudem sind auch Lesezeichen nicht mehr so einfach (sinnvoll) anzulegen.

Lösung

Die Lösung für dieses Problem liegt darin, jede Ajax-Anfrage mit einer eindeutigen URL zu verbinden. Diese URL kann dann als Lesezeichen verwendet und von den Zurück- und Vorwärts-Buttons genutzt werden. Eine Methode dafür ist das Verwenden von Hash-Werten. Diese werden im Allgemeinen genutzt, um auf eine bestimmte Position in einem Dokument zu verweisen. *http://de.wikipedia.org/wiki/Kulturapfel#Symbolik* verweist zum Beispiel auf der Wikipedia-Seite zu (Kultur-)Äpfeln auf den Abschnitt über die Symbolik. In diesem Rezept wird sich der Hash-Wert auf Inhalte beziehen, die über eine Ajax-Anfrage geladen wurden.

In unserem Fall ist das Beispiel-Projekt ein kleines Glossar. Es besteht aus drei Einträgen. Klicken Sie auf einen der Einträge, wird die Definition für das Wort per Ajax geladen und angezeigt. Der gesamte Inhalt könnte zugegebenermaßen problemlos auf einer einzelnen Seite angezeigt werden. Aber das gleiche Vorgehen lässt sich auch für größere, unterschiedlichere Daten nutzen, wie zum Beispiel den Inhalt von Registerkarten:

```
<!DOCTYPE html>
<html><head>
    <title>17.6 Ajax und der Zurück-Button</title>
```

```
    <script src="../../jquery-1.3.2.min.js"></script>
    <script src="jquery.history.js"></script>
</head>

<body>
    <h1>17.6 Ajax und der Zurück-Button</h1>
    <a href="#apples" class='word'>Äpfel</a>
    <a href="#oranges" class='word'>Orangen</a>
    <a href="#bananas" class='word'>Bananen</a>
    <p id='definition'></p>
</body></html>
```

Die erforderlichen JavaScript-Dateien werden im Kopf des Dokuments eingebunden. Die Datei jquery.history.js enthält das jQuery-Plugin History (zu finden unter *http://plug-ins.jquery.com/project/history*). Es gibt ein Anker-Element für jeden der drei Einträge im Glossar. Die Definition für Eintrag wird im Absatz angezeigt, deren id den Wert definition besitzt:

```
(function($) {
    function historyLoad(hash) {
        if(hash) { $('#definition').load('server.php',{word: hash}); }
        else { $('#definition').empty(); }
    }

    $(document).ready(function() {
        $.history.init(historyLoad);
        $('a.word').click(function() {
            $.history.load($(this).html());
            return false;
        });
    });
})(jQuery);
```

Das History-Plugin bietet zwei Funktionen an, die hier für uns von Bedeutung sind: init() und load(). Die Funktion init() wird innerhalb der Funktion ready aufgerufen. Dabei wird ein Callback als Argument übergeben, das die Ajax-Anfragen umsetzen soll. An die word-Links wird load() gebunden, wobei der Inhalt des Anker-Tags als Argument übergeben wird. Der Callback historyLoad() kümmert sich darum, dass der Inhalt für den übergebenen Hash-Wert geladen wird. Er muss auch dazu in der Lage sein, mit Instanzen umzugehen, wenn es keinen Hash-Wert gibt.

Diskussion

Beim Aufruf des Callbacks historyLoad() gibt es zwei Instanzen. Zuerst wird er innerhalb der Funktion $.history.init() aufgerufen, wenn die Seite geladen wird. Der Hash-Wert wird vom Ende der URL genommen und als Argument übergeben. Gibt es keinen Hash-Wert, ist das Argument leer. Die Funktion load() ruft ebenfalls historyLoad() auf. Das Argument, das wir an $.history.load() übergeben – in diesem Fall das angeklickte Wort – wird als Hash-Argument übergeben.

In dieser Lösung wurde ein jQuery-Plugin genutzt. Es ist recht einfach, eine ähnliche Funktionalität auch ohne ein Plugin zu implementieren – über das JavaScript-Objekt window.location.hash. Das jQuery-Plugin History besteht nur aus 156 Zeilen Code. Wir haben trotzdem das Plugin gewählt und uns nicht dafür entschieden, die Lösung von Grund auf selbst zu entwickeln, weil ein Großteil des Plugin-Codes sich mit dem Ausbügeln von Browser-Unterschieden befasst. Solche Unterschiede lassen sich meist leichter lösen, wenn man auf Erfahrung vieler anderer zurückgreift, anstatt jede Implementierungs-Diskrepanz selbst beheben zu wollen.

17.7 JavaScript am Seitenende unterbringen

Problem

Wenn ein Projekt größer wird, wächst häufig auch die Menge an JavaScript-Code. Das führt zu längeren Ladezeiten für die Seiten. Wenn man die verschiedenen JavaScript-Dateien in einer großen Einzel-Datei zusammenfasst und die Minifizierung und Komprimierung nutzt, können die Größe des JavaScript-Codes und die Anzahl der HTTP-Anfragen verringert werden. Aber es bleibt immer noch eine Menge Code zu laden. Es wäre nett, wenn sich die gefühlten Ladezeiten verringern ließen.

Lösung

Ein Anwender empfindet die Ladezeit abhängig von dem, was auf dem Bildschirm angezeigt wird, als unterschiedlich. Ein Browser hat nur wenige HTTP-Verbindungen, die er für externe Inhalte gleichzeitig nutzen kann, wie zum Beispiel für JavaScript, CSS-Stylesheets und Bilder. Bringt man den JavaScript-Code am Anfang des Dokuments unter, kann dies das Laden der anderen, sichtbaren Ressourcen verzögern. Da bietet es sich an, die JavaScript-Dateien am Ende Ihrer Seite unterzubringen:

```
<!DOCTYPE html>
<html><head>
    <title>17.7 JavaScript am Seitenende unterbringen</title>
</head>

<body>
    <h1>17.7 JavaScript am Seitenende unterbringen</h1>
    <p>Lorem ipsum dolor ...</p>
    <script src="../../jquery-1.3.2.min.js"></script>
    <script type="text/javascript">
        jQuery(document).ready(function() {
            jQuery('p').after('<p>Ut ac dui ipsum ...</p>').show();
        });
    </script>
</body></html>
```

Diskussion

Indem man den JavaScript-Code direkt vor das schließende <body>-Tag verschiebt, werden alle Bilder oder CSS-Dateien, die im Dokument vorher referenziert sind, zuerst geladen. Dadurch wird die Seite zwar nicht schneller geladen, aber die gefühlte Ladezeit verringert sich. Die sichtbaren Elemente werden so gegenüber dem JavaScript-Code bevorzugt. Das Laden der JavaScript-Dateien am Ende der Seite hat keine negativen Folgen, weil der Code normalerweise sowieso erst ausgeführt werden sollte, wenn die gesamte Seite geladen ist.

Es lohnt sich allerdings nicht, Inline-JavaScript-Code an das Ende des Dokuments zu verfrachten. In diesem Beispiel befindet sich der Code dort, weil die jQuery-Funktion nicht geladen werden kann, bevor `jquery-1.3.2.min.js` geladen ist. Bringen wir den Inline-JavaScript-Code im `<head>`-Element unter, dann würde ein Fehler geworfen werden, weil jQuery noch nicht definiert ist.

KAPITEL 18

Unit Tests

Scott González und Jörn Zaefferer

18.0 Einleitung

Das automatisierte Testen von Software ist in der Entwicklung nicht mehr wegzudenken. Unit Tests sind die grundlegenden Bausteine für automatisierte Tests: Jede Software-Komponenten – die Unit – ist von einem Test begleitet, der von einem Test Runner wieder und wieder ausgeführt werden kann, ohne dass ein Mensch beteiligt sein muss. Mit anderen Worten – Sie können einen Test einmalig schreiben und ihn so oft wie nötig laufen lassen, ohne zusätzliche Aufwände zu verursachen.

Neben den Vorteilen der guten Testabdeckung kann das Testen auch das Design der Software leiten, was als *Testgetriebenes Design* bekannt ist. Dabei wird ein Test geschrieben, bevor man sich an die Implementierung macht. Sie schreiben zunächst einen sehr einfachen Test, prüfen, dass er fehlschlägt (denn der Code, der getestet werden soll, ist noch gar nicht vorhanden), und schreiben dann die notwendige Implementierung, damit der Test erfolgreich bestanden wird. Nachdem das geschehen ist, erweitern Sie den Test so, dass er mehr von der gewünschten Funktionalität abdeckt, und implementieren erneut. Durch das Wiederholen dieser Schritte unterscheidet sich der Code zum Schluss meist deutlich von dem Code, den Sie zu Beginn der Implementierung hatten.

Unit Tests unterscheiden sich in JavaScript gar nicht so sehr von denen in anderen Programmiersprachen. Sie brauchen ein kleines Framework, das einen Test Runner bereitstellt, sowie ein paar Tools, um die eigentlichen Tests schreiben zu können.

18.1 Unit Tests automatisieren

Problem

Sie wollen Ihre Anwendungen und Frameworks automatisiert testen und vielleicht sogar vom testgetriebenen Design profitieren. Das Schreiben eines eigenen Test-Frameworks mag verlockend sein, aber es erfordert einigen Aufwand, alle Details und besonderen

Anforderungen abzudecken, die für das Testen von JavaScript-Code in den verschiedenen Browsern notwendig sind.

Lösung

Es gibt zwar auch andere Frameworks für Unit Test in JavaScript, aber wir werden uns mit QUnit (*http://jquery-cookbook.com/go/qunit*) beschäftigen. QUnit ist das Unit Test Framework für jQuery und es wird von sehr vielen Projekten genutzt.

Um QUnit zu verwenden, müssen Sie zwei QUnit-Dateien auf Ihrer HTML-Seite einbinden (jQuery selber ist nicht zwingend notwendig). QUnit besteht aus `qunit.js`, dem Framework für den Test Runner und das eigentliche Testen, sowie `qunit.css`, das die Seite für die Testsuite zum Anzeigen der Testergebnisse mit Styles versieht. Sie finden beide Dateien aktuell unter *http://github.com/jquery/qunit/raw/master/qunit*. Diese Adresse kann sich in Zukunft allerdings noch ändern. Werfen Sie dann am besten einen Blick auf *http://docs.jquery.com/QUnit*, wo Sie eine kurze Einführung und natürlich auch die Links auf die aktuellen Quellen finden. Laden Sie sie herunter und binden Sie sie dann lokal auf Ihrer Seite ein:

```
<!DOCTYPE html> <html>
    <head> <title>Einfaches Beispiel für QUnit</title>
    <link rel="stylesheet" href="qunit/qunit.css" type="text/css"
    media="screen" /> <script type="text/javascript"
    src="qunit/qunit.css"></script> <script
    type="text/javascript"> test("Ein einfaches Test-Beispiel",
    function() { ok( true, "Dieser Test ist in Ordnung" ); var value =
    "hello"; equal( value, "hello", "Der Wert sollte hello sein" ); });
    </script> </head> <body> <h1
    id="qunit-header">QUnit-Beispiel</h1> <h2
    id="qunit-banner"></h2> <h2
    id="qunit-userAgent"></h2> <ol
    id="qunit-tests"></ol> </body>
    </html>
```

Öffnet man diese Datei in einem Browser, sieht das Ergebnis wie in Abbildung 18-1 aus.

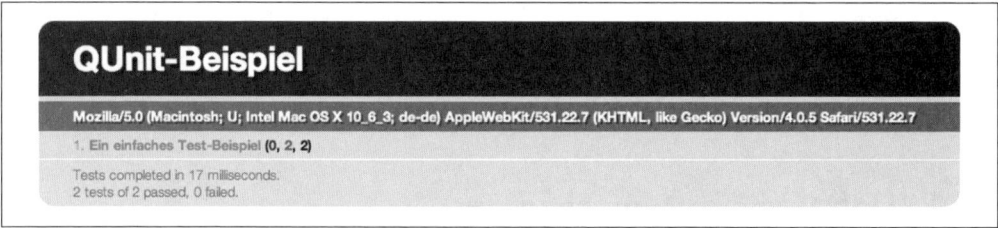

Abbildung 18-1: Testergebnis in einem Browser

Der Markup-Code im `<body>`-Element besteht aus einer Reihe von `<h1>`- und `<h2>`-Elementen mit IDs, die mit `qunit-` beginnen. Diese werden für alle QUnit-Tests benötigt, selbst wenn die Elemente selber leer sind. Das ist die Ausgangsbasis für die Tests, die in Rezept 18.6 beschrieben ist.

Der interessante Teil ist das `<script>`-Element, das auf das Einbinden von `qunit.js` folgt. Es besteht aus einem Aufruf der Funktion `test` mit zwei Argumenten: Dem Namen des Tests als String, der später genutzt wird, um die Testergebnisse anzuzeigen, und einer Funktion. Die Funktion enthält den eigentlichen Testcode mit einer oder mehrerer Assertions. Das Beispiel nutzt zwei Assertions, `ok()` und `equal()`, die detaillierter in Rezept 18.2 beschrieben sind.

Beachten Sie, dass es keinen Block mit `document-ready` gibt. Der Test Runner kümmert sich schon darum: Ein Aufruf von `test()` fügt den Test nur einer Queue hinzu. Die Ausführung wird verzögert und vom Test Runner selbst gesteuert.

Diskussion

Der Header der Testsuite zeigt den Seitentitel, einen grünen Balken bei erfolgreich bestandenen Tests (einen roten, wenn mindestens ein Test fehlschlug), und einen blauen Balken mit dem String `navigator.userAgent` (praktisch für Screenshots der Testergebnisse in verschiedenen Browsern).

Eigentlicher Bestandteil der Seite sind die Testergebnisse. Jeder Eintrag in der nummerierten Liste beginnt mit dem Namen des Tests, gefolgt (in Klammern) von der Anzahl der nicht erfolgreichen und der erfolgreichen Tests sowie der Assertions. Klickt man auf diesen Eintrag, erhält man die Ergebnisse jeder Assertion, meist mit den Details zu erwarteten und tatsächlichen Ergebnissen. Ein Doppelklick führt einfach den Test aus (in Rezept 18.8 ist das detaillierter beschrieben).

Unter den Testergebnissen findet sich eine Zusammenfassung mit der Gesamtlaufzeit für das Ausführen der Tests und der Gesamtanzahl aller und der fehlgeschlagenen Assertions.

18.2   Ergebnisse sicherstellen

Problem

Die grundlegenden Elemente jedes Unit Tests sind die Assertions. Der Autor der Tests muss die erwarteten Ergebnisse beschreiben und dafür sorgen, dass das Unit Test Framework sie mit den tatsächlichen Werten vergleicht, die eine Implementierung erzeugt.

Lösung

QUnit stellt drei Assertions bereit.

ok(boolean[, message])

Die einfachste Assertion ist `ok()` , die nur ein Boolesches Argument benötigt. Ist das Argument true, ist die Assertion erfolgreich, ansonsten nicht. Zusätzlich lässt sich auch ein String übergeben, um einen Meldung in den Testergebnissen auszugeben:

```
test("ok-Test", function() { ok(true,
    "ok erfolgreich"); ok(false, "ok nicht erfolgreich");
    });
```

equal(actual, expected[, message])

Die Assertion equal nutzt den einfachen Vergleichsoperator (==), um das tatsächliche Argument mit dem erwarteten Argument zu vergleichen. Sind beide gleich, ist die Assertion erfolgreich, ansonsten nicht. Ist sie nicht erfolgreich, werden sowohl der tatsächliche als auch der erwartete Wert im Testergebnis zusammen mit einer Meldung ausgegeben:

```
test("equal-Test", function() {
    equal("", 0, "equal erfolgreich"); equal("three", 3, "equal nicht
    erfolgreich"); });
```

Verglichen mit ok() erleichtert equal() das Debuggen von Tests, die fehlschlagen, weil es offensichtlich ist, welcher Wert dazu geführt hat, dass der Test nicht erfolgreich war.

deepEqual(actual, expected[, message])

Die Assertion deepEqual() kann wie equal() genutzt werden und ist in den meisten Fällen auch die bessere Wahl. Statt den einfachen Vergleichsoperator zu nutzen (==), verwendet sie den genaueren Vergleichsoperator (===). So ist undefined nicht gleich null, 0 oder dem leeren String (""). Zudem wird auch der Inhalt von Objekten verglichen, so dass {key: value} gleich {key: value} ist, selbst wenn man zwei Objekte mit verschiedenen Identitäten vergleicht.

deepEqual() kann auch mit NaN, Datumswerten, regulären Ausdrücken, Arrays und Funktionen umgehen, während equal() nur die Objektidentität prüft:

```
test("deepEqual-Test", function() {
    deepEqual(undefined, undefined, "deepEqual erfolgreich");
    deepEqual("", 0, "deepEqual nicht erfolgreich"); });
```

Wollen Sie explizit nicht den Inhalt von zwei Werten vergleichen, kann immer noch equal() genutzt werden. Im Allgemeinen ist deepEqual() aber die bessere Wahl.

18.3   Synchrone Callbacks testen

Problem

Wenn Sie Code mit vielen Callbacks testen, passiert es gelegentlich, dass ein Test, der eigentlich fehlschlagen sollte, doch erfolgreich ist, und sich die fragliche Assertion nie im Testergebnis zeigt. Wenn sich die Assertions in einem Callback befinden, der niemals aufgerufen wird, werden auch die Assertions selbst nicht erreicht, womit der Test still und leise durchgeht.

Lösung

QUnit stellt eine spezielle Assertion bereit, um die Anzahl an Assertions festzulegen, die ein Test enthält. Wird der Test nicht mit der korrekten Anzahl an Assertions abgeschlossen, schlägt diese Assertion fehl, egal was für Ergebnisse die anderen Assertions erzeugt haben (wenn überhaupt).

Die Anwendung ist ganz einfach. Rufen Sie einfach am Anfang des Tests expect() mit der Anzahl der erwarteten Assertions als einzigem Argument auf:

```
test("Ein Test", function() {
        expect(1); $("input").myPlugin({ initialized: function() { ok(true,
        "Plugin initialisiert"); } }); });
```

Diskussion

expect() ist dann am nützlichsten, wenn man wirklich Callbacks testet. Läuft der gesamte Code im Gültigkeitsbereich der Test-Funktion, bietet expect() keinen zusätzlichen Wert – jeder Fehler, der Assertions von ihrer Ausführung abhält, würde sowieso dazu führen, dass der Test fehlschlägt, weil der Test Runner den Fehler abfängt und den Test als nicht erfolgreich klassifiziert.

18.4 Asynchrone Callbacks testen

Problem

Während expect() nützlich ist, um synchrone Callbacks zu testen (siehe Rezept 18.3), ist es nicht sinnvoll einzusetzen, wenn man asynchrone Callbacks testet. Solche Callbacks passen nicht zur Art und Weise, wie der Test Runner die Tests ausführt. Wenn der zu testende Code einen Timeout, ein Intervall oder eine Ajax-Anfrage startet, führt der Test Runner den Rest des Tests und alle folgenden Tests aus, statt auf das Ergebnis einer asynchronen Operation zu warten.

Lösung

Es gibt zwei Funktionen, um den Test Runner manuell mit der asynchronen Operation zu synchronisieren. Rufen Sie stop() vor jeder asynchronen Operation auf und start(), nachdem alle Assertions ausgeführt wurden. Dann kann der Test Runner mit den anderen Tests fortfahren:

```
test("Ein Test", function() { stop();
        $.getJSON("/someurl", function(result) { equal(result.value,
        "someExpectedValue"); start(); }); });
```

Diskussion

Ein Nachteil der manuellen Synchronisation ist das Risiko, dass start() niemals aufgerufen wird, wenn der zu testende Code an anderer Stelle fehlerhaft ist. In diesem Fall kann der Test Runner seine Arbeit niemals abschließen und damit auch die Endergebnisse nicht anzeigen. Selbst die Ergebnisse des aktuellen Tests sind nicht mehr verfügbar, so dass nur das Ergebnis des vorigen Tests zu sehen ist.

Wenn das geschieht, müssen Sie zuerst den Test ermitteln, der sich nicht abschließen lässt. Dazu schauen Sie sich den vorigen Test an und finden danach im Code den nächsten, fehlerhaften Test. Ist das geschehen, können Sie das Debuggen vereinfachen, indem Sie dem Aufruf von stop() ein Timeout-Argument mitgeben:

```
test("Ein Test", function() {
    stop(500); $.getJSON("/someurl", function(result) { equal(result.value,
    "someExpectedValue"); start(); }); });
```

In diesem Beispiel würde der Test Runner (mit Hilfe von setTimeout) 500 ms darauf warten, bis der Test abgeschlossen ist und ansonsten den Test als nicht erfolgreich deklarieren und mit der Ausführung fortfahren. Durch Analyse der Ergebnisse von anderen Tests kann es dann viel einfacher sein, das eigentliche Problem herauszufinden und zu beheben.

Das Timeout-Argument sollte aber nicht für normale Tests genutzt werden. Haben Sie es zu Debugging-Zwecken hinzugefügt, entfernen Sie es, wenn der Test wieder funktioniert.

Warum das? Der Nachteil des Timeouts ist, dass die Tests nichtdeterministisch werden. Lässt man den Test auf einem langsamen Rechner oder unter starker Last laufen, kann der Timeout zu langsam sein und einen ansonsten perfekten Test als nicht erfolgreich klassifizieren lassen. Die Suche nach einem Fehler, der gar nicht existiert, ist sehr zeitaufwändig und frustrierend – vermeiden Sie es also möglichst.

18.5 Benutzeraktionen testen

Problem

Code, der auf von Benutzern ausgelösten Aktionen aufbaut, kann nicht einfach durch den Aufruf einer Funktion getestet werden. Normalerweise ist eine anonyme Funktion an das Event eines Elements gebunden, zum Beispiel einen Klick, der simuliert werden muss.

Lösung

Sie können das Event mit der jQuery-Methode trigger() auslösen und prüfen, ob das erwartete Verhalten auftritt. Wollen Sie nicht, dass die Browser-eigenen Events ausgelöst werden, können Sie triggerHandler() verwenden, um nur die gebundenen Eventhandler auszuführen. Das ist nützlich, wenn Sie ein Click-Event für einen Link testen, bei dem trigger() dafür sorgen würde, dass der Browser die Seite wechselt – was für einen Test selten das gewünschte Verhalten ist.

Lassen Sie uns annehmen, dass wir einen einfachen Keylogger testen wollen:

```
var keylogger = { log: null, init:
    function() { keylogger.log = [];
```

```
$(document).unbind("keydown").keydown(function(event) {
    keylogger.log.push(event.keyCode); }); } };
```

Wir können ein Keypress-Event manuell auslösen, um herauszufinden, ob der Logger funktioniert:

```
test("basic keylogger behavior",
    function() { // Initialisieren keylogger.init(); // Event auslösen var
    event = $.Event("keydown"); event.keyCode = 9;
    $(document).trigger(event); // erwartetes Verhalten überprüfen
    deepEqual(keylogger.log.length, 1, "Eine Taste wurde protokolliert");
    deepEqual(keylogger.log[0], 9, "Die richtige Taste wurde
    protokolliert"); });
```

Diskussion

Ist Ihr Eventhandler nicht von bestimmten Eigenschaften des Events abhängig, können Sie einfach .trigger(eventType) aufrufen. Benötigt der Handler aber bestimmte Eigenschaften, müssen Sie mit Hilfe von $.Event ein Event-Objekt erzeugen und die benötigten Eigenschaften setzen, wie dies im Beispiel gezeigt wurde.

Es ist auch wichtig, alle relevanten Events für komplexe Verhaltensweisen auszulösen, wie zum Beispiel beim Drag and Drop, das aus einem Mousedown, mindestens einem Mousemove und einem Mouseup besteht. Denken Sie daran, dass auch Events, die ganz einfach erscheinen, aus mehreren Events bestehen können – so ist ein Klick eigentlich ein Mousedown, ein Mouseup und dann ein Click. Ob Sie wirklich alle drei Events auslösen müssen, hängt vom zu testenden Code ab. Das Auslösen des Click selbst reicht in den meisten Fällen.

18.6   Tests atomar halten

Problem

Wenn Tests zusammen gebaut werden, kann es passieren, dass manche erfolgreich sein sollten, aber als fehlerhaft bewertet werden und umgekehrt. Dies ist das Ergebnis eines Tests, der aufgrund eines Seiteneffekts eines vorigen Tests falsche Ergebnisse liefert:

```
test("2 Asserts", function() {
    $("#main").append("<div>Hier klicken für <span
    class='bold'>Nachrichten</span>.</div>");
    deepEqual($("#main div").length, 1, "Nachrichten-Link hinzugefügt");
    $("#main").append("<span>Sie haben eine Nachricht!</span>");
    deepEqual($("#main span").length, 1, "Benachrichtigung hinzugefügt");
    });
```

Beachten Sie, dass das erste append() einen <span> hinzufügt, den die zweite Assertion nicht berücksichtigt.

Lösung

Nutzen Sie die Methode test(), um die Tests atomar zu halten und achten Sie darauf, dass jede Assertion frei von möglichen Seiteneffekten ist. Sie sollten sich nur auf das feste Markup innerhalb des #main-Elements verlassen. Ein Verändern und Aufbauen auf irgendetwas anderem kann zu unerwünschten Effekten führen:

```
test("Test 1", function() {
    $("#main").append("<div>Hier klicken für <span
    class='bold'>Nachrichten </span>.</div>");
    deepEqual($("#main div").length, 1, "Nachrichten-Link hinzugefügt"); });
    test("Test 2", function() { $("#main").append("<span>Sie haben
    eine Nachricht!</span>"); deepEqual($("#main span").length, 1,
    "Benachrichtigung hinzugefügt"); });
```

QUnit setzt die Elemente innerhalb des #main-Elements nach jeden Test zurück und entfernt alle Events, die eventuell vorhanden waren. Solange Sie Elemente nur innerhalb dieses festen Rahmens nutzen, müssen Sie nach Ihren Tests nicht selbst aufräumen, um sie atomar zu halten.

Diskussion

Neben dem festen Element #main räumt QUnit auch die Eigenschaften von jQuery selbst auf: $.event.global und $.ajaxSettings. Alle globalen Events wie $().ajaxStart() werden von jQuery in $.event.global verwaltet – hat Ihr Test viele davon gebunden, kann der Test Runner dadurch deutlich langsamer werden, wenn er viele Tests ausführen muss. Durch das Aufräumen dieser Eigenschaft stellt QUnit sicher, dass Ihre Tests nicht von globalen Events beeinflusst werden.

Das gleiche gilt für $.ajaxSettings, das im Allgemeinen über $.ajaxSetup() genutzt wird, um die allgemeinen Eigenschaften für Aufrufe von $.ajax() zu definieren.

Neben den in Rezept 18.8 beschriebenen Filtern stellt QUnit auch noch den Schalter ?noglobals bereit. Schauen Sie sich den folgenden Test an:

```
test("globale Verschmutzung",
    function(){ window.pollute = true; deepEqual(pollute, true);
    });
```

In einem normalen Testlauf führt das zu einem erfolgreichen Test. Führt man den gleichen Test mit dem noglobals-Schalter (*http://jquery-cookbook.com/examples/18/06-keeping-tests-atomic/globals.html?noglobals*) durch, schlägt der Test fehl, weil QUnit erkennt, dass das Window-Objekt »verschmutzt« wurde.

Es ist nicht notwendig, diesen Schalter immer zu verwenden, aber er kann sehr nützlich sein, um das Verschmutzen globaler Namensräume zu erkennen, das in Kombination mit Fremd-Bibliotheken eventuell problematisch ist. Und er hilft dabei, Fehler in Tests zu erkennen, die durch Seiteneffekte ausgelöst wurden.

18.7 Tests gruppieren

Problem

Sie haben alle Ihre Tests aufgeteilt, um sie atomar und frei von Seiteneffekten zu halten, aber Sie wollen sie logisch zusammenfassen und als eigene Gruppe ausführen können.

Lösung

Sie können die Funktion module() nutzen, um Tests zu gruppieren:

```
module("Gruppe A");
test("Ein einfaches Testbeispiel", function() {
    ok( true, "Dieser Test ist erfolgreich" );
});
test("Ein einfaches Testbeispiel 2", function() {
    ok( true, "Dieser Test ist erfolgreich" );
});

module("group b");
test("Ein einfaches Testbeispiel 3", function() {
    ok( true, "Dieser Test ist erfolgreich" );
});
test("Ein einfaches Testbeispiel 4", function() {
    ok( true, "Dieser Test ist erfolgreich" );
});
```

Alle Tests, die auf einen Aufruf von module() folgen, werden in diesem Modul gruppiert. Den Testnamen wird in den Testergebnissen der Modulname vorangestellt. Sie können diesen Modulnamen auch nutzen, um die auszuführenden Tests zu wählen (siehe Rezept 18.8).

Diskussion

Neben dem Gruppieren von Tests kann module() auch genutzt werden, um gemeinsam genutzten Code aus den Tests in das Modul herüberzuziehen. Der Funktion module() kann ein optionaler zweiter Parameter mitgegeben werden, um Funktionen zu definieren, die vor und nach jedem Test im Modul ausgeführt werden sollen:

```
module("Modul", {
    setup: function() {
        ok(true, "Eine zusätzliche Assertion pro Test");
    }, teardown: function() {
        ok(true, "Und eine zusätzliche Assertion nach jedem Test");
    }
});
test("Test mit setup und teardown", function() {
    expect(2);
});
```

Sie können die Eigenschaften setup und teardown zusammen angeben, aber auch nur eine von beiden verwenden.

Ein Aufruf von `module()` ohne das zusätzliche Argument setzt die setup/teardown-Funktionen zurück, die ein vorheriges Modul definiert hat.

18.8 Durchzuführende Tests auswählen

Problem

Wenn man einen fehlgeschlagenen Test debuggt, kann es reine Zeitverschwendung sein, die gesamte Testsuite nach jeder kleinen Änderung an Ihrem Code erneut laufen zu lassen, nur um herauszufinden, ob ein einzelner Test jetzt erfolgreich war.

Lösung

QUnit bietet einen URL-Filter an, um die durchzuführenden Tests auszuwählen. Das funktioniert am Besten in Kombination mit Modulen. Sie können nur die Tests aus einem bestimmten Modul ausführen lassen, indem Sie einen Query-String mit dem Modulnamen an die URL der Testsuite anhängen. So führt zum Beispiel `test.html?validation` alle Tests im Modul mit dem Namen `validation` aus:

```
// test.html?validation - nur das Modul validation
// test.html?validation&tooltip - Module validation und tooltip
// test.html?!validation - Modul validation ausschließen
// test.html?test 3 - nur "test 3", die URL wird als test.html?test%203 angezeigt
module("validation");
test("test 1", function () {
    ok(true, "bool erfolgreich");
});
test("test 2", function () {
    equal(5, 5.0, "equals erfolgreich");
});
module("tooltip");
test("test 3", function () {
    deepEqual(true, 3 == 3, "same erfolgreich");
});

test("test 4", function () {
    ok(false, "bool nicht erfolgreich");
});
module("other");
test("test 5", function () {
    equal(3, 5, "equals nicht erfolgreich");
});
```

Diskussion

Sie können Tests aus den verschiedenen Modulen kombinieren, indem Sie mehrere Module auf einmal angeben – getrennt durch das Kaufmanns-Und. So führt zum Beispiel `test.html?validation&tooltip` die Tests in den Modulen `validation` oder `tooltip` aus.

Sie können auch Tests mit dem Ausrufezeichen ausschließen. `test.html?!validation` lässt zum Beispiel alle Tests außer denen aus dem Modul `validation` laufen.

Statt die URL per Hand anzupassen, können Sie auch einen Doppelklick auf eines der Testergebnisse ausführen, um nur diesen Test wieder auszuführen. QUnit nutzt dann die gleichen Filtermechanismen, indem es den Namen des Tests an die aktuelle URL anfügt.

Index

Kolophon

Das Tier auf dem Cover von *jQuery Kochbuch* ist ein Hermelin (*Mustela erminea*), auch bekannt als Großes Wiesel. Vor allem wegen seines weißen Winterfells, das sich für den Rest des Jahres braun färbt, ist es berühmt. Es gehört zu der Familie der Wiesel, zu der auch Marder, Frettchen, Nerze, Otter und Iltisse zählen. Von Letzteren unterscheidet es sich aber aufgrund seines schwarz gefleckten Schwanzes.

Das Hermelin lebt in den nördlichen Waldgebieten Europas, Asiens und Nordamerikas. Es ist hauptsächlich nachtaktiv und baut sich in Baumwurzeln, unter Steinen und in Tunneln Höhlen. Als Einzelgänger ist das Hermelin in der Lage, auf der Suche nach Nahrung in einer Nacht eine Strecke von rund 16 Kilometern zurückzulegen. Zu seinen Feinden gehören Füchse, Dachse, Katzen und Raubvögel.

Sein schlanker Körper erlaubt es dem Hermelin, sich sowohl flink über Schnee fortzubewegen, als auch zu klettern und zu schwimmen. Obwohl seine Körperform viele Vorteile bietet, begünstigt sie den schnellen Verlust von Körperwärme. Dies wird einem dicken Fell und einem schnellen Stoffwechsel kompensiert. Das Hermelin muss täglich Nahrung aufnehmen, um seine Energiereserven aufzufüllen. Es ernährt sich von kleinen Säugetieren, Vögeln, Fischen und Insekten. Sobald es seine Beute ausgemacht hat, pirscht es sich behenden Schrittes an sein Opfer heran, packt es am Genick und tötet es mit einigen gezielten Bissen.

Weißes Hermelinfell ist sehr teuer und wird zur Fabrikation von Pelzmänteln verwendet. Die Nachfrage ist allerdings in den vergangenen Jahren gesunken. Typisch bei der Herstellung ist es, mehrere Fellteile in der Form schwarzer Punkte auf weißem Grund zusammenzunähen. Dieses Muster findet sich bereits seit dem 12. Jahrhundert in der Heraldik, der Wappenkunde, wieder – sehr verbreitet bei englischen Wappen. Das Hermelinfell ist auch ein Symbol der Monarchie und der Reinheit. Dies ist wahrscheinlich auf Elisabeth I. von England – die jungfräuliche Königin – zurückzuführen, die mit einem Hermelin porträtiert wurde.

Das Umschlagbild stammt aus dem Riverside Natural History. Die Umschlagsschrift ist Adobe ITC Garamond. Die Textschrift ist Linotype Birka, die Titelschrift ist Adobe Myriad Condensed und der Code font ist LucasFont s TheSansMonoCondensed.

Web

High Performance Websites

Steve Souders, 176 Seiten, 2008, 29,90 €
gebundene Ausgabe
ISBN 978-3-89721-850-5

Die Regeln, die der Chief Performance Engineer bei Yahoo!, Steve Souders, vorstellt, helfen Ihnen dabei, Ihre Website-Performance drastisch zu verbessern. Sie erfahren, wie Sie Ajax, CSS, JavaScript, Flash und Bilder so aufbereiten, dass Ihre Webseiten dadurch deutlich schneller werden. Dabei stellt der Autor 14 Profi-Regeln auf, die mit klar verständlichen Beispielen erläutert werden. Wenn Sie Webseiten programmieren, die auch bei höherem Besucheraufkommen nicht in die Knie gehen sollen, dann ist *High Performance Websites* eine unerlässliche Pflichtlektüre für Sie.

Kollektive Intelligenz analysieren, programmieren und nutzen

Toby Segaran, 400 Seiten, 2008, 44,90 €
gebundene Ausgabe
ISBN 978-3-89721-780-5

Sie wollen wissen, wie Rankings, Produktempfehlungen, Social Bookmarking und Online-Partnerbörsen technisch funktionieren? Dieses faszinierende Buch nimmt Sie mit in die Welt des maschinellen Lernens und der Statistik und zeigt Ihnen, wie Sie Web 2.0-Applikationen bauen, mit denen Sie die riesigen Datenmengen durchsuchen und analysieren können, die von den Benutzern aktueller Webanwendungen täglich erzeugt werden. Mit den ausgereiften Algorithmen in diesem Buch können Sie raffinierte Programme schreiben, mit denen Sie auf die »kollektive Intelligenz« der Website-Nutzer zugreifen können. Jeder Algorithmus ist kurz und prägnant durch Code beschrieben, den Sie direkt für Ihr Website-Projekt nutzen können.

XSLT Kochbuch

Sal Mangano
760 Seiten, 2006, 52,- €
gebundene Ausgabe
ISBN 978-3-89721-457-6

Das Buch zeigt Lösungen für Probleme, denen sich Entwickler regelmäßig gegenüber sehen – sowohl für XSLT 1.0 wie auch für XSLT 2.0. Die Rezepte reichen von einfacheren Aufgaben wie der String-Manipulation bis zu komplexeren Themen wie dem Erzeugen von SVG-Grafiken oder dem Testen und Debuggen der Stylesheets.

Web-Mapping mit Open Source-GIS-Tools

Tyler Mitchell, Astrid Emde & Arnulf Christl
480 Seiten, 2008, 49,90 €
inkl. CD-ROM, ISBN 978-3-89721-723-2

Längst ist Web-Mapping, das Bereitstellen von Kartendiensten im Internet, nicht mehr nur ein Thema der GIS-Community – die Online-Kartographie ist auch auf reges Interesse in einer breit gestreuten Nutzer- und Webentwickler-Gemeinde gestoßen. Doch gute, umfassende Anleitungen für das Aufbereiten von Geodaten sind rar. *Web-Mapping mit Open Source-GIS-Tools* zeigt Ihnen anschaulich, wie Sie mit frei erhältlichen Werkzeugen wie UMN MapServer, Quantum GIS, GDAL, OGR, Mapbender und PostGIS interaktive Karten erstellen können. Das Buch erläutert, wo Sie Geodaten finden, wie Sie sie konvertieren, speichern und mithilfe der Webservices WFS und WMS generieren können – und wie Sie die interaktiven Karten gekonnt auf Ihrer Website präsentieren.

Die Kunst des Webtrackings

Udo Möller & Michael Kröhn
328 Seiten, 2008, 29,90 €
gebundene Ausgabe
ISBN 978-3-89721-857-4

Mit der zunehmenden Bedeutung des Online-Business wächst zugleich auch der Druck, die Tops und Flops eigener Online-Angebote frühzeitig zu erkennen und daraus gezielt Maßnahmen abzuleiten. Doch wie? Dieses Grundlagenwerk bietet einen praktischen Einstieg in Webtracking und Web Analytics. Die Kunst des Webtrackings beschreibt die konkreten Phasen eines Webtracking-Projekts am Beispiel der Webseite eines fiktiven Gastronomiebetriebes.

Handbuch der Webnavigation

James Kalbach
420 Seiten, 2008, 49,90 €
ISBN 978-3-89721-865-9

Die coolste Website floppt, wenn die Navigation nicht durchdacht ist. Der Website-Besucher ist wie ein scheues Reh, das sofort flieht, wenn es sich unwohl fühlt. Gute Webnavigation ist nicht nur Programmierwissen, sondern die Kenntnis darum, wie Menschen nach Informationen suchen und sie hoffentlich dann auch finden. Das Handbuch der Webnavigation lehrt den Leser das geeignete Design eines Navigationssystems, abgestimmt auf die exakten Bedürfnisse der jeweiligen Website. Das Buch erläutert die Grundprinzipien von gutem Design, analysiert Webnavigation aus User-Sicht und gibt unzählige praxisrelevante Profitipps.

O'REILLY®

anfragen@oreilly.de • http://www.oreilly.de • +49 (0)221-97 31 60-0

Webdesign

Webdesign von Kopf bis Fuß

Ethan Watrall & Jeff Siarto
496 Seiten, komplett in Farbe,
2009, 44,90 €
ISBN 978-3-89721-906-9

Webdesign von Kopf bis Fuß ist ein Buch
für alle, die Kenntnisse in (X)HTML und
CSS mitbringen und nun am Gesamt-
eindruck ihrer Website feilen wollen. Nach
und nach lernen Sie die Prinzipien pro-
fessionellen Designs kennen und bekommen einen geschärften Blick
dafür, was standardkonforme, nutzerfreundliche Websites von anderen
abhebt. Auch die technische Umsetzung wird wie immer bei Büchern
dieser Reihe mit viel Kreativität und Humor behandelt.

HTML mit CSS & XHTML von Kopf bis Fuß

Elisabeth Freeman & Eric Freeman
692 Seiten, 2006, 44,90 €
ISBN 978-3-89721-453-8

Sie wollen die Web-Grundtechnologien
HTML und CSS erlernen, fürchten aber
nüchtern-technische Lehrbücher? Dann
ist *HTML mit CSS und XHTML von Kopf
bis Fuß* genau das Richtige für Sie! Statt
langweiliger Vorträge finden Sie hier viele
visuelle Überraschungen, geistreiche Comics, geistreiche Dialoge und
unterhaltsame Beispiele. Und trotzdem vermittelt das Buch das technische Know-how, das man braucht, wenn man im Web-Umfeld arbeitet oder arbeiten möchte. Angefangen bei den Grundkenntnissen in
HTML, XHTML und CSS über notwendige Infos zu Zeichensätzen und
Farben bis hin zur Einhaltung der Webstandards werden alle wichtigen
Themen behandelt – worauf warten Sie also noch?

JavaScript: Missing Manual

David Sawyer McFarland
576 Seiten, 2008, 39,90 €
ISBN 978-3-89721-879-6

Die Zeiten, als Websites allein aus Texten und
Bildern bestanden, sind längst vorbei. Nutzer
von Webangeboten erwarten inzwischen
nutzerfreundliche Formulare, eine elegante
Navigation, Bookmark-fähige Stadtpläne oder
interaktive Fotogalerien. Hinter vielen dieser
Features verbirgt sich JavaScript – ein guter Grund also, sich mit der
beliebtesten Skriptsprache des Webs zu beschäftigen. Dieses Buch
vermittelt auf verständliche Art den Aufbau und die Arbeitsweise der
Sprache und richtet sich explizit an Nicht-Programmierer, die ihren
Sites Interaktivität einhauchen wollen. Sie lernen die Vielfalt interak-
tiver Elemente kennen und erfahren, wie Sie sie konkret in JavaScript
entwickeln.

Webdesign mit (X) HTML & CSS

Jennifer Niederst Robbins
mit Farbteil, 480 Seiten, 2008, 39,90 €
ISBN 978-3-89721-782-9

Dieses Buch bietet einen erfrischenden
Einstieg ins Webdesign und macht Sie mit
den modernen technischen Standards
vertraut. Ohne viel graue Theorie lernen
Sie mit (X)HTML und CSS umzugehen und
erproben diese Webtechnologien von Anfang
an mit vielen Übungen. Wichtige Hinweise zur konkreten Einhaltung
der Webstandards und zur Barrierefreiheit sind immer wieder in den
Text eingeflochten.

CSS: Missing Manual

David Sawyer McFarland
520 Seiten, 2009, 39,90 €
ISBN 978-3-89721-890-1

Die Tage, als Webdesign vor allem mit HTML-
Tabellen und Platzhaltergrafiken zu tun hatte,
sind längst vorbei. Cascading Stylesheets
haben sich als Webstandard durchgesetzt und
sorgen dafür, dass Farbgebung, Typografie,
Layout etc. zentral gesteuert werden können.
Dieses Buch erklärt CSS von der Pike auf und lässt Sie das ungeheure
Potenzial entdecken, das diese Auszeichnungssprache mitbringt.
Grundkenntnisse in (X)HTML werden vorausgesetzt. David Pogue ist
erfolgreicher Buchautor und Technik-Kolumnist der New York Times.
Er ist dafür bekannt, dass er technische Inhalte humorvoll, leicht ver-
ständlich und ohne Lobhudelei vermittelt.

CSS – Das umfassende Handbuch, 2. Auflage

Eric A. Meyer
576 Seiten, 2007, 39,90 €, gebundene
Ausgabe, ISBN 978-3-89721-493-4

Eric Meyer, eine international anerkannte
Größe in der CSS-Gemeinde, behandelt in
diesem Buch ausführlich die aktuellen
Standards CSS2 und CSS2.1. Detailliert
beschreibt er alle CSS-Eigenschaften, erläutert, wie sie mit anderen Eigenschaften
zusammenwirken und zeigt anhand vieler praktischer Beispiele, wie sie
angewendet werden. Durch die Referenzen im Anhang zu allen CSS-
Eigenschaften und Selektoren kann dieses Buch auch sehr gut als
Nachschlagewerk verwendet werden.

O'REILLY®

anfragen@oreilly.de • http://www.oreilly.de • +49 (0)221-97 31 60-0